国家社科基金后期资助项目
出版说明

后期资助项目是国家社科基金设立的一类重要项目，旨在鼓励广大社科研究者潜心治学，支持基础研究多出优秀成果。它是经过严格评审，从接近完成的科研成果中遴选立项的。为扩大后期资助项目的影响，更好地推动学术发展，促进成果转化，全国哲学社会科学工作办公室按照“统一设计、统一标识、统一版式、形成系列”的总体要求，组织出版国家社科基金后期资助项目成果。

全国哲学社会科学工作办公室

抗战时期国共两党在山东敌后的关系研究

Research of the relationship between the Kuomintang and the Communist Party of China in the enemy's rear area of Shandong Province during the Anti-Japanese War

黄昊　著

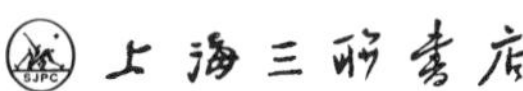

目　　录

序　言

抗日战争是中国近代以来第一次取得完全胜利的民族解放战争，是中华民族走向伟大复兴的重要转折。不过，人们对于抗日战争的认识迄今还存在很多局限。例如，虽然看到抗日战争存在中国共产党领导的敌后战场和中国国民党领导的正面战场，但没有注意到国民党在全国抗战前期对于敌后战场也比较重视。全国抗战爆发不久，国民政府就提出和布置过游击战，在 1938 年 11 月决定设立鲁苏、冀察两大敌后战区，一度投入重兵，试图有所作为。又如，虽然认识到国共关系的演变影响着抗战的进程乃至抗战胜利后中国未来的走向，但相关研究主要集中于国共上层关系和双方围绕重大历史事件的斗争，而缺乏对于敌后地区国共关系的关注和研究。与这两点相联系，对于抗战时期国共两党在山东敌后的关系，海内外学界迄今尚缺乏详实的研究和清晰的认识。

山东在抗战时期是中国共产党唯一一个基本以一省为范围的敌后抗日根据地，为抗战胜利做出了重大贡献，也为战后中国共产党领导的军事力量能够迅速挺进东北、实现国共两党战略力量对比的重大转变奠定了坚实基础。在抗战时期，国民党鲁苏战区的总部和军事主力也在山东，力量一度远超中共。然而，国民党于 1943 年在山东敌后基本失败，中国共产党在山东的力量却逐渐由弱到强、由小到大，最终成为支撑山东抗战的中流砥柱。显然，国民党鲁苏战区在山东的失败以及国共两党在山东力量对比的重大转变，是抗战史研究的一个重要课题。但由于资料的缺失和其他一些原因，两岸学术界对于这一问题的探讨一直较为薄弱，对于相关基本史实的建构尚未完成，对很多极为重要的历史事件也均未有具体深入的研究，例如“东里店劫难”、“九二二锄奸”、“八三事件”、“沈鸿烈离鲁”、“李仙洲入鲁”等。在这种学术背景下，黄昊的著作以客观全面的态度为这一历史课题提供了重要解答，也为我们揭示了一段鲜为人知的抗战史。

以往学者曾将抗战时期国民党的敌后战场分为“深远敌后”和“浅敌后”两类区域。黄昊的研究指出，山东不属于国民党敌后战场的“浅敌后”区域（如新桂系在豫鄂皖大别山区建立根据地，与日伪军作战极多，与新四军摩擦很少),而是属于远离大后方的“深远敌后”,加之山东敌后国民党派系复杂,全省又被日寇以津浦、胶济铁路等分割为鲁西、鲁北、鲁南、胶东四块区域,中共与山东敌后不同派系国民党势力的冲突异常频繁。在这种情况下,山东敌后的国共关系受到诸多复杂因素的影响,包括国际国内环境,国共两党在不同阶段的政策取向,国、共、日伪的“三角斗争”(罗荣桓语),山东敌后国民党军政人物对国共合作和抗战态度的复杂面相以及偶发事件当事人的“一时起意”等等。黄昊的著作通过详尽收集和利用海峡两岸的大量历史档案和其他文献资料,全面而深入地论述了抗战时期敌后山东国共两党关系的演变,对两党在山东力量对比的变化进行了动态考察,揭示了中共山东抗日根据地依靠人民坚持抗战发展壮大的历史进程。这部著作为深刻理解中国共产党抗战的中流砥柱作用提供了新的维度。全书叙事翔实,“论从史出”,既有对长时段宏观历史的关照,也有对具体微观问题的细致研究,在很多问题上提出了自己的独到见解,弥补了以往学界仅从中共一方角度看待山东敌后问题的缺憾。这部著作无疑深化了学术界对中共党史、山东抗战史和国共关系史的研究,也是对那段历史的生动再现。

黄昊是从事中共党史、抗战史研究的青年学者,在山东及冀鲁豫边区革命史研究领域用功甚勤,著述颇丰。这部著作是他在国家社科基金项目的支持下,经过深入研究、认真整理所得出的成果。黄昊持敬畏之心、对这项课题研究倾注了深厚情感和极大心血。作为他攻读博士学位研究生学习阶段的指导教师,我很高兴看到他取得的成绩,乐于为这部著作作序,并期待黄昊在今后的学术道路上不断取得新的进步和成就。

魏光奇

引　言

一、研究意义

“抗日战争是一场扭转近代以来中国命运的战争，也是一场改变中国社会走向的战争。经此一战，中国渡过了近代以来最严重的民族危机，并从危机中浴火重生，获得了蓬勃发展的生机。”①抗战时期，中国共产党始终坚持在广大敌后地区进行抗战与建设。② 就山东而言，以八路军山东纵队和一一五师担当作战主力的中国共产党抗日军民在山东敌后建立了面积广大的根据地和各级政权。国民党一度对敌后战场也极为重视，山东作为其投入兵力最多、实力最强的敌后战区，长期驻有“鲁苏战区总司令部”及战区主力（五十一、五十七军），顶峰时其在山东敌后的武装超过 20 万人。国民党山东省政府自全国抗战爆发起至 1943 年夏，亦始终坚持在省内流亡办公。

目前学界关于敌后地区国共两党关系的研究还很不充分。而国共两党在抗战中地位和作用，也是海内外学界研究的热点问题。就山东而言，一方面，海峡两岸学界对国共两党在山东敌后抗战中的贡献，对双方关系中一些重要事件和人物评价存在较大争议。对于一些历史事件发生的起因、时间、过程等史实，现有记载中互相矛盾、混乱之处颇多。另一方面，学界研究主要集中于国共双方摩擦尤其国民党破坏抗战方面，而对双方在山东抗战中的相互合作方面的研究则明显不足，且通常将山东国民党看作一个统一的整体。这显然并不能真正反映山东敌后国共关系的全部面貌。

“作为第二次世界大战一个至关紧要的组成部分，中国的抗战并不只是抵抗，而是一个复杂的历史场景，是一个拥有共同历史，而又具有不同历史记忆的时期。”③本书深入挖掘战时国共双方及日伪政权一手原始资料，对全

---

① 王建朗：《抗战研究的方法与视野》，《抗日战争研究》2016 年第 1 期。

② 本书所提到的“抗战时期”，均指“全国抗战时期”。

③ 丁守和，马勇，左玉河等编：《抗战时期中文期刊篇目汇录》（一），上海书店出版社 2021 年版，“序”，第 1 页。

国抗战时期国共两党在山东敌后的关系进行研究，以期从民族国家立场上，较为客观地澄清一些历史事件发生原因、过程及其影响，并做出客观评价，更深入地揭示全国抗战时期敌后战场的艰巨性与复杂性。同时对全国抗战时期国共两党在山东敌后的实力“权势转移”的过程及原因进行分析，以更为公允地评析国共两党在山东敌后为抗战事业所做的贡献，展现中国共产党的中流砥柱作用。

二、学术综述

习近平总书记指出：“长期以来，对中国人民抗日战争的研究，党史部门、军史部门、高等院校、社科研究机构等单位做了大量工作，取得了许多重要成果。”“同时，同中国人民抗日战争的历史地位和历史意义相比，同这场战争对中华民族和世界的影响相比，我们的抗战研究还远远不够，要继续进行深入系统的研究。”①

目前学界对抗战时期国共两党在山东敌后关系的研究尚不深入与系统，且两岸学界存在很多截然相反的观点。

（一）中国大陆方面的研究

1. 通史、革命史著作中的相关研究。学界专门研究抗战时期国共两党在山东敌后关系的著作尚未出现。但诸多地方通史、革命史著作对这一问题均有所涉及。上世纪八九十年代的论著对国民党在山东敌后的抗战多给予了比较低或负面的评价，如《山东抗日根据地史》（山东大学出版社 1993 年版）、《八路军山东纵队史》（中共党史出版社 1995 年版）、《中共山东地方史 第一卷》（山东人民出版社 1998 年版）、《山东解放区史稿 抗日战争卷》（中国物资出版社 1998 年版）等，将国民党军称为“顽军”，认为其在敌后“积极反共、消极抗日”，且大量“与日伪勾结，破坏抗战”。由此，“反顽作战”也成为山东八路军的重要作战任务。

2. 关于抗战时期山东敌后国共关系研究的相关论文。上世纪九十年代，张业赏教授发表《国民党在山东敌后战场的地位和作用》（《山东社会科学》1995 年第 2 期），《论国民党军在山东敌后战场的地位和作用》（《抗日战争研究》1996 年第 1 期），一方面承认国民党在山东敌后对日作战事实，一方面认为其坚持“消极抗日、积极反共的政策”，“制造了许多反共摩擦事件。顽固派的无理进攻理所当然的遭到八路军的反击，其势力必然受到削弱”。

---

① 习近平：《让历史说话用史实发言 深入开展中国人民抗日战争研究》，《人民日报》2015 年 8 月 1 日，第 1 版。

“导致军队发生严重分化，一部分走向中共领导的人民军队，大部分则投降了日军”，因此必然遭受失败的命运。① 近年来一些学者的论文如王士花《抗战时期国共在山东的合作与相争》(《东岳论丛》2016 年第 9 期)，孙宗一《抗战相持阶段鲁南地区的国共两党关系》(《菏泽学院学报》2011 年第 1 期)等，对山东敌后国共关系做出了一些分时间阶段的研究探索。刘本森的论文《国共合作抗战下的对崮山战役研究》(《中国高校社会科学》2020 年第 6 期)以 1942 年发生在沂蒙山腹地的一场国共两党面对日伪军“扫荡”时的战役(“对崮山战役”，又称“对崮山战斗”“对崮峪突围”，约四百多国共将士阵亡)为个案，指出“大敌当前，原本有摩擦的两支队伍迅速形成‘火线上的统一战线’，一致对敌”②。不过总体来看，数十年来研究论文始终较少，且对很多问题包括一些山东敌后国共关系极为重要的历史事件等，均未有具体深入的探讨与分析。③

(二) 中国台湾地区的研究

台湾“中央研究院院士”张玉法(山东人)主编了《民国山东通志》第 5 册(台北山东文献社 2002 年版)，并撰写《抗战时期山东省的行政督察专员》(载《抗战建国史研讨会论文集》，台北中研院近代史所 1985 年编印)和《抗战时期的鲁苏战区》(载《庆祝抗战胜利五十周年两岸学术研讨会论文集》上册，台北联经出版公司 1996 年版)两文，亦指出与中共的摩擦和冲突在很大程度上导致国民党最终退出山东敌后。上世纪 50—60 年代，台湾“国防部”史政局根据“国防部”档案资料编印百卷本《抗日战史》，其中专门为鲁苏战区编纂《鲁苏游击战》一卷(1966 年内部出版)，在总结鲁苏战区失败原因时指出：“(鲁苏)战区军政长官，初期对于奸党认识不清，坐令匪谍渗透分化，因自万毅之变，与该战区之全部撤退，及山东方面匪军之长成关系至巨”④，明确认为鲁苏战区失败的重要原因是战区总司令于学忠等对中共“认识不清”及中共对鲁苏战区的分化瓦解。2015 年抗战胜利 70 周年之际，台湾“国史馆”发布《中国抗日战争史新编》六卷本，这是自 1960 年代台湾“国史馆”馆长罗家伦提出编修抗战史以来，该馆首次发布多卷本抗战史。其中“第二卷　军事作战　第九章　国军的游击作战　第四节　鲁苏战区”指

① 张业赏：《国民党在山东敌后战场的地位和作用》，《山东社会科学》1995 年第 2 期；张业赏：《论国民党军在山东敌后战场的地位和作用》，《抗日战争研究》1996 年第 1 期。

② 刘本森：《国共合作抗战下的对崮山战役研究》，《中国高校社会科学》2020 年第 6 期。

③ 尤其对抗战时期的国民党在山东敌后的抗战、建设、发展情况研究更为稀少，基本的史实构建尚未完成。

④ 胡璞玉主编：《抗日战史　鲁苏游击战》，台北“国防部”史政局编印，1966 年，第 125 页。(引文中所谓“奸党”“匪军”，是国民党对中国共产党及其领导武装的污蔑称呼。)

出，“鲁苏战区内的国军，在日汪军队及共军的双重夹击下，处境日艰……鲁苏战区的颓势已难以挽救”[①]；“第三卷　全民抗战　第四章　抗日战争中的国共关系”指出，于学忠被迫撤离山东，李仙洲部“从安徽北部进入山东地境，却由于日伪军和中共军的分别阻扰，始终无法进入，遑论取得立足之地了。正因为山东地区没有任何国军正规军的支持，效忠国民政府的地方武装或是遭共军分而治之，加以消灭，或是逼于共军压力，公开附逆”[②]。台湾地区相关研究虽注重史料，但仍未走出指责山东敌后共产党破坏国共关系、“消极抗战”的意识形态窠臼。且遗憾的是，近年来台湾地区对抗战的纪念及抗战史研究的热情显著让位于台湾地方史，鲜见涉及山东敌后抗战及国共关系的相关论著。

（三）海外学界的研究

美国学者戴维·保尔森的论文《中日战争中的国民党游击队：山东的“顽固派”》对抗战时期国民党在山东敌后的成败进行了分析，认为“对国民党来说，重提用‘曲线救国’来维持国民党政府统治的经历，并不是一件令人愉快的事情。共产党在利用‘摩擦斗争’以加速国民党‘顽固派’的崩溃中所起的作用，也鲜为人知”[③]。美国学者戴维多·艾丽丝指出抗战前期山东共产党人与“敌、伪、友”各派之间存在复杂而多变的关系。[④] 加拿大学者赖小刚的研究关注到了国、共、日伪在山东敌后的“三角斗争”及国共在山东敌后争夺的成败对国共两党全局力量对比及中共最终实现全国胜利的重大意义。他的著作“A Springboard to Victory: Shandong Province and Chinese Communist Military and Financial Strength, 1937 - 1945”从经济的角度研究了中国共产党在山东敌后的胜利之道，指出，中国共产党在山东的货币、贸易政策取得成就甚至独占地位，是在与日本、国民党在该省进行长期的武装冲突中发展起来的。由于成功的对外贸易政策，在抗日战争结束前，中国共产党不必去寻求彻底的社会和经济的变革，就在山东敌后建立了比国民党有利的地位。战后中共藉山东的力量进入东北，山东成为国共力量对比

---

① 吕芳上主编：《中国抗日战争史新编　2　军事作战》，台北“国史馆”2015 年版，第 359 页。

② 吕芳上主编：《中国抗日战争史新编　3　全民抗战》，台北“国史馆”2015 年版，第 164 页。

③ [美]戴维·保尔森：《中日战争中的国民党游击队：山东的“顽固派”》，《国外中国近代史研究》第 21 辑，中国社会科学出版社 1992 年版，第 186 页。

④ [美]戴维多·艾丽丝：《论抗战爆发前后(1936—1942)山东共产党的重建》，《中外学者论抗日根据地——南开大学第二届中国抗日根据地史国际学术讨论会论文集》，档案出版社 1993 年版，第 90—92 页。

的转折区域。[①] 赖小刚认为："抗日战争期间中共山东根据地的崛起，是国共两党斗争史的一个里程碑，是改变两党力量对比转变的起点，是中共通向全国胜利的跳板……换言之，中共在山东的成功是该地区日本、国民党与中共三角斗争的结果"，而"国民党在山东可谓有目标，却不切实可行；有资源有勇气，却不会使用；组织混乱，内讧不已，最后稀里糊涂地退出了山东，为1949年的大溃败，埋下了伏笔。"[②]

总体来看，目前学界对国共两党在山东敌后关系的研究尚较薄弱。深入、系统研究抗战时期山东敌后国共关系的著作尚未出现。对国共两党在山东敌后关系的相关探讨，局限于部分篇幅有限的论文，并散见于研究山东共产党抗日或全国抗日战争的著作中。抗战时期国共两党在山东敌后的关系经历了极为复杂的变动过程。由于日伪军重兵把守津浦、胶济铁路等山东境内交通要道等原因，山东省内抗日力量的活动范围被分割成了若干区域，因此，云集了国共两党在山东的最高军政机关[③]的鲁南地区国共关系，与鲁西、鲁北平原、胶东地区的国共关系并不完全一致。而且山东国民党内部派系复杂，如范筑先、于学忠、沈鸿烈、何思源、吴化文、秦启荣、张里元等对中共、对统一战线的态度差别很大。就他们个人来说，很多人前后态度变化亦较大，无法一概而论。且目前学界研究，对许多具体史实叙述有很多前后矛盾、语焉不详之处，对一些重要历史人物的评价则存在较大争议。大陆学界多认为国民党在山东敌后"消极抗战，积极反共"。而台湾学界最突出特点是将国民党敌后战区的失败归因于共产党，指责中共在敌后"以抗日为名""专事摩擦"，"分化"国民党武装，甚至认为鲁苏战区是败于共产党之手。两岸史学界因复杂因素形成的诸多互相对立、有失偏颇的论述，也影响了中国抗日战争的地位和功绩在国际二战史学界的彰显。

著名历史学者章开沅先生主张"走出历史"。"何为'走出历史'？大体上可以分为三个层面。一是指历史研究者走出历史研究对象所处的时代与空间范围。二是指研究者需要超越历史研究现状，亦即超越历史，'所谓超越历史，就是不要受陈旧历史眼光的局限，更不要因袭过去历史造成的形形色色的偏见与误区'。章开沅以抗日战争为例指出：'过去由于长期的敌对

① Sherman Xiaogang Lai, *A Springboard to Victory: Shandong Province and Chinese Communist Military and Financial Strength, 1937－1945*, Leiden:Brill, 2011.

② [加]赖小刚：《通向成功的跳板：抗战时期中共在山东的崛起》，《文化纵横》2015年第5期。

③ 包括国民党的鲁苏战区总部(管辖鲁、苏两省大多数地区)、国民党山东省政府，中共中央山东分局、山东省战工会(后改名省战时行政委员会)、八路军山东纵队总部、一一五师师部和后来的山东军区等。

状态，国民党攻击共产党‘游而不击’，共产党指责国民党‘片面抗战’，反而形成历史的自我贬抑。’”①

恩格斯在1844年1月撰写的《英国状况：评托马斯·卡莱尔的〈过去和现在〉1843年伦敦版》中指出：“我们根本没有想到要怀疑或轻视‘历史的启示’；历史就是我们的一切，我们比其他任何一个先前的哲学学派，甚至比黑格尔，都更重视历史。”②在抗战的特殊时期，国共两党都曾为国家民族做出过贡献。正视与客观评价双方关系及相关问题，对有关历史人物从史实出发给予较为公正的评价，可以使我们对敌后抗战的特殊、复杂状况有更深入的理解，使爱国主义与伟大抗战精神的弘扬更有震撼人心的力量，也是对民族国家历史负责任的态度。

三、资料来源

“复杂的历史面相，需要多元的历史记录及其史料呈现。”③本书研究的主要资料来源有以下几类：

（一）未刊档案：多年来，笔者在山东省档案馆、河北省档案馆、中国第二历史档案馆、聊城市档案馆、青岛市档案馆等查阅了大量一手档案资料。其中，山东省档案馆收藏了大量全国抗战时期山东共产党、国民党及日伪的原始档案资料，涉及国共关系的内容较多。南京中国第二历史档案馆收录了相当数量的全国抗战时期鲁苏战区及山东省政府相关资料。聊城市档案馆藏有“名人档案”九卷（以抗日民族英雄范筑先将军资料卷宗为主，兼收少量聊城籍历史学家傅斯年先生资料），其中有不少涉及全国抗战初期中国共产党与范筑先在鲁西北合作抗日的内容。青岛市档案馆藏有大量日伪政权及国民党方面相关资料，其中涉及国共关系的材料很多。笔者在以上档案馆对这些前人研究很少使用或几乎没有使用的原始档案材料进行了系统抄录或复制，加以整理，并在本书研究中运用。此外，本书写作还运用了日本国立公文书馆、“防卫省防卫研究所”收录的有关全国抗战时期山东侵华日军原始档案。

（二）已刊档案：山东省档案馆、山东社会科学院历史研究所编《山东革

① 彭南生：《从“走进历史”到“走出历史”：章开沅的治史道路与史学思想》，《江汉论坛》2022年第5期。章开沅先生原文见《尊重历史，超越历史》，《鸿爪集》（章开沅先生自选文集），上海古籍出版社2003年版，第34页。

② 《马克思恩格斯全集》第三卷，人民出版社2002年版，第520页。

③ 丁守和，马勇，左玉河等编：《抗战时期中文期刊篇目汇录》（一），上海书店出版社2021年版，“序”，第1页。

命历史档案资料选编》(多卷本,山东人民出版社 1981—1984 年出版),中共冀鲁豫边区党史工作组办公室编《中共冀鲁豫边区党史资料选编》(多卷本,第二辑由河南人民出版社 1988 年出版,第一、三、四辑由山东大学出版社 1985—1992 年出版),以及近年来常连霆主编、中共山东省委党史研究室编《山东党的革命历史文献选编　1920—1949》(多卷本,山东人民出版社 2015 年版),常连霆主编、中共山东省委党史研究室编《山东党史资料文库》(多卷本,山东人民出版社 2015 年版)等大型党史、革命史资料汇编,其中涉及全国抗战时期的卷本,收录了相当数量的中共中央、中共中央山东分局(简称"山东分局")、冀鲁豫区党委、山东省临时参议会、八路军一一五师、八路军山东纵队(及其主要领导)等的电报、信件、讲话、工作总结、政令、军令等,以及大量山东抗战亲历者的回忆文章,是本书研究的重要资料来源。

(三) 台湾文献:1949 年国民党败退台湾,相当一部分曾在全国抗战时期的山东敌后工作与战斗的国民党人赴台(据《山东文献》第 1 卷第 1 期"启事"载:直至上世纪七十年代,"旅台山东同乡不下五十万")。1974 年 11 月,由最后一代"衍圣公"、孔子直系后人孔德成,全国抗战时期山东省教育厅长、政务厅长刘道元,国民党山东省党部执行委员、组训处处长田谊民等数十位在台山东籍人士,与"中央研究院"近代史研究所诸位山东籍研究人员大力推动,联合创办"山东文献"社,在台北出版《山东文献》季刊,每年出版四期,"以为聚谈故乡史事人物之园地……以期重振吾鲁文教,作育吾鲁人才"①。《山东文献》中刊载了大量回忆者的文章和近现代山东地方史料,主要是 1949 年随国民党退往台湾的山东籍或曾在鲁工作人士所撰,其中大量资料涉及全国抗战时期山东国共关系及国民党在山东敌后的抗战和建设。由于这些文章绝大多数是亲历者回忆,很多细节的描述十分生动,也揭示了不少大陆文献中几乎没有涉及、不为人知的国共两党交往及国民党敌后抗战的史迹,具有重要且珍贵的史料价值。著名历史学家、台湾"中央研究院院士"张玉法先生曾言:"依据我的印象,在《山东文献》所发表的资料中,有三分之二以上,是别的地方找不到的。"《山东文献》"不可替代性"之史料价值可见一斑。台湾"国防部"史政局 1950—60 年代根据"军令部战史编纂委员会"保存的档案资料编印百卷本《抗日战史》,其中专门为两大敌后战区编纂了两卷(即《鲁苏游击战》《冀察游击战》,分别对应国民党中央所设鲁苏战区、冀察战区),其《鲁苏游击战》一卷,对国民党在山东敌后抗战情况等

① 孙继丁、刘安祺、孔德成等同启:《发起"山东文献"启事》,台北《山东文献》1974 年第 1 卷第 1 期,第 3 页。

有较多记载，收录战报、图表、政令、军令等内容。这套丛书在抗战结束前已由军令部战史编纂委员会开始编纂，史料价值较高，“刘凤翰因评之曰：‘此书尚不失为一套比较完整之资料书。’”[①]本书还运用了《徐永昌日记》《王子壮日记》（手稿本，“中央研究院”近代史研究所）等资料。此外，“国史馆”《蒋中正“总统”档案　事略稿本》之重要史料价值，学界已有论述，兹不赘述，其中收录蒋介石与山东敌后沈鸿烈、于学忠等人的来往电报，及蒋本人对山东局势和国共关系的看法（多摘录自蒋日记），也是本书研究的重要参考资料。

当然，在运用资料尤其国民党、日伪方面资料时，需要注意其在价值观和立场方面的问题，与中国共产党资料相结合，多方辨证使用，以更好地理清历史脉络，还原历史现场。

（四）民国报刊、书籍：正如全国抗战时期山东党政军主要负责人罗荣桓所说：“我以为给报馆买铅字，买铜模，并不比给部队铸炮弹不重要。”[②]诸多珍贵而极具时效性的报纸、期刊，是我们理解那个纷繁复杂的时代与环境极为重要的资料。本书广泛搜集、引用了种类丰富、数量众多的抗战时期及抗战胜利后的报纸、期刊、书籍。书籍方面如香港新中国丛书出版社出版《新中国目击记》（1948 年），山东省第十三区抗战史料征集委员会编《山东省第十三区抗战纪实》（1940 年），刘贯一辑著《抗战外史》（胶东通讯社 1946 年）等。本书写作经常引用的报刊包括《解放日报》、《大众日报》（中共中央山东分局机关报）、《冀鲁豫日报》（冀鲁豫区党委、冀鲁豫分局机关报）、《中央日报》、《大公报》、《益世报》、《扫荡报》、《申报》、《战地通信》、《山东通讯》等抗战时期国共两党在全国和山东地区的主要报刊和中立报刊。对于一些时间、地点在现有出版物中记录不一致的情况（如一些人物牺牲时间地点、事件发生日期等），笔者通过查阅多份事件发生后的原始报刊资料，互相印证，以确定准确时间、地点。此外，本书还使用了《晨报》、《京报》、《南京新报》、《新天津报》、《青岛新民报》（后改名《青岛大新民报》）、《鲁东月刊》等多种伪政权或伪区报纸，与国共两党报纸相鉴使用，也可从侧面反映抗战时期山东敌后的复杂态势。

（五）山东各级文史资料、地方志、地方党史资料：自二十世纪五十年代起山东各级政协所编文史资料，版本众多，总数约有数百本，可谓卷帙浩繁。其中涉及国共两党敌后抗战及其合作、摩擦的内容极多。这些文史资料文

① 苏圣雄：《从军方到学界：抗战军事史研究在台湾》，《抗日战争研究》2020 年第 1 期。

② 于岸青著：《一张报纸的抗战——大众日报社史撷英》，山东人民出版社 2018 年版，第 49 页。

章的作者，既有全国抗战时期国共两党在山东的高层，如中共方面的郭洪涛、张经武、许世友、徐运北、张维翰、万毅、郭维城，国民党方面的牟中珩、何思源等，也有普通党员、政府职员、军队干部的亲历回忆；山东省地方志编纂委员会和各市、县地方志编纂委员会编省、县、市地方志中有不少国共两党抗战时期在各地的相关内容；山东各地、县党史办（今称“市委党史研究院”“县委党史研究中心”）所编各类地方党史、“党史资料汇编”中也有本地、县国共关系的大量内容。

（六）回忆录、口述史、传记、年谱、纪念文集：笔者多年来积累并搜集了相关重要人物和亲历者回忆录、口述史、传记年谱、文集百余本，除了《徐向前元帅回忆录》（解放军出版社 2005 年版）、《黎玉回忆录》（中共党史出版社 1992 年版）、《谷牧回忆录》（中央文献出版社 2009 年版）、《山东抗战口述史》（三卷本，山东人民出版社 2015 年版）、《山东革命老区口述史》（上、下，济南出版社 2014 年版）、《八路军山东纵队　回忆史料》（山东人民出版社 1993 年版）、《毛泽东军事年谱》（广西人民出版社 1994 年版）、《罗荣桓年谱》（人民出版社 2002 年版）、《朱瑞纪念文集》（中共党史出版社 2015 年版）等重要史料，还运用了《王众音同志纪念文集》（中共党史出版社 2007 年版）、《徐运北文集》（中共党史出版社 2014 年版）、《风雨晦明九十年　万毅将军纪念文集》（中共党史出版社 2007 年版）、《回眸——一位渤海老军人的战争记忆》（中央文献出版社 2013 年版）、《罗竹风传略》（东方出版中心 2016 年版）、《风雨路·战友情——李大清回忆录》（中国三峡出版社 2002 年版）等学界此前运用较少的资料，可以丰富对历史细节的描绘与把握。

第一章　全国抗战初期山东的国共关系

全国抗战爆发以后，中国共产党与国民党在山东合作与斗争的过程较为复杂。由于大陆时期的国民党从来不是一个统一的整体，其在山东的派系众多，中国共产党与山东不同派系的国民党力量之间都有过合作与斗争。全国抗战初期，国民党中央要求韩复榘死守山东，而韩复榘主政的鲁省政府则在抗战意志上摇摆不定。中国共产党积极争取韩复榘抗日，努力恢复各地党组织，并配合国民党正面战场。在韩弃守山东后，沈鸿烈主政鲁省。中国共产党在鲁西北与范筑先进行了深入合作，使鲁西北一度成为全国国共合作抗日的典范。同时，随着国民党山东省政府主席沈鸿烈从鲁西流亡到鲁北，中国共产党与沈的山东省政府进行了复杂的合作与斗争。而在全国抗战初期的鲁南敌后，中国共产党统一战线的重点是国民党石友三部。

第一节　韩复榘对日态度的摇摆不定与中共对韩抗日的积极争取

作为全国抗战爆发前较长时间统治山东的国民党地方实力派，山东省政府主席韩复榘的对日态度具有鲜明的两面性。一方面，作为地方实力派，韩复榘缺乏与日本决裂，公开抗日的勇气，不敢公开开罪于日本，而他本人在相当长的时期内一直将蒋介石和南京国民党中央作为自己最大的威胁，害怕蒋介石"吞并异己"。为了自身的利益考虑，韩复榘试图利用日本的势力将南京国民党中央的势力驱逐出山东省，以保持其在山东"独立王国"做"土皇帝"(实际是地方割据)的地位。另一方面，对于日本人的威逼利诱，韩又保持了一定的警惕，不肯将山东的根本权益出卖给日本。尤其对 1935 年以来日本对其一再拉拢，并策划利用他实现所谓"山东自治""华北五省自治"，使鲁省脱离国民政府中央的企图，韩复榘始终抱有较强的戒心，不愿公开进行日本所希望的分裂华北、分裂中国的行动。为了取悦山东官绅民众

（包括韩身边的很多官员都有较为强烈的抗日民族情绪），迎合九一八事变以来山东各阶层日益激烈的民族情绪，韩复榘还试图把自己装扮成一个"抗日爱国者"，"他怕一旦跟日本人'合作'，自己就会被抗日的浪潮吞没，成为刘豫、张邦昌"[①]。1937 年全国抗战爆发前，韩复榘也进行了一定的抗日准备，如"下令山东各县扩充民团，训练民众，学生集中军训，说这是'为抗日作准备'"[②]。"然而他又不愿过于刺激日本人，所以他曾下令解散反日会，取缔反日宣传，逮捕坚决抗日的共产党，逮捕国民党山东省党部负责人，等等。"[③]其对日态度颇为矛盾。日本侵略者则认为韩复榘可利用，软硬兼施，在他身上"颇下功夫"，"更想搞'山东独立'等名堂"，"韩虽未入彀，但虚与委蛇，总是有的"[④]。因此全国抗战爆发前的韩复榘既要做出一副抗日守土的姿态，又不能下定决心全力抗日备战，既想利用日本人要挟南京中央以其维持地方实力派地位，又不敢全盘答应日本分裂华北、分裂中国的企图。

"山东地区我们党很早就开展起上层统战工作了。"[⑤]在蒋介石与日本的双重逼迫利诱下，韩复榘本人及其部下态度游移不定，也给了中国共产党对韩复榘开展统战的有利条件。中共对韩复榘第三路军上层人物的劝说与接触的重点，主要有余心清、刘熙众、王致远等人。[⑥] 如余心清，"远在察哈尔同盟军时即和我们党有接触，1936 年秋华北救国联合会成立，就主动来北平找我们联系。梁漱溟在韩复榘支持下，在山东推广乡村建设运动，为了培训乡农学校军官，由王致远主持办了个乡农学校教练养成所，也派人来北平，通过地下党组织推荐一批共产党员和'民先'队员去做学员"[⑦]。余心清思想"左倾"，但当时并未加入中国共产党，而经历过此段的国民党人则认为"余（心清）是共党核心分子，二十六年（1937 年——引者）初，以政治部主任的职权引进大批共产党人到山东，或派在第三路军作各级政治干部，或派在各县作抗日活动。第三路军总指挥是韩复榘，韩又是山东省政府主席，余

---

① 崔力明：《济南的陷落》，济南市政协文史资料委员会编：《济南文史集粹》（上），2000 年版，第 205—206 页。北宋末年、南宋初年，刘豫、张邦昌在金兵攻破北宋都城东京汴梁（即中国历史上著名的"靖康之耻"）后，曾在金国占领的北宋故土当上傀儡政权的皇帝，建立了被时人唾骂的"汉奸政权"。

② 崔力明：《济南的陷落》，济南市政协文史资料委员会编：《济南文史集粹》（上），2000 年版，第 206 页。

③ 崔力明：《济南的陷落》，《济南文史集粹》（上），第 206 页。

④ 胡士方：《杂记韩复榘》，台北《山东文献》第 3 卷第 4 期，第 125 页。

⑤ 张友渔：《中共中央军委华北联络局与山东抗战》，曲青山、高永中主编：《抗日战争回忆录 2》，党建读物出版社 2015 年版，第 296 页。

⑥ 张友渔：《中共中央军委华北联络局与山东抗战》，《抗日战争回忆录　2》，第 296—297 页。

⑦ 张友渔：《中共中央军委华北联络局与山东抗战》，《抗日战争回忆录　2》，第 297 页。

心清代韩复榘推行抗战工作,谁也不能反对,余所引进的共产分子就与当地潜伏共产分子挂上了钩,也就大胆地从事武装力量的发动了,但仍在秘密中进行"①。

随着西安事变的和平解决,中国共产党在国内的身份地位逐渐趋向公开化与合法化,并可以进行一定程度的公开活动。同时,随着日本对韩压力的增大和全国抗日热潮的高涨,韩本人的抗日态度也有所增强,对日本的态度由"若即若离"转而为一定的强硬。据时任山东省教育厅长、与韩复榘共事八年之久的何思源回忆,1936 年韩复榘已开始在全省备战,并多次拒绝日本要韩加入甚至领导"华北自治"的要求,使日本在济与韩联络的参谋花谷一度要当韩面"剖腹自杀"。至七七事变发生前后,韩复榘已由在日本和蒋介石之间长期摇摆不定,转为全面倒向蒋介石中央。② 中国共产党对韩复榘、宋哲元、阎锡山等华北地方实力派始终抱着积极争取其抗日的态度,"加强了对韩及其部下的争取和联络工作"③。1937 年 1 月,刘少奇电告张闻天:"我们准备使阎锡山、韩复榘、宋哲元、各实力派督促南京实行对外抗战,对内民主等条件,并发动各地群众向三中全会请愿。"④"七七事变前,中共中央和毛泽东就有联络鲁韩、绥傅、晋阎共组北方联合战线之计划。"⑤而韩复榘对中国共产党的态度也有所转变,从此前的镇压改为适度合作。鉴于韩复榘作为地方实力派,存在被争取到全民族抗日阵营的可能性,并有效利用此时机恢复白色恐怖期间被破坏殆尽的山东党组织,中共中央对韩复榘进行了积极的争取工作。1937 年 5 月,为指导山东统战工作,中央派彭雪枫来鲁。彭雪枫在济南"约集了共产党员朱晦生(韩复榘第三路军军官),原育德中学同学赵子众、陈占云,以及三路军军官冯惊涛、高谊云等十余人,开了一个座谈会。彭雪枫给大家讲了中共的方针政策和国内外的政治形势,增强了到会者跟着共产党走的决心和信心"⑥。

1937 年七七事变发生,中共中央先后派张经武、张震到济南,"通过余心清等的介绍,见到了韩复榘。张等向韩表达我们党中央联络各地实力派

---

① 刘道元:《抗战期间山东未曾沦陷(中)》,台北《山东文献》第 12 卷第 3 期,第 51 页。

② 何思源:《我与韩复榘共事八年的经历和见闻》,《文史资料选辑》编辑部编:《文史资料选辑(合订本)》第 13 卷,中国文史出版社 2000 年版,第 194—197 页。

③ 曾成贵主编:《中国革命史人物研究综览》,河南人民出版社 1989 年版,第 766 页。

④ 中共中央党史和文献研究院编:《刘少奇年谱(增订本)》(第一卷 1898—1942),中央文献出版社 2018 年版,第 193 页。

⑤ 曾成贵主编:《中国革命史人物研究综览》,第 766 页。

⑥ 中国中共党史人物研究会编:《中共党史人物传 精选本 7 军事卷 下》,中共党史出版社 2010 年版,第 358 页。

一致抗日的方针后，韩向张等问询抗战胜利的办法。张等根据我党抗日救国十大纲领精神，向韩提出建立抗战动员机构。推动改造部队、动员群众、开展抗日游击战争主张，韩采纳了张经武等人的建议，抵制了蒋介石右派复兴社到他的部队的主张，由韩自己选人员组建了第三集团军政训处”，委余心清任处长，王致远任副处长，余是冯玉祥的高级幕僚，曾任北平育德学校的校长，赵伊萍等北平育德的一些同学也在政训处工作。①

北平失守后，大批爱国学生、党和群众团体成员迅速转移到天津租界，需要尽快转移到内地。在中国共产党的组织下，2000多名党员和群众救亡团体负责人与积极分子乘坐英轮从大沽口南下，但英国以上海已爆发战争，“青岛中国海军布雷，两地均不能靠岸为由”，试图将船开回天津。在中共党人积极争取下，最终决定开往山东烟台。② 中共党员张友渔、齐燕铭、程希孟等先期到济南与余心清、刘熙众等人商议，此时，红军代表张经武和其他几位陕北来的红军干部已在济南，住在刘熙众家及其公路局招待所。数千爱国学生、进步力量到达烟台后，“余心清、刘熙众将我党意见汇报给韩复榘后，韩同意我们的意见，即指示刘熙众派汽车将烟台登陆人员接到潍县，然后乘火车到济南”。“这些人到济南后，很快即由各校学生会推出负责人组织起平津流亡同学会，将济南高中、一师、育英中学等辟为流亡同学免费食宿场所”③，韩复榘的山东省政府为他们提供了必要帮助。

在韩复榘的支持下，北平失守后，济南迅速成为平津爱国青年的主要聚集地，大批共产党员和倾向于中共的青年在中国共产党的组织下，由济南开赴全国各地抗日战场。经韩复榘指示省公路局长刘熙众“派汽车紧张地运输了一个月，数以万计的平津流亡学生和爱国职工到达了济南”，其中有不少倾向国民党和中间状态的学生，“通过济南到国民党办的军校、航校、炮校和战干团，或去大后方学校复学去了”④。也有大批共产党员、“民先”队员和爱国青年，“在到达济南的平津各级党的机构安排下，他们被派遣到当时与我党有统战关系的山西阎锡山的牺盟会、决死队，大同马占山东北挺进军，保定万福麟五十三军，杨秀峰主办的河北民军民训处，津浦线冯玉祥第六战区长官部，宋哲元第一集团军石友三的一八一师，平汉线程潜第一战区长官

① 张维翰：《忆抗日初期鲁西北抗日根据地片断》，常连霆主编，中共山东省委党史研究室编：《山东抗战口述史》(中)，山东人民出版社2015年版，第325页。

② 张友渔：《中共中央军委华北联络局与山东抗战》，《抗日战争回忆录　2》，第297页。

③ 张友渔：《中共中央军委华北联络局与山东抗战》，《抗日战争回忆录　2》，第297—298页。

④ 张友渔：《中共中央军委华北联络局与山东抗战》，《抗日战争回忆录　2》，第298页。

部等处，做动员民众抗日的工作”[①]。

全国抗战爆发初期，经过红军代表张经武及华北联络局张友渔等中共党人与韩复榘几次谈判，中国共产党与韩达成了团结抗战的协议，主要有以下内容：

首先，释放在押的政治犯。七七事变后，原籍济南的中共党员王克文利用大批平津流亡学生云集济南，济南抗日热情空前高涨的有利时机，在群众集会中发起成立了“山东全省救亡促进会”，该会“借用普利门外基督教青年会会址，公开挂出牌子，进行抗日活动”。王克文的公开活动，得以与山东省委取得联系。“山东省委发出一份在狱同志要求释放的呼吁向社会公布，同时发动各监狱政治犯进行绝食斗争，里应外合，逼迫韩复榘释放政治犯”，并向王克文“递交了一份在狱政治犯呼吁书，大约几百字，大意是国难当头，山东危急，要求释放我们到前线杀敌。落款是420余在狱政治犯。山东省委要求王文克一定要在山东的大报上登出来，越快越好”[②]。王克文在“冰如通讯社”记者何冰如的帮助下将之从报上刊登出来，配合了省委组织“各监狱同志进行绝食斗争”，使中共在与韩复榘的谈判交涉中取得了主动。[③] 韩复榘“表面上对共产党的代表表示好感”，当“张经武同志向他提出释放山东全部政治犯的要求，他便答应了下来”[④]。同年10月，韩复榘“取消了山东反省院，同时命令山东各监狱把政治犯解到济南，扬称要见见共产党、同共产党谈谈话”，据当时被释放的共产党员张晔回忆，他所在的“青州省立第四监狱全部政治犯在十一月被送到济南。当时日本已开始轰炸济南，情况比较紧急，紧急中韩复榘没有同我们见面谈话就让我们取保释放。这时王寿昌在济南又开了一个皮鞋铺，由他给我们作保，这样我们很快就被释放了”[⑤]。“抗战前，中共山东地下党屡遭破坏，各地区党的负责人基本上都被捕，关在济南狱中。经过这次党的营救，赵健民、理琪、张北华、程照轩等同志都走出牢门，纷纷到各地区发动游击队去了。”[⑥]应该说，韩复榘释放政治犯的举动

① 张友渔：《中共中央军委华北联络局与山东抗战》，《抗日战争回忆录　2》，第298页。

② 常连霆主编，中共山东省委党史研究室编：《中共山东编年史》第2卷，山东人民出版社2015年版，第455页。

③ 王文克：《营救在狱“政治犯”纪实》，常连霆主编，中共山东省委党史研究室、山东省中共党史学会编：《山东党史资料文库》第19卷，山东人民出版社2015年版，第23—25页。

④ 张晔：《七七事变后韩复榘的政治态度及其释放政治犯的情况》，青岛市青年运动史工作委员会、共青团青岛市委青运史办公室编：《青岛青运史研究　1》，1988年版，第130页。

⑤ 张晔：《七七事变后韩复榘的政治态度及其释放政治犯的情况》，《青岛青运史研究　1》，第130页。

⑥ 张友渔：《中共中央军委华北联络局与山东抗战》，《抗日战争回忆录　2》，第298页。

对此后中共在山东抗战力量的发展壮大起到了较重要作用。赵健民、理琪等山东党的骨干被释放后，迅速投入到山东各地党组织的恢复及筹备武装起义的过程中，为全国抗战初期山东党的武装起义，建立自己的根据地做出了重大贡献。

其次，在韩复榘的第三集团军中设立政训处。该处由倾向中共的左派人士余心清任主任，王致远任副主任。党组织派赵伊萍、李续刚、蒲子正、刘积成等中共党员去政训处工作，“还吸收了原在三路军工作的路庭训、吴清海等一批左派分子，参加政训处的领导”①。爱国民主人士余心清②对于全国抗战初期中国共产党组织在山东的恢复与发展，及中共与韩复榘的统战发挥了较为重要的作用。后来退到台湾的山东国民党人回顾这段历史时认为，余心清在鲁期间的两大“政治作用”之一，“是为共产党在山东开路”。作为第三路军政训处主任，余心清深得韩复榘信任，“颇为各厅处及社会人士所注目，省府朝会有余主任报告，重要集会有余主任演讲，一般人认为余主任不仅在军事上而且在政治上将扮演一个有关山东政局发展的重要角色”③。国民党方面亲历者称，余心清“在国共合作抗日号召下，引进共产党人及左倾分子，中央无法干预，韩主席(指韩复榘——引者)亦无任何防范，任凭余的政治安排。分派在第三路军部队者，是以政工名义渗透士兵及驻在地民众。分派在各专员公署及县政府者，可与当地潜伏共产分子挂钩，支持他们发动游击武力”，此后随着韩复榘被蒋介石扣押、枪毙，孙桐萱接管第三路军，沈鸿烈继任省政府主席，余心清在山东“安插分派”共产党的工作不得不停止，“但在地方上的作用已经很大了”④。

第三，“开办第三集团军政治工作人员训练班，培训动员民众干部。”⑤据全国抗战初期负责与韩复榘交涉的北平来鲁大学教授、著名共产党员张友渔同志回忆，“这个训练班由韩复榘兼任主任，余心清为副主任，黄松龄为教

① 张友渔：《中共中央军委华北联络局与山东抗战》，《抗日战争回忆录　2》，第299页。

② 余心清(1898—1966)，安徽合肥人，长期跟随冯玉祥将军，属于原西北军派系中的“老资格”。1936年起在韩复榘(韩亦曾为冯玉祥部下，与余心清同属原西北军派系)第三路军工作。1944年加入中国民主同盟，抗战胜利后参与策动国民党孙连仲部(原西北军派系)起义，事泄被捕，1949年获释，同年出席中国人民政治协商会议第一届全体会议。新中国成立后历任中央人民政府办公厅副主任、国家民委副主任、全国人大常委会副秘书长等职。1966年在北京病逝。参见杨保森著：《西北军人物志》，中国文史出版社2015年版，第279—280页；安徽省地方志编纂委员会编：《安徽省志(人物志)》，方志出版社1999年版，第555页。

③ 刘道元：《抗战期间山东未曾沦陷(中)》，台北《山东文献》第12卷第3期，第52页。

④ 刘道元：《抗战期间山东未曾沦陷(中)》，台北《山东文献》第12卷第3期，第52页。

⑤ 张友渔：《中共中央军委华北联络局与山东抗战》，《抗日战争回忆录　2》，第299页。

务长，齐燕铭、陈北鸥为教务员。我和许德瑗等为教官。当时政治教育完全由我们党负责，三路军的军官负责军事训练。党的组织和‘民先’队在华北的组织曾输送了五六百平津流亡来济的党员、‘民先’队员进入这个训练班，山东地下党也动员了五六百党员和爱国青年考入这个训练班，再加上王致远乡农学校教练养成所剩余的二三百学员，共计 1500 余人。他们受我们党抗日民族统一战线和群众工作、游击战术等教育后，被陆续派往临近战区的临清、德州、惠民、聊城等专区。烟台、临沂专区也派遣了一部分。其中以聊城地区派遣的学员成就最大”①。最终成功“建立起著名的鲁西北抗日根据地”，并为“1939 年罗荣桓率八路军一一五师主力入鲁，奠定了基础”②。

第二节　范筑先与鲁西北国共合作新局面

全国抗战爆发以来，国民党山东省第六区行政督察专员兼保安司令官范筑先始终驻守聊城，坚持抗战，给敌人以重大打击。范筑先积极容纳共产党人。中国共产党与范筑先在以聊城为中心的鲁西北地区建立了统一战线，密切合作，开创了鲁西北国共合作抗日新局面。全国抗战初期的鲁西北，成为当时全国国共合作的典范。

范筑先“1881 年 11 月 21 日，生于山东省馆陶县南彦寺村”③，“起自行伍，以勤廉仁勇，历著战功，升迁至旅长”，1936 年 11 月“擢委第六区行政督察专员兼保安司令”④。范筑先的正直品格与爱国精神，“是接受我党抗日民族统一战线的基础，我党中央对范筑先是很重视的”⑤。早在全国抗战开始前，中国共产党就在鲁西北地区与范筑先建立了较为良好的合作关系。“一九三七年四月，中共中央联络部的彭雪枫同志，受周恩来同志的委托，来到山东开展党的统一战线工作。”⑥

鲁西北地区原有党组织在白色恐怖时期被破坏严重，很多党员与上级

① 张友渔：《中共中央军委华北联络局与山东抗战》，《抗日战争回忆录　2》，第 299 页。

② 张友渔：《中共中央军委华北联络局与山东抗战》，《抗日战争回忆录　2》，第 299—300 页。

③ 清末、民国时期馆陶县为山东省管辖。

④ 《山东省政府委员兼第六区行政督察专员保安司令范公传略》，聊城市档案馆藏，案卷号：204-1-4-7。

⑤ 张维翰：《忆民族英雄范筑先》，本书编写组编：《山东革命斗争回忆录丛书　光岳春秋》（上），山东人民出版社 2014 年版，第 81 页。

⑥ 张维翰：《忆民族英雄范筑先》，《山东革命斗争回忆录丛书　光岳春秋》（上），第 81 页。

组织失去了联系。1937 年 5 月，彭雪枫来到聊城后，利用昔日旧谊，积极开展党组织的恢复工作。彭雪枫与范筑先部很多人渊源较深，他与第三集团军政训处处长余心清是师生关系，且余任职育德中学校长时，曾资助过彭的学业，彭雪枫同六区专员范筑先周围的张维翰、牛连文、赵伊萍等人是育德中学同学，故来聊后，亲自介绍张维翰等进步青年入党，并为赵伊萍等与组织失去联系的党员恢复了党的关系。①

彭雪枫特别指示鲁西北同志："不仅要团结和积蓄抗日力量，更重要的是对范筑先做工作，争取他接受党的抗日主张，利用范筑先的合法政权，开展抗日民族统一战线的工作。"②据范筑先的秘书、同乡、中共党员张维翰回忆，彭雪枫到聊城后，"就住在专署范筑先办公室西屋"，"我（指张维翰——引者）以同学的关系"，将彭雪枫介绍给范筑先，"未暴露其身份"。彭走后，"我把彭代表共产党中央来聊城的情况，和彭讲的一些问题，向范作了详细的回报"。范筑先点头赞许说："共产党的这一套主张很好，不用红军的战法是不能打败日军的。""同时，他又对我很不满意的说：'红军代表来了，为什么对我保密？自作主张！'我解释说：'目前共产党还处在秘密状态，在山东省还没有公开。一方面他没有中央指示不便公开露面，再则你是韩复榘的重要官员，他不便和你公开接谈。倘若中日战争一起，我们马上可以和他们联系，他们可能派代表来，你可以直接面谈了。'经我解释后，范才微笑点头表示同意。"③

此后范筑先赴济南公干，中共党员张维翰、王化文与范筑先及其他西北军将领在津浦宾馆谈论当时面临的局势和共产党的"抗战十大纲领"，"一直谈到深夜两点。共同得出结论是：蒋介石是投降主义，靠国民党抗日根本不可能。中国几十万正规军纷纷南退，抵不住日军的进攻。华北眼看沦入敌手，要想抗日救国，必须动员群众，采用红军的游击战术。我们都是鲁西北人，决不能离开鲁西北南逃。坚决留在自己家乡，和日军血战到底！大家一致认为：要保卫自己的家乡，取得抗战最后胜利，只有依靠共产党，取得共产党的领导。如果南逃，死路一条。最后范筑先提出：'我们和共产党没有联系怎样办？'我们说：'由我们负责联系，聘请共产党来鲁西北协同抗战。'"随后张维翰等请示省委后，"派共产党员姚第鸿去聊城。姚是西北军高级将领

---

① 张维翰：《忆抗日初期鲁西北抗日根据地片断》，常连霆主编，中共山东省委党史研究室编：《山东抗战口述史》（中），山东人民出版社 2015 年版，第 324 页。

② 张维翰：《忆民族英雄范筑先》，《山东革命斗争回忆录丛书　光岳春秋》（上），第 81 页。

③ 张维翰：《忆抗日初期鲁西北抗日根据地片断》，《山东抗战口述史》（中），第 324 页。

姚以介的儿子，和范筑先有旧谊。姚到聊城后，范委他为专署的秘书”[①]。

1937年10月，日军占领德州，侵入鲁北后，范筑先迅速派中共党员张维翰前赴济南邀请共产党人到鲁西北（第六区）与其合作，抗日守土。经山东省委赵伊萍等联系沟通，张维翰很快就同冯基民、徐茂里、高元贵、张舒礼等12名共产党员干部接上头，聘请他们担任六区干事。“10月12日到济南政治工作人员训练班挑选学员。根据思想进步、抗战坚决、吃苦耐劳、身体健康等条件，与省委工作人员赵伊萍、训练班教务长齐燕铭，共商挑选出以共产党员和民先队员为骨干的政训服务员240名。”从10月13日起，山东省委选派的240名服务学员分批离开济南。10月16日，张维翰随第三批学员到了聊城，去专署向范筑先汇报。[②] 此时，高唐县已失守，范筑先接到国民党山东省政府主席韩复榘要求第四、五、六区专员和县长立即率部向黄河以南撤退的命令，决定遵命撤退。但张维翰坚决反对撤离聊城，范即委任中共党员张维翰为代理聊城县长，留下27条步枪和2000元现金后，遵韩复榘命率军撤往黄河以南。范筑先在撤退途中目睹黄河以北国土沦丧，冀鲁溃兵四处劫掠，民众流亡，深感痛惜与踟蹰，经范身边的共产党员姚第鸿大力劝说，“决定暂停黄河北岸齐河官庄渡口，观望形势，接着得到留守聊城代理县长张维翰的报告，知42名政训服务员被一支袭入聊城的溃兵缴械裹走，张维翰要求回军营救；又探知侵占高唐、临清的日军已经撤退，遂决定不再渡河南退，又率部返回聊城”[③]。11月中旬，“日军再度向鲁北进攻，宋哲元第一集团军反攻邢台失败退回，纷纷向黄河南撤退，人心惶惶。韩复榘再次令范筑先退到黄河南岸”[④]。11月19日，“在山东博平县西关一个小旅店内”，范筑先拟就了“关于誓守黄河以北广大国土，决不南渡”的“皓”电，该电被“带到济南发出”。“这是范筑先将军在屡次得到韩复榘不战而退的命令，接受中国共产党人的劝告与合作，以守土有责，下定决心誓死不退渡黄河以南，坚持鲁西北平原游击战争的最早的历史、文献资料。”[⑤]“皓”电全文如下：

“南京陆海空军大元帅蒋

山东省政府主席韩钧鉴：

---

① 张维翰：《忆抗日初期鲁西北抗日根据地片断》，《山东抗战口述史》（中），第326页。

② 张维翰：《忆抗日初期鲁西北抗日根据地片断》，《山东抗战口述史》（中），第326—327页。

③ 常连霆主编，中共山东省委党史研究室编：《中共山东编年史》第2卷，山东人民出版社2015年版，第670—671页。

④ 常连霆主编，中共山东省委党史研究室编：《中共山东编年史》第2卷，第671页。

⑤ 《按：范筑先将军“关于誓守黄河以北广大国土决不南渡”的“皓”电》，聊城市档案馆藏，案卷号：204-1-4-6。

溯自倭奴入寇，陷我华北。铁蹄所到，版图易色，现我大军南渡，黄河以北，坐待沉沦，哀我民群，胥隔水火，午夜彷徨，泣血锥心。职督是区，守土有责，裂目北视，决不南渡，誓率我游击健儿及武装民众，以与倭寇相周旋，成败利钝，在所不计，鞠躬尽瘁，亦所不惜。惟望饷项械弹时相接济，卑职抗战到底，全其愚忠。引领南望，不胜翘企！

山东省第六区行政督察专员

兼游击司令官

范筑先印皓印”[①]

范筑先誓不渡河的举动，与黄河北岸纷纷溃退的国民党各级政权形成了鲜明对比。黄河北岸山东省三个专员区，“鲁西北的第四区和鲁北的第五区分别撤至黄河以南暂住，独第六区未撤”[②]。随后范筑先收复高唐、夏津等县，收编了南撤的溃军齐子修部及大量地方武装，实力大大增强。

同时，范筑先与中国共产党的积极合作态度，大大加快了中国共产党在鲁西北的发展步伐，增强了第六区的抗战力量，使中共在鲁西北摆脱了地下状态，中国共产党同范筑先在鲁西北的统一战线正式形成。一时间，鲁西北成为了全国少有的统一战线典范。

中共中央极为重视鲁西北的统战工作。1938 年 3 月 25 日，毛泽东在给八路军第一二九师师长刘伯承、副师长徐向前和政治委员邓小平等人的电报中指示：“鲁西北特委有少数游击队。鲁西特委负责人邢金声（张霖之的化名，时任中共山东省委驻鲁西地区代表）与范筑先合作，有武装数千。直南专员丁树本坚决抗日，有武装三千，也急欲与我们合作，要求派干部。丁范两专员均派代表到汉，已受到中央奖励。我们武装除四支队，又扩大濮阳八大队，人枪四百。请转陈宋设法与上述武装联络。”4 月 21 日，毛泽东又发电报给徐向前等人：“在范专员、丁专员地区，仍有原来的政府，应即经过统一战线的推动，迅速改造与加强政府，使之成为人民的抗日政府，吸收坚决有能力的分子参加进来，洗刷腐化无能的分子，使政府、部队、人民密切联系起来。”[③]

中共在鲁西北取得合法地位后，张霖之和鲁西北特委充分利用有利时机，一面帮助范筑先坚定抗战信心，“一面加强党的建设，设法建立党直接掌

---

① 《范筑先将军“关于誓守黄河以北广大国土决不南渡”的“皓”电》，聊城市档案馆藏，案卷号：204－1－4－6。

② 刘道元：《抗战期间山东未曾沦陷（上）》，台北《山东文献》第 12 卷第 2 期，第 20 页。

③ 山东省档案馆编：《毛泽东与山东》，中央文献出版社 2003 年版，第 326 页。

握的武装和党直接领导的抗日政权”①。当时，第六区政训处是中国共产党在鲁西北的公开活动机构。1937年10月该处在聊城正式成立，由中共党员张维翰任处长，山东省委组织部长张霖之、中共党员姚第鸿任秘书，其他组织、宣传各部也均由中共党员掌握。1937年底，政训处进一步扩大，该处“对外是第六区的一个行政机构，对内是中共鲁西北特委领导抗战的办事机关。通过这个组织公开领导鲁西北的抗日工作”②。该处成立后，即分配干部到第六区下辖的12个县建立了政训处的办事处，第四区所属馆陶等县政训处也分别建立。③ 中国共产党充分利用各县政训处进行宣传与动员，吸收了大量优秀分子入党和加入中华民族解放先锋队，为此后党在鲁西北的独立发展培养了一大批干部和武装力量。经过党组织不懈努力，“到1938年初，一些县委或工委相继建立，莘县、寿张、冠县、濮县、范县、阳谷、齐河等县的抗日政权为我党所掌握，并在堂邑县建立了由我党直接领导的一支抗日游击队（即后来的十支队），鲁西北的混乱局面初步得到了扭转”④。根据共产党员、第六区政训处长、聊城代县长张维翰回忆，范先后委任了十几位青年共产党员接任县长：

> “莘县县长王嘉猷逃走，委共产党员吕世隆。寿张县长齐体元逃走，委共产党员管大同。冠县县长侯光禄逃走，前后委共产党员张维翰、王化云、马景汉。濮县县长苗振武逃走，委共产党员张舒礼。阳谷县长杨寄峰逃走，委共产党员徐茂里。范县县长张振声逃走，委共产党员周子明。高唐县长逃走后派共产党员周子明。恩县县长逃走后，派李子俊（不久牺牲）。馆陶县县长王化安、韩书义先后逃走，委共产党员袁崇德。邱县县长逃走，委共产党员张廉芳、成润。齐河县长逃走，委共产党员王青云。东平县长逃走，委共产党员周持衡。平阴县县长委共产党员邹鲁风。肥城县长委于汇川。”⑤

至1938年秋，鲁西北国共合作统一战线进入鼎盛时期。

在政训处（后改名为“政治部”）的组织下，鲁西北军民抗战情绪高涨，当

① 中国中共党史人物研究会编：《中共党史人物传 精选本11 政治经济建设卷 中》，中共党史出版社2010年版，第8页。

② 张维翰：《忆抗日初期鲁西北抗日根据地片断》，《山东抗战口述史》（中），第336页。

③ 张维翰：《忆抗日初期鲁西北抗日根据地片断》，《山东抗战口述史》（中），第336页。

④ 中国中共党史人物研究会编：《中共党史人物传 精选本11 政治经济建设卷 中》，第8页。

⑤ 张维翰：《忆抗日初期鲁西北抗日根据地片断》，《山东抗战口述史》（中），第337页。

时创办的铅印、石印、油印报纸有50多种，主要报刊情况如下：

表1-1　全国抗战初期鲁西北国共合作的主要报刊

报纸名称	主要内容
《山东人》	三日刊。印100份。孙兴诗、许法主编。
《抗战日报》	中共鲁西北特委机关报。社长申仲铭，总编辑齐燕铭。第一时期是1937年12月中旬到1938年1月下旬，黄白莹主编。日出100份。第二时期是1938年1月下旬到4月底，李士钊编辑，严树勋负责印刷和发行。每日油印200份。第三时期1938年5月1日改为四开铅印，每日印6000份。
《先锋月刊》	中华民族解放先锋队鲁西北分队部机关报。编辑人徐少岩和吴鸿渐。1938年4月5日创刊，日印500份，发往鲁西北和冀南各县。
《行军日报》	杨小泉、连守亮编辑。油印日刊。1938年5月濮县战役时在前方出版。8月又在齐河潘店前方政治部出版。
《战地文化半月刊》	理论刊物。是冀鲁青年记者团机关报之一，编辑丁子玉、李士钊、吴韬、许法、莫循等。每期印2000册。从1938年9月7日创刊到10月20日共出版三期，登载过叶剑英、徐向前等的军事论著。
《战线旬刊》	三十二开铅印通俗刊物。是冀鲁青年记者团机关报之一，由王今然、许法等主编，1938年9月创刊。每期印3000册，共出版三期。

（资料来源：张维翰：《忆抗日初期鲁西北抗日根据地片断》，《山东抗战口述史》（中），第337—338页。）

主要抗日民众团体情况如下：

表1-2　全国抗战初期鲁西北主要抗日民众团体

团体名称	主要情况
抗战移动剧团	1937年12月在聊城成立总分会。团长刘定一，团员李秋霜、曾昭庆、王书田、贾震等，演出《放下你的鞭子》《打鬼子去》《张家店》等小戏剧；并向群众教唱《松花江上》《牺牲已到最后关头》《救亡进行曲》等救亡歌曲。到阳谷、濮县前线，南宫、临清、冠县等地演出。
聊城妇女救国会	1938年3月成立，由武治国（范筑先夫人）、郝冠英、丁子玉负责。
聊城儿童救国团	1938年5月成立。地址在聊城原进德会，由李士钊任团长。
聊城妇女战地服务团	1938年5月在聊城政治部成立。由金维、许可、张扬、范晔清（范筑先的大女儿）负责。曾到濮县前线服务。
冀鲁青年记者团	1938年5月12日在聊城原进德会成立，团长李士钊。下设组织、宣传、研究、联络等部。
聊城青年救国会	1938年6月在聊城崔家大院成立。团长邓延熙（白果）。

（资料来源：张维翰：《忆抗日初期鲁西北抗日根据地片断》，《山东抗战口述史》（中），第338—339页。）

在干部方面，延安和武汉先后派出三批干部来聊进行工作。此后中共鲁西北特委先后两次派干部从第六区赴延安中央党校、抗日军政大学、陕北公学学习，“其中包括范将军的儿子范树中，女儿范晔清、范树琬三人”①。

1938 年 3 月 20 日，冀鲁豫边区省委在河北南宫成立，“张霖之参加了成立大会。为了统一这一地区的对敌斗争领导，鲁西北特委、直南特委划归冀鲁豫边区省委领导，张霖之以冀鲁豫省委代表和山东省委代表的双重身份指导鲁西北地区的工作”②。

为进一步团结、巩固与范筑先部的关系，1938 年 6 月 21 日，八路军一二九师副师长徐向前在与范部防区接壤的河北威县与范筑先进行了会谈，双方就冀鲁抗日联防问题达成协议。1938 年 9 月 23 日，“范筑先又亲赴南宫参加中共北方局代表和八路军一二九师召开的冀鲁两省军政联席会议。会晤了徐向前、朱瑞、宋任穷等同志，并接受了共产党发动群众，建设根据地，整顿部队长期抗战的意见”③。在这次会议暨中国共产党所实际领导的“冀鲁边区‘民先’总队部成立大会”上，范筑先发表了讲话，针对“民先”的动员工作，主要谈了三点“看法和作法”，(一)“不屈服，不动摇，抗战到底”。(二)“要有勇有谋”，“在工作中要‘先谋而后动’”。(三)“要有工作方法”，他认为“民先”的任务是帮助军队，帮助政府动员民众参加抗战，对青年人“既应坦白从事，工作方式又要合理”，“以身作则”。④

1938 年 9 月，山东党的主要负责人黎玉和张经武率领 300 余名青年干部和红军干部，由延安回山东经过聊城，得到范筑先的热情欢迎与招待，黎玉“带来了毛主席给范筑先先生的亲笔信，这是毛主席对范筑先亲自做统一战线工作和对他进一步争取团结的重要措施。信中充分肯定了范筑先在山东坚持抗战的重大贡献和深远的政治影响”，“黎玉同志还把毛主席著作《论持久战》一书亲自交给范筑先”⑤。

范筑先及身边的共产党员姚第鸿、张郁光等出席中共在河北南宫组织

---

① 《再按：国民政府行政院传令嘉奖山东范筑先守土抗战的电报》，聊城市档案馆藏，案卷号：204-1-4-6。原文为“范晔晴”，应为“范晔清”。

② 中国中共党史人物研究会编：《中共党史人物传　精选本 11　政治经济建设卷　中》，中共党史出版社 2010 年版，第 9 页。

③ 徐运北：《抗战初期鲁西北党的组织大发展》，冀南革命根据地史编审委员会编：《冀南党史资料》第 2 辑，1986 年版，第 287—288 页。

④ 《范筑先将军 1938 年 9 月 24 日在南宫“冀鲁边区民先总队部”成立大会上的讲话》，聊城市档案馆藏，案卷号：204-1-4-5。

⑤ 徐运北：《抗战初期鲁西北党的组织大发展》，《冀南党史资料》第 2 辑，第 288 页。

的冀鲁两省军政联席会议后，由第六区政治部（共产党员掌控）组织，于1938年10月5日起在聊城召开了全区军政联席会议，会议通过了多个重要文件，其中最为重要的是鲁西北《抗战行动纲领》（十五条），其内容包括，“巩固与扩大抗日民族统一战线，团结各党派各阶层之一切抗日力量，争取抗战最后胜利”，“彻底开放民众运动，在三民主义最高原则之下，予人民以集会、结社、言论、出版之充分自由”，“建立军队中的政治工作制度，加强官兵政治教育”，“普遍建立不脱离生产的人民武装，以配合游击队和正规军警戒及作战”，“建立军队中铁的纪律，造成军民一致、官兵一致的模范抗日部队”，“根据有钱出钱，有力出力的原则，实施合理负担，救济灾民，改善人民生活”，“肃清汉奸，并没收其财产，充作抗日经费”，“实施战时的大众教育，肃清文盲，培养救亡干部，以增强抗战力量”等。[①] 在这次大会的闭幕会上，范筑先再次“特别要向大家提出：要本着‘抗日高于一切’的根本原则，今后大家共同进取……‘抗日民族统一战线’的基本精神在于互助，而绝不是互相抵触，互相抵触是抗战必败的种子。我们大家万不可存意气之争”[②]。“一年之内，鲁西北抗日武装发展至三十五个支队和三路民军，达六万余众”，范筑先“率部屡战梁水、界牌、南镇、范县、濮县、东阿、齐河等地，共历八十余役，收复并保卫二十三县国土。公（范筑先——引者）正气凛然，数入绿林部众，晓以大义，使之归编。每临战场，皆机智指挥，身先士卒，置生死不顾”[③]。1938年8月13日，国民党山东省政府组织山东各抗日部队发动向省会济南的总反攻。范筑先担任西路军总指挥率部东进，“曾攻抵济南西郊段店一线，东部有人攻进济南东关老东门一带”[④]。在这次反攻的“齐河坡赵庄一役中，他的次子范树民所率‘青年抗日挺进大队’官兵六十多人壮烈殉国”，范筑先的儿子战死后，“全军全民咸感悲痛，各方纷纷函电慰唁范将军”，范筑先在聊城《抗战日报》刊登启事答谢各方慰问，只说“为国捐躯，系属军人光荣”，“马革裹尸，男儿应是，素愿已获，请释关注”[⑤]。“复令次女为队长继续杀敌，公率

---

① 《鲁西北〈抗战行动纲领〉（十五条）》，聊城市档案馆藏，案卷号：204－1－4－5。

② 《范筑先将军在鲁西北军政联席会议闭幕会上的讲话》，聊城市档案馆藏，案卷号：204－1－4－5。

③ 《〈民族英雄范筑先殉国处〉纪念碑背面碑文》（中共聊城地委一九八八年六月十二日讨论、修改通过），聊城市档案馆藏，案卷号：204－1－9－4。

④ 《范筑先将军为次子树民在齐河坡赵庄殉国答谢各方慰问的启事》，聊城市档案馆藏，案卷号：204－1－4－5。

⑤ 《范筑先将军为次子树民在齐河坡赵庄殉国答谢各方慰问的启事》，聊城市档案馆藏，案卷号：204－1－4－5。

军民坚决抗战，鲁西北抗战形势得以蓬勃发展。”[①]

据中共鲁西北领导人徐运北同志回忆：“当时鲁西北的抗战局面在华北和全国范围内都是很少有的。”[②]

日军对鲁西北国共合作抗战的局面极为恐惧，更视范筑先为“眼中钉肉中刺”。1938 年 11 月 14 日，日寇从济南调集重兵围攻聊城，范筑先率城内守军抵抗，日军攻入城内后，范退转上城中心光岳楼，与日寇激战，弹尽援绝，多处负伤，壮烈殉国。[③] 聊城一役，在范身边工作的共产党员姚第鸿、张郁光等及 700 多守城将士一同阵亡。[④]

范筑先殉国后，举国震惊，国共两党同时为之召开追悼会，国共高层均为之提送挽联。中共中央机关刊物《解放》周刊发表《哀悼民族老英雄——范筑先先生》，高度赞扬范筑先在敌后团结抗战的功绩，称在范的领导下“鲁西北的光明照耀到全华北”，希望继承“范先生所遗下的产业——鲁西北抗日根据地”，同时也对范牺牲后鲁西北团结抗战的局面表达了深切担忧，指出“那些不顾大局的分子将更会有所活动”，他们不想“动员民众去向日寇收复失地，而却想用方法去破坏范先生所艰难缔造的抗日根据地及其抗日的秩序与政策”，未来鲁西北抗战事业“可能更增加不少的困难”[⑤]。

由范筑先之牺牲，鲁西北形势亦逐渐发生变化。国共两党在鲁西北的统一战线面临严重危机。对于全国抗战以来范筑先与中国共产党在鲁西北的密切合作，时任国民党山东省政府主席的沈鸿烈是有所不满的。然而当时的沈鸿烈及其带领的山东省政府正处于居无定所，四处流亡之中，沈身边亦没有得力军队，几乎成为“光杆司令”“光杆主席”，因此其虽有不满，却力不从心。但范筑先殉国后，鲁西北一度形成权力真空，一方面，中国共产党由于此前与范的良好合作基础，已在鲁西北地区大大打牢并扩充了自己的力量，随着一一五师、一二九师部队东进鲁西，使中共在该地区占据一定优势；一方面，沈鸿烈及国民党山东省政府亦极力向鲁西北渗透，试图在四六区站稳脚跟，并抢夺地盘和民众。国共双方在鲁西北合作抗日的局面逐渐瓦解。

---

① 《〈民族英雄范筑先殉国处〉纪念碑背面碑文》（中共聊城地委一九八八年六月十二日讨论、修改通过），聊城市档案馆藏，案卷号：204 - 1 - 9 - 4。

② 徐运北：《抗战初期鲁西北党的组织大发展》，《冀南党史资料》（第 2 辑），第 288 页。

③ 一说为范筑先将军受伤后自戕而死。

④ 赵维东等编著：《山东抗战纪事》，山东人民出版社 2015 年版，第 129 页。

⑤ 《哀悼民族老英雄——范筑先先生》，《解放》1938 年第 58 期，第 2—3 页。

第三节　沈鸿烈带山东省府颠沛于鲁西期间与中共的关系

一、“口袋里装着的省政府”

沈鸿烈自 1938 年 1 月在鲁南曹县重组山东省政府起，至 1939 年初进驻鲁南止，率领省政府在鲁南、鲁西、鲁北多次迁徙，历经颠沛流离，始终坚持在敌后开展工作，被时人称作“口袋里装着的省政府”。

七七事变以来，山东省政府主席、第五战区副司令长官、第三集团军总司令、陆军上将韩复榘以地方军阀之“固态”，口头上高喊“誓死抗日”，却怕把自己军队老本打光，置民族大义于不顾，弃守黄河以北大片土地，再弃济南、泰安。1937 年 12 月，省会济南失守，日军长驱南下，“自日军侵占德州乃至济南失守，为时近三个月。这一时期，在山东省不能说毫无抗战的紧张气氛，但济南及胶济路沿线重要城镇可以说是不战而失”[①]。正如山东根据地主要创立者黎玉 1938 年所说：“这个物产富饶、宝藏无穷、人口众多、山岭险要的山东，它并没有挽留住我们的‘韩青天’。自‘韩青天’不战而退之后，敌人便向山东腹地长驱直入，奸淫掳掠，杀人放火，无所不为。”[②]韩本人因“守土不力”而被蒋介石撤职逮捕，于 1938 年 1 月被枪决。“国民政府军事委员会高等法院审判判决”称：韩拒不执行中央“先后电饬出师应援德州及进击沧州，牵制敌军之命令”，“擅先放弃济南，撤退泰安，委员长续令该被告坚守鲁南防地，又不奉命，节节后退迄鲁西济宁，致敌军跟踪侵入，陷军事上重大损失”，“被告（指韩复榘——引者）别有藉势勒派烟土、强索民捐侵吞公款、收缴民枪等情事”[③]。韩复榘被枪决在中国抗战遭遇困境的极端不利关头提振了全国军民抗战士气，对一些抗日“三心二意”、拥兵自重的地方军阀起到很大威慑作用。蒋介石在日记中记道：“自余到汴洛巡视，以至在武昌召集军官训话止，其间有极重大之三事”，头一件便“为拘办韩复榘，使抗命叛国之徒知所戒惧”[④]。“本月内奋勉不息，军事整理补充渐完，进步甚大，尤以韩复榘明正典刑，大快人心，且振纪纲也。”[⑤]毛泽东在《论持久战》中说：

---

① 张玉法主编：《民国山东通志》第 5 册，台北山东文献社 2002 年版，第 2950 页。

② 黎玉：《山东抗日游击战争的发展》，《解放》1938 年第 49 期，第 7 页。

③ 《高等军法会审终结　韩复榘昨执行枪决》，《申报》（汉口）1938 年 1 月 25 日，第 1 版。

④ 《蒋中正“总统”档案　事略稿本》第 41 册，台北“国史馆”2010 年印行，第 79 页。

⑤ 《蒋中正“总统”档案　事略稿本》第 41 册，台北“国史馆”2010 年印行，第 115 页。

"李服膺、韩复榘等逃跑主义者的被杀,是杀得对的。"[①]韩被撤职后,蒋介石经过权衡利弊,以于学忠担任韩的主力部队第三集团军总司令,因于学忠率部参加淮河阻击战,第三集团军实际由副总司令孙桐萱代理指挥。山东省政府主席一职空缺,以沈鸿烈接任。

沈鸿烈,湖北天门人,早年赴日学习海军,回国后曾长期在东北军中任职,是东北海军的实际缔造者。他与日后担任鲁苏战区总司令、同在鲁南抗战的于学忠均属东北军系统。全国抗战爆发前,沈鸿烈曾长期担任青岛市(国民政府行政院直辖市)市长,蒋介石以东北军系的沈鸿烈主政青岛,牵制割据山东的"土皇帝"韩复榘。沈在青期间抵制了日人侵略,对青岛市政、海防和近代教育事业也有过一定贡献。日军沿津浦线自北向南侵入山东后,青岛兵力薄弱、地势孤悬,一旦胶济线被切断,势必成为孤岛,陷入退无可退之境。日本海军集结重兵于青岛海面,又因顾忌日本在青九大纱厂的安全,妄图通过威胁沈鸿烈,不战而得青岛。[②] 沈鸿烈一方面动员整编了青岛一切可动员的力量,包括税警团、海军陆战队甚至市属清洁队等,并紧急扩编了保安队;一方面不顾日军一再威胁,彻底炸毁了日商在青的二十多家工厂,并破坏了市政基础设施,将青岛市属军警和各级机关经诸城、莒县安然撤至临沂。据当时新闻报道:"记者正作此通讯时,突闻炸声不断,震声响彻云霄。工厂区方面,则见火光烛天,并有浓烟一股,向海面朝北飞去。此时为晚间十时,适有寒冷之风向北狂吹,自晚间八时至今,炸声不绝。可见期待已久之炸毁日本纱厂计划,已在进行之中。"[③]此后沈鸿烈面见第五战区司令长官李宗仁,李命其将部队暂驻鲁南曹县待命。[④] 沈鸿烈抗日决心及行动坚定,为他赢得了一定舆论赞誉,加之其"一直在青岛及山东活动,情况较为熟悉,且他的海军陆战队亦在省内"。国民政府综合各方情况,于 1938 年 1 月 23 日"明令任命沈鸿烈为山东省政府委员兼主席"[⑤]。2 月又任命沈鸿烈兼任山东全省保安司令。

---

① 毛泽东:《论持久战》(1938 年 5 月),《毛泽东选集》第二卷,人民出版社 1991 年版,第 508 页。

② 芮麟:《抗战爆发后沈鸿烈放弃青岛的真象》,山东省政协委员会文史资料研究委员会编:《文史资料选辑》第 1 辑,山东人民出版社 1982 年版,第 112—113 页。

③ 《青岛日纱厂被炸追记》,《战地通信》1938 年第 13 期,第 7 页。

④ 芮麟:《抗战爆发后沈鸿烈放弃青岛的真象》,山东省政协委员会文史资料研究委员会编:《文史资料选辑》第 1 辑,山东人民出版社 1982 年版,第 120—122 页。

⑤ 《蒋中正"总统"档案　事略稿本》第 41 册,台北"国史馆"2010 年印行,第 81 页。

二、省府颠沛于鲁西期间与中共的关系

沈鸿烈在当时的山东省政府临时驻地曹县就任省政府主席后，面临着组织瓦解、人员逃散的困局。省府在曹县时工作已经停顿，“自济南沦陷以后，专员、县长采取自由行动，或留任，或离职，或携款潜逃，各项行政组织顿行瓦解”，省府全体人员，上至厅处长，下至办事员，“所得而知者，就是向曹县迁徙。当时，随其厅处前往者是少数，多数人基于抗战意愿，也就各奔前程”①。沈鸿烈所面临的困难可想而知。

沈鸿烈重新调整省县组织，原省府秘书长张绍堂于韩复榘被扣押后弃职潜逃，以跟随沈的原青岛市教育局局长雷法章继任（后由原青岛市政府秘书长胡家凤继任），民财教建四厅厅长分别为李树椿（后由雷法章继任）、王向荣、何思源、张鸿烈（后由秦启荣继任）。② “至于省府中下级职员：有韩复榘旧省政府的一部分，有青岛市政府的一部分，还有少数投效的知识分子及山东大学部分学生。”③此外，沈要求重建各区公署及县政府，“县政府必须在境内办公，专员公署由原来的八区增加到十四区，一百零八县也都有了县长”④。沈鸿烈在这一时期，“亲自到第一行政区的金乡、嘉祥，第二行政区的菏泽、郓城、城武、单县、定陶等县视察，显示省政府无论在任何情形之下，决与省民站在一起，不再后退”⑤。至1938年5月下旬，徐州会战失利，“日寇自济宁以快速部队，直驱兰封，将陇海铁路切断，西陷开封东迫徐州，曹县以至山东全境顿成敌后”⑥。他不愿像其他沦陷省份的政府一样后撤，反而直入敌后。6月初，沈鸿烈开始率省政府向距济南不远的东阿县挺进。“从此以后，省政府开始了长达半年多的鲁西、鲁北流动时期。由于省政府只能在山东各县农村流动驻扎，所以时人又称沈鸿烈为‘游击主席’。”⑦沈鸿烈率省府转赴东阿时，省府内部亦有中共党员及不少倾向中国共产党的“民先”成员存在，此时沈对中共的态度尚较为和气。如当时在沈身边工作、跟随省府流亡的柳西铭，在省府驻东阿期间被选为“第一区民众动员委员会”九个委

① 张玉法主编：《民国山东通志》第5册，台北山东文献社2002年版，第2955页。

② 张玉法主编：《民国山东通志》第1册，台北山东文献社2002年版，第421页；张玉法主编：《民国山东通志》第5册，台北山东文献社2002年版，第2955页。

③ 李继曾：《我所知道的沈鸿烈》，政协曹县委员会文史资料研究委员会编：《曹县文史资料》第2辑，1986年版，第171页。

④ 刘道元：《抗战期间吴化文与山东省政府》，台北《山东文献》第13卷第3期，第70页。

⑤ 刘道元：《九十自述（五）》，台北《山东文献》第19卷第3期，第78页。

⑥ 刘道元：《抗战期间吴化文与山东省政府》，台北《山东文献》第13卷第3期，第70页。

⑦ 王志民主编：《山东重要历史人物》第6卷，山东人民出版社2009年版，第107页。

员之一，他在1949年赴台湾后撰写的回忆资料中谈到：当时沈在东阿“召开党政军学联合救亡讨论会，山东省第一区所辖九个县市（济南市、历城县、长清县、肥城县、平阴县、东阿县、东平县、汶上县、宁阳县）的党政军学各界知名人士，约五百多人奉召参加”，该次会议中，“他遴选了九人为委员，组成第一区民众动员委员会”，柳西铭也是委员之一，在当时第一区九名动委会委员中，即有两名是中国共产党实际领导的“民先”分子，“在历次的会议中，由彼等之言论可以断定”①。当时沈并未对他们有所偏待。

然而好景不长，国民党山东省政府在鲁西的东阿县也未能久驻，“救亡讨论会开会之际，适值徐州会战；闭会不久，在端阳节前几天，有一股敌军自泰安县出发，经肥城、平阴、东阿开往陇海路之兰封一带，截击我徐州大军的归路”②。于是，1938年6月底，“在东阿之省府行辕，乃渡过黄河往张秋镇而去”③。

张秋镇当时隶属于阳谷县，原为运河古镇。沈在张秋停驻不久，又转赴临清驻扎。张秋、临清在当时均属范筑先将军的控制范围。全国抗战前期，范筑先与中国共产党的关系极为密切，在鲁西北地区形成了堪称全国典范的国共合作统一战线。

沈鸿烈在全国抗战初期对中共的态度尚不强硬，但有防范之心，他对于国共合作，远不如范筑先积极。全国抗战爆发前他曾长期主政青岛市。当时的青岛是国际城市，北方大港，国民政府行政院直辖市，工商业发达、政治军事地位特殊，很多国家在此设立领事馆。沈鸿烈在青岛时也曾“奉蒋介石之命镇压共产党人，中共青岛地下组织先后遭破坏，一批共产党员被捕，镇压工人运动、学生运动，逮捕从事爱国反帝运动的工人、学生”④。客观而言，这仅是奉命而为，国民党统治的大中城市对共产党的态度类多如此，此前沈没有做出过重大的“反共血案”之类。

对于范筑先与中共的合作，沈鸿烈在鲁西驻扎期间并未表示公开反对，但保持着高度“警惕”。沈、范之间常有电报往来，国民政府历次嘉奖、任命范筑先的电报，也均由沈鸿烈山东省政府转给范筑先。1938年10月，范筑先被任命为山东省政府委员，沈鸿烈致电庆贺：“吾兄忠诚国家，夙著勋劳，崇德报功，宜应懋赏，嗣后共事一方，端资臂助，务乞不吝箴规，同济艰危。”⑤

---

① 柳西铭：《特派员郁仁治为国难死演马庄》，台北《山东文献》第6卷第1期，第69页。

② 柳西铭：《特派员郁仁治为国难死演马庄》，台北《山东文献》第6卷第1期，第69页。

③ 柳西铭：《特派员郁仁治为国难死演马庄》，台北《山东文献》第6卷第1期，第69页。

④ 鲁海著：《话说青岛》，青岛出版社2016年版，第296页。

⑤ 《范筑先将军1938年10月为被任为山东省政府委员和沈鸿烈交换的电报》，聊城市档案馆藏，案卷号：204-1-4-6。

言辞中颇有在山东敌后同舟共济之意。

沈在临清停驻期间，1938 年 7 月末，美国驻华大使馆海军武官埃文斯·卡尔逊在刘白羽、欧阳山尊等陪同下，从延安来到了鲁西北。卡尔逊是第一个具有美国官方背景、而深入了解中国共产党敌后根据地情况的人，在延安访问时得到了毛泽东的热情接待。来到鲁西北后的卡尔逊，首先见到了八路军的团长孔清德（译音）[①]和副旅长陈锡联。八路军孔团长告诉卡尔逊："我听徐向前同志说你要来，刚好省长沈鸿烈海军上将正在这里，我就告诉了他。他准备欢迎你哪。"[②]

在八路军和延安同志的护送陪同下，卡尔逊进入临清城，受到山东省政府主席沈鸿烈的热烈欢迎。卡尔逊在其著作《中国的双星》中记述，进入山东后的第一个"大城市"临清，即得到了"省长的秘书雷博士（即省政府秘书长雷法章——引者）和地区军事将领韩将军（即韩多峰——引者）首先上来欢迎我们，然后是级别低一些的官员，他们后面是好几百男、女和儿童，在两侧排列着部队的街道中间热情地拥了上来"，热情欢迎的人海使他们花了一个小时才走到美国博德教会医院。[③] 卡尔逊记述了他与沈鸿烈的见面：

> "我略事洗漱，便同雷博士一起去正式拜访省长。他五十七岁，谦虚、容貌悦人。那高贵的风度和文雅的举止表明了他的文化和教养。他用缓慢的、可以听懂的英语热情地表示欢迎，请我就座。一个勤务兵端来了米酿酒和雪茄烟。
>
> 作为一个中国人，海军上将沈鸿烈的一生是不寻常的……
>
> 在感谢他的欢迎和殷勤款待之后，我问他临清现在是否就是他永久的司令部。
>
> '不，'他（沈鸿烈——引者）轻轻弹着烟灰回答道，'这些日子我把司令部放在裤子后兜里。山东省有一百零七个县，分属于十二个行政区。我在各区之间巡回，组织武装，恢复交通，力图让人们建立起新的信心，努力去提高他们抗战的效率。'"[④]

---

① "孔清德"，应为孔庆德，时任八路军一二九师七六九团团长，1955 年被授予中将军衔。

② [美]埃文斯·福代斯·卡尔逊著，祁国明、汪杉译：《中国的双星》，新华出版社 1987 年版，第 227—228 页。

③ [美]埃文斯·福代斯·卡尔逊著，祁国明、汪杉译：《中国的双星》，第 228—229 页。

④ [美]埃文斯·福代斯·卡尔逊著，祁国明、汪杉译：《中国的双星》，第 229—230 页。

在临清除了沈鸿烈部，还有八路军一个团及两个支队驻扎，与沈部关系尚较融洽。沈鸿烈为卡尔逊举办了上万人的群众大会，“主席台上同省长并坐的有共产党、国民党和社会团体的代表”。

从延安一路东来，途经多个共产党敌后根据地后到达鲁西北的卡尔逊，不由对国共两党在敌后的情况进行了比较：

> “我时常与省长（沈鸿烈——引者）和八路军的孔团长交谈。我可以看出，在省长代表的国民党和八路军之间，由于对发展省内抗日力量所使用的方法根本不同，产生了一些摩擦。省长坚决反对人民组织起来，特别是政治方面的。
>
> 他（沈鸿烈——引者）对我说：‘组织文化团体我无异议，但国民党是执政党，人民必须遵从它的决定。’……
>
> 另一方面，八路军的态度是：只有通过改善人民的福利，向他们讲解代议制政府的基本原则，教育他们有自我牺牲精神，才能求得他们的合作，把人民的抵抗力量发挥到最高水平。”①

在临清的见闻使卡尔逊发出这样的议论：“看来，这两种观点是不能和解的，但这里和中国其他地方一样，为了打败共同敌人而不得不进行的合作缓和了国共两党的态度。最终大概会产生妥协方案的。”②

卡尔逊在写给美国总统罗斯福的信中对沈鸿烈本人、及沈对鲁西北国共合作的态度进行了评价：“沈是个忠义的爱国人士，同时又是老式保守派的中国人。他不认为应该去组织民众……八路军在做沈鸿烈的工作，让他接受他们的观点，但在我逗留期间，他仍然顽固不化。”③自延安陪同卡尔逊访问华北敌后并担任其翻译的欧阳山尊在日记中记载，7 月 22 日午饭后，“卡尔逊与沈（鸿烈）谈了半天民众运动。卡尔逊说了民众的重要性，并且说到各国对于这个问题的重视”；7 月 23 日，卡尔逊询问八路军七六九团团长孔庆德是否可以与沈鸿烈谈八路军的纲领，这样有助于国共合作统一战线，八路军表示同意。“晚上，卡尔逊与沈谈八路军的政治纲领至深夜。”但沈终究没有被卡尔逊说服，反而送了卡尔逊一本代表国民党主张的

---

① [美]埃文斯·福代斯·卡尔逊著，祁国明、汪杉译：《中国的双星》，第 232—233 页。

② [美]埃文斯·福代斯·卡尔逊著，祁国明、汪杉译：《中国的双星》，第 233 页。

③ 中共上海市委党史研究室、上海市政协文史资料委员会：《中流砥柱　卡尔逊抗战史料》，上海书店出版社 2017 年版，第 280 页。

《本省施政方针》供他学习。[1] 从中我们可以看到，虽然同样坚持抗战，但是八路军全面的、民众的抗战路线，与沈鸿烈“拒不组织民众”的路线是有明显区别的。

随后卡尔逊等人离开临清，前往鲁西北国共合作抗战的中心地——聊城，在那里会见了范筑先将军。[2] 卡尔逊一行人看到，聊城国共合作抗日的氛围浓烈，这里有很多“抗大”和“陕公”学校的同学，“随着他们的足迹，延安的学风和歌声也传到这里了”，鲁西抗日军政干部学校的教学方法、内容甚至校训“团结、紧张、严肃、活泼”都与延安的陕北公学完全一样。[3]

而沈鸿烈带领山东省政府也于 9 月间离开鲁西，继续流亡至鲁北惠民县。

沈鸿烈在省府颠沛流离期间做了一项重要工作，是将全省划分为四个行辕，后改称行署，这为此后在日伪分割状态下国民党在山东的敌后抗战打下一定基础。鲁北行辕主任由省教育厅长何思源兼任；鲁西行辕主任初为廖安邦，旋由省民政厅李树椿兼任；[4]鲁东行辕主任卢斌，后在胶东敌后国民党派系争端中被自己人杀害，由李先良继任；鲁南行辕主任原定张传薪，但张坚辞不就，后定张维中，然“鲁南行署未及成立，沈即到达沂蒙山区”[5]。将全省分为四个行辕（“行署”），主要原因是由于日军入侵后，国民党在山东的原有行政体系几乎全被打乱，很多地区成为权力真空，省内由于被日军占领点线，以致鲁西、鲁东、鲁南地域上被分割，通讯不灵。而山东省府自鲁南曹县转至鲁西东阿、张秋，颠沛流离，根本无法实际有效掌控全省。因此，沈将鲁省分为四个行辕，主要是作为民事代行山东省政职权，原非针对范筑先与国共合作。但李树椿担任鲁西行署主任，则鲁西事务便“政出多门”。鲁西北地区原为四、六专署辖地，除少数地区被日军占领外，其广大区域实际长官为六区专员兼保安司令范筑先。李树椿是沈鸿烈的亲信，时任山东省政府委员兼民政厅长，兼任鲁西行辕主任，名义上是范筑先的上级，却与范筑先对待国共合作的态度不同。应该说，沈鸿烈和山东省政府采取的一些政

---

① 中共上海市委党史研究室、上海市政协文史资料委员会：《中流砥柱　卡尔逊抗战史料》，第 280—281 页；《欧阳山尊的战地日记》，舒暲、赵岳编著：《太阳正在升起　卡尔逊亲历的中国抗战》，北京出版社 2018 年版，第 297—298 页。

② ［美］埃文斯·福代斯·卡尔逊著，祁国明、汪杉译：《中国的双星》，第 233—235 页。

③ 《欧阳山尊的战地日记》，舒暲、赵岳编著：《太阳正在升起　卡尔逊亲历的中国抗战》，第 299—300 页。

④ 刘道元：《抗战期间山东未曾沦陷（上）》，台北《山东文献》第 12 卷第 2 期，第 25 页。

⑤ 张希周：《我所知道的沈鸿烈》，政协临沂市委员会编：《临沂文史集粹　第 1 辑　政治军事卷》，山东人民出版社 1997 年版，第 382 页。

策,确实对当时鲁西北国共合作局面造成一定负面影响。这主要体现在以下几个突出事件与行动中:

(一)拉拢范筑先的参谋长王金祥,制造"鄄城事件"。沈鸿烈的部下、鲁西行署主任李树椿利用旧关系收买了范筑先的参谋长王金祥。"王金祥与李树椿的关系是很早的,他们在北洋军阀时代就是保定军官学校的同学,一九三六年成立山东省第六区专署时,经李树椿介绍到聊城任保安司令部参谋长,七七事变后,他也随范筑先留下抗战,仍任第六区抗日游击司令部参谋长兼第二支队司令。"①沈鸿烈、李树椿来到鲁西后,很快与王金祥搭上关系。王对于鲁西北的国共合作本就很不满,最终导致"鄄城事件"的发生。

"鄄城事件"是全国抗战初期国民党顽固派制造的摩擦事件。当时中共鲁西特委在菏泽、曹县、巨野一带掌握了部分武装,需要有一个合法名义拉起来,"政治部向范筑先要了一个第三十五支队番号,因周围有很多国民党的杂牌部队,须有党的武装作掩护免被吞并,所以在范筑先的同意下,政治部指示冀镇国的第十三支队去鲁西南帮助发展"。冀镇国的第十三支队是中共直南特委组建的党直接领导的武装,王金祥对其来鲁无法容忍,趁范筑先在茌平前线指挥作战之机,造谣说该支队要过黄河逃跑,擅自命令濮县县长姜鸿元调民团解决十三支队。姜鸿元在鄄城宴请冀镇国和十三支队领导,摆下"鸿门宴",借为其送行之机,妄图一网打尽。② 据时任十三支队司令员冀镇国同志回忆,他已料到这是"'鸿门宴'和'单刀赴会'",因此提前调动部队做好了充分准备,并"割断鄄城通聊城的长途电话,以免走漏消息;又布置政治部赶印大批宣传宣布姜鸿元十大罪状的告濮县父老兄弟姊妹书,和大量的宣传品,以便捉住姜鸿元后,进城散发"③。

10月中旬的一天,已做好周全准备的冀镇国"和徐茂里率领25名勇士,向鄄城进发"。姜鸿元表面与之寒暄,实际也已严阵以待。在县政府内,两人果然发生争执,冀镇国一声令下:

"我(指冀镇国——引者)带来的勇士都站在姜鸿元大队各位队长

① 《收买内奸王金祥,制造鄄城事件》,《聊城地区党史资料》1983年第2期(总第4期),第184页。

② 《收买内奸王金祥,制造鄄城事件》,《聊城地区党史资料》1983年第2期(总第4期),第185页。

③ 冀镇国:《第十三支队的建立与鄄城事件》,常连霆主编,中共山东省委党史研究室、山东省中共党史学会编:《山东党史资料文库》第19卷,山东人民出版社2015年版,第442页。

的左右，立刻抽出队长们的盒子枪，对准他们齐声喊道："不许动！"濮县县大队的队长们和县政府科局长、区长等都举起了手，我立时宣布姜鸿元的罪状。不等我说完，姜鸿元就掏出手枪向我打了一枪，立即被我带来的勇士将枪打在地上。"①

混战中县长姜鸿元被打死，冀镇国重新任命了濮县县长，控制了鄄城（濮县）。王金祥得知姜鸿元已死，极为愤怒，未请示范筑先，即擅自调集部队进攻鄄城，意图消灭十三支队。冀镇国为保存有生力量，并避免统一战线的破裂，主动撤出鄄城，将部队分散隐藏。冀本人和副司令王青云去清丰找直南特委，政治部主任汪毅回聊城汇报，途中王青云与汪毅不幸被民团查获，送到濮县，竟被王金祥就地杀害。② "甄城事件是抗日以来鲁西北内部最重要的事件，它标志着进步力量与顽固派的斗争到了水火不相容的地步。聊城总政治部我党领导同志对这事件态度是明朗的，向范提出一定把王金祥治罪"，此事已非王金祥第一次破坏国共合作了，"范也极为震怒，要惩办王，但可惜范终于抵不住李树椿又一次的软磨死缠，没能治王金祥以应得之罪"。这也令当时在范身边工作的共产党员、新中国成立后著名历史学家孙思白先生深感痛惜："假如当时能以壮士断腕的决心，公布王金祥的擅专之罪，交付军法审判而处以严刑，六区内的顽固分子将为之震恐，沈（鸿烈）、李（树椿）之流魔掌也会稍知收敛。倘若再以明朗的态度表明对沈、李之流的无理取闹，从此不再迁就，那就有可能避免后来的悲剧。"③

（二）沈鸿烈的部下鼓动阳谷县"忠孝团"反对国共合作，酿成暴动。当时中共控制的武装在阳谷与打着"保家自卫"旗号的地方会道门"忠孝团"发生冲突。沈的部下李树椿及王金祥等急切煽动"忠孝团"暴动，攻击范筑先的政策，声称"无省府命令，不必向范纳粮。你们尽可反对"。11 月中旬，忠孝团突起暴乱，烧杀抢掠，攻占安乐镇，并立起铡刀将反对者铡死，胁众迫从。④ 范筑先接到关于安乐镇"忠孝团"暴乱，需要前去安抚的报告，正值日寇大举进攻聊城，范未能亲往，遂派前第四区专员韩多峰代他前往安抚。随后范即战死聊城。韩多峰 14 日到阳谷安乐镇，即被"忠孝团"包围并打伤。

---

① 冀镇国：《第十三支队的建立与鄄城事件》，《山东党史资料文库》第 19 卷，第 443—444 页。

② 《收买内奸王金祥，制造鄄城事件》，《聊城地区党史资料》1983 年第 2 期（总第 4 期），第 185 页。

③ 孙思白：《1938 年范筑先将军战死聊城及其历史教训》，《中外学者论抗日根据地——南开大学第二届中国抗日根据地史国际学术讨论会论文集》，档案出版社 1993 年版，第 138 页。

④ 申仲铭：《阳谷忠孝团叛乱始末》，《黄埔人生　黄埔军校山东同学著作选编　上》，山东友谊出版社 2016 年版，第 285—289 页。

韩回忆，一颗子弹打穿了他的左肩，他大喊，“我是韩多峰，是来救你们的”。当团丁首领赵二虎看清不是范筑先后，韩多峰问他：

“‘你们是来干什么的?’他回答说：‘是来打范筑先的!’我(韩多峰——引者)又问：‘为什么要打范筑先呢?’他说：‘沈主席说啦，除了国税之外，一概不准附加款项。范筑先叫我们每亩地加一角钱，有的地方两角。我们要抗粮抗捐。因此，才来打他!’我一听这些话，就知道是沈鸿烈的阴谋诡计！我说：‘也许沈主席有他自己的看法。可是范司令现在正在打日本鬼子，他有三十六个支队，几万人马，吃饭穿衣怎么解决呢？只好加收一点捐税。’”①

“忠孝团”看到来人不是范筑先，并被韩多峰以民族大义痛斥之，始未继续谋害韩。韩则因失血过多昏过去，并因此致成终身残废之躯。② 韩多峰及其他亲历者都认为“忠孝团”的目的就是诱范筑先到安乐镇并杀害，彻底破坏鲁西北国共合作。“忠孝团”得知范筑先战死聊城的消息后，更加嚣张，公然聚众攻打阳谷县城，被范部击毙其首领。③

（三）省府派出的各支督导团与中共挺进鲁西部队的碰面与交涉。沈鸿烈到东阿后，即派出督导团视察鲁西各县，“以刘道元为团长，委员四人，连同职员、勤务各一人，共七人。每人一辆自行车、一顶苇笠，于成立之次日，渡过黄河，执行省政府先锋队的任务”，“督导团的报告随时送主席(指沈鸿烈——引者)阅，或向主席面陈”④。督导团在鲁西视察时，多次与中国共产党挺进敌后的部队(如宋任穷部等)相遇，双方交流之中颇多抵牾。国民党方面资料对此记载如下：

“当我们(指省府督导团——引者)视察鲁西北到茌平县时，共产党的游击队，八路军的一个支队，由宋任穷率领，已突进至茌平、博平一

① 韩多峰、李士钊：《一九三八年的片断回忆》，政协临清市委员会编：《烽火岁月　临清抗战史料汇编　1》，中国文史出版社2015年版，第215—216页。

② 韩多峰、李士钊：《一九三八年的片断回忆》，《烽火岁月　临清抗战史料汇编　1》，第217页。

③ 申仲铭：《阳谷忠孝团叛乱始末》，《黄埔人生　黄埔军校山东同学著作选编　上》，山东友谊出版社2016年版，第289—291页。

④ 刘道元：《督导团达成了“先锋队任务”——人之祸福休咎是其生前所命定的么?》，台北《山东文献》第20卷第3期，第110页。

带，我（刘道元——引者）[1]曾与宋详谈，一面探询‘匪’方游击队的来路、去向、工作方法及其与民众的关系；另方面则告以山东省政府已向敌后转进，重建各级行政，严词相告不得扰民，尤其不要干涉地方行政。

督导团视察临清后，更往西北至馆陶、邱县。据两县县长相告，曾有八路少数游击队过境，邱县则有‘匪’方所派的县长，我们进入他们常在的地区追查，请其所谓县长出来相见，他们只说有人照顾地方事务，不承认有县长存在，而且照顾地方事务的人驻在河北境内之临清、馆陶、邱县的落地花，不在邱县。”[2]

“八路军游击队进入鲁西及委派邱县县长情形，督导团专案向沈主席报告，并提出建议，不准八路军干预地方行政。”[3]

（四）对聊城失陷与范筑先殉国的影响。1938 年 11 月 14 日日寇进攻聊城前，李树椿突然进城与范筑先谈话，“由于他表面上是范的上级，范必须下马招待他，给他谈情况，并留他吃饭，待送他走时，已是午后近四时了”[4]。据此，有的当事人回忆认为，李树椿对范筑先未能及时撤离聊城，致其被日寇包围于城中，负有责任。田兵（1937 年赴延安参加革命，1938 年加入中国共产党，曾任范筑先将军秘书，后任八路军山东纵队随军记者。聊城沦陷时，田兵和范筑先一起被困于城中，他得群众掩护幸不死，是聊城陷落中极少数生还者之一）认为“他们是借着敌人的屠刀对范筑先将军进行暗害。当然范的刹那犹豫，不能按着预定的军事部署赶早出城，也是造成这场悲剧的原因”[5]。也有人认为“李树椿阴谋陷害范筑先于城内，失去出城指挥之机和范的宗法思想良心抗战是聊城失陷的主要原因”[6]。亦有学者认为，沈鸿烈痛恨范筑先与中共的合作，“暗中勾结日伪”，指使李树椿故意延误范筑先出城时机，蓄意致范于死地，“借日军屠刀杀死范筑先，破坏鲁西北抗战”，“他

---

① 刘道元，国民党山东省政府高级官员，抗战时期长期跟随沈鸿烈和省政府工作，历任省教育厅主任科员、省教育厅厅长、省政务厅厅长等重要职务，抗战后期兼任省政府委员。1949 年赴台。该文为他去台湾后所撰写。文中所说的“匪”，是国民党对中国共产党及其军队的污蔑称呼。

② 刘道元：《抗战期间山东省政变迁（中）》，台北《山东文献》第 8 卷第 3 期，第 47 页。

③ 刘道元：《抗战期间山东省政变迁（中）》，台北《山东文献》第 8 卷第 3 期，第 47 页。

④ 田兵：《抗日战争初期的聊城》，《聊城市党史资料》第 5 期，1989 年版，第 51 页。

⑤ 田兵：《关于聊城失守和范筑先将军殉国》，本书编写组编：《山东革命斗争回忆录丛书　光岳春秋》（上），山东人民出版社 2014 年版，第 103 页。

⑥ 《聊城战役》，《聊城地区党史资料》1983 年第 2 期（总第 4 期），第 168 页。

实际上是以沈鸿烈为首的国民党顽固派借日军的屠刀把他杀死的”[①]。客观而言，将范筑先战死在聊城的责任完全归咎于沈鸿烈的指使，甚至说沈鸿烈“勾结日伪”“借刀杀人”等，证据并不充分，起码就此后的抗战形势看，不论沈鸿烈、李树椿对于中共的态度如何，他们抗日的态度始终是坚定的，二人都没有“伪化”，也未有与日伪勾结的实证。然而从众多回忆者的记述中可以确定，李树椿在聊城被围前进城与范会面，确实对范筑先的出城时间及其时机的选择造成了一定影响。

已故著名历史学家、原中国社会科学院近代史所研究员、中国现代史学会副会长孙思白先生，1938 年被党组织派到鲁西北担任范筑先将军的机要秘书，追随范筑先左右，行军中与范筑先将军同食同宿，感情深厚。改革开放以后，中国大陆的抗战史研究恢复了与外界的交流。孙思白先生于 1984 年、1991 年先后两次在关于抗战史研究的国际学术研讨会上提交了文章，较为详细阐述了他既作为一名历史亲历者，又作为一位历史研究者的双重身份下，对范筑先将军战死聊城事件的认识，及应汲取的经验教训。他指出，鲁西北敌后抗战局面的失败，从范筑先将军的角度来讲，“虽有精忠报国之心，但由于他受出身、经历和时代的影响，对接受革命的政治、军事思想存在有局限性”，这体现在范对沈鸿烈的“服从”和“容忍”，对国民党顽固派王金祥、李树椿等人一定程度的“姑息”。“范筑先将军由于各种原因对我党策略原则的精神，领会还不透，在应付顽固派的挑战上失之迂就过多，果断不足。”[②]“范筑先从他创建抗日根据地的经验中理解到要抗战就必须依靠共产党人的帮助，但另方面又觉得那些旧部下追随多年，不能不继续使用他们。他提出‘良心抗战’这样一个口号来教育部下，误认为那些破坏分子是可以凭‘良心’而改变的。”[③]范筑先在闲谈中曾几次对孙思白说：“你们这些青年有朝气，纯洁勇敢，但缺乏社会经验；他们（指旧人员）保守执拗，但经验多，也有长处。”[④]另一方面从帮助范筑先在鲁西北工作的共产党同志角度检讨，体现在对国民党顽固势力的态度，及对战局整体形势和游击战的认识不足。

---

① 朱成洪、王爱英：《沈鸿烈与山东抗战》，胡光统编：《山东省纪念抗日战争胜利四十周年论文集》，山东人民出版社 1985 年版，第 106 页。

② 孙思白：《1938 年范筑先将军战死聊城及其历史教训》，南开大学历史系中国近现代史教研室编：《中外学者论抗日根据地——南开大学第二届中国抗日根据地史国际学术讨论会论文集》，档案出版社 1993 年版，第 139—140 页。

③ 孙思白：《鲁西北抗日根据地初创时期的见闻与断想》，南开大学历史系编：《中国抗日根据地史国际学术讨论会论文集》，档案出版社 1985 年版，第 139 页。

④ 孙思白：《鲁西北抗日根据地初创时期的见闻与断想》，《中国抗日根据地史国际学术讨论会论文集》，第 150 页。

中共鲁西北特委“本着抗日民族统一战线的政策，尽可能团结一切可以团结的人；当遇到破坏而忍无可忍的时候，自然也向范提出交涉或抗议，但为了顾全大局，只能做到适可而止”。① “那时我们的同志忙于应付各种眼前的紧急工作，而忽视了对中日战局整个形势发展的分析预测。如果我们的同志更有远见，就应当及早地、反复地提醒范筑先，不要醉心于眼前的成就，要更多考虑可能发生的突然变化”，“那时，我们应采取流动的游击战或运动战御敌，绝不能再图固守一城一池”，“不要把在敌后保持一块 20 几个县的完整国土看作是一成不变的；反之，敌后出现犬牙交错的情况，应认为是正常现象”②。

范筑先的牺牲与聊城的沦陷，对中国共产党在鲁西北的发展造成了较大损失，但亦未对沈鸿烈和他“口袋里装着的山东省政府”的生存形成有利条件。

范筑先死后不久，沈鸿烈任命对共产党态度强硬的王金祥为第六区专员兼保安司令，鲁西北的国共关系不可避免地由合作走向对抗。全国抗战前期中共鲁西党组织的主要负责人徐运北认为：“在共产党和范筑先将军收复失地抢救人民出于水火之后，国民党反动派又卷土重来，背着‘中央’‘政令’的招牌，勾结敌人，千方百计，达其摧毁抗日民主根据地的目的而后已。”最终聊城失守，范筑先殉国，鲁西北敌后抗日力量暂时受到挫折。③

第四节　山东省府移驻鲁北期间的国共关系

一、全国抗战爆发以来刘景良与中共的关系

沈鸿烈率省府由鲁西继续流亡，转赴鲁北惠民县，所倚仗的主要是刘景良的军事力量。第五区专员兼保安司令刘景良在鲁北的发展壮大，是沈率省政府迁往惠民的主要原因。

---

① 孙思白：《鲁西北抗日根据地初创时期的见闻与断想》，《中国抗日根据地史国际学术讨论会论文集》，第 139 页。

② 孙思白：《1938 年范筑先将军战死聊城及其历史教训》，《中外学者论抗日根据地——南开大学第二届中国抗日根据地史国际学术讨论会论文集》，第 139 页。

③ 徐运北：《国民党是怎样破坏鲁西北根据地的》（1943 年 10 月 3 日），聊城市革命老区建设促进会、中共聊城市委党史研究室编：《徐运北文集》，中共党史出版社 2014 年版，第 12 页。

刘景良，字宜林，山东临朐县人，抗战时期鲁北著名国民党爱国将领。韩复榘治鲁时曾任地方民团指挥官。全国抗战爆发后，为了共同抗日的目的，刘景良曾有过一段与中国共产党合作的经历，当时他担任中共津南工委领导的“华北民众抗日救国军”司令①，这支武装是全国抗战初期中国共产党在冀鲁边建立的一支最重要的抗日武装。刘景良担任救国军司令后，试图调整救国军领导人，彻底控制这支武装。但由于受到救国军其他中共领导人的批评与抵制，刘未能达到其完全掌控救国军的目的。此后，“刘见夺权不成，又借口打惠民，想把部队拉走，他向邢仁甫提出要带第三、四团打惠民，要邢派兵配合，邢派第二团随刘行动。结果，刘景良带领第二团没去惠民，而是驻在阳信县城西。李广文和李子英见刘图谋不轨，遂趁夜间将第二团拉回。从此刘景良脱离救国军”②。在这次参与并指挥中共武装“救国军”的经历中，刘不断“与我党争取领导权”，并多次想拉走部队，其虽未成功，但与共产党关系相处不算融洽。③

此后刘景良“只身前往利津县陈家庄、台子庄一带重新组织军队发动抗战”④。“这是鲁北一度混乱后，起来重开生面与维持地方治安的仅有部队！他们最初是发动于滨海的利津一带，以短时的努力扩编，而后其力量始渐渐全布了鲁北的滨县、沾化、无棣、阳信、惠民、陵县、商河等县”，部队达到万余人，在刘景良领导下，“他们一面曾向敌人的据点实行进攻；一面并对各处敌人的交通加以破坏”⑤。1938 年 2 月，刘被任命为第五区专员兼保安司令。随后趁台儿庄大捷之机，刘率部收复第五区所属十二城，一度声威大震。全国抗战时期，刘景良与日寇在鲁北血战近七年，多次身负重伤，面临弹尽粮绝的境地，但始终拒绝伪化投敌，表现出很高的民族气节，最终于 1944 年 2 月被日军在大“扫荡”中抓获并杀害。

---

① 作为国民党人的刘景良，为何能当上中国共产党领导的武装的司令呢？据当时任“救国军”政训处长、后任冀鲁边区游击队政治部主任、冀中第二地委宣传部长的范普权回忆：1937 年 7 月，中共津南工委负责人马振华等成立“华北民众抗日救国军”不久，“国民党山东省第五区（驻惠民）专员赵明远的副官刘景良带着部分武装来到旧县镇，他自称是奉山东省主席沈鸿烈之命来鲁北组织抗日武装的……当时党的组织也比较幼稚，缺乏经验，为争取‘合法’的地位，便给刘景良一个救国军司令的头衔。”见范普权：《冀鲁边抗日武装的建立和斗争》，常连霆主编，中共山东省委党史研究室编：《山东抗战口述史》（中），山东人民出版社 2015 年版，第 389—390 页。

② 范普权：《冀鲁边抗日武装的建立和斗争》，常连霆主编，中共山东省委党史研究室编：《山东抗战口述史》（中），山东人民出版社 2015 年版，第 389—390 页。

③ 范普权：《冀鲁边抗日武装的建立和斗争》，《山东抗战口述史》（中），第 390 页。

④ 石金生：《刘景良在鲁北始末》，中共利津县党史资料征集研究委员会编：《利津党史资料》第 4 辑，1986 年版，第 145 页。

⑤ 李继昶：《八年抗战之山东（一）》，台北《山东文献》第 1 卷第 4 期，第 68 页。

刘景良抗日态度坚决，但对中共的态度则因“救国军”一段经历而颇有不满。1938 年 4 月，中共冀鲁边抗日部队已发展至两三千人，建立了以乐陵、庆云等为中心的根据地。1938 年 5 月，已在鲁北站稳脚跟的刘景良，以“恢复山东行政统一”为名派兵进攻庆云，向中共武装第三十一支队[①]“收复失地”。率先挑起了鲁北的国共冲突。5 月中旬，又派兵围攻中共冀鲁边部队控制的乐陵县城。这次战役中，刘部未能攻克乐陵，遂与中共进行谈判，达成协议，中共冀鲁边部队以同意刘景良任命的县长牟宜之进驻乐陵城为条件，换取刘景良撤兵。[②]

然而好景不长，6 月 12 日，刘景良再次调集两个旅的兵力，包围庆云、乐陵，并绑架了中共鲁北特委负责人李启华等 20 余人。第三十一支队发起夜袭反击，活捉刘部参谋长等多人，最终双方以交换战俘的形式，换得李启华等人的平安归来。[③] 但刘景良的部队仍包围着庆云、乐陵两城。

1938 年 7、8 月间，山东省政府主席沈鸿烈派省教育厅主任科员刘道元等组成的督导团赴惠民刘景良处视察，对刘景良在鲁北的抗日及其对中共的挑衅颇表肯定。[④] 这在一定程度上助长了刘与中共摩擦的气焰。

二、山东省府、八路军来到鲁北与鲁北形势的变化

沈鸿烈率省府来到惠民前后，随着八路军一一五师、一二九师一部的到来，鲁北形势发生了重大变化。1938 年 7 月，曾国华、李宽和率八路军一一五师永兴支队，孙继先、潘寿才率八路军一二九师津浦支队到达乐陵与第三十一支队会师。随即成立了冀鲁边区军政委员会，将三十一支队改编为八路军冀鲁边区游击支队。国民党刘景良部在八路军部队到达前，匆忙撤围退回惠民。八路军三支部队协同作战，迅速扫清、合并了冀鲁边地主武装，并于 7 月 21 日解放了宁津县城。[⑤] 遵照中央军委指示，萧华率领八路军一一五师三四三旅司令部、政治部、警卫营各一部，组成八路军东进抗日挺进

---

① 三十一支队，为中共津南工委组建的抗日武装——原“华北民众抗日救国军”改编而成。刘景良原在救国军中担任指挥，并曾想拉走该部，但未成功。1937 年 12 月，该部在不改变由中国共产党领导的情况下，为更好地团结国民党地方实力派合作抗战，决定接受国民党 CC 系康泽的委任，将部队改编为“国民革命军别动总队第三十一游击支队”，邢仁甫（中共党员）任支队司令，王昭明（国民党员）为副司令（王无实权，后来带二三十人投靠了刘景良），是中共鲁北特委直接领导的部队。参见范普权：《冀鲁边抗日武装的建立和斗争》，《山东抗战口述史》（中），第 389—394 页。

② 范普权：《冀鲁边抗日武装的建立和斗争》，《山东抗战口述史》（中），第 393 页。

③ 范普权：《冀鲁边抗日武装的建立和斗争》，《山东抗战口述史》（中），第 392—393 页。

④ 刘道元：《抗战期间山东省政变迁》（中），台北《山东文献》第 8 卷第 3 期，第 47 页。

⑤ 范普权：《冀鲁边抗日武装的建立和斗争》，《山东抗战口述史》（中），第 394 页。

纵队，由萧华任司令员兼政委，于1938年9月抵达冀鲁边区，随即将边区所属部队统一整编为八路军东进抗日挺进纵队。萧华同志说："山东，位于黄河下游，地处南北交通要冲，且为华北海上门户。山东根据地，南接华中，北连平津，与晋察冀和晋冀豫根据地成鼎足之势，对坚持敌后抗战具有重大战略意义。"①多支八路军正规部队的到来，尤其萧华率八路军东进抗日挺进纵队的到来，完全改变了鲁北地区中共、国民党、日伪间的力量对比。刘景良的军队人数虽多，但是成分极为复杂，地主民团、保安队、土匪、溃兵皆有，军纪较差，难于指挥，装备和战斗力也都不强。而萧华带来的部队则是参加过平型关大捷的八路军正规军，中共冀鲁边部队整编后有一万多人，鲁北地区八路军的实力与声势一时超过了刘景良。

而沈鸿烈率国民党山东省政府来到惠民县后，"设省府于文庙，除鲁西南外，凡抗战将领，无不到惠请示机宜，而何厅长思源，王厅长向荣，鲁斌、贾慕夷、吴绍周诸君亦皆自鲁西相继到惠，一时冠盖云集，大有八方风云会中州之概"②。

客观而言，省府颠沛流亡期间，沈鸿烈虽对国共合作并不热心，但抗日态度尚较积极。中共中央也曾对沈鸿烈的山东省政府抱着合作抗日的很大期待。沈鸿烈率省政府流亡鲁北时，正值正面战场的武汉会战期间，"保卫大武汉"的热潮席卷了中国南北各地，激荡着千千万万中国人，团结着包括国共两党在内的全民族的心。美国战地记者白修德等在《中国的惊雷》中写道："中国发生了奇迹。政府所在地搬到了上游的汉口市，离海八百英里。而中国空前未有的最完全的团结精神，在汉口存在了好几个月。其时曾在武汉呆过的人，从没有能够精确地说明这武汉精神是怎么回事。"③为配合支援武汉会战、团结国民党在山东敌后共同抗日，10月8日，毛泽东、彭德怀、朱德致电徐向前转山东省政府主席沈鸿烈："现值武汉吃紧、顽寇亦正开始进攻肃清华北计划，此时'如能各方亲密合作，巩固团结，共同努力，创造鲁省抗日根据地，与鲁晋呼应，不仅能争取华北持久抗战，且为配合华中支持武汉所必须'。并告已令八路军冀鲁各部与其密切配合，积极行动，期能在国民党抗战建国纲领与蒋委员长意旨下，巩固鲁省抗日根据地。"④因此，中

① 萧华：《一一五师挺进山东及山东抗日根据地的发展》，中国抗日战争军事史料丛书编审委员会编：《八路军　回忆史料　3》，解放军出版社2015年版，第38页。

② 李继昶：《八年抗战之山东(一)》，台北《山东文献》第1卷第4期，第69页。

③ [美]白修德、贾安娜著，端纳译：《中国的惊雷》，新华出版社1988年版，第58页。

④ 中国人民解放军军事科学院毛泽东军事思想研究所年谱组编：《毛泽东军事年谱(1927—1958)》，广西人民出版社1994年版，第260—261页。

共中央对主鲁之初、处境尚极艰难的山东省政府主席沈鸿烈是抱着友好态度与很大期望的。沈也做出了积极抗日的举动。10 月，为配合武汉会战，牵制敌人运输计划，沈鸿烈拟定了“总攻津浦路计划”，命山东敌后国民党军大举出击，以刘景良为总指挥，“北自德县，南迄洛口，以刘司令所部攻洛口、禹城段，为第一路；张司令栋臣攻禹城、平原段，为第二路；曹旅长镇东等部攻德县黄河崖段，为第三路。于十月十二日开始进攻，激战五日，第一路所获钢轨电线甚多，并获小型压道车一辆，电话机数部。陵县于治良获敌寇汽车六辆，敌寇数人。”①这次攻势虽未能对武汉会战结果产生实质影响，也未取得多少重大战果，但一定程度上打击了日寇的气焰。沈还视察鲁北各县，国民党官方报纸称：“沈赴鲁北各县视察，每至一处，召集军民训话，抚问备至，并晓以抗敌卫国大义，协谋恢复秩序安居乐业之方，民众夹道欢迎，喜形于色。”②

在鲁北期间，沈鸿烈一面抗日，一面试图通过与河北鹿钟麟部的联动，进行所谓“冀鲁联防”，压缩八路军在冀鲁边的活动空间，“妄图把我们（指八路军萧华部）挤出冀鲁边这块战略要地，‘收复’他们拱手让给日寇而被我们收复的土地”③。国民党乐陵县长牟宜之成为了沈鸿烈拉拢的重点，沈企图利用其将共产党排挤出乐陵以至整个冀鲁边。④ 然而乐陵县长牟宜之却对萧华部极有好感，并在给养、动员、征兵各方面给予了八路军全力支持。沈鸿烈又对牟封官许愿，委任其为省政府秘书主任，“调虎离山”，亦被牟公然拒绝。⑤

实际上，牟宜之早年即参加过共产主义青年团，在乐陵期间已加入中国共产党，成为未对外公开身份的中共党员。1939 年春牟宜之由萧华介绍赴重庆，在周恩来的直接领导下做统战工作，后随邓颖超去延安。1939 年 9 月又随邓小平离开延安，先赴山西辽县八路军总部，10 月回到冀鲁边区，担任中共鲁北行政委员会主任。⑥

---

① 李继昶：《八年抗战之山东（一）》，台北《山东文献》第 1 卷第 4 期，第 69 页。

② 《沈鸿烈巡视鲁北各县》，《扫荡报》（桂林）1938 年 12 月 23 日，第 2 版。

③ 萧华：《对冀鲁边几个问题的回忆》，常连霆主编，中共山东省委党史研究室、山东省中共党史学会编：《山东党史资料文库》第 16 卷，山东人民出版社 2015 年版，第 50 页。

④ 周贯五：《回忆同沈鸿烈的一场斗争》，《山东革命斗争回忆录丛书》编委会编：《鲁北烽火》，山东人民出版社 2014 年版，第 91—94 页。

⑤ 刘嘉琰：《牟宜之的革命生涯》，山东省政协文史资料委员会编：《山东文史集粹　修订本　上集》，中国文史出版社 1998 年版，第 478 页。

⑥ 中共德州市委党史研究室编印：《德州党史人物传略》第 1 辑，2004 年版，第 175 页。

三、萧华与沈鸿烈的“斗法”

萧华率部来到乐陵后，希望与沈鸿烈维持统一战线的关系，共同抗日。因此，在沈鸿烈来到惠民不久，萧华便主动提出与沈会面。1938年11月，萧华根据八路军总部“以抗日大局为重，尽量争取沈鸿烈共同抗日”的指示，“带着一个侦察参谋和一个骑兵排，偕同国民党委派的乐陵县长牟宜之去惠民拜见沈鸿烈”①。

萧华将军是1955年中华人民共和国授衔时最年轻的上将。他率八路军挺进山东时，年仅22岁。沈鸿烈则是主政一方多年的“封疆大吏”，“老谋深算”，此时更是山东省政府主席，名义上的山东抗战最高领导者。萧华将军回忆当时那场会面时说：

> “他（沈鸿烈——引者）对我们以上宾相待，摆下丰盛的宴席，名曰边吃边谈。当我谈到我军在津浦一线展开破袭战，配合主力正面作战，还广泛发动群众，建立了根据地，为坚持持久战准备条件时，沈鸿烈却说‘贵军防区在山西、河北一带，如今进入山东，恐多不便。山东近年多灾，百姓负担很重，贵军军饷很难筹措，还须请往河北征粮派款。’我当即截断他的话说：‘蒋委员长曾在庐山号令全国，‘如果战端一开，那就地无分南北，人无分老幼，无论何人皆有守土抗战之责任’，事隔一年，沈主席不见得如此健忘吧。’”②

萧华一番话令沈一时无言以对。随后，沈鸿烈又“指责我们的抗日民族统一战线主张，说我们借用抗日名义，积蓄兵力，扩展地盘”。萧华“压住心中的怒火”对他说：

> “沈主席大可放心，我党我军光明磊落，诚心奉行国共合作方针，一切从抗日出发。我们收复之失地，都是‘国军’遗弃、日寇占领的地方，收复这些失地，是每一个中国人的神圣职责，决无其他图谋，天日可鉴。眼下大敌当前，民族危机，我们彼此都应去掉成见，精诚团结，共同抗日。”③

---

① 萧华：《对冀鲁边几个问题的回忆》，《山东党史资料文库》第16卷，第50页。

② 萧华：《对冀鲁边几个问题的回忆》，《山东党史资料文库》第16卷，第50页。

③ 萧华：《对冀鲁边几个问题的回忆》，《山东党史资料文库》第16卷，第50页。

随后,沈鸿烈又指责八路军擅自占据乐陵,亦被萧华据理驳回。

沈鸿烈在百计拉拢乐陵县长牟宜之无效的情况下,不久又致电萧华,提出去乐陵洽谈。萧华以礼相待。中共在乐陵南关搭台为沈组织欢迎大会,整个县城贴满了"欢迎沈主席莅临乐陵""欢迎沈主席抗日到底""坚持抗战,反对摩擦"的标语。但沈于大会结束后,试图将牟架上汽车强行带走,萧华即"动员了1万多名群众拦阻他的车队,如不留下牟县长,就不让沈的汽车通过。沈鸿烈无可奈何,只得答应。群众这才让开一条路,放沈鸿烈的汽车开回惠民"①。

1938年12月,沈鸿烈又向国民政府"铣电呈报八路军攻击冀鲁边境之盐山县民团,及近迫鲁省之无棣、阳信各县情形"。蒋介石阅电后高度重视,批示:"抄送周恩来副部长,面交彭副总司令德怀。"②

与八路军在鲁北龃龉不断的沈鸿烈却未能在鲁北站稳脚跟。日寇于10月至12月间对鲁北进行了数次"扫荡",以沈的山东省政府为重点打击对象:"鲁北以省府移驻,为全省军政中心的所在,于敌人的'扫荡'横行下,首遭严重的扰犯!敌人由河北及津浦线附近集结,竟于十月间分数路向惠民大举进犯;先有壮烈的玉皇庙一役,后又经激烈的商南一战,省府为采取游击战略,遂不得不实行东移;自商河失守后,不久惠民及其他附近各处,亦相继沦陷,鲁北局势突为之恶化!当时,除利津各县外,几无一完整军政推行,亦无不发生莫大障碍!这是鲁北抗战局面艰苦的开始!"③

在日寇"扫荡"中,刘景良部与敌多次接战,抵御不住,沈鸿烈带领山东省政府由惠民经滨县迁利津,在利津驻扎不久,再次受到日军进攻威胁,1939年2月间,省府离开鲁北,继续流亡,最终穿过敌人防区,进入了鲁南山区落脚。与之形成鲜明对比的是,萧华却在冀鲁边灵活运用党的统一战线政策,"巧妙周旋,大力发展进步势力,争取中间势力,孤立和打击顽固势力",仅用一年多时间,就"初步开辟了北起捷地碱河,南依黄河、西至津浦铁路,东临渤海,覆盖19个县近3万平方公里",人口近600万的冀鲁边抗日根据地,成为鲁北抗战的中流砥柱。④ 在日军兵力有限,仅能占领点线的情况下,中国共产党在包括津南、鲁北全区在内的冀鲁边广大平原地区彻底站稳了脚跟。

---

① 萧华:《对冀鲁边几个问题的回忆》,《山东党史资料文库》第16卷,第51页。

② 《蒋中正"总统"档案　事略稿本》第42册,台北"国史馆"2010年印行,第678页。

③ 李继昶:《八年抗战之山东(二)》,台北《山东文献》第2卷第1期,第146页。

④ 赵维东等编著:《山东抗战纪事》,山东人民出版社2015年版,第161页。原文为"人口近6000万的冀鲁边抗日根据地",明显有误,应为"人口600万"。

第五节 石友三在鲁南时期的国共合作

一、全国抗战前期中共对石友三部的统战

沈鸿烈率山东省政府军政机构进入鲁南沂蒙山区前，鲁南山区已有国共合作的较好基础。

全国抗战爆发以来，中国共产党广泛发动各界力量，组织了徂徕山起义等一系列武装起义，在鲁中、鲁南地区建立了“八路军山东人民抗日游击第四支队”等武装力量。而在沈的山东省政府迁入鲁南山区前，驻扎鲁南的国民党正规军主要是石友三部。1938年4月，石友三奉命率第六十九军开进鲁中、鲁南驻防，开展敌后抗战。石友三在全国抗战爆发前是有名的反蒋地方势力，曾多次与蒋介石兵戎相见。作为与蒋介石矛盾严重，又掌握一定数量军队的地方实力派，石友三在七七事变前即是中国共产党统战工作的重点对象之一。中国共产党早在1936年就开始了对石友三部的重点争取工作，希望坚定石部的抗战信心，扩大抗日民族统一战线。

据全国抗战爆发后做石友三部统战工作的中共党员、著名学者张友渔回忆：“抗日战争爆发后，蒋介石给石友三部队以一八一师的番号，任命石友三为师长。经过我党的积极争取，石友三表示愿意与我党合作，共同抗日，并主动派人与我党中央秘密联络，要求派干部改造他的部队。我党应石友三的邀请，陆续派了大批干部到石友三部队工作。”[①]1937年10月，北方局派党员袁也烈、于心之、程静川等七人到石部，10月下旬，一八一师党的工作委员会成立，程静川任工委书记。此后，中共从武汉、延安陆续调派大量干部加入石友三部，进行统战工作，协助石友三部抗日。全国抗战初期，毛泽东高度重视对石部的统战工作。“一九三八年初，张克威同志带着石友三的秘密使命去延安，一面向党中央汇报我党在石部统战工作的情况；一面代表石友三向中央要干部。张克威受到毛泽东同志的亲切接见，在延安留住两个多月。一九三八年三月回到石友三部队，带来了毛泽东同志给石友三的亲笔信和给领导总队的题词(两件均已失落)。毛泽东同志赞扬石友三决心留在敌后抗

① 张友渔：《我党对石友三部队的统战工作概述》，常连霆主编，中共山东省委党史研究室、山东省中共党史学会编：《山东党史资料文库》第18卷，山东人民出版社2015年版，第223页。

战，并表达了我党同他合作抗日的真诚愿望。信中还说：应你的邀请，我派了十多名干部到你的部队帮助工作。他们如有违反统一战线的行动，可以随时派遣回来（大意如此）。这次党中央派了韩立中等十三名同志来到石部。”1938 年 2 月，北方局将党的一八一师工委改为六十九军党的工作委员会。[①]

1938 年 4 月初，周恩来介绍张友渔从武汉来到石友三部，担任六十九军政治部部长，6 月初中共山东省委[②]派匡亚明来六十九军担任政治部副部长，并大量招收教导队学员，党在石友三部队的力量大大增强。[③] 6 月，石部扩编为第十军团，石友三升任军团长，中共党员张友渔担任军团政治部长，匡亚明为副部长。“1938 年夏，他们团结发动抗日爱国民主进步人士如范明枢、李澄之、田佩之等组织成立了鲁南抗敌工作团。”[④]这些爱国民主人士赞成拥护中国共产党的抗日救国十大纲领，执行共产党的统一战线与敌后游击战争主张。1938 年 6 月 6 日，毛泽东、刘少奇致电山东党的领导人郭洪涛：“石友三部队中有的党的组织，并有许多民先队员及（在）政治部工作，望你们即去发生关系。”[⑤]7 月 4 日，毛泽东、刘少奇再次电告山东党的领导人郭洪涛：“鲁南部队仍改为八路军第四支队。尔后凡相当于独立师之队伍均称支队。望与石友三部好好联络。”[⑥]而石友三也有利用中国共产党扩大自己力量和影响力，实现其统一鲁南甚至取代沈鸿烈的意图。

二、新泰“龙廷会议”

由于与石友三部的特殊关系，全国抗战前期中国共产党的党政军组织在鲁中、鲁南地区发展迅速。该年 7 月，中共苏鲁豫皖边区省委[⑦]、第十军团党工委为团结全省抗日力量、争取中间力量，打击顽固力量，促使石友三以第十军团长和鲁南行政长官的名义，在新泰县的龙廷镇召集了一次民主协商会议。山东境内大大小小抗日力量，如沈鸿烈、秦启荣、张里元、厉文礼或

① 张友渔：《我党对石友三部队的统战工作概述》，《山东党史资料文库》第 18 卷，第 223 页。

② 当时准确名称应为“中共苏鲁豫皖边区省委”。因苏鲁豫皖边区省委为山东省委扩大而成，故很多回忆资料中仍习惯称作“中共山东省委”。

③ 张友渔：《我党对石友三部队的统战工作概述》，《山东党史资料文库》第 18 卷，第 224 页。

④ 常连霆主编，中共山东省委党史研究室编：《中共山东编年史》第 3 卷，山东人民出版社 2015 年版，第 85 页。

⑤ 《毛泽东、刘少奇关于山东基干部队可恢复八路军游击队番号致郭洪涛电》（1938 年 6 月 6 日），常连霆主编，中共山东省委党史研究室，山东省中共党史学会编：《山东党史资料文库》第 7 卷，山东人民出版社 2015 年版，第 32 页。

⑥ 中国人民解放军军事科学院毛泽东军事思想研究所年谱组编：《毛泽东军事年谱（1927—1958）》，广西人民出版社 1994 年版，第 251 页。

⑦ 中共苏鲁豫皖边区省委：1938 年 5 月下旬由中共山东省委扩大而成，郭洪涛任省委书记。

其代表，以及山东的民主人士梁竹航、陈迈之，聊城专员范筑先的代表成润等百余人到会。中共山东党组织主要领导郭洪涛、八路军代表孙陶林以及八路军四支队司令员廖容标等同志也参加了会议。[①] 会议围绕成立山东省联合政府，建立地方民主政权、划分各方面管辖区域，成立联合司令部等议题进行讨论。但秦启荣反对这些议题，提出："山东政治体制不变；沈鸿烈为山东省省长[②]；原有各专区及所属保安队由省长统一领导；石友三可以十军团长的名义，指挥山东所有的部队对日作战，但各部队的建制不变，八路军为国军，由第十军团指挥。秦启荣等人并借口不能久离部队，中途退席，企图破坏会议。"[③]

虽然既定的会议目的未能达成，但由于中国共产党的积极支持，共产党、石友三和山东各地方实力派仍然达成了两项协议和三项君子协定。两项协议是：(一)成立联合参谋部，由石部参谋长王清翰和八路军四支队司令员廖容标负责，以协调各部队的抗日行动；(二)建立民运指挥部，隶属第十军团政治部，赵濯华同志任部长，负责石友三管辖区的政权建设。三项君子协定是：(一)彼此不搞摩擦；(二)不能互相瓦解部队；(三)不许向友军扩张地盘。这次会议的整个过程，石友三与中国共产党合作抗日的声势占了主导地位，压倒了沈鸿烈、秦启荣的气焰，团结了很多地方实力派和民主人士。[④]

关于石友三组织召开的"龙廷会议"，赴台后的国民党人亦有回忆："七月，石(指石友三——引者)思囊括鲁南抗敌武力，且协助"中共武装"之发展，乃召开军事会议于新泰之龙廷，到者百余人。先生(指秦启荣——引者)奉委员长令，代表参加，当致训词，申明抗战事业之伟大艰苦，与夫国人责任之艰巨，及对主义认识之重要，听者动容"，中共"欲乘机难先生者遂莫敢言。石见会议失败，复假军事以难之……"[⑤]秦启荣是全国抗战时期山东敌后国民党最有名的"反共先锋""摩擦专家"，从国民党方回忆者的记述，则龙廷会议成为石友三与中国共产党"合谋"对付秦启荣的"阴谋"了。

龙廷会议一方面促进了共产党与石友三在鲁南的合作，一方面也增长了石友三在山东敌后的威望与地位。龙廷会议后，石友三为显示抗日决心，在新泰县土门，将日本特务头子土肥原派来劝降的说客当众枪决。1938 年

---

① 张友渔：《我党对石友三部队的统战工作概述》，《山东党史资料文库》第 18 卷，第 225 页。

② "山东省省长"：即指"山东省政府主席"。

③ 张友渔：《我党对石友三部队的统战工作概述》，《山东党史资料文库》第 18 卷，第 225 页。

④ 张友渔：《我党对石友三部队的统战工作概述》，《山东党史资料文库》第 18 卷，第 225 页。

⑤ 龚舜衡：《秦"烈士"启荣治军纪实》，台北《山东文献》第 7 卷第 2 期，第 8 页。

8月13日，石友三、范筑先与八路军山东人民抗日游击第三支队马耀南等部联合攻打济南，一度攻入主城与商埠。“我军与日方激战三小时，始从容离去城外”，“两方死伤人数在三百名以上”[①]。8月14日，石友三就“八一三”纪念日所部联合八路军部队攻入省会济南发表通电：

> “顷据梯队司令孟昭进　十三日早七时由济南送来报告：(一)职率师一部及政治人员，并八路军马耀南部一团，及职部共□余人，由□□出发，十一日夜到达济南近郊，以一部乘×不备，随爬入城内，官兵奋勇巷战至晓，遂将济南城完全占领，民众欢呼万岁，均悬青天白日旗。(二)以一部同时攻击商埠，刻与×正在□城激战中，但×已有小部向洛口方向退却，现我部伤亡官兵百余名，×及伪保安队伤亡共达二百余名等语，查孟昭进力克济南，发扬国威，足寒×胆，除由本部传语嘉奖外，并饬速向×猛攻。”[②]

“八一三”纪念日国共两党部队合作攻入济南城，振奋了山东敌后广大抗战军民士气，是全国抗战初期山东敌后国共合作抗日取得的重要战果之一，当时主流抗日报纸争相报道，也受到了国民政府通令嘉奖。

石友三部政治部在建立民运指挥部以后，“向新泰、莱芜、沂水、蒙阴等县派遣了县长和民运办事处主任。如新泰县长是中共党员张克威，莱芜县长是爱国进步人士梁竹航(后加入共产党)。这些县长和民办主任(行政上归石部政治部领导。实际上归中共地方县委领导)在共产党组织的协助下，做了不少有益于抗日的工作”[③]。由于石友三在鲁南期间与共产党积极合作，其实力及地位也迅速提升，9月24日，石友三被国民政府任命为山东省政府委员。[④]

在鲁南期间，石友三对中国共产党持积极合作态度，但对当时尚在鲁北驻扎的山东省政府主席沈鸿烈则保持着高度的警惕，视之为其独霸鲁南的劲敌和障碍。“这时石友三是山东省政府委员，所下行政命令都有‘奉主席

---

① 《我石友三部一度攻入济南城　八一三在城内巷战四时》，《申报》(香港)1938年8月17日，第2版。

② 该段新闻中的“□”“×”，原文如此，照录。《石友三将军之通电》，《大公报》(香港)1938年8月17日，第3版。

③ 常连霆主编，中共山东省委党史研究室编：《中共山东编年史》第2卷，山东人民出版社2015年版，第588页。

④ 《行政院议决　廖磊任皖省主席　石友三任鲁省府委员》，《申报》(香港)1938年9月28日，第2版。

命独断专行'字眼，意思是鲁南地区全归他石委员掌管。其他抗战团体固不容侵犯，即省政府主席也不能干涉。对于省府人员之进入鲁南，特具尖锐的敏感。"据当时奉沈鸿烈之命代表省府赴鲁南视察的督导团成员刘道元回忆，他们到达石友三控制的蒙阴、沂水地区后，不仅被石部刁难，石友三一度还对省府督导团"动了杀机"。刘道元等也亲眼看到了石友三部中共产党人活动的频繁。在鲁南期间，省府督导团会见了石部的共产党代表——张友渔。张友渔与刘道元等"谈话的主题是全民抗战，敌后与敌前同等重要。他是以国共合作终将战胜日本为主旨"。在刘的北大同学、倾向于国共合作的山东省第三区专员张里元等的斡旋下，石友三才未对刘道元等"下手"。①

三、石友三撤离鲁南及其对中共态度的转变

中国共产党极为关注并重视对石友三的争取工作。中共中央多次向山东党的主要领导人郭洪涛发电指示做好对石友三的争取工作，并利用石部的地位，扩大山东敌后根据地。7 月 22 日，毛泽东、刘少奇致电苏鲁豫皖边区省委书记（即山东省委书记）郭洪涛，要求山东党组织"对石友三应继续采取争取的方针，表示接受其指挥，并表示援助他统一鲁南各游击队的指挥，同时要求他划出一定防地给我们作根据地与后方"，"加强石部中下级党的组织工作，同时经过特别同志张友渔去向石说明你们的意见和影响石"②。

1938 年 9 月 7 日，毛泽东再次致电山东党的负责人郭洪涛，强调了对石部的统战办法，指示山东党组织"和石友三议定共同建立山东抗日根据地的纲领"，"建立根据地的各方面的工作，可用石友三的公开出面来作，我党在形式上暂时回避一些"，"由石友三设法向中央及沈鸿烈要求管理与指挥鲁中、鲁南各级地方政府的权利，以便改造各级政府机关"。"由石友三召集鲁东、鲁南各武装部队及专员县政府民众团体的会议"，"必须进一步去统一山东至少鲁东南的军事，由石友三及八路军收编各种杂色的与无所属的部队"。"对于秦启荣，须在联合抗日口号下，迅速去孤立他。"③

---

① 刘道元：《九十自述（五）》，台北《山东文献》第 19 卷第 3 期，第 90—91 页。

② 《毛泽东、刘少奇关于对石友三要继续采取争取态度致郭洪涛电》（1938 年 7 月 22 日），八路军山东纵队史编审委员会编：《八路军山东纵队　综合册》，山东人民出版社 1993 年版，第 399 页。

③ 《毛泽东、张闻天、刘少奇关于与石友三共同建立山东根据地致郭洪涛电》（1938 年 9 月 7 日），常连霆主编，中共山东省委党史研究室编：《山东党的革命历史文献选编　1920—1949》第 3 卷，山东人民出版社 2015 年版，第 19—20 页。

总的来说，中共中央对鲁中南地区我与国民党的基本策略是：分化对待，紧紧抓住石友三，利用石友三部的合法地位尽快获取八路军在鲁中、鲁南更大的发展，孤立与打击立场顽固的国民党秦启荣部。

秦启荣自1929年起奉国民党中央委派长期在山东从事国民党党务工作，曾任国民党山东省党部委员兼书记长，由于韩复榘对南京中央势力渗入山东极为警惕，秦也因之被韩长期防范、监视和打压。在日寇入侵山东之初，秦即以抗日名义组织起武装部队，摆脱了韩的束缚，成为沂蒙地区一股实力较大的武装力量。秦启荣出于利益考虑，对石友三和中国共产党在"龙廷会议"中提出的另立"山东联合政府"的主张强烈反对，也对石友三试图主政山东甚至取沈鸿烈而代之的意图极为不满，对于中国共产党的抗日民族统一战线始终抱着不信任的态度，与石友三在鲁南为争抢防区时常爆发冲突，与中共武装也经常发生摩擦。在中共苏鲁豫皖边区省委的推动下，石友三于"龙廷会议"后，以秦启荣"纵兵扰民"为借口，集中所部主力，向秦启荣部发起全面进攻，试图将秦部一举歼灭，以统一鲁南军令政令，并夺取其部地盘与装备。"但因走漏消息，只消灭秦启荣部部分力量，迫使秦启荣部余部逃至滕县山区。"[①]1938年11月，石友三领衔鲁省敌后各军(石友三、范筑先、张里元、高树勋)"电呈蒋委员长"并告全体国民："坚持全国团结，抗战到底"，"山东地处华北中枢，形势冲要，更以黄河□[②]道，鲁南鲁西形成一片，军民合作，全体动员，实足以扼守国土，袭击敌背，尚祈训诲时颁，俾获一致遵循，共驱逆虏，无任企祷"[③]，显示了其当时在山东敌后抗战诸军中的领导地位。

秦启荣受到石友三部严重打击后，多次向重庆蒋介石状告石友三"通共"，引起蒋介石极大的不安。沈鸿烈对石友三不遵省令亦颇不满，"企图欺骗石友三于山东省外，而对蒋介石弄策"，使石转任"察哈尔省主席，业已成功"[④]。蒋介石对石友三软硬兼施，终于以为石升官为借口，于1938年12月底将石友三部调离山东，开赴河北。1939年1月10日，国民政府行政院正式任命石友三为察哈尔省主席(免刘汝明察哈尔省主席本兼各职)。[⑤] 但是

① 常连霆主编，中共山东省委党史研究室编：《中共山东编年史》第2卷，山东人民出版社2015年版，第588页。

② 原文中该字模糊不清，可能为今已不用的异体字。以上下文理解，应为花园口决堤后，黄河"改"道之意。

③ 《石友三 电呈蒋委员长 拥护抗战主张》，《西京日报》1938年11月25日，第1版。

④ 《沈鸿烈使计 驱逐石友三》，《南京新报》1939年1月12日，第1版。

⑤ 《察省府改组 石友三兼任主席 行政院会议决定》，《中央日报》(贵阳)1939年1月11日，第2版。

石根本不愿赴察履职，仅挂省主席空衔，转而率军长期驻留冀鲁边境。[①] 此后石友三逐渐倾向“反共”。中国共产党在石部工作的政工人员也被迫先后分批撤离。

1938年石友三在鲁南期间表现得“极为进步”，据石部第十军团政治部主任、著名共产党员张友渔回忆：“石在山东时，曾多次主动向我山东省委领导同志提出要求加入中国共产党。”[②]但他本质上是一个反复无常的军阀，一生中投机钻营，朝秦暮楚，曾多次倒戈与反叛，毫无政治操守可言。开往冀南、鲁西后的石友三成为与八路军搞摩擦的“摩擦专家”却屡屡战败，又与日寇“暧昧不清”，以致最终激化内部矛盾，被其部下高树勋抓捕并活埋于濮阳黄河故道，结束了其反复无常的一生。不过客观而言，石友三全国抗战前期在山东与中国共产党的合作较为广泛与深入，有利于中共在鲁中、鲁南组织力量的迅速建立与扩大，为日后中国共产党和八路军最终在沂蒙山区发展壮大提供了一定基础条件，也有利于全国抗战初期鲁南地区抗日民族统一战线的建立。对于石友三这类在政治操守甚至个人道德上均存在严重问题的地方军阀，中国共产党在全国抗战初期充分利用灵活手段，本着“团结一切可以团结的力量共同抗战”的原则，还是对其实施了较为成功的统战政策，并利用之壮大了自己在敌后的力量。[③]

总体而言，全国抗战初期，地方实力派韩复榘“弃守山东”，山东原有各级政府体系基本垮台，日军占领山东各大城市和主要交通线，又因急于南下而无法牢固掌控，山东共产党充分发挥抗日民族统一战线有利条件，利用韩复榘表面上的抗日姿态，及范筑先、石友三等国民党力量，在山东得以迅速恢复并发展壮大，摆脱了白色恐怖时期党组织被破坏殆尽的极端不利状况，扛起了山东抗战旗帜。而韩复榘的迅速垮台也使山东国民党各派势力及其与共产党的关系呈现出极为复杂局面。既有范筑先在鲁西北敌后与共产党合作抗战，又有曾经被韩长期打压势力的迅速崛起，如沈鸿烈重组山东省政府在四处“流亡”中与共产党的复杂关系，及秦启荣顽固力量的崛起。此外

---

① 国民政府1939年3月以张厉生代察省主席石友三主持察省军政，石友三仍保留察省主席头衔。参见《石友三暂不入察　率部从事游击》，《扫荡报》（桂林）1939年3月8日，第2版。

② 张友渔：《我党对石友三部队的统战工作概述》，《山东党史资料文库》第18卷，第228页。

③ 1943年5月，山东分局召开区党委书记联席扩大会议时曾指出：1938年秋后至1939年春，石友三部六十九军北迁，鲁苏战区主力五十七军和山东省政府未到鲁南的时间，成为我党我军发展“最有利之时机”，但当时的山东党组织考虑统一战线等因素，“思想上缺乏独立自主发展的观念”，未能抓住这一时机实现大发展。参见《景晓村日记》，北京八路军山东抗日根据地研究会渤海分会2012年编印，第57—59页。

还有自省外开进的地方实力派石友三部在鲁南的发展及其与共产党的合作。而随着范筑先殉国，和石友三部被调离鲁南，山东的国共合作在1938年底陷入低谷。同时，山东敌后的国共力量也即将迎来新的变化。

第二章　山东省府与鲁苏战区进入鲁南后的国共关系

1939年国民党山东省府与鲁苏战区总部及战区主力先后进入鲁南沂蒙，沈鸿烈将省会设于东里店，暂时结束了“流亡”时期，中共中央山东分局、八路军山东纵队总部与之相距不远。国共两党在山东的首脑机关云集鲁南，经历了密切合作的“东里店时期”，东里店也一度成为山东敌后抗战的重要中心。而在“太河惨案”发生后，双方关系逐渐走向复杂斗争与艰难维系阶段。虽然在东里店失守后的沂蒙反“扫荡”中，国共两党仍能并肩作战，但随着国内形势的变化及沈鸿烈对山东八路军态度的转变，国共双方的摩擦不断增加，也促使山东八路军调整了对山东敌后国民党各派的统战政策。

第一节　“各方聚汇”的鲁南形势[①]

全国抗战爆发以来，中国军民誓死抗战意志之坚定，抵抗行动之坚韧，大大出乎日本意料，打破了其“三个月灭亡中国”的狂妄企图，使其深陷所谓“中国事变”泥潭。日本“大本营”和政府意识到单纯仅凭武力无法使中国屈服，便极力试图通过各种手段尽早解决所谓“中国事变”，分化中国抗战力量，诱降国民政府。[②] 1938年11月，日本近卫内阁连续发表声明，提出所谓

① 抗战时期中国共产党所称的“鲁南”，有“大”“小”之分。广义的鲁南，即“大鲁南”，包括中国共产党鲁中、鲁南、滨海三个战略区；“小鲁南”仅指陇海铁路以北，蒙山山脉以南，津浦铁路以东，沭河以西的地区（以抱犊崮根据地为中心）；而国民党文献中所称“鲁南”，一般指广义的“鲁南”，包括抱犊崮等“小鲁南”，沂蒙山区，及鲁中的部分地区。在很多国民党文献中，“鲁南”尤其指代沂蒙、滨海地区。也即，国共两党文献、回忆资料中对“大鲁南”范围的理解基本一致。本书中所称“鲁南”，一般为“大鲁南”。

② 研究太平洋战争的重要著作、二战时日本陆军参谋服部卓四郎在战后编写的《大东亚战争全史》写到当时的情况称：“日华不应该抗争而应该合作，这是先觉之士早就倡导的。不幸的是，中国事变同争取早日解决的努力相反，却变成了长期战争。大本营和政府的苦恼以及国民的焦虑心情逐渐达到难以掩饰的地步。”[日]服部卓四郎：《大东亚战争全史》（转下页）

“善邻友好，共同防共，经济合作”的三原则，企图引诱国民党政府投降反共，“在军事上，日本侵略军停止对正面战场国民党军的战略进攻，改取保守占领区为主的方针，逐渐转移其主要兵力打击共产党领导下的人民武装，并将重点置于华北”①，中国抗日战争进入新阶段。

这一时期，国共两党对山东敌后局势都表现出高度重视。随着国民党中央成立敌后战区——鲁苏战区，战区总司令于学忠率战区总部及主力进入鲁南，八路军山东纵队在鲁南沂蒙成立，陈光、罗荣桓率领八路军一一五师师部及主力进入鲁南，以及沈鸿烈率领山东省政府及其直属部队由鲁北进入鲁南山区，山东敌后国共两党的合作抗战也在鲁南迎来了崭新的局面。

1939 年以来，国民党山东省政府、鲁苏战区总部及中共中央山东分局、八路军山东纵队总部和此后迁入沂蒙的一一五师师部等国共两党在山东的首脑机关，汇聚以沂蒙为中心的鲁南地区，并非偶然。从地理环境来看，沂蒙有其独特优势：“复杂的地质结构和类型多变的地貌，既为根据地建设提供了天然的屏障，也为发展生产、保障供给创造了条件；沂蒙地区的独特地理环境，连绵起伏、层峦叠嶂的山地为中国革命提供了广阔的战略纵深和回旋区间；南部粮仓为革命军民提供必要的经济基础；纵横交错的河流形成革命根据地之间的区际屏障。”②此外，这里还有虽然生活贫穷但淳朴、坚韧、有浓厚保家卫国情感的广大群众。这为中国共产党以沂蒙山区为基础建立鲁中、鲁南、滨海抗日根据地（以上三个根据地在山东党政军领导人朱瑞、黎玉等的文章中又被统称为“沂蒙抗日根据地”③）创造了良好条件，也为国共两党在山东敌后的长期生存、与敌周旋提供了土壤与空间。正如罗荣桓 1939 年 4 月指出，“鲁南位于津浦路以东、胶济路以南，地形有小平原，有泰山、鲁山、蒙山、沂山等山地，是能相互联络的。敌只占铁路附近各县城，中间尚有几个县城在我手。群众条件很好，特别是对八路军的爱戴，送饭、送水，给养不成问题。群众的抗日情绪非常热烈”④。

国民党方面总结省府决定迁入鲁南的原因时指出：“根据全省地理上的形势：以鲁南纵横多山，交通梗阻，为军事上之一良好游击根据地；又加各县

（接上页）第一册，商务印书馆 1984 年版，第 24 页。

① 中国人民解放军军事科学院毛泽东军事思想研究所年谱组编：《毛泽东军事年谱（1927—1958）》，广西人民出版社 1994 年版，第 262 页。

② 韩延明、魏本权：《沂蒙红色文化的文化生态学考究与辨析》，《山东社会科学》2010 年第 7 期。

③ 魏本权、汲广运：《沂蒙红色文化资源研究》，山东人民出版社 2014 年版，第 20 页。

④ 罗荣桓：《巩固与东北军及同盟者的团结，对付敌之进攻》（1939 年 4 月 26 日），《罗荣桓军事文选》，解放军出版社 1997 年版，第 33 页。

多属完整，局面易趋稳定，且扼全省战时政治上便于活动之中心！因而早为省府预计的军政开展之固定基地；尤自第十军团（指石友三部——引者）奉命北开后，在其他国军尚未接防之前，鲁南除分驻的零星游击部队外，几乎像毫无设防的空城一样，又以各地情形复杂紊乱，诸待整顿与维持，省府除已早派大批干部前驻蒙阴鲁村（雷秘书长法章已先率省府一部抵此），采取一切有效行政措施外，故为迅速加强各县行政机构，及整编各处游击部队，以切实建立山区抗战根据地起见，已早决定了全部南移。”①

一、八路军护送沈鸿烈和山东省政府进入鲁南

1938 年底，日军“扫荡”鲁北，沈鸿烈率山东省政府离开惠民，迁往利津，辗转月余，后停沾化，然后向鲁南山区转进。离开鲁北前，沈留下了省教育厅长兼鲁北行署主任何思源，负责鲁北军政全局，行署驻地利津，并以刘景良为鲁北的军事支柱。

王子壮（国民党中央监察委员会秘书长，铨叙部次长，山东济南人）在 1939 年 1 月 17 日的日记中记载他于昨日聆听家乡山东沦陷后省府情形：“知沈（鸿烈）主席之行踪最为日人所注意。省府最初设曹县，继而东阿、聊城、惠民，均为日攻陷而不得不迁。在利津亦不稳，最近决移蒙阴山中，易守难攻也。别设办事处于阳谷、利津，由李树春②、何思源分任其事。”③

从鲁南曹县到鲁西东阿、张秋、临清，再到鲁北数县间停驻，历经数度被敌人追击围剿，沈鸿烈及其所率山东省政府可谓“饱尝艰辛”，而一路主要负责护卫省府的，仅有人数不多的海军陆战队，这支海军陆战队是沈鸿烈的嫡系亲兵，装备较好，此前长期驻防青岛，在全国抗战爆发之初由时任青岛市长的沈鸿烈从青岛带出，一路随行护卫省府。此外还有沈在曹县、东阿临时扩编的教导一、二两团，枪械差，战斗力较弱。

按照国民政府的要求，由原韩复榘手枪旅扩编而成的新四师（师长吴化文，原为韩复榘的手枪旅旅长）应担任山东省政府的主要护卫工作，但是吴、沈之间貌合神离。沈鸿烈基本指挥不动吴化文的新四师。吴的军阀习气严重，善于保存实力，拥兵自重，并不愿真正为沈鸿烈的山东省政府卖命。④ 按

① 李继昶：《八年抗战之山东（二）》，台北《山东文献》第 2 卷第 1 期，第 149 页。

② 李树春，即李树椿。

③ 《王子壮日记》（手稿本）第五册，1939 年 1 月 17 日，“中央研究院”近代史研究所影印，第 25 页。

④ 1943 年 1 月，吴化文发表通电公开率领国民党新四师全师叛国投敌，做了汉奸，被日伪任命为“和平建国山东方面军总司令”，成为山东敌后最大一支伪军力量。

照八路军东进抗日挺进纵队司令员萧华将军的说法,"吴化文当时归沈鸿烈指挥,但却看不起沈鸿烈,两人是有矛盾的"[①]。沈在离开鲁北前,又将其海军陆战队一部留拨给何思源,以为其贴身护卫部队[②],加之吴化文部对护送沈南下并不热心,因此对于沈鸿烈与山东省政府来说,南下鲁南是危险的行程,其最大威胁来自必须越过日伪重兵把守的胶济铁路。"在转移以前,沈亦考虑到鲁南山区,益都是必经之地,但益都又驻有日伪军重兵,通过此地相当危险。"[③]

虽然沈本人对于与中国共产党的合作并不热心,但是抗战时期毕竟是国共合作时期,"在毛主席领导下的八路军是坚决执行协议,与国民党政府和军队合作"[④]。活跃在清河区的八路军山东纵队第三支队[⑤]杨国夫司令员闻悉沈鸿烈的军政机关要通过胶济路到鲁南山区,"当即派所属第十团(团长李人凤)第三营(营长刘斗臣)负责护送沈鸿烈所属军政机关及部队,由益都以东夜间穿过铁路,往临朐一带转移。不料被日寇发觉,当刘营长率部返回的途中,与日寇遭遇,在激战中因乘骑不听指挥,刘斗臣营长为国牺牲"[⑥]。

八路军山东纵队护送沈鸿烈及其军政机关顺利穿过胶济铁路来到鲁南,体现了中国共产党同国民党合作抗日的真诚意愿,也为沈鸿烈来到鲁南初期的国共合作良好局面打下了基础。

二、鲁苏战区总部、主力入鲁及八路军的积极配合

全国抗战前期,国民政府对敌后战场也表现出较为重视的态度。1938年11月国民政府军委会南岳军事会议决定设立两大敌后战区——鲁苏战区与冀察战区。1939年1月,原东北军重要将领于学忠被国民政府军委会任命为鲁苏战区总司令,战区主力是国民党正规军第五十一军、五十七军(均为原东北军主力部队,全国抗战爆发后,与日军多次正面作战,体现出较强的战斗力)、八十九军。鲁南山区自石友三第十军团撤离后,国民党方面即陷入军事力量的真空状况,缺乏一支强有力的军队驻扎,"多处尚在空防,人心惶恐,地方情形亦紊,更急待于一支生力军的驰援!"[⑦]国民政府即令于

① 萧华:《对冀鲁边几个问题的回忆》,《山东党史资料文库》第16卷,第51页。

② 何芳艺:《我所知道的何思源》,《临沂文史资料》第3辑,1983年版,第73页。

③ 崔基成:《国民党山东省政府主席沈鸿烈》,山东省政协委员会文史资料研究委员会编:《文史资料选辑》第7辑,山东人民出版社1979年版,第84页。

④ 崔基成:《国民党山东省政府主席沈鸿烈》,《文史资料选辑》第7辑,第84页。

⑤ 此处原文中为"八路军渤海军区杨国夫司令员",由于此时"渤海军区"尚未成立,故应为原文作者回忆有误。应为"八路军山东纵队第三支队"。

⑥ 崔基成:《国民党山东省政府主席沈鸿烈》,《文史资料选辑》第7辑,第84页。

⑦ 李继昶:《八年抗战之山东(二)》,台北《山东文献》第2卷第1期,第152页。

学忠率领战区总司令部及主力开进鲁南敌后。

鲁苏战区的成立及其主力的入鲁，“声势浩大”，对华北日军形成了很大的威胁。“敌人闻之极形慌张！遂于津浦、陇海两路的附近，调集大军，遍布各种工事与障碍，来积极阻挠国军的亟时北进。”“五十七军因由苏北早开，已安然到达。”①在五十七军于1939年初先期入鲁的情况下，于学忠率领五十一军入鲁的历程则颇为艰难：“惟五十一军的路程较远，行军时日亦长，途中因与敌人遭遇而发生激战者竟达七、八次，尤其百十四师的交锋更多！”②

于学忠出身于东北军，整个全国抗战时期，他的抗日态度始终非常坚决。自七七事变以来，率部参加了淮河战役、台儿庄战役、武汉保卫战等，与日军屡次血战，战功赫赫，为他同时赢得了国共两党的高度赞扬，可谓“身负盛名”。于本人思想较为开明，对所有抗日的队伍都一视同仁，对中国共产党的态度也很友好。此次奉命进军山东敌后，于学忠对鲁南的复杂状况已有所了解，但仍信心饱满，认为能够与中国共产党以及沈鸿烈、吴化文等旧有国民党山东地方势力相处和睦。

山东八路军对鲁苏战区部队入鲁态度积极友好。1939年1月18日，针对鲁苏战区于学忠部五十七军（军长缪徵流）进入山东，中共中央致电朱德、彭德怀、杨尚昆及山东党政军主要领导人郭洪涛、张经武、黎玉指出：“对缪徵流师进入山东后的工作问题，我们同意山东分局来电意见：针对缪及其部下现时动摇彷徨心理，经过各种关系向缪及其高级将领表示我们山东的党和军队，愿意帮助其坚持苏鲁边的抗日游击战争，帮助该部的巩固与扩大等，坚定他对抗战胜利的信心，争取他与我亲密联合；在缪部经过我游击区与我有工作基础的地区时，要发动群众对该部欢迎慰劳；为了减少缪之疑惧，不暴露自己力量，现不再在缪部发展党员。”③而在五十一军入鲁过程中，苏北新四军彭雪枫部也提供了很多帮助，并配合作战，“4月，于学忠率51军及鲁苏战区总部，在新四军彭雪枫等密切配合下，强行通过津浦路，多次突破日寇围追堵截，挺进到鲁南的沂蒙山区，总部设在距八路军山东纵队司令部所在地王庄仅有十几里的蒙阴上高湖”④。

于学忠刚到鲁南时，“中共中央山东分局派统战部长郭子化、组织部长

---

① 李继昶：《八年抗战之山东（二）》，台北《山东文献》第2卷第1期，第152页。

② 李继昶：《八年抗战之山东（二）》，台北《山东文献》第2卷第1期，第152—153页。

③ 中国人民解放军军事科学院毛泽东军事思想研究所年谱组编：《毛泽东军事年谱（1927—1958）》，广西人民出版社1994年版，第268页。

④ 中国人民政治协商会议沈阳市委员会文史资料委员会编：《沈阳文史资料　第22辑　西安事变与东北军将领-纪念西安事变六十周年》，1996年版，第19页。

李竹如、保卫部长张雨帆前往迎接于学忠。于接见了他们，并请他们吃饭，非常友好。他们送给于一本《论持久战》小册子，于让郭维城[①]看后讲给他听。于听后说：'这不知是多少人的鲜血换来的。毛泽东先生高明，在《论持久战》的战略思想指导下，抗战定能胜利。'"[②]

三、八路军山东纵队的成立与一一五师入鲁

国民党山东省府初入鲁南山区之时，中国共产党已通过广泛发动民众，组织徂徕山起义等一系列武装起义，及对石友三部的统一战线工作，在鲁南地区打下了良好发展基础。1938 年 8 月，张经武、黎玉、江华等带领中央选派的 160 余名干部，临时命名为"八路军鲁东游击纵队指挥部"，从延安奔向沂蒙，到 11 月底到达中共苏鲁豫皖边区省委驻地沂水县岸堤镇。12 月上旬，中共中央决定，将中共苏鲁豫皖边区省委改为中共中央北方局山东分局（简称"中共中央山东分局"或"山东分局"），郭洪涛、张经武、黎玉为委员，郭洪涛任书记，统一领导山东大部、苏皖豫北部各战略区的党组织工作，此后山东分局成为中共在山东敌后开展抗日斗争的指挥中心。

山东共产党领导的地方武装蓬勃发展，引起了山东国民党势力的高度警觉。如果没有统一的番号与编制，既不利于扩大影响，也容易被重回敌后的山东国民党势力所控制。"坚持着山东抗战的八路军，这是从山东的人民中产生与壮大起来的。起初，它没有正规军的基础，也没有战斗的经验，从老百姓变成游击队，从游击队又发展成为正规军。"[③]1938 年 6 月 6 日，毛泽东与刘少奇联名电示："山东的基干武装应组建支队，恢复和使用八路军游击支队的番号，目前可组成 4 至 5 个支队，县区武装则以支队领导下的游击队名义出现，用抗日联军名义不好。"8 日，毛泽东同志再次电示："凡属我党领导，已取得广大群众拥护，又邻近友党友军之游击队，以用八路军名义为宜。否则，各地国民党均将控制，如使用普遍名义，则不得不听其指挥，甚至通令解散，八路军亦无权过问，用八路军名义则无此弊。"[④]

1938 年 12 月 27 日，根据中共中央决定，将清河、胶东、鲁中、鲁南、泰西、湖西等地的抗日游击队合并整编为八路军山东纵队，全军分六个支队及

---

① 郭维城，中共地下党员，全国抗战时期曾在山东敌后担任鲁苏战区总部秘书主任、政务处长。

② 中国人民政治协商会议沈阳市委员会文史资料委员会编：《沈阳文史资料　第 22 辑　西安事变与东北军将领-纪念西安事变六十周年》，第 19 页。

③ 萧向荣：《山东八路军的创造及其经验》，《群众》1940 年第 4 卷第 12 期，第 319 页。

④ 《黎玉回忆录》，中共党史出版社 1992 年版，第 153—154 页。

鲁东游击指挥部、陇海南进支队、苏鲁挺进支队、临郯独立团等，约 2.45 万余人，由张经武任总指挥，黎玉任政治委员，江华任政治部主任。① “从此，山东的人民抗日武装成为一支有统一领导、统一指挥、统一编制的部队，它标志着山东人民抗日武装，由若干分散的游击队发展成在战略上统一指挥的游击兵团。”②

中共中央山东分局和八路军山东纵队的成立，大批骨干干部自省外支援到来，使鲁南地区中国共产党的党政军系统得以大大完善。

八路军山东纵队成立后，进行了系统的整训工作。此前组成八路军山东纵队的各支部队，虽然都是党领导下的武装力量，但是部队成分较为复杂，官兵参加抗战的动机也很复杂，不少部队地域性、保守性较强，组织纪律观念有待提高，武器装备和战斗力差异也很大。山东纵队领导要求整训工作根据各部队实际，循序渐进。主抓三项工作：一是纪律教育，强调一切行动听指挥，克服地方观念、家庭观念，加强纪律教育，清除不良分子；二是进一步建立健全各级党组织和政治工作制度，大量吸收先进分子入党，选派优秀干部充实各级政治工作队伍；三是狠抓部队指战员特别是干部的教育和训练。③

1938 年 12 月，中共中央鉴于山东敌后战场的重要战略价值，命令八路军一一五师向山东挺进。随后一一五师六八五团率先奔赴山东。根据中央指示，一一五师除将三四三旅补充团与晋西三个游击大队合组为一一五师独立支队留晋西地区坚持斗争外，1939 年 1 月，一一五师代师长陈光、师政治委员罗荣桓率领师部及主力从晋西向山东挺进，于 3 月初进入鲁西，首战郓城西北的日伪军据点樊坝，歼灭伪军一个团。“一一五师进入山东即为日寇所注目。因为 1937 年 9 月间在山西平型关地区，该部曾给予敌著名之板垣师团以歼灭性打击。而且一一五师一进山东，即在鲁西、泰西区给敌伪以沉重打击，致使敌人恼羞成怒。”④1939 年 5 月，“在泰西肥城地区陆房战斗中，敌纠集五千余人分九路合击”，企图一举消灭一一五师师部党政机关及主力，敌计划被一一五师粉碎并顺利突围，“接着又在东平湖畔之梁山地区、

---

① 常连霆主编，中共山东省委党史研究室、山东省中共党史学会编：《山东党史资料文库》第 1 卷，山东人民出版社 2015 年版，第 212 页。

② 中共山东省委党史资料征集研究委员会编：《山东抗日根据地》，中共党史资料出版社 1989 年版，第 6 页。

③ 《八路军山东纵队史》编审委员会编：《八路军山东纵队史》，中共党史出版社 1995 年版，第 194—196 页。

④ 黎玉：《忆罗荣桓同志在山东》，李金陵主编：《山东革命老区口述史》（上），济南出版社 2014 年版，第 344 页。

鲁西泰西区进行了多次战斗。10月间，根据集总(即十八集团军-八路军总部的简称)指示向鲁南进军，插入抱犊崮山区，创立以抱犊崮山区为中心的鲁南抗日根据地”。① 一一五师在鲁西、冀鲁边、湖西、泰西、鲁南等地与日寇不断战斗，不断开辟根据地，壮大部队。

陈光、罗荣桓率一一五师师部及主力入鲁后，与总部设在沂蒙的八路军山东纵队和山东分局互相配合，大大增强了中国共产党在山东的力量。

第二节　国共合作的“东里店时期”

一、繁盛的“东里店时期”

1939年2月，沈鸿烈率山东省府进入鲁南之时，石友三第十军团已由鲁南被调往河北。由于石友三部驻防鲁南期间与中国共产党的合作较为密切，中共在鲁南的发展已有根基，加之八路军部队不惜牺牲护送沈鸿烈所率党政机关进入鲁南，因此，在沈来到鲁南之初，也改变了在鲁西、鲁北时期的态度，对与中国共产党合作抗日表示了较大的友善与支持。

沈鸿烈初到鲁南时，将国民党山东省政府暂住沂水县刘家上庄，随即迁至蒙阴县鲁村，最后决定在沂水县东里店建立山东省政府，作为“省会”，暂时结束了被日寇追击、四处流亡的局面。随即，鲁苏战区部队开进鲁南，于学忠“声威素著”，且对国共合作持积极肯定态度，一时间沂蒙山区统一战线气氛融洽，广大民众尤其青年抗战热情高涨，形成了繁盛一时的“东里店时期”。

当时，沈鸿烈的山东省政府驻东里店，于学忠的鲁苏战区总司令部和五十一军(军长牟中珩)驻蒙阴上高湖，五十七军(军长缪徵流)驻莒县一带；山东分局、八路军山东纵队总部驻沂水县王庄(由岸堤迁来)。② 各方军政总部相距不算太远，彼此互派人员机构，往来非常频繁。名义上作为山东省政府主席的沈鸿烈负有指挥全省军政民政之责，中共对沈和山东省政府表示了足够的诚意与尊敬。“沈鸿烈曾开过一次划分防区的会，山东纵队指挥张经武参加。”③

于学忠的鲁苏战区总司令部和战区主力五十一、五十七军进驻鲁南后，

① 黎玉：《忆罗荣桓同志在山东》，《山东革命老区口述史》(上)，第344页。

② 郭洪涛：《边区省委、山东分局在王庄》，常连霆主编，中共山东省委党史研究室、山东省中共党史学会编：《山东党史资料文库》第16卷，山东人民出版社2015年版，第177页。

③ 郭洪涛：《边区省委、山东分局在王庄》，《山东党史资料文库》第16卷，第178页。

与山东分局和山纵交流较多，山纵司令员张经武与于学忠、牟中珩亦曾互访。于部对中共“态度真诚”“比较热情友好”。据时任八路军山东纵队政治部联络部部长姚仲明回忆：

> “当时，我任山东纵队政治部联络部部长，代表纵队首长及时分别地做了礼仪上的走访，表示慰问。经对方的介绍，我也曾到对方的几个旅进行过访问。东北军的态度比较热情友好，他们主动叙述了在入鲁的行军中所遇到的困难和袭扰，深叹在国民党与日军交叉地区远不如敌后抗日根据地的抗战形势，并一再表示愿在山东同八路军协同抗战。当时，于学忠的机要秘书是郭维城，联络局长是王再天，他们同我方人员都能无拘无束地交谈。我方指挥张经武亲自去于学忠驻地进行拜访，于学忠、牟中珩等也到我山纵指挥部驻地拜访过山纵领导。”①

而于学忠亦视山东八路军为鲁苏战区所属的武装。② 双方合作较为愉快。

1939年上半年，国共两党在鲁南合作的声势很大。东里店“背水面山”，作为山东省政府所在地，各方政治势力云集于此，因缘际会，成为了鲁南山区异常繁华之地。沈鸿烈“带领的人马，有四大厅、八大处，及守卫部队、教导团等，人员众多，一时住处成了问题”③。“沈在北山坡上大建山东省政府各厅处。当时有人攻击沈说：‘在战争年代，一切应当从简，竹篱茅舍的民房，一样可借用办公。’沈鸿烈反驳说：‘应当‘大兴土木’，虽然花费了几个钱，而买来的政治影响，就无法估计了。要使人人都能知道国民党的山东省政府仍然在山东。”④“前被疏散的省府人员，纷向各厅处报到归队，各区专员公署，较大的游击部队，都在东里店设立驻省办事处，架设无线电台以资联系”，各地商贩也聚集于此，“或盖商店，或建旅社，或开饭店，以供人口迅速增加的生活需要”⑤。除了国民党机关外，八路军在东里店设有驻省办事处和很多党的宣传、动员组织，东里店街面时常见到八路军的宣传标语，中共

---

① 姚仲明：《山东纵队统战工作的回顾》，八路军山东纵队史编审委员会编：《八路军山东纵队回忆史料（中）》，山东人民出版社1993年版，第273—274页。

② 王豫民：《胶莱河畔（十六）》，台北《山东文献》第6卷第1期，第112页。

③ 翟醒宇：《抗战时期山东省府所在地——东里店》，台北《山东文献》第22卷第2期，第124页。

④ 李继曾：《我所知道的沈鸿烈》，政协曹县委员会文史资料研究委员会编：《曹县文史资料》第2辑，1986年版，第177页。

⑤ 刘道元：《抗战期间吴化文与山东省政府》，台北《山东文献》第13卷第3期，第70页。

山东机关报《大众日报》亦于东里店公开出刊发行。[①] 当时以东里店为中心的鲁南山区，国共合作氛围浓厚。

关于抗战时期山东临时省会东里店的繁华及国共合作情形，海峡两岸的亲历者都留有忆述。曾在省教育厅任职的李继曾，在新中国成立后回忆道：

> “一九三九年春，东里店北山坡房舍大部建成，沈鸿烈的山东省政府各厅处集中在北山坡上办公……外围守卫部队新四师一部，在蒋峪击退了日本鬼子的进攻，救回到后方的伤兵，远近各地群众甚至老太婆都亲送去鸡蛋慰问，老百姓都知道东里店有国民党的山东省政府。远地区的专员有派在省府驻区的办事处，如三区专员张里元派武仿柳为驻省代表。‘东里小店’一时成了‘山东省会’。这时是沈鸿烈接任山东省政府主席的鼎盛年代。”[②]

1949 年跟随国民党赴台的不少“东里店时期”亲历者，也留下了他们对省会东里店及国共两党在此时期合作的宝贵忆述，让我们能够更为生动地了解那段鲜为人知的国共合作历史，和当时共产党相较国民党而言更受到青年人欢迎的原因。赵子贞是 1939 年 5 月来东里店参加抗日的一位爱国青年，他忆述了自己与同伴克服艰险来到“战时省会”东里店的过程及其感受：

> “一路穿过临朐南部，大部分都是刘同敬的防区。全是山岭连绵，地瘠民贫的地带，到这里算是正式的鲁南山区了。涉水爬崖，登山过岭，倒不是难事，而随时问路，担心走错了方向，实在是一桩很大的苦恼。万一走入歧途，无论走了多远，几乎都要退回原地，从头另走……
>
> 我们中途住了两宿，幸好还能得到足够的饮食，越过了最艰苦的一段。交了沂水县境，情形大有改变，路上行人渐多，商旅不绝。不是由东里店而来，就是往东里店而去。田老师曾对我说：‘不知道东里店是个什么形势，怎么人人都知道省政府在东里店呢？这样大张旗鼓的树起一个目标来，不怕敌人大举进攻么？’我说：‘可能有一夫当关、万人莫敌的险要地形。’我们都对全局的了解不够，无法推断目前的一切。只

① 赵子贞：《弹下余生话东里》，台北《山东文献》第 2 卷第 2 期，第 72 页。

② 李继曾：《我所知道的沈鸿烈》，《曹县文史资料》第 2 辑，第 178—179 页。

> 有自信和互信，秉持着一份热肠和勇气，听从政府的号召，参加抗敌的行列足矣。”①

随后，他描绘了当时东里店的美丽、繁华带给这位怀着抗日救国心的年轻人的巨大震撼：

> “最后我们在一个夕阳挂山、晚霞呈彩的绝好时刻，走过一道小小的漫岭斜坡，看到了向往已久的东里店北郊。就山区的地形来讲，很够称作是一处平坦而广阔的原野了。省府机关都排列在北山的南麓，层层的克难房舍，像台阶一样的由下而上。东里店本身有石墙环护，可以比美一般的县城。附近有高峰耸立，也有河水分流。大小盆地，则随地形变化，或分列于沂水两岸，或夹卧于重山之间。杂粮果树，遍布山野。想不到鲁南山区，竟也有这样的富庶气象，据熟悉地方情形的人说，此地西通博山，南至临沂，北达益都，均有省道可通。无怪乎成为山区中的重镇之一。
>
> 此地的人口之多，也是一大特点。由外地到达的人，想在街上找到一个住宿的地方，那是一件非常困难的事。当我们走进东门的时候，正是晚饭前后，人群移动，互相碰阻，无法按照自己的速度前进，真可称得上是摩肩接踵了。街上商店林立，市肆客满。吃顿晚饭，竟等了个把小时，才轮到一个充饥的机会。其商场货色之全，也大出初到者的意料。从饮食到穿戴，从文具到书刊；小至刀剪器皿，大至床铺桌椅；土产洋货，一应俱全。即使平时的一个普通都市，也不会有这样的繁荣景象。”②

赵子贞来到东里店，正值国民党顽固派秦启荣指使王尚志在博山县太河镇制造破坏国共合作的“太河惨案”之后，亲眼看到了中国共产党在宣传、动员方面的巨大优势。他回忆道：“那时八路军在东里店设有驻省办事处，附带出刊《大众日报》，到处分发张贴，大肆宣传。”有一天，国民党山东省党部委员、省动委会副主任张维中③拿了一张中共的报纸，和他研究中共“宣传的技术和内容”：

---

① 赵子贞：《弹下余生话东里》，台北《山东文献》第2卷第2期，第70页。

② 赵子贞：《弹下余生话东里》，台北《山东文献》第2卷第2期，第70—71页。

③ 1939年6月日军围攻山东省会东里店的战役中，张维中殉国。参见《东里店战役七周年省垣各界隆重纪念》，《抚恤汇刊》1946年第2期，第187页。

“他(张维中——引者)说:‘你看这些共党为了把一件虚妄的事件,证明其有,而且证明其真,使用不同的手法,不同的文字,不同的来源,写出了同一事件。使一般不了解情由的人,误信其有,误信其真。其用心之毒辣,实在可怕。’当时那张共党报上,对太河事件登有好几种不同方式的报导。我记得那些标题大般是:‘抗日同志惨遭集体屠杀’,‘太河惨案目睹记’,‘一位逃出现场士兵的控诉’,‘太河地方通讯’。内容完全捏造,颠倒事实。张委员也提到我们自己的宣传机构说:‘我们的报纸,都是一些官样文章,不发生宣传作用。执笔的人多未参加过基层工作,写出来的东西空洞乏味,不切实际,更无法和他们这些造谣专家相抗衡。’

他(张维中——引者)很着急,也很痛心,他接着又提到:‘我到各地去视察,亲眼看到我们的同志冒死犯难,作了许许多多的杀敌事迹,在我们的报纸上竟无只字报导,而在共党的《大众日报》上却冒名变成了他们的战果,这是如何令人伤心的事啊!’言下不胜感叹。他接着又说:‘他们在资料运用上,也是抓住不放,而我们警觉性又低落的可怜。对付这些东西,仁慈宽厚是吃亏的招牌。只有针尖对麦芒,一报还一报。进而抓住他们的弱点,彻底予以揭发,使民众知道真就是真,假就是假,来个正邪分明。’我(赵子贞——引者)知道他内心的感受是指的什么。因为那几天共党《大众日报》的眉语上印了几句名人集锦,其中一段是从沈主席一篇谈话中断章取义下来的。原句是:‘山东八路军是全省优秀青年组成的。’张委员也提到我们对共党的防范过于松懈。他说:‘这里设有八路军的办事处,不让政府的任何人进入,究竟在里面搞些什么,很少有人知道。反之,他们却经常有人跑到我们机关里来,出入无禁。这在组织上,防卫上,实在不够严密。所以当前最重要的问题,是如何一面抗战,一面摆脱这把刺向我们心脏的利剑。’”①

赵子贞的忆述虽然是站在国民党的角度上进行的,但我们从中不难看出国共两党在山东敌后宣传方式、民众动员能力的巨大差距,及国民党人对这种差距的“无可奈何”。而这种差距,也是国民党在山东敌后抗战由盛到衰,最终濒于失败的重要原因之一。

然而无论如何,当时的战时省会“东里店”成为山东广大爱国青年趋之

① 赵子贞:《弹下余生话东里》,台北《山东文献》第2卷第2期,第72—73页。

若骛的地方，也见证了山东敌后国共合作的一段宝贵历史时期。

二、蒋峪战役：国共合作“保卫共同根据地”

国共鲁南合作抗战的声势也引来了敌人的高度警觉。1939 年 3 月下旬，日寇从临朐、安丘、诸城分三路进犯莒县、沂水，妄图消灭国共在沂蒙的领导机关。这次作战引发了国共两党的同仇敌忾。战役中，以守卫省府的吴化文新编第四师为主力，在蒋峪等地击溃了日寇，迫其退回。新四师在作战中，“得到我八路军的密切配合，破坏敌人交通线，发动群众支援抗战”①。国共两党“保卫共同根据地”，也使该次战役成为鲁南国共合作的典范。

国民党《中央日报》4 月 11 日以《鲁南蒋峪之战　我军奋勇杀敌血战三昼夜　敌续增援再犯我正截击中》做了报道：“我共牺牲连排长十八名，士兵三百余，卒毙敌五百余人，使其未得前进，为沦陷区近来之大捷，刻敌又增援再犯，仍激战中。”②

当时中共中央山东分局的机关报《大众日报》，对该次战役进行了连续不断的详细报道，对爱国官兵给予了高度赞扬，称赞了广泛发动群众在抗战中的重要作用，并一再强调了山东国共合作、团结抗日的重要意义与美好前景。

4 月 7 日《大众日报》刊载“短评”《团结的力量》，指出：

> “团结就是力量，是克服一切困难的不可摧毁的力量……由于我各抗日部队的英勇战斗，及协同动作的结果，在蒋峪给敌人以严重的打击，使敌人肃清鲁南与巩固后方的梦想，终不能如愿以偿！
>
> 因此，我们确信，为了保卫共同抗日根据地，为了坚持游击战争，今后鲁南的抗日部队的更形团结与推诚合作，必然地，会彻底粉碎敌人的‘扫荡’。”③

4 月 9 日发表社论《保卫共同根据地》：

---

① 《编者按：英勇悲壮的蒋峪战役》，中国人民政治协商会议临朐县委员会编：《临朐县抗日斗争史料：纪念抗日斗争胜利五十周年》，潍坊市新闻出版局 1995 年版，第 67 页。

② 《鲁南蒋峪之战　我军奋勇杀敌血战三昼夜　敌续增援再犯我正截击中》，《中央日报》（贵阳）1939 年 4 月 11 日，第 2 版。

③ 《关于蒋峪战役的新闻报道资料一组》（1939 年 4 月 7 日—25 日），常连霆主编，中共山东省委党史研究室、山东省中共党史学会编：《山东党史资料文库》第 14 卷，山东人民出版社 2015 年版，第 78 页。

“日寇已经开始向鲁南进攻了……在这次蒋峪的战斗中，各军队充分的表示了‘守望相助’，互相配合的团结合作精神，这是很好的应该发扬的……”

4月11日，《大众日报》发文高度赞扬人民群众在战役中的巨大作用：

“此次敌寇进攻鲁南，在蒋峪一带展开血战，我新四师X团英勇杀敌……鲁南民众闻讯，莫不感动，首先是沂城各界，自动热情发起慰劳运动，共推代表十余人，携带大批慰劳品，分赴XX军及XX师八路X支队慰劳伤兵。尤其临近战场的老百姓，都自动到前方作担架运送伤兵工作，老太太和妇女们，也都自动送茶饭送鸡子给伤兵吃。有的伤兵不能自动起来吃，就把鸡子浸好，端给伤兵喝。或把可口的东西，放在伤兵头边……这都是老百姓自动的表现。”

4月13日，刊文分析战役胜利原因，再次强调了民众在抗战中的作用：

“蒋峪的战斗，毙敌数百，将敌击退，而予敌以严重的打击，这是谁都知道的。然而在这次战斗上充分的证明了些什么呢？

第一我官兵的英勇，不怕牺牲，尤其各营连长，皆身先士卒起其模范领导作用。这不但证明了大家都抱定了保卫抗日根据地的决心；而且十足的证明了我们军队的战斗力之强。

第二在这次战斗上，老百姓都自动的运送伤兵，送开水送鸡子慰劳伤兵，而且战后又发动了广大的慰劳运动和募捐运动，这不但证明了老百姓抗战上的伟大的力量，而且证明了只有抗日的军队，才能得到老百姓的拥护——才是真正老百姓的队伍。”

4月17日，《大众日报》刊《英勇悲壮的蒋峪战役》一文，指出这场战役的重要意义：

“一、给了敌人‘扫荡’鲁南以有力的打击，回答了敌人要想很容易的占去鲁南抗日根据地肃清后防，消灭游击队不可能的梦想。

二、证明了应急速把民众组织起来加以训练，帮助军队运输，配合作战侦察敌情，站岗放哨，肃清汉奸。如此次战争，民众帮助输送伤兵送给养，募捐慰劳伤兵等，都证明了民众对抗战的力量是伟大的。

三、证明了不论那个军队，只要今天能够积极的去打日本鬼子，民众自然会拥护的，能够得到民众信仰的，民众不吃饭甚至吃不饱都可以把给养送给军队吃的，不打鬼子不能团结，互相斗争，民众是厌恶的。”①

从《大众日报》的历次报道中可以清晰看出，中国共产党人在鲁南国共合作中的态度是非常真诚的。虽然参战部队主力新编第四师是国民党军，但中共中央山东分局在宣传中丝毫没有吝惜赞美之词，高度赞扬我抗日部队，并将民众作为抗战的伟力。中国共产党自身也为“保卫鲁南共同根据地”而不懈努力。中国共产党始终认为，宣传、组织与广泛动员民众参与抗战，才能使战争取得最终胜利。

三、从“鲁南国民抗敌协会”到“山东国民党抗敌同志协会”

全国抗战时期成立于鲁南的“山东国民党抗敌同志协会”，是山东敌后国共两党统一战线的组织，也“是山东一个特有的组织”。② “山东国民党抗敌同志协会”的前身是“鲁南国民抗敌协会”。而“鲁南国民抗敌协会”完全是中国共产党领导的一个群众组织，那么，中国共产党领导的群众组织，为何后来会改名为含有“国民党”字样的“国民党抗敌同志协会”（简称“抗协”）呢？从“抗协”主要负责人回忆及原始资料看，“国民抗敌协会”的更名主要是由于山东分局书记朱瑞对形势的判断与要求，而其最终取消，则与1942年刘少奇来山东有直接关系。

“山东国民党抗敌同志协会”的前身是“鲁南国民抗敌协会”。“抗战以前山东有这样一批知识分子，他们大多数是大革命时代的国民党员，因不满意国民党的内战政策，不见容于国民党，匿身于文化界教育界及其他种社会活动中。抗战以后又以同样对国民党的不满，对国军的失望，自平津济青各处汇集在鲁南，希望依靠些上层统战活动，并做些群众工作来拯救和保卫鲁南，当时他们的人数并不多，主要是杨希文、梁竹航、耿光波、彭畏三等，活动的地区主要是泰山莱芜一带，他们曾创立了一个半武装的青年救国学校，团结训练了一批青年，也发动了小部的地方武装，但因没有领导武装的经验，不久就垮掉了，也有人奔走在各个地方实力派之间作些推动说服的工作，当

① 《关于蒋峪战役的新闻报道资料一组》（1939年4月7日—25日），《山东党史资料文库》第14卷，第78—80页。

② 山东分局：《关于抗协问题给中央、北方局的报告》（1942年），山东省档案馆藏，案卷号：G001-01-0065-025。

时山东的八路军尚未壮大起来，他们在孤立无援的情形下成绩并不太大。”①1938年石友三部入鲁后，情况发生了较大转变。“由于我党早在抗战初期就派了一批干部到石部进行统战工作，并取得了一定成效，因此石友三这时对我们还很友好。”②“当时石对鲁南颇有野心，很想利用这一批人，就允许他们以抗敌工作团的名义在各县作些发动群众协助政府工作，并吸收了他们个别份子参加政府工作，(如：梁竹航曾任石的莱芜县长)。”③石友三第六十九军政治部(部长是共产党员张友渔)和山东党组织发起成立了鲁南抗敌工作团，“吸收了一批社会上的知名人士参加。以后又在抗敌工作团的基础上，成立了鲁南民众总动员委员会”，由高树勋任主任，田佩之任秘书，六十九军政治部派了一位张秘书(中共党员)任组织部长，郭子化任副部长，李澄之任宣传部长，杨希文任副部长，梁竹航任武装部长，委员中还有范明枢、耿广波、刘焕然等。“因鲁南动委会打着六十九军的旗号，所以当地的国民党不敢动，就连秦启荣也不敢说别的。我们也就在动委会的旗帜下，逐渐地把同志们组织起来。”④

1938年底石友三被蒋诱迫北上。“沈鸿烈来到鲁南，沈也想争取这一批人，吸收他们参加省政府的设计委员会、动委会，并允许他们办一个省立第四联合中学”，校长李澄之，是一个政治很开明的老国民党员。⑤ 最后定在蒙阴坡里办起了四联中，“当时抗协的诸负责人就通过动委会及第四联中和我们(即中国共产党)密取联系”。“但沈鸿烈主要是希望他们给他粉饰门面，并不希望他们做实际工作，且始终怀疑他们和我党有联系，既吸收之后又排斥他们。”⑥“沈在鲁南又搞了个省动委会，会部设在沂水东里店，请刘民生当副主任，还搞了一个设计委员会。其实都是虚名，意在挖我们的墙脚，想把鲁南动委会的人拆散……沈鸿烈又以‘四联中是共产党荟萃处所’而停发经费，被迫停办。李澄之多次与沈鸿烈谈判，都未奏效。相反，沈鸿烈继续阴谋瓦解鲁南动委会人员”，“在这种形势下，为便于开展团结抗敌的工

---

① 山东分局：《关于抗协问题给中央、北方局的报告》(1942年)，山东省档案馆藏，案卷号：G001-01-0065-025。

② 杨希文：《鲁南国民抗敌协会始末》，常连霆主编，中共山东省委党史研究室、山东省中共党史学会编：《山东党史资料文库》第18卷，山东人民出版社2015年版，第617页。

③ 山东分局：《关于抗协问题给中央、北方局的报告》(1942年)，山东省档案馆藏，案卷号：G001-01-0065-025。

④ 杨希文：《鲁南国民抗敌协会始末》，《山东党史资料文库》第18卷，第618页。

⑤ 山东分局：《关于抗协问题给中央、北方局的报告》(1942年)，山东省档案馆藏，案卷号：G001-01-0065-025。

⑥ 山东分局：《关于抗协问题给中央、北方局的报告》(1942年)，山东省档案馆藏，案卷号：G001-01-0065-025。

作,我们经过酝酿,在山东分局的支持和领导下,于一九三九年七月成立了一个群众性的抗日政治团体,定名为'鲁南国民抗敌协会'。发起人主要有:李澄之、刘民生、范明枢、梁竹航、田佩之、冯基民……这些人大都是有影响的知识分子或地方上的知名人士。李澄之是抗协的首要人物,也是团结的中心。他原是北京师范大学的教授"①。

"鲁南国民抗敌协会成立以后,沈鸿烈把它视为共产党的组织,坚决不让在他的防区活动。在这种情况下,中共中央山东分局书记朱瑞同志决定让它和山东分局一起行动,公开打出'鲁南国民抗敌协会'、'鲁南动委会'两个旗号。从此,鲁南国民抗敌协会便在共产党的领导下从事抗日救国活动,根据山东分局的指示去开展统战工作。"②1939 年 8 月,山东分局在给北方局的电文中阐明了"鲁南国民抗敌协会"作为统一战线组织发挥的作用:"鲁南一部分在野的上层开明分子以小资产阶级为骨干,近来成立鲁南国民抗敌协会,我们决定扩大它,逐渐成为有力量的、灰色的、坚持抗战、赞成统一战线的团体,使之成为山西牺盟会一样的组织,对于我们是有利的。"③

此后,为扩大统一战线的规模,团结国民党左派和中间人士抗战,朱瑞决定将"鲁南国民抗敌协会"改名为"山东国民党抗敌同志协会"。1940 年 6—7 月间,朱瑞约见了抗协的几位负责人,提出根据形势发展的需要,把协会改为"山东国民党抗敌同志协会"。即"抗协为我党经过少数同情者与进步国民党员扶持起来之半政党性的民族联盟组织,其目的在团结各抗日中间阶层共同抗战,并起我党外围组织的作用"④。协会名称中加入"国民党"三字,在当时引起了一定争议。"当时我们这些人⑤觉得,在全省范围搞抗协,最好由各地党的组织来安排领导;同时,对改名加上'国民党'三个字也想不通。认为抗协成员中好多人本来就不是国民党员,有些人是共产党组织派去的,怎么能称国民党?有些原加入过国民党的认为,好不容易才脱离了国民党,现在又要称国民党,很不合心愿。初次讨论,未得结果。不久,朱瑞同志撰写了题为《论国民党》的文章,刊登在《大众日报》上,要求团结国民党中的进步力量,争取其中间力量,孤立打击国民党反动派。大家学习了这篇文章后,认为国民党分化是有可能的,但对是否真正能分化出左派,能顶

① 杨希文:《鲁南国民抗敌协会始末》,《山东党史资料文库》第 18 卷,第 618 页。
② 杨希文:《鲁南国民抗敌协会始末》,《山东党史资料文库》第 18 卷,第 618—619 页。
③ 《中共中央山东分局关于政权、党务等工作情况向北方局的报告》(1939 年 8 月 12 日),《山东党的革命历史文献选编 1920—1949》第 3 卷,山东人民出版社 2015 年版,第 68 页。
④ 山东分局:《关于抗协工作指示》(1941 年 9 月 1 日),山东省档案馆藏,案卷号:G001 - 01 - 0057 - 021。
⑤ 指杨希文、梁竹航等当时抗协的主要领导者。

起来干的又有多少，却心中无数。不过，既然组织上已决定改名，只好服从。正在这时，山东省联合大会于七月二十六日在沂南县（沂临边）青驼寺召开。在联合大会期间，于九月四日召开了抗协第一次全省代表大会，宣布‘鲁南国民抗敌协会’改名为‘山东国民党抗敌同志协会’，成为‘半政党性’的组织。大会选举出执行委员和监察委员，以原鲁南抗协会部为省会部，仍简称抗协。”1941年10月，日伪“扫荡”八路军鲁南抗日根据地，李澄之不幸被捕，押解济南。山东分局决定由梁竹航、冯基民、杨希文具体负责领导抗协工作。①

作为实际由中共领导的统一战线组织，朱瑞将“鲁南国民抗敌协会”改名“山东国民党抗敌同志协会”的目的，一方面是更好地对山东敌后国民党进行统战工作，争取国民党左派和中间势力，一方面是掩护党的组织在全省范围内的扩大，并更有利于争取、吸收中间派别或无政治派别的地方武装。山东国民党抗敌同志协会成立后，在全省各地建立抗协组织，但改名也带来了一些事先没有完全料到的新问题，有的分会或县会以“‘既是体现国共合作，就该平起平坐’为由，出现与党和工、农、青、妇等群众团体争相发展成员、发展武装的不正常情况。尤其在基层，有的为地主、富农所利用，与我党对立”。② “在鲁南鲁中均发生有与我逐渐对立”，甚至有“少数汉奸特务工作者与危害份子侵入与利用以反我之势”③。为了解决这些矛盾，“使抗协有保证的成为类似山西牺盟会性质之组织，分局朱瑞同志已与抗协省会进行多次会议，关于抗协性质、组织、纲领、任务及与各方关系均有详尽讨论和改正，并在全山东统战会上报告讨论，会后到各区传达”④。1942年初，根据“纯洁精干”的要求和在反“扫荡”中的表现，开除了不少抗协会员，解散了一些区会和村小组，“这时抗协工作已进入了基本停滞阶段，没有多大活动了。而且国民党顽固分子统治的地区，工作亦无法开展。就发展武装而言，一些小股武装和民间枪支，该争取、该动员的，也都争取和动员过来了。因此，在自己的地区硬要制造一个‘国共合作’的形式已属多此一举，而且越发展矛盾会越多”。⑤ 至1942年刘少奇来鲁南时，“山东国民党抗敌同志协会”这一挂着国民党旗号的统战组织在一些地方已不再适应客观环境的需要。“正巧刘少奇同志来山东视察工作”，杨希文等抗协负责人向刘少奇汇报了抗协

① 杨希文：《鲁南国民抗敌协会始末》，《山东党史资料文库》第18卷，第620—621页。

② 杨希文：《鲁南国民抗敌协会始末》，《山东党史资料文库》第18卷，第621页。

③ 山东分局：《关于抗协工作指示》（1941年9月1日），山东省档案馆藏，案卷号：G001-01-0057-021。

④ 山东分局：《关于抗协工作指示》（1941年9月1日），山东省档案馆藏，案卷号：G001-01-0057-021。

⑤ 杨希文：《鲁南国民抗敌协会始末》，《山东党史资料文库》第18卷，第621页。

成立以来工作情况，“并提出这个组织产生的矛盾和副作用，特别是在发展到基层和改名以后，有的竟成了党的反对派，提出抗协是否有存在的必要问题。少奇同志在听取汇报后指出：搞像抗协这样半政党性的党外的群众组织，讲不大通。党领导下的群众组织过去搞过很多……这属特别情况，在一定的条件下建立一定的组织，发挥一定的作用。山东的抗协组织做了不少工作，取得了很多成绩，但也出现了不少矛盾。少奇同志同意结束山东抗协、动委会组织。”①

根据抗协另一主要负责人梁竹航的回忆，1942 年夏，山东分局进行了四年工作总结，“认为山东各抗日根据地已较为巩固，并正在扩大中，抗日民主政权和经济文化事业均有相应的发展，需要大量的工作人员。同时认为，争取团结国统区国民党员的工作，已很难公开进行；吸收无所属的抗日武装等任务，在山东已经基本完成”②。当时，刘少奇正在山东检查工作，“少奇同志还亲自出面约集抗协十几位负责人，在山东分局负责同志参加下，用了两天的时间，听取了关于抗协、自卫军和动委会的工作情况及今后设想的汇报，指导大家学习讨论了当时的形势和任务，统一了思想认识，遂决定结束抗协、动委会，将自卫军编入八路军。抗协、动委会各级组织的专职干部，分配到政府经济、文教等方面的工作中去，以充分发挥其专长；抗敌自卫军的主要部分，编入八路军主力部队。各地较小的自卫军则就地编入地方武装。至于抗协和动委会的专职工作人员的工龄，按其各自参加工作的时间，作为参加革命计算工龄；抗敌自卫军的指战员，则自其参加自卫军之日起，同八路军一样计算军龄”。“至此，抗协、动委会和自卫军的工作一并顺利结束。”③山东分局和山东纵队主要领导黎玉认为：“后来事实证明，少奇同志帮助处理这个问题是正确的。特别是原来‘抗协’的干部在党的领导下，在各自的岗位上发挥了很好的作用，许多人还成了光荣的共产党员。”④

总的来说，虽然有过曲折与考验，但正如抗战时期任八路军山东纵队政治部联络部部长的姚仲明指出：“这个协会拥护共产党、八路军的抗日主张，履行其抗日责任。通过他们的各种关系，对友军做团结工作，对破坏抗战的顽固派给予无情地揭露，号召‘人共诛之’。山东国民党抗敌同志协会对山

---

① 杨希文：《鲁南国民抗敌协会始末》，《山东党史资料文库》第 18 卷，第 621 页。

② 梁竹航、靳星五：《关于抗协和自卫军的建立与发展》，常连霆主编，中共山东省委党史研究室、山东省中共党史学会编：《山东党史资料文库》第 19 卷，山东人民出版社 2015 年版，第 327 页。

③ 梁竹航、靳星五：《关于抗协和自卫军的建立与发展》，《山东党史资料文库》第 19 卷，第 327 页。

④ 《黎玉回忆录》，中共党史出版社 1992 年版，第 226 页。

东纵队的统战工作起了配合、促进作用。”①

第三节　“太河惨案”与中国共产党的应对策略

“太河惨案”②是抗战时期山东敌后国共关系的一个重要转折点。这一事件爆发的时间，正是东里店国共合作关系良好、交流密切的时期。秦启荣的突然发难，可以说给了当时的国共合作“猛不及防的当头一棒”③。1939年3月，国民党军委会别动队第五纵队司令、第十二区专员兼保安司令秦启荣指示其第四梯队司令王尚志，在博山、益都交界的太河镇，伏击八路军山东纵队第三支队通讯营及受训干部二百余人，杀害数十人。那么，秦启荣为何会在山东国共合作良好时期突然发难，制造惨案呢？实际上自1938年初，秦启荣部便与中共山东党组织矛盾冲突不断。

一、全国抗战以来秦启荣与中国共产党的摩擦

秦启荣，字向村，山东邹县人。毕业于黄埔军校第六期，早年参加“复兴社”，1929年起在山东从事国民党党务和国民军训工作，长期处于被韩复榘防范和压制之中。全国抗战爆发后，秦不愿跟随韩复榘撤退，而是选择留在敌后组军抗战，转战鲁北、鲁西、鲁中，收拢各地民团与国民党地方武装万余人，先后被国民政府任命为冀鲁边区游击司令、国民政府军事委员会别动队第五纵队司令④，所部编为9个梯队。

1938年3月，秦启荣将司令部移驻鲁中山区重镇田黄，其所部第九梯队司令谭远村乘日军退走占据莱芜，组织县政府，并任县长。⑤ 而中共山东省委在省委书记黎玉同志亲自指挥下，于1938年1月1日举行著名的徂徕山起义，建立了八路军山东人民抗日游击第四支队，亦在莱芜、新泰一带高举起抗日旗帜。秦启荣部与八路军四支队摩擦时常发生。为了与秦启荣部合作抗日、避免摩擦，1938年春中共山东党组织先后七次与秦启荣进行了谈判，但始终未能取得实质性进展，期间双方矛盾不断加剧。秦部占据莱芜

---

① 姚仲明：《山东纵队统战工作的回顾》，八路军山东纵队史编审委员会编：《八路军山东纵队回忆史料（中）》，山东人民出版社1993年版，第277—278页。

② 当时报刊及档案又称“太和惨案”。

③ 张筠山：《蒙阳絮语（二）》，台北《山东文献》第1卷第2期，第122页。

④ 黄季陆主编：《革命人物志》第4集，台北中央文物供应社1970年版，第61页。

⑤ 王志民主编：《山东重要历史人物》第7卷，山东人民出版社2009年版，第254页。

城后，“我方(八路军四支队——引者)代表则提议召开全县各阶层代表会议，选举产生莱芜县参议会。民主选举县长。建立一个实行抗日民族统一战线的抗日民主县政府。他们无视我方的合理建议，两种意见尖锐对立。虽经多次激烈辩论，始终没有得到统一。谭远村竟利用他们的所谓多数，强行通过成立了莱芜县政建设委员会.并把我们排斥在外”①。此后，四支队与谭多次沟通，“谭远村毫无合作之意，仍坚持与我为敌。于是，我南路军于三月二十九日黎明前，轻取莱城。我军一枪未发，直捣谭部巢穴，该部三百多人枪无一漏网，谭远村和景大麻子当场就擒”②。此即“智取莱芜”。“接着，我四支队南北两路军会师莱城，于农历三月初三在东关观寺广场开大会，宣布将四支队改编为山东人民抗日独立第一师，下属三个团，一个教导大队。由洪涛任师长，林浩任政委，孙陶林任政治主任……农历三月八日，省委以四支队名义，在莱城召开了由全县一百多位代表参加的会议，选举了县政委员会。”③

秦启荣闻知莱芜“失守”，亲率部队进兵莱芜，山东省委和独立一师为避免更大的冲突，主动撤出莱芜城，释放了谭远村等人，并派王建青、徐子蔚赴秦启荣部谈判。秦启荣率军开进莱芜城，自恃人多枪多，将我谈判代表无理扣押。后经我代表据理力争，秦不得不将我代表释放，但又在莱芜南部抓捕我十二中队副队长刘子生等二十余人。此后，山东共产党与秦启荣又进行多次谈判，要求秦部退出莱芜城，而秦方则要求八路军部队离开莱境，“我方驳斥对方说：‘兄弟阋于墙，外御其侮，国难当头，更应团结对敌，在莱芜土生土长的八路军四支队，为什么不能在莱芜抗战杀敌？又为什么一定要把四支队逐出莱境？这毫无道理。’秦方代表在我质问下张口结舌，无言对答”④。随后，双方达成各自释放扣押的对方人员协议，秦又出尔反尔。中共山东独立一师“并请泰安、莱芜知名人士范明枢、亓养斋等出面调停，以求团结抗战，秦仍蛮横无理，坚持反共立场，不断向我驻地袭击骚扰。独立一师，忍无可忍，于5月初在莱芜水北、方下一线向进逼挑衅的秦启荣部进行了还击”⑤，即莱城“鹿鸣山战斗”。在给秦部一定打击后，独立一师主动撤出战斗，转移至水北、泰安县黄前及山口等地。

① 亓象岑：《回忆第四支队秦启荣七次谈判情况》，常连霆主编，中共山东省委党史研究室编：《山东抗战口述史》(下)，山东人民出版社2015年版，第96页。

② 亓象岑：《回忆第四支队秦启荣七次谈判情况》，《山东抗战口述史》(下)，第97页。

③ 亓象岑：《回忆第四支队秦启荣七次谈判情况》，《山东抗战口述史》(下)，第97—98页。

④ 亓象岑：《回忆第四支队秦启荣七次谈判情况》，《山东抗战口述史》(下)，第99—100页。

⑤ 《四支队莱芜反摩擦斗争》，《泰安党史资料》总第20期，1993年版，第73页。

此后，秦启荣与中共的关系更为紧张，且与鲁南国民党第十军团（六十九军）石友三部为争夺地盘而矛盾不断。中共山东党组织通过与石友三第十军团的统战关系，由石部担当主力，发起“讨秦战役”，给予秦重大打击，但未能将秦部彻底消灭，秦启荣率残部逃往滕县一带。1938 年 12 月石友三部调离山东后，秦重返鲁中，对中国共产党的态度更加强硬。可以说，秦启荣部是抗战时期山东极少数自始至终坚持反共立场且毫无改变的国民党地方势力。

二、“太河惨案”的发生与中国共产党的应对举措

秦启荣与中共的矛盾，自 1938 年初莱芜争夺之后，始终没有缓和，加之他被任命为省建设厅长兼省府委员、十二区专员兼保安司令，掌握武装的数量较多，更对与中国共产党摩擦有恃无恐。“东里店国共合作”时期，秦启荣虽为省建设厅长，但并不常跟随沈鸿烈的省府驻扎东里店。秦在沈任内一直独立指挥所部及施政。

1939 年 3 月，鲁北八路军山东纵队第三支队，奉山东分局之命，选派 62 名干部战士到鲁南“山东军政干部学校”和延安“抗日军政大学”学习。第三支队派第十团政委罗文华率领约 210 人的护卫部队护送干部到鲁南山东分局驻地。第三支队政治部主任鲍辉为这支队伍总指挥。当队伍行进淄川太河镇时，鲍辉主动派人向驻守该地的秦启荣部王尚志联系，王同意八路军护送部队过境，却暗中设伏。3 月 30 日，王部包围通过太河镇的八路军部队，并发动突然袭击，鲍辉为维持国共合作，仍采取了克制态度，“命令大家不要开枪。并向城墙上的顽军高喊‘中国人不打中国人’、‘枪口不要对内’等口号”，但顽军仍继续射击，我部被迫突围，部分干部战士在突围中牺牲，“在顽军的预谋突袭下，受训部队猝不及防，加上众寡悬殊、地形不利和不准还击的命令，致使有 210 余名干部、战士被俘”。随后，顽军秘密杀害了鲍辉、团长潘建军、宣传科长邓甫晨等十余人。[①] 对被俘的八路军战士，秦启荣软硬兼施，审讯甄别并杀害了一部分党的骨干，还试图强行收编一些普通战士。他假惺惺地说：“你们这些青年，抗战不干中央军，去干‘共匪’。今天打了你们是好事，是救了你们，不然抗日成功，你们麻烦大啦，有灭门之祸。蒋委员长不允许‘共匪’存在，现在我是奉沈主席命令解决你们……”许多被俘同志

---

① 常连霆主编，中共山东省委党史研究室编：《中共山东编年史》第 3 卷，山东人民出版社 2015 年版，第 80—81 页。

对秦破口大骂，继而遭到秦部残忍毒打甚至杀害。①

“太河惨案”发生时，正值一一五师政委罗荣桓、代师长陈光奉中共中央令，率领一一五师师部及主力开进山东。3 月下旬，罗荣桓从泰西赶到山东分局驻地沂水县王庄，向山东分局书记郭洪涛、山东纵队司令员张经武、政委黎玉、政治部主任江华等传达中共中央六届六中全会精神，着重阐述了统一战线中的独立自主问题，清算王明“一切经过统一战线，一切服从统一战线”的右倾错误，提出“坚持抗战，反对投降；坚持进步，反对倒退；坚持团结，反对分裂”的口号。② 按照 1938 年 11 月中央扩大的六届六中全会指示，突出强调统一战线的独立自主问题，“国民党是当权的党，它至今不许有统一战线的组织形式……在敌后，只有根据国民党已经许可的东西（例如《抗战建国纲领》），独立自主地去做，无法‘一切经过’。或者估计国民党可能许可的，先斩后奏。例如设置行政专员，派兵去山东之类，先‘经过’则行不通”。“在现时，有些事应该先得国民党同意，例如将三个师的番号扩编为三个军的番号，这叫先奏后斩。有些则造成既成事实再告诉它，例如发展二十万军队，这叫先斩后奏。有些估计它现时不会同意，则斩而不奏。有些如果做了要妨碍大局，则暂时不斩不奏。总之，我们一定不要破裂统一战线，但又决不可自己束缚自己的手脚……‘我们的方针是统一战线中的独立自主，既统一，又独立’。”③

罗荣桓在王庄传达中央指示期间，正赶上“太河惨案”的发生，使所有与会者极为震惊和愤怒。罗荣桓认为，这一惨案的发生，说明山东分局在统一战线的工作中忽略了斗争的一面，“说明有些同志存在着严重的右倾思想。顽固派的屠杀和烈士的鲜血，证明了党的六中全会制定的方针非常及时、非常英明”，我们绝不能示弱，必须对国民党顽固派给予反击。④

中共中央对于“太河事件”的发生极为重视，迅速向北方局、山东分局做出处理指示：“山东方面过去退让太多”，专员县长的任命经常听从沈鸿烈的意见，而“秦启荣形同汉奸，多次向我进攻，未能给予有效还击。如上述情形不加改变，山东创造根据地与坚持抗战是要受挫折的”，要求“分局搜集的秦启荣历次袭击我军材料，一面电告朱、彭转电蒋介石，要求严惩此等汉奸行

---

① 陈华鲁：《太河惨案纪实》，中国人民政治协商会议山东省委员会文史资料研究委员会编：《文史资料选辑》第 6 辑，山东人民出版社 1985 年版，第 110 页。

② 郭洪涛：《边区省委、山东分局在王庄》，《山东党史资料文库》第 16 卷，第 178 页。

③ 毛泽东：《统一战线中的独立自主问题》（1938 年 11 月 5 日），中共中央文献研究室、中央档案馆编：《建党以来重要文献选编（一九二一——一九四九）》第 15 册，中央文献出版社 2011 年版，第 714—715 页。

④ 王汇川主编：《罗荣桓元帅功著山东》第 3 集，中国文史出版社 2015 年版，第 20 页。

为；一面公开在山东发表，并宣布秦启荣为汉奸，号召民众及友军反对”。“采取坚决消灭秦启荣的行动”，同时“根据六中全会精神，教育党员坚持与国民党长期合作，多方争取友党友军之进步”，并指示今后专员县长之委任，我应放手进行。①

据此，中共中央山东分局采取政治与军事多管齐下的手段，以打击秦启荣为代表的国民党顽固派。

首先，通过各种途径、方式充分宣传、揭露事件真相和秦启荣、王尚志破坏抗战的罪行。

4 月 17 日，中共中央山东分局机关报《大众日报》刊发“太和（河）惨案专刊”，详细澄清事变原委，痛斥国民党秦启荣等部破坏国共“鲁南的共同抗日根据地”，致八路军抗日爱国干部战士“不死于敌死于友，令人言之痛心，听之发指”之事实，及其杀害、虐待被俘八路军人员的卑劣举动：

> “在全国抗战正走上一个艰难的阶段，在敌人正在大举进行其“扫荡”华北的计划尤其是企图进攻鲁南抗日根据地的今天，我山东各抗日部队，抗日党派，及抗日人民为了坚持山东的游击战争，保卫鲁南的共同抗日根据地，以粉碎敌人的新进攻，完成坚持抗战争取最后胜利的神圣任务，应如何精诚团结，互助合作，集中力量一致对敌，这不仅是每个抗日部队最低限度应有的认识，同时也正是三千八百万不愿意做亡国奴的山东同胞的热烈希望，但是却万想不到在这样紧急情势之下，竟会有秦启荣部王子成袭击我三支队交通营并屠杀我大批优秀抗日干部的悲惨事件的发生。
>
> 这一次惨案发生原委是这样的：我们的三支队原在胶济路北为坚持平原的游击战争曾做了无数次的战斗，最近由于执行沈副总司令的命令实行改编，一部分编余干部六十余人南下受训，于上月三十日越过铁路并有两连人随行护送。当经过秦部王尚志所驻防之同古太和一带，因恐发生误会，事先即派人通知该部请予假道，不想该部接到此次通知以后，立即调动大军四面埋伏，准备大规模的屠杀，当我们的队伍到达夏室的时候，他们百般设法阻止我们的前进，又是通知司令部，又是司令不在家，总是想要延缓时间，以便部署其军事行动，但是我们始

① 《中央对山东问题之处置办法》（1939 年 4 月），山东省档案馆、山东社会科学院历史研究所编：《山东革命历史档案资料选编　第 4 辑　1937.7—1940.7》，山东人民出版社 1982 年版，第 60—61 页。

终相信，大家都是中国人，只要不是日本帝国主义的走狗汉奸是断不会下毒手的。因此坦然不疑毫无戒备的继续前进着。

太和到了，围子上站满了秦部的士兵，山上也有人在活动着……

队伍到达村外，围子门已紧紧的关闭起来，一个类似副官的人骑着马跑出来告诉我们：‘王司令没在家请你们从围子西边走吧！’我们听了这话知道他们不愿意叫我们进村子，我们也不勉强，迳顺着围墙的西边走去。

一座松木小桥，遮住了去路，队伍渐渐集结在桥头上了，敌人认为，屠杀的时机已至，于是坪！坪！两枪之后接着城上的步枪手提式一齐开始射击了，手榴弹也不断的丢下来，可怜我们这些优秀的干部和英勇的战士们，处在一个夹道之中，而且又没有战斗的准备，因而就遭受了横暴的摧残。

当敌人开枪射击以后，政治部鲍主任还在继续的喊着不要还枪，但他的话一句未完，炸弹已经打到身边，许多人就这样牺牲了。”①

报道沉痛指出：“总计此次惨案，我二百余忠勇官兵仅有三十余人幸逃于难，其余或被掳去，或遭惨杀，几乎无一幸免者。据当地老百姓传出消息，在惨案发生之后一部分被掳同志（中尚有三个女同志）备受侮辱，结果，或被砍头或被活埋，其情形之惨有令人不能忍闻者，损失之大更为山东抗战以来所未有，我百余忠实同志与优秀干部，与日本帝国主义者浴血苦斗，转战经年，不死于强敌之手，而死于此等顽固反动分子毒辣阴谋之下，实不能不令人言之痛心，听之发指。”②

4 月 17 日，八路军山东纵队司令员张经武、政委黎玉向全国发出“关于国民党秦启荣等部破坏抗战问题的通电”。在通电中，历数了一年来秦启荣部“置国家民族于不顾，一意孤行，残贼异己”，对八路军“之恶迹秽行”，指出，“夫‘精诚团结’乃最高统帅之正确指示，‘国共合作’乃当前政府之固定国策，而彼等竟悍然不顾，一笔抹煞，高唱‘剿’共第一，抗日在次，驱逐八路，独霸山东，种种荒谬言论，专与抗战友军作对，倒行逆施，令人发指”，要求国民政府对其严厉惩治，“以平民气，以固团结”③。并以山纵三支队的名义发

① “太和惨案”，即“太河惨案”。《太和惨案真相　不死于敌死于友　言之痛心　听之发指》，《大众日报》1939 年 4 月 17 日，“太和惨案专刊”第 1 版。

② 《太和惨案真相　不死于敌死于友　言之痛心　听之发指》，《大众日报》1939 年 4 月 17 日，“太和惨案专刊”第 1 版。

③ 《张经武、黎玉关于国民党秦启荣等部破坏抗战问题的通电》（1939 年 4 月 17 日），常连霆主编，中共山东省委党史研究室、山东省中共党史学会编：《山东党史资料文库》第 14 卷，山东人民出版社 2015 年版，第 90—91 页。

表“告王尚志部士兵书”，和“为三月三十太和惨案敬告各友军书”，以促使王尚志部广大官兵觉醒，“不要再受王尚志的欺骗，所有抗战的军队民众都在唾骂他反对他，不要枪口对内”，“中国人不打中国人”，争取友军的支持。[①]

《大众日报》还以“由太和屠杀中逃出”者的亲身经历，控诉国民党秦启荣部破坏国共合作的暴行，使人感同身受：

“到了‘太和’，围子上满了人，山上也有人，他不叫从庄里走，我们就从庄外走！上两次是这样也没理会什么，就贴着围子往西走！

尖兵刚踏上围子旁的木桥，‘坪’‘坪’打了两枪，还照样走！接着‘坪拍’‘坪拍’的又响开了！呵！第四枪三营营长吕同志就牺牲了！四连指导员张英同志也完了！他靠着我，只翻了两翻就不动了！

这是怎么的一会事[②]？这都是中国人呀！怎么打起来了呢？到底是怎么一会事？不明白的很！

‘轰’‘轰’手榴弹也向人空里不断的落，打的土烟飞腾！就歪倒几个！

‘拍！拍！拍！’手提式响了！这家伙围子上探出身子来向我们队伍中间里打的，把队伍冲散了！

看着不断的有倒下的！潘团长也中了三枪歪了！鲍主任从后面上来呐着不叫打枪，叫快向前跑！他后面跟着的就是通讯班的王新民特务员张杰。在个手榴弹爆发的瞬间，我就跟着他们跑向东南方向去！幸而在此地住防[③]两次，地形熟悉些，才跑了出来，跟着的只是几个尖兵。

但鲍主任未脱开危险间挂彩了，他喊着叫我们跑！我们抢上山去！等了多时只上来了我们三十八个人，受训的同志只有我们五个，带枪的同志只有三十三个。其他的一百多人不知那里去了，也不知一共死伤多少。

我们没想到，绝没想到，现在敌人‘扫荡’后防，进攻鲁南这样紧急的时候，会演出这样的事来！”[④]

其次，向沈鸿烈的山东省政府和于学忠的鲁苏战区施压，造成追责秦启

① 《为三月三十太和惨案敬告各友军书》《告王尚志部士兵书》，《大众日报》1939年4月17日，“太和惨案专刊”第2版。

② 一会事，即“一回事”。

③ 住防，即“驻防”。

④ 李干法：《由太和屠杀中逃出》，《大众日报》1939年4月17日，“太和惨案专刊”第2版。

荣的强大舆论环境。

在各种揭露报道与宣传中，中国共产党充分运用统一战线方略，对国民党中央和沈鸿烈的山东省政府保持了很大的尊重，始终表示继续拥护国民政府，拥护山东省政府主席沈鸿烈，并运用蒋介石、沈鸿烈自己关于统一战线的讲话来揭露秦、王等人的错误。如在"告各友军书"中说："曾记得去年十二月蒋委员长说过：'敌人想以共同防共的烟幕弹，分裂我国内团结！'王司令无故屠杀抗日部队，显然违反了领袖的启示……沈主席所说的'团结合作是生路，分裂是死路'，是我们极应奉行的明训，在目前敌人进攻鲁南的时机，更证明了合作共存的万分重要！王司令在这敌人进攻，我们加紧团结应付当前危机的时候，突然大举屠杀抗日部队，无疑的对抗日民族统一战线，起了破坏作用，这正是我们的仇敌日寇所欢迎的，王司令此举客观上是不是帮助日寇呢？"[①]在"太和惨案被难烈士追悼大会"上，山东敌后各界、各政治团体、民众组织均发出呼吁：严惩秦启荣，并向省府请愿，向中央政府请愿："区公所代表，一个六十多岁的老头子，登台讲演了。'……现在国难紧急，敌寇方张，凡我民族都应不分党派，不分畛域。领导民众，合作到底，才能打倒日本，才能取得最后胜利。谁想秦启荣竟惨杀三支干部……'他义愤填胸的高喊着，最后他说'今天追悼太和事件被难烈士，必要惩戒秦启荣！'以后职工会代表、妇救会代表、自卫队代表，以及许多农民，都发表了他们的意见。甚至有的竟摇手顿足长声叹气，悲愤填胸。大家讲完话后，一个四十多岁的农人，戴着小顶帽，穿着短裤褂，爬上了讲台。'……现在中国人不应该打中国人，应该联合起来打日本……这个事情不能这样罢休，我们各区、各乡、妇女会、自卫队、儿童团、青救会，组织起来向省府要求，惩办祸首。'接着又有一个工人提议：各民众团体联名电致中央政府，撤职查办祸首。'我提议各民众团体电请中央，以后禁止有这类危害国家的事情发生。'"[②]

山东分局组织了向沈鸿烈山东省政府的民众请愿活动。"淄（川）益（都）民众李尧夫等七十二人"联名致电国民党山东省政府主席沈鸿烈，"要求省府当局，调查真相，作合理之处置"[③]：

---

① 《为三月三十太和惨案敬告各友军书》，《大众日报》1939 年 4 月 17 日，"太和惨案专刊"第 2 版。

② 《沉痛的追悼　太和惨案被难烈士追悼大会记》，《大众日报》1939 年 4 月 17 日，"太和惨案专刊"第 1 版。

③ 《淄益民众为太河惨案向省当局呼吁　要求调查事实合理处置　加强合作携手抗战》，《大众日报》1939 年 4 月 19 日，第 1 版。

“山东省政府主席沈钧鉴：

顷闻八路军三支队十团四、七两连被太河驻军王尚志部解决，人枪俱扣，重要干部惨被屠杀，闻讯之下，不胜骇然！

当此第二期抗战开始之际，敌人一方抽调部队，“扫荡”我后方游击队，一方扬言‘反共’，企图分化我抗战力量。我全国军民，亟应竭力同心，共赴国难，本蒋委员长‘以我精诚团结，对付敌人之骄妄凌乱’之指示，粉碎敌人‘以华制华’之毒计。更应本钧座‘破除畛域，统一行动，集中意志，协力奋斗’之政策，以渡过目前难关，击退敌人进攻，奈太河驻军王尚志部不念及此，竟于友军路过之际，施此不法行为，制造摩擦，妨害民族团结，爱国同胞何忍坐视！

伏维钧座[①]自莅鲁南以来，领导各军抗战，并极力调整各军关系，以实现‘集中意志，统一行动’之政策，并于军政联席会议指出‘团结是生路，分裂是死路’。八路军‘是山东游击队的模范，是坚持山东游击战争的骨干，我们应该一视同仁’。对此太河不幸事件，当有适当之处置，公民等深处敌区，受尽敌之蹂躏，再不愿有‘中国人打中国人’之内战出现，致延长战争期间，特此恳请钧座协同当事双方上级负责人，调查事变真像[②]，作合理之处分，并严令双方不再有同样事件发生，避免无谓之摩擦，携手抗战，击退敌人进攻，实行有力之反攻，国家幸甚！民族幸甚！”[③]

蒙阴六区各界民众组织请愿团向鲁苏战区总司令于学忠和山东省政府主席沈鸿烈请愿：

“蒙阴六区民众，自悉太和惨案事件后，对此抗战逆流，深表哀痛，佥谓际此日寇大举“扫荡”后方之时，此类痛心的不幸事件，实足予敌以可乘之机。特于日前召开追悼太和被难烈士大会，计到会各乡村各群众团体代表三四百人，此外群众参加者以妇女为最多，共千余人，首由主席报告惨案事件及大会召开的意义，继由各区乡，各民众团体代表，相继登台，一时农夫农妇，先后发表沉痛言辞，全场空气，因之愈形紧张，情绪至为热烈，俟通过组织请愿团，向于总司令、沈副司令请求严惩

① “钧座”：指山东省政府主席沈鸿烈。

② “真像”：原文如此。

③ 《淄益民众为太河惨案向省当局呼吁　要求调查事实合理处置　加强合作携手抗战》，《大众日报》1939年4月19日，第1版。

祸首，并改编该部军队，以及通电蒋委座要求严惩秦启荣后，始于高呼‘反对秦启荣制造摩擦……’等口号中散会云。”[①]

各界代表赴省请愿，并在各地组织集会声讨秦启荣、王尚志的暴行，造成追责秦启荣的强大舆论环境，也给沈鸿烈和国民党山东省政府造成了很大的政治压力。加之山东八路军对鲁苏战区于学忠部的主动联络沟通[②]，最终为山东八路军对秦启荣部的打击行动创造了有利的友军环境。

第三，在军事上，遵照中共中央指示，八路军山东纵队集中力量对秦启荣部发起讨伐作战。

山东分局和山东纵队在一一五师的参与下，研究了反击秦启荣的作战计划，坚决讨伐王尚志，夺回太河镇。由于考虑到山东省政府主席沈鸿烈的吴化文新四师和鲁苏战区总司令于学忠的东北军可能出兵支援秦启荣，为消除山东纵队的担心，陈光和罗荣桓当即表示，在鲁西的一一五师部队可向津浦路靠拢，如果沈鸿烈和于学忠出兵，一一五师就开过来参战。[③] 4 月 20 日，八路军山东纵队第三、第四、第八支队在张经武、杨国夫、廖容标等指挥下，对直接制造惨案的王尚志部进行反击，迫其化整为零逃亡临朐，山东纵队成功收复了太河镇，打击了长期坚持摩擦立场的秦启荣部的嚣张气焰。[④]

三、各方对于事件的态度

（一）山东一般抗日青年的态度

“太河惨案”发生后，山东爱国抗日青年的态度是如何呢？应该说，当时一般爱国抗日青年对此事的反应是“震惊”，并对中共表示了极大同情。这里引用国民党方面的资料：一位当时在山东抗日的青年（1949 年随国民党赴台）于“太和（河）惨案”后的亲见亲闻，会更有说服力：

“当国共合作的口号喊得正响的时候，忽然从北山区霹雳一声，传

---

① 《蒙阴六区民众　为太和惨案召开追悼会　通过向本省军政当局请愿》，《大众日报》1939 年 4 月 29 日，第 1 版。

② 姚仲明：《山东纵队统战工作的回顾》，八路军山东纵队史编审委员会编：《八路军山东纵队回忆史料（中）》，山东人民出版社 1993 年版，第 274—275 页。

③ 李文：《八路军 115 师征战实录》（上），湖南人民出版社 2005 年版，第 138—139 页。

④ 中共临沂市委编：《三帅在沂蒙　罗荣桓元帅（上）》，军事谊文出版社 2005 年版，第 31—32 页；常连霆主编，中共山东省委党史研究室编：《中共山东编年史》第 3 卷，山东人民出版社 2015 年版，第 82 页。

来惊人的消息。秦启荣在新泰县[1]的太和，伏击共党干部数十人，全数消灭。这就是当时共产党大事渲染的所谓‘太和事件’。当时确使人感到有些震惊。正当‘合作’抗战的时候，秦启荣司令突然给共产党一记闷棍，究为什么？共产党疯狂的叫嚣起来，大骂秦启荣破坏团结，破坏抗战。复又描述几十位同志牺牲的如何惨酷，秦启荣的手段如何毒辣；罪孽深重，不可原谅。经过一阵风暴式的呐喊宣传，一般人遂认为秦这样对付共产党太不应该，为什么平地风波，破坏团结呢？由于懵懂的愤慨，喧嚷沸腾，对共产党大表同情。”[2]

由上可见，即便是在国民党立场上的忆述，也不难看出当时山东一般抗日青年对这一事件的态度是明显倾向于中国共产党的。这说明中国共产党在事件发生后的揭露与政治动员工作是起到了很好效果的。而根本上说，“是非曲折，自在人心”，秦启荣“冒天下之大不韪”的公开反共行动，不仅严重有违山东国共合作抗日的大局，无法得到广大青年、一般中立人士甚至很多国民党人的支持，反而使其自身在舆论上处于极为被动的地位，最终只能“搬起石头砸了自己的脚”。

（二）沈鸿烈与山东省政府的态度

国民党山东省政府主席沈鸿烈虽然委任给秦一些高级官职，使秦俨然以一方“行政大员”自居，但沈鸿烈并非真心信任秦启荣。秦启荣属于国民党“复兴社”（军统）系统，与东北军系统出身的沈鸿烈素无渊源，秦担任的所谓山东省建设厅长、省府委员等官职，一方面出于重庆的授意，一方面出于秦本身掌握着的较强军事力量、并在山东根基深厚的现实。相反，秦启荣与山东省主席沈鸿烈之间始终存在矛盾，秦“贪得无厌，得陇望蜀，野心勃勃地窥谋山东省政府主席一职：他大力宣扬鲁人治鲁，排斥湖北佬沈鸿烈”[3]。两人之间“别无相通之处，秦一直独立指挥其部队并独立施政。秦虽一度兼任建设厅长，但并不常在省政府驻地办公”[4]。正如1939年4月罗荣桓的分析，“张里元[5]想作鲁南王，秦启荣想作省主席，所以张（里元）、秦（启荣）、沈

① 太河镇不在当时的新泰县，此为忆者的记忆或对当时山东区划认识有误。

② 张筠山：《蒙阳絮语（二）》，台北《山东文献》第1卷第2期，第122页。

③ 王志民主编：《山东重要历史人物》第7卷，山东人民出版社2009年版，第255页。

④ 吕伟俊主编：《民国山东史》，山东人民出版社1995年版，第602页。

⑤ 张里元，时任国民党山东省第三区专员兼保安司令，在鲁南沂蒙地区有较强实力，全国抗战前、中期与八路军保持了较好的统战关系。后文将详述。

(鸿烈)间亦有摩擦”①。根据亲历者回忆,“太河惨案”发生后,沈鸿烈和国民党山东省政府并没有对秦启荣给予公开支持,沈一方面对中共表示同情和慰问,一方面“用政治欺骗的手法,组织所谓调查、谈判”②。也有亲历者称,“惨案发生后,沈鸿烈掩盖真象,利用宗教人士调查,扬言双方误会”③。总之,沈鸿烈采取了“和稀泥”的方式,试图“大事化小小事化了”。而且在随后八路军山东纵队对秦启荣部惩罚打击,夺回太河镇的过程中,沈鸿烈始终作壁上观,未发一兵一卒对秦部给予增援。

(三)鲁苏战区的态度

“太河惨案”发生后,中共中央山东分局对事件真相及时揭露,并与于学忠部及时沟通,取得了于学忠和广大东北军官兵的同情与支持,鲁苏战区承诺在八路军对秦启荣部的惩罚作战中保持中立。在事件刚刚发生后,山东纵队司令员张经武、政委黎玉即派山纵政治部联络部部长姚仲明去东北军处通报我方的态度。姚仲明“先到于学忠司令部,然后到五十七军离太河不远的前线指挥官霍守义师部,向他们通报了太河惨案的有关情节,并告知我方将采取惩罚行动,希望他们主持正义,能同我军一起打击破坏抗战的势力。如东北军感到处境困难,不便出动人马同我方配合,请霍部在我方反击时,保持中立。东北军对太河事件的发生甚感痛心,对我方将凶顽进行惩罚表示理解。但,为了今后的抗日合作,此事第三者不宜介入,请我方谅解。东北军有了明确态度后,纵队在张经武指挥下,调集兵力,对秦启荣部进行了反击,攻下了太河镇,打击了秦启荣的气焰”④。

最终经过成功沟通,山东分局和山纵争取了鲁苏战区的同情及沈鸿烈部的中立,实现了对秦启荣部的孤立。整个惩罚作战中,东北军与沈鸿烈所属部队均未对秦部进行支援。由于于学忠、沈鸿烈两部均未参战,为日后山东国共关系更好的维系,一一五师亦未投入战斗。山东纵队独立完成了打击王尚志、夺回太河镇的既定目标。应该说,在山东国共合作抗日关系良好之时秦启荣的突然发难,不得民心,即使国民党方面也几乎没有对其公开支持者。国民党人回忆,“事既起……毛泽东、朱德控先生(指秦启荣——引者)于军事委员会,新华日报、大众日报均目先生为摩擦专家,虽吾军政当

① 罗荣桓:《巩固与东北军及同盟者的团结,对付敌之进攻》(1939年4月26日),《罗荣桓军事文选》,解放军出版社1997年版,第34页。

② 刘继礼:《太河惨案的前前后后》,山东省政协委员会文史资料研究委员会编:《文史资料选辑》第6辑,山东人民出版社1985年版,第126页。

③ 李继曾:《我所知道的沈鸿烈》,政协曹县委员会文史资料研究委员会编:《曹县文史资料》第2辑,1986年版,第184页。

④ 姚仲明:《山东纵队统战工作的回顾》,《八路军山东纵队 回忆史料(中)》,第274—275页。

局，亦莫谅之”[①]。

“太河惨案”是全国抗战时期山东国共关系的一个重要转折点。“太河惨案”前，山东分局对于联合国民党敌后抗战，抱有极大诚意与期望。但“太河惨案”的发生，使山东分局和山纵检讨了过去工作的部分失误，意识到了一些国民党顽固派的死硬“反共”态度无法改变，开始转变与山东国民党合作的策略，更加注重独立自主发展和根据地建设，按照“打击秦启荣，争取东北军，孤立沈鸿烈”的基本策略，对山东国民党各部采取不同的对待方式。

第四节　“东里店劫难”与鲁南国共合作的继续维系

国共两党在沂蒙山区的合作抗日，引起了日伪的极大恐惧。“树大招风”，战时省会“东里店”的繁华与各方云集，也使其成为日寇的眼中钉。

一、“东里店劫难”

著名新闻工作者、原新华通讯社华东前线分社记者蒋元椿在1948年所著《沂蒙山》中开篇写道：“沂蒙山，这耸立在黄海之滨，华北大野上的历史的丰碑。……沂蒙山，这以他的崮而著名的山群，在苍茫的天宇之下，沂蒙山的七十二崮傲然地挺向云海，呈现着坚韧不拔的气概。在他们的沉默里，翻腾着多少遥远的往古的记忆。千百世代以来，无数人的手挖掘过那瘦瘠的山坡，无数人的脚踏过那崎岖的山道，把他们生命的音响投在那巍然耸立的峭壁上。而这记忆是如此沉重，以致它们常常随着风化的石块，坠入时间的忘却的深渊去。”[②]全国抗战时期，这和中华民族一样古老的沂蒙山，见证了国共两党携手奋起抵抗的不屈历史。

1939年5月底，日寇集中第5师团及第21师团等共2万余人，于6月1日由津浦、陇海、胶济路及台（儿庄）潍（县）公路各据点分十数路由北向南和自西而东，向沂蒙根据地分进合击，其攻击中心为临时省会东里店，企图一举打垮刚刚来鲁的于学忠部主力，并消灭国共在山东的领导机关。这是全国抗战爆发以来鲁南地区经历的第一次大“扫荡”。日寇围攻东里店，一方面出于鲁南国共合作的声势，另一方面由于鲁苏战区总司令部及两个正规军的大举开进鲁南，对其在山东的统治秩序构成了很大威胁。

---

① 龚舜衡：《秦“烈士”启荣治军纪实》，台北《山东文献》第7卷第2期，第9页。

② 蒋元椿：《沂蒙山》，山东新华书店1948年版，第1页。

在日军对东里店进行合围前，首先对东里店及其附近军政民用设施进行了大规模的空袭，沈鸿烈的省府各大机关在东里店周边大修大建，却完全没有应对空袭的任何预案。据当时在东里店参加抗战工作的青年回忆：

> "我到东里店的第五天，就听说敌人有进犯省府所在地的消息。在我个人来看，一个战时的省会，处于沦陷区之内，机关人口，如此集中，一旦发生意外，其结局是难以想象的。虽然那几天正是于学忠率领其五十一军开到鲁南，但在一切交通都被敌人封锁的情形下，是不可能应付一次阵地战和持久战的。所以每一个人的心理上都存有一份疑虑，就是：'敌人真来了，我们应该怎么办？'"①

空袭对东里店造成了空前的破坏。日军扔下重磅炸弹，腾起冲天火柱，将东里店炸成一片火海。省府两处报馆被炸毁，死伤四五十人，沿街密集的电话线杆全被炸断。商店酒楼书店理发店浓烟滚滚，省儿童移动剧团女教师高园及其未婚夫完婚之际，夫妻殒命，宾客及十几名来帮忙的团员被炸死炸伤。省府的工作职员随着村民一起挣扎、呼唤、呻吟。②"一千多户人家的东里店村庄，炸得残破不堪！事后估计死伤一千多人！"③

"在陆空的联合之下"，日寇"以迅雷不及掩耳之势向山区分十二路猛犯"，负责护卫省府的吴化文新四师抵御不住，而于学忠的部队，"因为开鲁的国军，以多日的长途跋涉，疲劳尚未完全恢复；尤其是新由大别山开到的五十一军，一因水土不服，病号众多，二因途中常与敌人遭遇作战，格外显得疲惫！以致暂不利再事久战"，"最后东西两面的外围鲁村和穆陵关两线被冲破，在各方激烈的混战中，东里店遂于空袭下失败了"④。

日寇对沂蒙国共军政首脑的袭击是有备而来，"这次益都、博山、莱芜、沂水、莒县的日寇及由日照登陆之敌也参加了'大扫荡'，上有飞机，下有炮兵、步兵、骑兵，四面八方向东里店袭击，企图一举消灭山东省政府及沂蒙山区各抗日组织"⑤。"东里店陷落后，敌人仍以疯狂进攻的态势，继续在山区

---

① 赵子贞：《弹下余生话东里》，台北《山东文献》第 2 卷第 2 期，第 74 页。

② 沈玉彬：《日军飞机轰炸东里店》，郑峰主编：《中流砥柱　纪念中国人民抗日战争暨世界反法西斯战争胜利 60 周年文集》，中国文史出版社 2006 年版，第 246—249 页。

③ 刘毓璋：《我亲眼看到日本轰炸东里店并兼论山东人的性格及中共取胜之道》，台北《山东文献》第 27 卷第 3 期，第 61 页。

④ 李继昶：《八年抗战之山东（二）》，台北《山东文献》第 2 卷第 1 期，第 150—151 页。

⑤ 张希周：《我所知道的沈鸿烈》，政协临沂市委员会编：《临沂文史集粹　第 1 辑　政治军事卷》，山东人民出版社 1997 年版，第 385 页。

中到处扰犯，于连续数月的期间，敌人曾以大规模举动进行所谓‘围扫’者，竟不下两三次之多！整个的山区，几无日不陷于混战状态中，在炮火弥漫及遍野血肉的情形之下，一层可怖的阴霾笼罩着山野的各处；直接引起了鲁南当前局势的急迫！间接影响了全省一时局面的动摇！第一因为鲁南各处战事的剧烈进行；自百十四师及新四师的主力略受损失后，其他部队为应付目前紧急的情势，即各采取了游击战术的化整为零，分布在山野里自由转战；因以部队联络及集中指挥的困难，遂致军事上不仅发挥的效力降低，反而时遭各个击破的威胁。”[①]沈鸿烈省府及所部遭受重大损失，国民党省政府机关人员和东里店各界爱国抗日人士“被俘被杀者，不知凡几。而其他不认不识不知姓名的爱国志士和当地民众之遭其荼毒者，为数更无论矣”[②]，突围者亦多被冲散。“沈主席就在其包围圈内，翻山越岭，东藏西躲，逃避敌人的搜索。在紧急关头的危险地带，曾扮作牧羊老人，脱离险关。”[③]6 月 10 日，日方宣称“日军已于今日午后三时半，占据鲁南华军与游击队最重要根据地之沂水，又谓日军包围鲁南于学忠部下十万军队之钢箍，现已加坚，此箍在六月三日包围五万方公里，但现已收紧而缩为九千方公里，闻日军现正向沂州与莒县作包围行动云”[④]。在突围中，沈鸿烈怕被敌人俘虏，一度试图自杀，被部下拦住。[⑤] 国民党山东省政府再次陷入长达数月的颠沛流离状态。这次“扫荡”造成山东省政府与重庆电讯中断月余，蒋介石电示鲁南、鲁北部队查找沈鸿烈生死情况，“电令很严肃，说如果再找不到，则取消部队番号云云”，到了 7 月下旬，重庆中央才与沈鸿烈、雷法章等重新取得联系。[⑥] 但山东省府并未因此被日军消灭或退出省境，至 1939 年 8、9 月间，沈鸿烈重行集结省府失散人员于临朐县八区东蓼子村，后迁往蒙阴县八区唐家沙沟，继续坚持敌后抗战。

二、国共合作反“扫荡”作战

虽然“太河惨案”严重影响了中共中央山东分局、山纵与山东国民党的关系，但随着日军的大举“扫荡”，“兄弟阋于墙，外御其侮”，国共两党面对共同的敌人，再次联起手来作战，共渡时艰。双方在鲁南的关系又进入一段较

---

① 李继昶：《八年抗战之山东（二）》，台北《山东文献》第 2 卷第 1 期，第 151 页。

② 赵子贞：《弹下余生话东里》，台北《山东文献》第 2 卷第 2 期，第 78 页。

③ 赵子贞：《弹下余生话东里》，台北《山东文献》第 2 卷第 2 期，第 78 页。

④ 《日方宣称占据沂水》，《申报》（上海）1939 年 6 月 10 日，第 4 版。

⑤ 李继曾：《我所知道的沈鸿烈》，政协曹县委员会文史资料研究委员会编：《曹县文史资料》第 2 辑，1986 年版，第 180—182 页。

⑥ 张希周：《我所知道的沈鸿烈》，《临沂文史集粹　第 1 辑　政治军事卷》，第 385 页。

为缓和的时期。

日寇的“扫荡”不仅对战时省会东里店造成了毁灭性打击，对同在沂蒙山区北部的八路军山东纵队总部、中共中央山东分局各机关也造成了严重损失。① 在突围与反“扫荡”过程中，“为了同友军联合打击日军，山纵以各种方式向友军通报情况，与一切抗日部队同心协力，坚决粉碎日军的大‘扫荡’”②。

当日军“扫荡”开始后，山纵根据山东分局的指示，令联络部同各友军联络，阐述我军在大敌当前，进行反“扫荡”的岁月里，愿同各友军加强合作，互相配合，并肩作战，粉碎日军大“扫荡”。沈、于各部对八路军的主张“都表示赞同”。③

突围开始后，中共中央山东分局书记郭洪涛率领分局机关，自王庄向沂水北部转移，在上下梭峪村附近与日军遭遇，郭洪涛回忆道：

> “人多走不动，走了一夜，天亮到达上下梭峪村附近。分局驻上梭峪，山东纵队特务团驻下梭峪。我们都很饿，到梭峪筹给养，人都跑光了。我的马伕早有准备，出发前他买了点鸡蛋、挂面，这时就拿出来弄给我吃，这真是患难之情。再到葛庄筹给养，人家开枪打，我们的人回来了。不多久，敌人转过山头，从山口上来了。原先没有发现敌情，一经发现就麻烦了。朱予淦、刘居英有冲劲，他们带警卫排的人向敌人开了枪。我们的警卫排长原是刘黑七手下的，枪打得很准。我们的枪一打，敌人打得更凶了。我与我爱人、马伕还有其他人往山上跑。敌人的枪弹把马伕带的鸡蛋打碎了，往行李外淌。马伕说鸡蛋淌了很可惜，边说边放下行李担子，去喝那个打破的鸡蛋。就在这时，特务团上去了，两个连的人，两挺机枪顶着打。趁这机会，我们抓紧往北跑、翻过山到了常庄。敌人不断从临朐、沂水来增援，特务团顶到黄昏就不行了。”④

---

① 此次敌人“山东全省大‘扫荡’，鲁南区敌人有三个半师团，继续至三月之久，至9月初，始行窜退，先之以轰炸，继之以焚杀，所过之处，村屋为墟，省府所在之东里店，于数分钟内，化为灰烬，受害最甚者，有鲁南之沂水、蒙阴、费县、莒县、莱芜、新泰等县，鲁东之莱阳、平度、栖霞、文登、牟平、海阳等县，鲁北之利津、无棣、沾化、桓台、蒲台、惠民等县，鲁西之寿张、聊城、东阿、定陶、濮县、临清、博平、堂邑、菏泽、曹县、单县等县”。载《鲁省灾祲之因果谈》，《山东通讯》1943年第17期，第8页。

② 姚仲明：《山东纵队统战工作的回顾》，《八路军山东纵队　回忆史料（中）》，第275页。

③ 姚仲明：《山东纵队统战工作的回顾》，《八路军山东纵队　回忆史料（中）》，第275—276页。

④ 郭洪涛：《边区省委、山东分局在王庄》，《山东党史资料文库》第16卷，第178—179页。

在山东分局被敌人截住的紧急关头，于学忠部五十一军军长牟中珩率部来到常庄，帮助山东分局打退了日军：

> “牟部有个参谋叫王再天，是蒙古人，共产党员。他来找我（郭洪涛——引者），我说正是紧急关头，要和牟中珩谈谈。见到牟以后我说，敌人增援部队上来了，照这样下去，敌人打过来，咱都跑不了，你派两个连上去，打完了各走各的路。他上去了两个连。20 来挺机枪一齐打，敌人退了。我们与五十一军各走各的路。在常庄休息一晚上，然后过沂河往南沂蒙走。遇到张里元（时任国民党山东省第三区专员兼保安司令——引者），我说，你这人怎么搞的，我们往南走，你还往北走。他也往南走了。”①

经过分局特务团与于学忠部五十一军的携手抗敌，终于击退了日军，山东分局得以顺利转移。

东里店被敌占领后，沈鸿烈率山东省府颠沛流离月余。八路军山东纵队政治部联络部部长姚仲明回忆他见到逃亡中的山东省政府主席沈鸿烈的情形：

> “记得，我（姚仲明——引者）去见沈鸿烈时，他正躲在一个山沟里，把一座草房改做了会客室，沙发、地毯、雪茄烟、咖啡样样俱全，与反‘扫荡’的气氛十分不协调。我向他通报了我方反‘扫荡’的意见和希望后，他说：‘很好，理应携手共渡时艰。’又特别提出，各方军队都应保护地方各级政府。暗示政权属他管辖，别人不能触动。考虑到抗日大局，我按我方既定精神，强调团结抗战应是共同遵守的要求。同时我又提出各级政府对一切抗日部队都应给予力所能及的支援。他表示赞同。”②

在 1939 年鲁南反“扫荡”的过程中，国共两党互换情报，互相配合，统一战线始终得以维系，正如山纵联络部部长姚仲明回忆，“统战工作就常在战区进行。在日军的压力下，各方容易找到共同语言，摩擦暂时消失。虽然有时也有一些矛盾，但在当时的形势下，合作是主流”③。此次反“扫荡”中，“莒

---

① 郭洪涛：《边区省委、山东分局在王庄》，《山东党史资料文库》第 16 卷，第 179 页。

② 姚仲明：《山东纵队统战工作的回顾》，《八路军山东纵队　回忆史料（中）》，第 276 页。

③ 姚仲明：《山东纵队统战工作的回顾》，《八路军山东纵队　回忆史料（中）》，第 276 页。

县、沂水两城及鲁省府所在地之东里店(沂水北),相继失陷”,但由于国共两党并肩作战,“除少数点线为敌占有外,所有广大地区,仍在我军控制中,且使敌军伤亡五六千,致无力窜犯达四月余”①。“日寇在连续搜索而无所得时,真的认为鲁南山区的抗日力量不复存在,乃于打通重要公路,在山区重要地点建立据点……各县伪军分别成立起来。以为山东和东北相同,可以用来养战了。乃将调来的重兵撤走,再用于其他战场”,然而“出乎日寇意料之外的是,在日寇布置妥当,部队调离之后,我们的抗日力量,上自省府、行署及各级行政机关以至各种抗战部队,不旋踵都回到原来的地区,以原来的方式,执行原来的抗战任务了”②。

此次日军对鲁南中国抗日军民的大“扫荡”,对山东国共两党抗日力量造成了较大损失。鲁苏战区五十一军一一四师中将师长方叔洪等将领在突围中牺牲。日伪报纸大肆吹嘘,如《南京新报》6 月 13 日报道日军战绩称:歼灭鲁南国民党军 7428 人,俘虏 581 人,虏获各种军用物资众多。③ 鲁苏战区“在鲁南之据点莒县已为日军牟田部队所占领,蒙阴、沂水亦相继陷落”,甚至妄称“鲁省抗日之策源地,已完全覆灭”,“苏鲁战区战局不久可告结束”④。

在日寇暴虐面前,山东抗日军民不会屈服,国共两党在鲁南的统一战线仍然维系,日军“肃清山东”、将之作为稳定后方以掠取资源的阴谋亦永远不会得逞。

1946 年 6 月 7 日,东里店战役七周年纪念日,山东各界在光复后的省会济南的省政府大礼堂举行隆重的“纪念东里店战役且追悼殉难诸烈士”仪式,时任山东省政府主席何思源等亲读祭文。“四壁遍悬各界挽词”,于右任题词:“义声腾海岱伟哉十万军民纪烈好凭良史笔,浩气壮山河渺矣三千世界忠魂长护圣人邦。”徐永昌题词:“慷慨无前义胆忠肝争一瞬,英灵不泯河声岱色壮千秋。”李仙洲题词:“规复河山烈士黄泉无遗憾,抚巡齐鲁梓桑赤子有沈哀。”张金铭题词:“敌焰方张祸起山村惊血溅,国基永固敬修薄祭望魂归。”⑤在追悼会上,第一位发言的国民党山东省主委庞镜塘指出:“东里店战役可谓敌人对山东抗战力量首次最厉害的打击,在战役不久之前,省府在沂水区东里店建立省政府,作为山东抗战的根据地,一方面准备欢迎国军入省,一方面动员全山东民众参加抗战,当时各位同志先生皆甚热心,民众情

① 胡璞玉主编:《抗日战史 鲁苏游击战》,台北“国防部”史政局编印,1966 年版,第 14 页。

② 刘道元:《抗战期间吴化文与山东省政府》,台北《山东文献》第 13 卷第 3 期,第 71 页。

③ 《晋鲁各地日军奏捷 党军据点完全覆灭》,《南京新报》1939 年 6 月 13 日,第 1 版。

④ 《晋鲁各地日军奏捷 党军据点完全覆灭》,《南京新报》1939 年 6 月 13 日,第 1 版。

⑤ 《东里店战役七周年 省垣各界隆重纪念》,《抚恤汇刊》1946 年第 2 期,第 187—191 页。

绪也极为紧张，别的省份也在那时对山东省抗战工作，也引起重视，敌人亦因之感到大威胁，乃以大的力量来破坏东里店的措施，措手不及的派多数飞机来实施轰炸东里店，我们的防空设备很简陋，殉难者甚多……自东里店战役之后，共军势力渐渐澎涨[①]起来，今能蔓延全省，而使山东陷此局势，其源实肇自东里店战役，在座诸位，多为亲身参加该次战役的过来人，当然也都有一个惨痛的回忆。”[②]1946 年时国民党纪念东里店战役，追悼死难烈士，本身无可置疑，但其认为东里店战役是共产党在山东敌后“澎涨”的肇始点，指摘共产党今日“蔓延全省”的局面是自东里店战役始，则是出于政治目的、以所谓“后见之明”进行毫无根据的诋毁了。从以上研究亦可看出，在整个东里店失陷、山东省府和战区总部颠沛流离过程中，山东分局和八路军对国民党山东省政府和鲁苏战区是积极帮助的，双方曾携手抵御日寇，这些都是不应被今天遗忘的历史记忆。

在国共合作反“扫荡”时期，徐向前和朱瑞来到沂蒙，大大增强了山东党政军的领导力量。1939 年 5 月，中共中央有鉴于山东敌后的重要地位，根据北方局的建议，派徐向前和朱瑞同志率一批干部赴鲁。[③] 7 月，在鲁南反“扫荡”进行中，徐向前、朱瑞率领部分干部来到沂蒙，与山东纵队会合。8 月 1 日，按照中央指示，组建“八路军第一纵队”，徐向前、朱瑞与山纵领导人张经武、黎玉等合并办公，同时，山东纵队番号不取消。[④] 沂蒙民众生动的说：“日本鬼子进了山东，共产党就积极组织抗日，毛主席派罗荣桓带领八路军 115 师来到了山东。除了罗荣桓，还有徐向前、萧华、谷牧等人，总共八个领导，不多不少，八个领导个个能耐！没一个孬的，都是才子。百姓听到这个消息后到处说，八个秀才、八支钢笔进了山东，山东有希望了。”[⑤]徐向前作为久负盛名的中国共产党优秀将领，在国共双方都具有很大影响力。徐向前的到来，增强了山东八路军与友军沟通的能力，也震慑了部分山东国民党顽固势力。朱瑞针对山东的统战形势，多次在内部做统战工作中反摩擦的报告，阐述统战工作中独立自主原则，指出：打击顽固派，团结广大抗战力量，要具有反摩擦的思想准备和反摩擦的斗争策略。这些报告使山纵同志受到了深刻的教育。他们对山东纵队的统一战线工作做了深刻的反思，总

---

① 澎涨：原文如此。

② 《东里店战役七周年　省垣各界隆重纪念》，《抚恤汇刊》1946 年第 2 期，第 187 页。

③ 徐向前：《齐鲁烽烟》，常连霆主编，中共山东省委党史研究室编：《山东抗战口述史》（上），山东人民出版社 2015 年版，第 8 页。

④ 常连霆主编，中共山东省委党史研究室、山东省中共党史学会编：《山东党史资料文库》第 1 卷，山东人民出版社 2015 年版，第 214 页。

⑤ 铁流、纪红建：《见证　中国乡村红色群落传奇》，人民文学出版社 2016 年版，第 30 页。

结了经验，找出了工作中的不足。山纵统战工作又有了一个新的发展。[①] 10月，八路军第一纵队和山东纵队的领导机关合并，山纵政治部即为一纵政治部，山纵联络部也就划归一纵政治部。此后，统一战线工作沿着既联合又斗争的统战方向稳步前进。[②]

第五节　中共在山东统一战线方针的转变

一、山东国民党日趋“摩擦”与中共统战政策的转变

鲁南第一次反“扫荡”结束后，山东国共合作关系虽然仍在维系，却已日趋艰难。随着国民党中央密订了《防制异党活动办法》《共产党问题处置办法》等文件，加之一一五师入鲁后，山东八路军力量不断发展壮大，沈鸿烈与国民党山东省政府对中国共产党的态度逐渐趋于防范与对抗。国民党山东顽固势力中，尤以秦启荣部始终坚持摩擦立场，多次公然对中国共产党领导的山东抗日军民进行攻击，仅1939年下半年即制造了两起袭击山东八路军的“惨案”。1939年8月9日，秦启荣部2000余人突袭莱芜北部雪野村八路军山东纵队第四支队后方机关，杀害我20余人，制造了“雪野事件”；同月，秦又集中4000余人围攻淄河流域山东纵队第三支队十团、四支队新一营及淄川抗日武装，持续十余日，制造了“淄河事件”。[③] 在忍无可忍之下，8月23日，八路军山东纵队指挥员张经武率第一、三、四支队奋起反击，连克淄川、博山以东的峨庄、太河、朱崖等，再一次打击了秦启荣部的反动气焰。[④]

至1939年底，国共关系日趋紧张，全国各地的摩擦接连发生。加之汪精卫公布卖国协定，重庆国民党政府存在投降和“全国化”反共的风险，国内合作抗战局势异常艰难。1940年1月28日，毛泽东为中共中央起草《克服投降危险，力争时局好转》的党内指示，指出：目前时局发展的情况，证明中央的历次估计是正确的，“在这里应使全党同志认识的，就是不要把各地发生的投降、反共、倒退等严重现象孤立起来看。对于这些现象，应认识其严重性，应坚决反抗之，应不被这些现象的威力所压倒。如果没有这种精神，

---

① 姚仲明：《山东纵队统战工作的回顾》，《八路军山东纵队　回忆史料（中）》，第276—277页。

② 姚仲明：《山东纵队统战工作的回顾》，《八路军山东纵队　回忆史料（中）》，第277页。

③ 中共淄博市淄川区委党史资料征集研究委员会编：《中共淄川地方党史大事记　1921—1949》，山东人民出版社1989年版，第78页。

④ 姚仲明：《山东纵队统战工作的回顾》，《八路军山东纵队　回忆史料（中）》，第277页。

如果没有坚决反抗这些现象的正确方针，如果听任国民党顽固派的‘军事限共’和‘政治限共’发展下去，如果只从惧怕破裂统一战线一点设想，那末，抗战的前途就是危险的，投降和反共就将全国化”，同时应认清国际国内有很多有利于争取继续抗战，继续团结和进步的客观条件，这些都是使国民党不易投降妥协和不易举行全国反共战争的国际、国内条件。① 在山东敌后，面对日益严峻的反摩擦斗争形势，中共中央连续指示山东党政军领导人有关统一战线与八路军发展的政策。1940 年 1 月 28 日，中央指示山东分局与一一五师，要求“山东分局与一一五师至少应发展武装军队（包括游击队）到十五万人枪（一一五师应分配干部与兵力到山东全境去）”，“没有自卫军的广大发展，即无法广大发展军队，无法建立根据地。因此有组织有训练的抗日自卫军，至少须十倍于正规军与游击队，例如山东十五万军队，至少须有[一百]五十万至二百万有组织有训练的自卫军……现在你们的自卫军还太少”，并要求极力争取山东“大部政权都归入我们与进步人士的手中”。同时指示，要实现以上目标，“是一个严重斗争过程，因此不能避免有理又有利的磨擦，凡阻碍抗日进步势力发展并向我攻击之反动势力与顽固派，我必须坚决反击之”，“而我应极力争取并与之共同建立抗日根据地的，乃是一切进步的与比较进步的势力。对于中间势力，如于学忠、李明杨等，我应采取中立他们的政策”。总之，“集中一切力量为发展武装建立根据地而斗争，乃是你们最主要最主要的任务”②。

1940 年 2 月 11 日，中共中央、中央军委致电山东八路军主要领导徐向前、朱瑞、陈光、罗荣桓，指出对沈鸿烈、秦启荣、于学忠等国民党势力，应采取不同的方针对待之。中央指示，“我们的政策分两方面，对反共派顽固派取坚决反攻彻底消灭的政策。对一切尚有希望之人取极力争取的政策”。具体而言，首先，“沈鸿烈属于顽固派，对我百端磨擦，故须在自卫原则下坚决消灭之。在打击沈鸿烈（秦启荣是其最坏之一部）的斗争中要注意分化其部下，争取其尚有希望分子”。其次，“于学忠与沈鸿烈不同，他是尚有希望的，除对其反共政训人员应加以坚决打击外，对东北军应极力争取至少使之取中立态度”。山东党组织应及时对沈鸿烈向国民政府“状告”“八路军向他们磨擦”的材料逐一驳复，并“将沈鸿烈及其部下前后各种对我限制歧视杀

① 毛泽东：《克服投降危险，力争时局好转》（1940 年 1 月 28 日），《毛泽东选集》第二卷，人民出版社 1991 年版，第 712—713 页。

② 《中央关于在山东、华中发展武装建立根据地的指示》（1940 年 1 月 28 日），常连霆主编，中共山东省委党史研究室、山东省中共党史学会编：《山东党史资料文库》第 7 卷，山东人民出版社 2015 年版，第 226—227 页。

人进攻及待遇不公等事”,“收集数十件,加以整理,说得有条有理,理直气壮的用电报打给我们,以便转往重庆等地向外宣传并答复国民党”[①]。

1940年1月10日,山东分局机关报《大众日报》头版刊载了社论《一切进步力量团结起来,击退抗战逆流》,一方面点名批评秦启荣等“假抗日之美名,而实行内争的”顽固势力,一方面呼吁:“我们要‘反对煮豆燃萁’,反对‘同室操戈’,因为这不仅要削弱抗战力量,而且还会造成亡国的危险!”[②]并在头版同时刊载《章丘高玉祥残害民众,摧残抗日团体,抢劫百姓钱财》《顽固分子刘曰萱惨杀抗日同胞,垛庄乡民众开追悼大会,发表通电宣言要求应有制裁》《亲者痛!仇者快!费县县长李长胜摧残民运机关,二区动委会廿余人遭残害》等三篇通讯报道,痛斥国民党顽固派在山东连续制造破坏抗战、残杀共产党和抗日群众的暴行。[③] 在同日第4版刊载了山东分局书记朱瑞的《相持阶段与统一战线——一九三九年十二月二日在欢迎中央抗演六队的政治座谈会上的演讲(续)》,详细阐述了当前鲁苏“反摩擦”的性质、八路军“让步问题”、鲁苏摩擦的形势及其产生原因。朱瑞严格区分了山东八路军“反摩擦”与“制造摩擦”的不同性质:“把反摩擦认为八路军是制造摩擦,这就是没有认识摩擦与反摩擦不同的本质与不同的出发点,前面已经说过,如果把两个截然不同的本质混淆来看,‘一个半斤,一个八两’,那就是绝对错误的。”对于“让步问题”:“大家说八路军太霸强了,为什么不让点步呢?不错,让步是可以的,但是是有条件的,共产党八路军是一个坚持抗战、团结及进步的力量,正因如此,所以他的让步,是为着坚持抗战巩固团结实行进步的。为着国家民族的利益,为着巩固与扩大统一战线,共产党过去今天将来都曾经并可以考虑必要的让步。但与此相背的让步,是不必要,而且有害的。谁希求八路军让步,最好首先坚持团结与进步。”[④]

为何鲁苏尤其山东省成为全国国共摩擦最厉害的地区之一?朱瑞认为:

---

① 《中央、军委关于对沈鸿烈于学忠部应采取不同方针的指示》(1940年2月11日),《山东党史资料文库》第7卷,山东人民出版社2015年版,第228页。

② 《一切进步力量团结起来,击退抗战逆流》,《大众日报》1940年1月10日,第1版。

③ 《章丘高玉祥残害民众,摧残抗日团体,抢劫百姓钱财》《顽固分子刘曰萱惨杀抗日同胞,垛庄乡民众开追悼大会,发表通电宣言要求应有制裁》《亲者痛!仇者快!费县县长李长胜摧残民运机关,二区动委会廿余人遭残害》,均载《大众日报》1940年1月10日,第1版。

④ 朱瑞同志讲,李泰、金凯记录:《相持阶段与统一战线——一九三九年十二月二日在欢迎中央抗演六队的政治座谈会上的演讲(续)》,《大众日报》1940年1月10日,第4版。

"鲁苏的摩擦在全国说，是最激烈的地方之一，尤其是山东。为什么鲁苏的摩擦要特别厉害呢？这不但因其与全国有联系性的意义，同时有他特具条件与特殊的原因：在坚持两年抗战中，各方面进步是不够的，如游击战发展之不够，根据地工作落后，政治不民主，尤其是群众组织之薄弱，不能在各方面作成有力的进步，因而鲁苏旧中国一部分拥护者的力量，还保留得足够的成为抗战的阻碍与摩擦的根源！同时苏鲁尤其是山东的生产与社会的落后，是组成旧力量的更好凭借！且亦为抗战中，日本政治阴谋活动容易收效的场所。

鲁苏又是敌人与我抗战军民必争的地方：鲁苏是华北抗战的支点，是华北华中联系的枢纽，又是反攻的前线阵地。日本是志在必得（灭亡山东），我们是志在必守。且在这不可调和的斗争中，山东旧人物的一派更从中破坏企图保持其旧的统治地位，不要被抗战弄得太坏以便与日寇妥协甚至向其投降，这一斗争到了相持阶段更加激化，所以摩擦也更加剧了。鲁苏摩擦的严重性就在这里。明白的说，是在全国性的反共反八路反新四军反陕甘宁边区反一切进步力量政策的支持底下的。这样一来，即更加有组织，有根源了。"①

关于当前鲁苏摩擦形势，朱瑞分析认为：

"首先说，鲁苏今天摩擦形势是扩大了，比过去扩大了。为什么今日比过去扩大了？因为今日在抗战相持阶段，新旧力量的抗战与投降间的斗争，到达决定的关头，正象全国一样，所以这个摩擦扩大了。尤其在相持阶段，民族失败主义者和顽固分子，在战斗紧张情况底下，必然联合日本的政治进攻，阻碍鲁苏抗战团结与进步，所以形势是扩大了。其次，形式是复杂了。假使过去摩擦单表现于军队与防区问题，今日这个形式复杂到：军队问题，党派问题，群众工作方针问题，政权问题，财政经济政策问题，文化教育事业问题……各方面都充满着顽固分子反对抗战团结进步的摩擦。方式比过去复杂了，第一次'扫荡'以前，摩擦问题绝没有'扫荡'以后今日问题之复杂，今日八路军不能在指定区域以外去打仗（现在八路军作战区域是被划分在牛角里面去了），现在我们甚至没有权利办学校培养干部。阵容也扩大了，扩大到什么程

① 朱瑞同志讲，李泰、金凯记录：《相持阶段与统一战线——一九三九年十二月二日在欢迎中央抗演六队的政治座谈会上的演讲（续）》，《大众日报》1940年1月10日，第4版。

度？扩大到——八路军共产党一切进步的人士，他们都是一致团结，坚持抗战团结进步；反之，顽固分子正也有一个结合……摩擦程度和趋势也严重了。严重到已不是地方化的问题与个别问题了。现在每一件事情都有引起武装冲突的可能，不少的事情都演成了武装冲突，每一件事情不但在下层，并且还搅到上层，不但在鲁苏内部，而且将扩大到鲁苏以外和中央方面去了。反过来说，外面的摩擦问题，也将反映到鲁苏摩擦问题里来。据说最近鲁苏正拟增加新的力量，以扩大反共反八路之摩擦；果如此似乎某些人是存心不想把鲁苏统战弄好，而是企图弄烂，以达某些坏蛋投降日寇之目的的。”[①]

1月13日，《大众日报》头版再发社论《坚持两条政治路线的斗争　反对调和主义》，指出：“‘中华民族在命运的十字路口，苏鲁也在命运的十字路口。’（朱瑞同志论相持阶段与统一战线）——这已成了一句历史上的名言。[②]

我们究竟应该如何看待国共两党在鲁苏的摩擦呢？社论指出，“但就在这两条政治路线斗争的当中，我们发现了不少的调和主义立场的存在！有一种人认为凡有如像摩擦这类事件的发生，都是‘两家各有是非’，双方皆有曲直，不可偏责一方，两方皆当原谅。有一种人认为摩擦问题，是党派斗争或某个双方发生纠纷的私事，无从过问，不必过问。更有一种人虽然承认摩擦前途有关抗战利害，但还是以置身事外为妙，不愿加一闻问。这一切都是调和主义的具体表现，这种调和主义的存在，或则是座视[③]摩擦之扩大，无睹于旧中国向新中国的不断袭击，破坏了抗战，或则是在模糊了是非曲直的真面目，而在客观上替那些顽固派，投降派，捣乱派作了残害进步力量的掩护，客观上就是奖励了制造摩擦者的继续猖狂，使这些旧中国恶势力在实行倒退分裂投降的活动下断送了中国抗战前途，而陷中华民族于灭亡的危险！”社论最后疾呼：“我们要求领导苏鲁抗战的最高当局，苏鲁进步人士，各级抗日军政机关，全苏鲁最大多数的人民，一切坚持抗战的进步力量，要坚持抗战团结进步的立场，反对投降分裂倒退的逆行，要明是非，判曲直的在抗战利益上，正视与解决一切摩擦问题。要坚持两条政治路线的斗争，反对无原则的调和主义的立场。……要在坚持两条政治路线的斗争中，将旧中国的

---

① 朱瑞同志讲，李泰、金凯记录：《相持阶段与统一战线——一九三九年十二月二日在欢迎中央抗演六队的政治座谈会上的演讲（续）》，《大众日报》1940年1月10日，第4版。

② 《社论：坚持两条政治路线的斗争　反对调和主义》，《大众日报》1940年1月13日，第1版。

③ “座视”：原文如此，即“坐视”。

恶势力，投降派，顽固派，捣乱派，打退与淹没下去！”①

面对空前的投降威胁与山东敌后严峻的摩擦形势，除了在舆论上向山东各界充分讲清道理、澄清疑惑外，根据中央指示，山东分局要求党政军部门及时调整统战方针，一方面改变过去“对付摩擦事件，有时表示能躲就躲，得缓且缓，消极请示多，主动积极少，摩擦解决[决]心与方针少”的错误，一方面对沈鸿烈、秦启荣、于学忠分化对待之，并及时分化与争取其部下。具体作法有：“积极寻求有理有利机会消灭秦启荣、蔡晋康、刘景良、张景月”，以使我胶东根据地连成一片，“开展清河及鲁北局面，并求得与胶东互相逐渐联接一片”。“在泰、莱七县中根绝秦启荣的一切所存势力。”坚决打击并消灭鲁东赵保原部。利用沈鸿烈、秦启荣与吴化文的矛盾，对担任山东省政府护卫工作的吴化文新编第四师“仍要设法联络与争取，目的是终止其对秦、沈各部的积极掩护行为”，如吴化文“参加对我武装摩擦，应不犹豫予以打击，事后可有条件退一部分人枪给其较进步下层，同时加紧其下层分化与争取”②。

山东分局特别强调：“人不犯我，我不犯人是一般方针”，但“在运用中必须依具体情况决定态度”。“对一贯犯我者，应寻求机会，不是等待机会。纠正过去的空喊告急，事缓则又乐观放手的现象，更不应为顽固者个别欺骗之假象所蒙蔽。彻底纠正反摩擦中软弱、无决心、束手无策、一味请示、不执行任务的现象。”“对其他各不同地区的不同对象，应分别争取、中立、孤立、分化、打击与消灭不同方式处理之，以打开统战局面。”③这也意味着八路军在山东的统战政策，根据形势需要，较此前发生了较大的转变。山东根据地领导人在军事上进行了严密的部署，集中山东纵队主力，主动出击，“于1月至4月在清河、鲁中、滨海、胶东等地区连续发动武装反击，先后歼灭顽军4500多人。使顽固派受到了沉重打击”④。

在反顽作战中，山东分局对鲁苏战区始终坚持积极争取态度，不断表达合作抗战善意，争取与鲁苏战区于学忠部维系合作。1940年2月1日，山东分局通过《大众日报》公开发表《中国共产党山东分局为反对投降妥协 坚持

① 《社论：坚持两条政治路线的斗争　反对调和主义》，《大众日报》1940年1月13日，第1版。

② 《山东分局关于统战、政权、战略、财经工作的指示》（1940年2月29日），常连霆主编，中共山东省委党史研究室、山东省中共党史学会编：《山东党史资料文库》第7卷，山东人民出版社2015年版，第231页。

③ 《山东分局关于统战、政权、战略、财经工作的指示》（1940年2月29日），《山东党史资料文库》第7卷，第231页。

④ 常连霆主编，中共山东省委党史研究室编：《中共山东编年史》第3卷，山东人民出版社2015年版，第249页。

鲁苏抗战宣言》，指出："由于日寇本身困难之增加，与我抗战之坚持，日寇已不得不改换过去的'军事进攻为主，政治进攻为辅'成为今天的以'政治进攻为主，军事进攻为辅'了。在这一进攻方针下，日寇主要手段是分裂国共合作，实现'以华制华'……全国如此，鲁苏又何能例外？鲁苏战区是坚持华北抗战的战略支点之一，是华北与华中连系的纽带，同时也是将来反攻的前进阵地。正因为鲁苏战区意义如此重大，所以，日寇不但接二连三的向鲁苏战区举行军事的'扫荡'，同时，更施展其'以华制华'手段，进行收买民族败类，组织伪政府，成立伪军，尤其是直接间接利用一些顽固、捣乱、投降分子，广泛的进行反共、反八路的活动。于是，太河死难烈士之热血未干，而雪野与淄河之惨案又起，屠杀抗日志士，残杀共产党员，摧残一切进步力量，打击一切进步运动，已成为鲁苏战区抗战中相当普遍的现象。这样，鲁苏战区也同全国一样，正展开了坚持'抗战团结进步'与实行'投降分裂倒退'的两条政治路线间的空前的激烈斗争。也和全国一样，鲁苏正被历史放在命运的十字路口！"[①]山东分局向鲁苏战区当局和战区一切爱国同胞提出反对妥协投降、分裂倒退的八项建议。[②] 至 1940 年 3 月底，国民党顽固派发动的第一次反共高潮也基本结束。

二、沈鸿烈的反共与山东共产党的积极应对

1940 年上半年，山东八路军虽然对坚持摩擦立场的国民党顽固派进行了坚决打击，但对山东省政府主席沈鸿烈本人及其直属部队，仍希望尽力维持关系，中共山东党政军主要领导对沈本人亦保持着联络与礼敬。然而，6 月 9 日，新泰莱芜日军千余，配合伪军陈三坎部"扫荡"新蒙以东山区我八路军根据地时，敌"数路出土门，一路犯黄庄"，沈鸿烈却乘八路军"与各路敌伪正展开激烈搏斗并向莱芜败敌追击之际"，"在事实上与敌伪配合，指使新四师及海军陆战队约□千之众"，突向八路军"驻黄庄留守部队猛击"，以致我被迫放弃黄庄，"省府部队于进袭黄庄之余，近且屯集大兵四千之众在龙工峪、历山一带继续我部压迫，并有大举进攻之势"[③]。"黄庄事件"发生后，沈"以一省之最高长官，不但抹煞真理，歪曲事实，且竟以'中共军不战而退，新

---

① 《中国共产党山东分局为反对投降妥协　坚持鲁苏抗战宣言》，《大众日报》1940 年 2 月 1 日，第 1 版。

② 《中国共产党山东分局为反对投降妥协　坚持鲁苏抗战宣言》，《大众日报》1940 年 2 月 1 日，第 1 版，转第 4 版。

③ 《八路一纵山纵为沈鸿烈指使部属进攻八路军事给蒋介石的通电》(1940 年 7 月 16 日)，常连霆主编，中共山东省委党史研究室、山东省中共党史学会编：《山东党史资料文库》第 14 卷，山东人民出版社 2015 年版，第 404 页。

四师收复黄庄'等虚构谰言，掩盖真相"①。7 月 17 日，沈鸿烈颠倒黑白，向蒋介石发电"控诉"中共，并向蒋表达了要与山东共产党"破釜沉舟"的态度，但他在电文中也暴露了其有预谋地组织所部数月来不断挑起与中共摩擦，造成中共山东党政军组织较大伤亡的事实：

> "窃查中共军在鲁破坏军政，扰害人民，前后袭击行署、专署、县府等行政机关四十余次，消灭保安部队及友军七十余起，滥扩军队五万余人，纵横窜扰七十余县，擅设县以上军政组织十五处，私委县长五十四人，组织行政区以上团体二十余处，复在苏鲁边区津浦两侧布置重兵，阻绝交通，战区总部及省会各机关均已陷于其包围线中，其他强收民枪，剥削人民及焚烧掳掠之事，不胜枚举，近更不顾一切公然采用五星红旗策动阶级斗争，背叛国家，万不得已乃于本月三月令各专员及全省保安团队分区清剿，综计已与其接触七十七次，先后毙伤其六千九百余人，获军用品甚多，虽未能予以歼灭，然顺逆既分，民惑已解，其发展亦大受打击。近月以来，该军仍调集新泰、莱芜、博山之一四两支队计三千余人，直接向省会鲁村进犯，予以击退，近复藉口大黄庄事件，调集重兵企图大举（大黄庄事件系本年六月九日敌犯该村时，驻防之十八集团军不予抵抗，即行撤退，同时我驻该村附近之新四师沈营迫敌退去，收复该村，但敌退后，翌晨，第十八集团军即调集三千余人藉口攻击沈营，按大黄庄距省府仅廿公里）日内或有激战，在鸿烈初意，本拟俟李仙洲军到鲁后，亲自统率剿办，出民水火，只以鄂局紧张，未敢重申前请，致增钧座忧累，现省府直接统率之武力仅新四师、陆战支队及省府教导团各一个团（其余新四师两团及陆战队一团均在外服务，不得集结）。虽兵力单薄，弹药缺乏，惟势逼处此，只有破釜沉舟，与叛徒周旋到底，成败利钝，在所不计，倘获稍维国本，即所以报钧座知遇之隆。"②

"黄庄事件"发生后，中共山东根据地领导人决定对沈及省府进行直接反击。由于毕竟处于国共合作时期，沈鸿烈又是山东省政府主席，名义上合法的一省军政最高长官，因此，山东八路军在政治、军事各方面都做了充分准备动员工作。7 月 16 日，徐向前、朱瑞、黎玉等向蒋介石国民党中央发出

---

① 《八路一纵山纵为沈鸿烈指使部属进攻八路军事给蒋介石的通电》（1940 年 7 月 16 日），《山东党史资料文库》第 14 卷，第 404—405 页。

② 《蒋中正"总统"档案　事略稿本》第 44 册，台北"国史馆"2010 年印行，第 64—67 页。

通电，揭露沈鸿烈6月9日在黄庄等地协同日伪攻击八路军的恶劣行径，并历数沈鸿烈自主鲁以来丧师失地、生活腐化、“勾结日伪”“处心积虑污蔑”打击八路军的种种行为。“窃以此种行为，竟出于堂堂之中华民国省政府主席，既坠失政府尊严，复置国家法纪于无地，诚属骇人听闻者也。”请求国民政府“彻底追查，秉公赏罚，借伸正气，而振法纪”[①]。7月22日，山东《大众日报》头版发表社论《论空前危险空前困难中的山东团结与山东抗战》，一方面呼吁继续团结鲁苏战区总司令于学忠等抗战，一方面极为罕见地公开对山东省政府主席沈鸿烈进行了直接批评：“山东的抗战党派抗战领袖抗战耆老，大家都关心山东的抗战与山东的团结，在三千八百万军民企望之下，山东抗战领袖，首先是于总司令，为了抗战，为了家乡，也为了军民的企望，应当为山东的团结而作最大的努力。……最可痛心的是正当主张抗战到底团结到底的共产党八路军及全省抗战领袖进步人士，号召、计划、研究坚持抗战与团结之时，正是山东省政府主席沈鸿烈先生，指挥主力部队，跟随敌伪向双峪龙、基山、黄庄一带向八路军阵地袭击的时候，也正是鲁西敌人把夺自八路军的观城、朝城，让给叛军石友三与顽固分子李树春[②]的时候！”[③]社论指出：“‘庆父不除鲁难方殷’，因此山东的存亡不但取决于山东是否能团结，是否能抗战，也同样取决于山东抗战团结的正义力量是否能粉碎隐藏汉奸的挑拨离间，敌伪顽三位一体的明暗配合。”[④]这些都为孤立并直接打击沈鸿烈和山东省政府做了充分的舆论铺垫。

7月17日，山纵领导人朱瑞等致电毛泽东等，决心“公然与省府进行局部反摩擦，首先集中力量打击新四师、秦启荣、海军陆战队，是对今后巩固泰山区与开展鲁南工作之中心任务”[⑤]。8月初，朱瑞等与一一五师指挥官陈光、罗荣桓进行充分沟通，并向中央汇报了打击驻鲁村沈鸿烈部的作战计划，由山东纵队集中主力，并由一一五师派出部队参与作战，“（一）以四旅两个团及六团主力为第一梯队，归王建安统一指挥攻草埠、鲁村，得手后以一部布置鲁村，主力向西南伸展；（二）以一、二支各一团为第二梯队，归孙继

---

① 《八路一纵山纵为沈鸿烈指使部属进攻八路军事给蒋介石的通电》（1940年7月16日），常连霆主编，中共山东省委党史研究室、山东省中共党史学会编：《山东党史资料文库》第14卷，山东人民出版社2015年版，第404—406页。

② 李树春，即李树椿。

③ 《社论：论空前危险空前困难中的山东团结与山东抗战》，《大众日报》1940年7月22日，第1版。

④ 《社论：论空前危险空前困难中的山东团结与山东抗战》，《大众日报》1940年7月22日，第1版。

⑤ 《附：朱瑞生平大事年表》，郑建英编：《怀念朱瑞》，中央文献出版社1994年版，第254页。

先、周赤萍统一指挥，由土门北进，截断黄庄与鲁村一带，主力向鲁村，配合四支队六团解决鲁村顽部后，用全力解决黄庄、郑王庄之顽部。要以突然的袭击，攻占鲁村，打乱顽军的整个指挥系统。在顽方的混乱中，求得各个歼灭”①。此外，通过统战策略，山东八路军取得了于学忠部东北军的中立。②

经过一个多月充分准备与部署后，8 月 4 日，山东分局书记朱瑞向陈光、罗荣桓通报了沈鸿烈等顽固派在鲁村附近的位置，并要求第一一五师六八六团两个营伪装成山东纵队第一支队补充营北上配合作战。8 月 5 日，朱瑞下达了具体作战部署，“要求部队必须以突然袭击手段，攻占鲁村，以攻打顽军的指挥系统。在其混乱中，求得各个突破。8 月 10 日，八路军集中山纵第四旅和第一、二支队主力，在第一一五师第六八六团一部的配合下”，“占领了国民党山东省政府所在地鲁村。并乘胜追击，迅速占领了鲁村周围的山区。沈鸿烈虽多次组织兵力向八路军反扑，均被击退。鲁村战斗，给了沈鸿烈为首的国民党顽固派以极其沉重的打击。沈在统计所部伤亡时说，他的部队在这次战斗中‘伤亡过半’”③。此后数周，沈鸿烈部与八路军围绕国民党山东省府临时省会鲁村反复拉锯交锋。8 月 19 日，沈鸿烈致何应钦电称：

> “总长何，查中共军于寒日窜据鲁村后仍续向东北窜扰，为阻其前进计，乃由省会附近之中央四师、陆战队、教导团各一部及三纵队等自巧晨起向鲁村周围该军合力反攻，旋新四师由东北两方前进全路连续进占王村、北官庄、石家庄（均鲁村附近）及小张庄、刑家庄、拖东山、拖东路推进至唐家、沙沟。黄埠岭（鲁村东南七里）南面之陆战队、教导团、三纵队亦于巧日相继攻占小黄庄（鲁村南八里）、雕岩、顾坡并向五老岭四地（均鲁村南）推进。惟以该军凭藉围圩，节节顽抗，并强迫多数愚民冲锋，致我军弹药消耗殆尽，其中数部竟有以乱石为武器，与匪浴血奋斗者，现各部仍与该军对战中。”④

山东八路军对鲁村的作战成功打击了沈鸿烈为首的山东国民党顽固势

---

① 《附：朱瑞生平大事年表》，郑建英编：《怀念朱瑞》，中央文献出版社 1994 年版，第 255 页。

② 《附：朱瑞生平大事年表》，《怀念朱瑞》，第 255 页。

③ 常连霆主编，中共山东省委党史研究室编：《中共山东编年史》第 3 卷，山东人民出版社 2015 年版，第 251—252 页。

④ 《沈鸿烈报告袭击鲁省各地八路军密电（1940 年 7—8 月）》，中国第二历史档案馆编：《中华民国史档案资料汇编》第五辑第二编政治（二），江苏古籍出版社 1998 年版，第 248 页。

力的摩擦气焰，同时由于于学忠的“不救”，也加剧了沈与鲁苏战区总司令于学忠的矛盾。鲁村战后，沈鸿烈多次向国民党中央“控告”于学忠“亲共”，以致国民党中央对于学忠颇生疑惑，蒋介石一度想将于学忠调离山东，移驻苏北。国民政府军令部长徐永昌日记记载：9月底，因“沈成章（沈鸿烈字‘成章’——引者）告孝侯（于学忠字‘孝侯’——引者）亲共，而不相救，致失鲁村，沈于不相容”，“委员长拟请于总司令移驻苏北并兼苏主席，鲁苏战区仍旧”，于学忠“亲共而□多疏忽沈，琐碎□□殊□大器”[①]。

1940年7月，中共中央山东分局组织的山东省联合大会[②]在蒙山脚下的青驼寺镇隆重开幕。“出席大会的有山东初选国大代表，各地区的工农青妇文动员委员会各团体的代表共三百余人。远道前来祝贺的来宾及驻在当地各军政群众团体代表和新闻记者数百人踊跃参加大会。”[③]这次大会通过了许多重要决议，对山东统一战线发展和敌后抗战起到重要推动作用，而声讨国民党山东省政府主席沈鸿烈的罪行，成为大会的重要决议之一。

大会通过成立了山东省临时参议会。自1939年1月国民政府通令各省成立省参议会，但山东在沈鸿烈把持下一直未成立。此次在中国共产党组织下，山东省民意机关——省临时参议会正式成立；同时，“为坚持抗战推行战时一切工作巩固抗日民主根据地，请大会选举成立山东省战时工作推行委员会，经大会一致通过”[④]。山东省战时工作推行委员会（简称“山东省战工会”）是中国共产党在山东敌后建立的省级政权机关；在这次大会中，“请由大会电国民党山东省政府主席沈鸿烈停止摩擦团结抗战，经大会热烈讨论，代表们纷纷控诉沈鸿烈在各地制造摩擦破坏抗战的滔天罪行，在愤慨声中一致通过电文”[⑤]。

朱瑞、黎玉在大会中先后作了重要报告，对与山东国民党（尤其沈鸿烈山东省政府）的关系问题进行了总结、反思与调整。山东分局书记朱瑞说：

---

① 《徐永昌日记》第五册（手稿本），“中央研究院”近代史研究所1991年影印，第434页。

② “这个联合大会包括着——国大代表复选大会，全省工、农、青、妇、文各界总会成立大会，全省民众总动员委员会成立大会，及全省各救联合会成立大会四个部分。”载范明枢：《山东省联合大会开幕词》（1940年7月26日），中共山东省委党史资料征集研究委员会编：《山东抗日根据地》，中共党史资料出版社1989年版，第41页。

③ 杨希文、靳星五：《划时代的盛会——山东省第一次各界人民代表联合大会》，常连霆主编，中共山东省委党史研究室、山东省中共党史学会编：《山东党史资料文库》第18卷，山东人民出版社2015年版，第625页。

④ 杨希文、靳星五：《划时代的盛会——山东省第一次各界人民代表联合大会》，《山东党史资料文库》第18卷，第625—626页。

⑤ 杨希文、靳星五：《划时代的盛会——山东省第一次各界人民代表联合大会》，《山东党史资料文库》第18卷，第626页。

“一年来，山东反共反八路的摩擦同全国一样，从政治的转为军事的，从地方性的转为全省的，从个别问题转为全般问题，从策略的反共到方针上的反共，从抗战第一到反共第一等。在这一形势下，磨擦与反磨擦在山东已成为普遍的斗争。反共反八路的军事进攻，根据不完全的统计（鲁西鲁西南不在内），较大的磨擦，一年来竟达一百九十余次之多。至于小冲突，个别逮捕与屠杀，个别问题上的磨擦，简直没有一天没有，没有一个地区没有。”[①]“政治上，顽固分子的目的和敌人一样，即破坏八路军与进步力量的关系，尽力的造谣污蔑共产党与八路军，甚至于造谣污蔑素负重望的一般抗战进步人士，如说某人是共产党，某人赤化等。其目的是想孤立与吓退思想前进和坚持抗战的人士，使之不敢与共产党接近，以打击与孤立共产党和八路军。又说八路军如何如何进攻东北军，缴东北军的枪，以分裂东北军和八路军，其实这些谣言正是他自己作出来的勾当。谁都晓得去年敌人‘扫荡’中间，沈鸿烈曾收缴了东北军的散兵散枪，活埋了东北军的战士，反过来倒说是八路军作的。最近沈鸿烈建设所谓‘新山东’的计划中有这样的话：对八路军是‘瓦解异军，并刺杀其官长与政委’，对八路军与东北军间的团结，则采取‘离间某军与异军之关系’，对东北军则‘争取某某，离间某某与某某间之历史关系’等。这显然不但破坏八路军，破坏八路军与东北军的关系，甚至也欲破坏东北（军）而甘心。”[②]然而，“敌人一年来之破坏并未成功，八路军与东北军及一切坚决抗日军、共产党与一切进步的人士之间的关系并没有破坏，山东进步与抗战的军队人士和党派更加亲密的团结了和发展了”，敌人“用一切方法破坏八路军与张里元先生的关系，但八路军和张里元先生及其部队始终还是抗战的朋友。敌人在山东以顽固投降派这一工具来破坏山东抗战军民与党派间的团结，但山东各抗日党派和军民基本上仍日趋于团结。敌人政治分化所获得的只是少数破坏团结之工具——顽固派、投降派之无耻的投降。但顽固派、投降派已是无人不反对，同时也是无人不反对他的了”[③]。

山东纵队政委黎玉指出：“投降反投降，就是山东目前的新形势。现在山东绝大多数的顽固头子已经变成了投降分子，其中一部分已公开投入敌

① 朱瑞：《从国际到山东——一九四〇年七月二十八日朱瑞在联合大会上的政治报告》，山东省档案馆、山东社会科学院历史研究所编：《山东革命历史档案资料选编　第5辑　1940.7—9》，山东人民出版社1982年版，第21页。

② 朱瑞：《从国际到山东——一九四〇年七月二十八日朱瑞在联合大会上的政治报告》，《山东革命历史档案资料选编　第5辑　1940.7—9》，第22页。

③ 朱瑞：《从国际到山东——一九四〇年七月二十八日朱瑞在联合大会上的政治报告》，《山东革命历史档案资料选编　第5辑　1940.7—9》，第20—21页。

人的怀抱，另一部分则隐藏在抗日阵线内，与日寇保持密切联系，与敌伪统一部署进攻我八路军，国民党山东省政府主席沈鸿烈及其部下秦启荣等，就和新泰、蒙阴、莱芜、博山之敌同日同时协同动作，分路合击我八路军，就是明证。张景月、赵保元[①]、秦玉堂、李子英等等这些投降分子对抗日干部和群众进行大屠杀，其残忍凶恶比日寇有过之而无不及。如胶东的赵保元一气就活活铡死我地方共产党员二十余人，滕县申从周捕杀我滕县县委六十余人，寿光的张景月一次就残杀我干部和群众六十余人，临郯的李子英一次包围残杀我干部群众数十人，刀刮火烧刀铡投井活埋残忍凶恶登峰造极。各地投降分子大都是沈鸿烈委派的所谓专员、县长、行署主任、师长、旅长，这是山东投降反投降斗争的新形势新特点，也就是当前山东抗战的最大危险。对投降派若不能坚决斗争粉碎这种系统的投降活动，胜利是不可能的。"[②]报告同时指出，"投降分子是由顽固分子分化出来的，顽固反共在环境困难的时候，必然纷纷叛变投敌。有些人虽然隐藏在国民党省政府系统的旗帜下，只是为了更便于他们进行投降活动，这正是在相持阶段，敌后抗战困难增加的具体产物，也正是敌人'以华制华'的阴谋适用的新形势。在过去我们和反共顽固分子的斗争，主要是摩擦反摩擦，目前与今后则主要是投降反投降的斗争。但是，打击投降分子和打击反共顽固分子应该有所不同；同时打击投降分子在其还未正式宣布投敌之前，和打击伪军又应有所不同，要给他们留一个最后觉悟的机会，特别对受其欺骗的下层应注意争取"[③]。

据参加这次会议的"鲁南抗协"负责人杨希文回忆："从一九三七年到一九四〇年近三年的我党在山东发展抗日武装，建立了八路军山东纵队的指挥系统，成绩是巨大的，但对发动依靠人民群众建立与巩固抗日民主根据地的工作较为薄弱，尤其对建立抗日民主政权更觉重视不足，比较缺乏独立自主精神，颇有影响国共合作的顾虑，只在山东八路军驻地分散建立区乡政权，对县以上的政权则建立的很少，加强统一领导不无困难，因此，在一九三七年底国民党各级政府大溃散、大逃跑的时候，我们未能抓紧有利时机及时建立抗日民主政权和抗日民主根据地。""而国民党反动派顽固反共分子沈鸿烈入鲁，迅速恢复和建立了其各级政府，封锁限制破坏我八路军群众运动的发展，因此，我党我军及一切抗日进步力量，尚未能取得优

---

① 赵保元：即赵保原。

② 杨希文、靳星五：《划时代的盛会——山东省第一次各界人民代表联合大会》，《山东党史资料文库》第 18 卷，第 630 页。

③ 杨希文、靳星五：《划时代的盛会——山东省第一次各界人民代表联合大会》，《山东党史资料文库》第 18 卷，第 630 页。

势地位。”[①]大会结束后，中共在山东敌后放手建立各地各级政权。“除群众运动在统一领导下迅速发展起来以外，山东抗日民主政权的领导体制也迅速建立和发展起来。一年多以后在山东原有一百零八县中，建立了七十九个县抗日民主政府。普遍建立起抗日民主区乡政府，还建立了十一个专员公署，一个行署主任公署……同时开展民主运动，有六、七十个县实行了民主选举，民选区长近二百个，民选县长在三分之二以上，民选专员九个，行署主任一个，大部分县、专署和行政公署都建立了参议会。普遍推行了山东省战时施政纲领，颁布和施行了各种进步法令，如‘合理负担’、‘减租减息’、‘锄奸条例’、‘惩罚贪污条例’，统一财政收支，建立预决算制度。还发动建立了地方武装和民兵组织发动参军运动，补充与扩大了主力部队”[②]。

1940 年底，山东分局书记朱瑞总结一年来山东统一战线工作时指出，“在具体执行中，我们估计山东友顽力量之强大过剩，遭受破裂将会造成失败，故统战总方针是：1. 以各个逐次轻巧敏捷手段击破顽固派。2. 强调政治反磨擦。3. 强调对第三者之争取工作。4. 尤其是拥护于学忠，[用]一切办法争取与中立东北军”，“一年来奋斗的结果是：1. 凡是坚决反我之顽军全体削弱了。2. 部分的彻底被消灭。3. 沈(鸿烈)被空前的孤立了。4. 秦(启荣)已被打退到较小与次要的地位。5. 击破了一切挑拨离间，经过争取也正当的忍让，基本上与东北军仍维持了正常的关系。6. 统战关系上我们不但政治上占上风，军事上也遂于优势。7. 山纵战斗力提高，部队扩大(一年反摩擦，山纵获枪一万千支，机枪五十挺，炮三门，电台三架)，开展了全般统一战线工作。8. 反共反八路气焰投(下)降，顽军情绪低落”。朱瑞指出，我们对沈鸿烈和于学忠的态度必须截然不同，“拥于打沈”，“对于(学忠)拥护，对沈(鸿烈)不理，正当运用，解决矛盾，坚决打击沈之部属. 斩除其手脚，孤立之。如沈已为主要的顽固首领，我们亦开始公开反沈，直至必要与有利时予沈打击并拥于上台”[③]。

在中共中央山东分局采取“拥于打沈”基本策略情况下，沈鸿烈与国民党山东省政府在敌后作茧自缚，处境愈艰。1941 年是沈在山东的最后一年，也是最为困难的一年。该年 1 月，日寇分四路向山东省政府驻地唐家沙

① 杨希文、靳星五：《划时代的盛会——山东省第一次各界人民代表联合大会》，《山东党史资料文库》第 18 卷，第 635—636 页。

② 杨希文、靳星五：《划时代的盛会——山东省第一次各界人民代表联合大会》，《山东党史资料文库》第 18 卷，第 636 页。

③ 朱瑞：《山东工作报告》(1940 年 11 月)，常连霆主编，中共山东省委党史研究室编：《山东党的革命历史文献选编　1920—1949》第 4 卷，山东人民出版社 2015 年版，第 95—96 页。

沟袭击。沈鸿烈将省府和保安司令部人员分成两部分，由他和省府秘书长雷法章各率一部转移。“沈鸿烈带着保安处一部分人和卫队，以及教导团两个营向西北鲁山方向转移。雷法章由吴化文派一个连和教导团第三营保护向东南沂水方向转移。”①这次被日寇“扫荡”，沈鸿烈情报不灵，调度失宜，国民党山东省政府再次乱作一团，“人们只顾逃命，衣服等物都扔了，有的摔下山来，有的沿山沟潜逃。受伤的躺在地上喊爹叫娘，无人管问”，一些职员逃散或牺牲。幸得负责护卫省府的吴化文新四师抵抗，“大家得以跑出了包围圈，回到唐家沙沟”②。

1941 年 1 月，国民党发动震惊中外的皖南事变，掀起第二次反共高潮。作为牵制及回应举措，中央中央紧急要求山东敌后八路军部队准备包围沈鸿烈，“待命攻击”，一旦形势需要，必须在山东战场给沈鸿烈及其所属部队以重大打击甚至歼灭。1 月 12 日，陈毅、刘少奇鉴于新四军军部及直属部队被国民党军重重包围的不利处境，向中共中央提出山东“我军应包围沈鸿烈，新四军其他部队准备包围韩德勤，以与国民党交换的建议”③。13 日，毛泽东、朱德、王稼祥作出《关于在苏、鲁发动军事攻势以答复皖南事变的指示》：“同意刘少奇、陈毅十二日意见，苏北准备包围韩德勤，山东准备包围沈鸿烈，限十天内准备完毕，待命攻击，山东由朱（瑞）、陈（光）、罗（荣桓）负责，苏北由刘、陈负责。以答复蒋介石对我皖南一万人之聚歼计划。”④“如皖南部队被蒋介石消灭，我应坚决彻底干净全部消灭韩德勤、沈鸿烈，彻底解决华中问题。”⑤1 月 14 日，毛泽东、朱德、王稼祥进一步发出《关于政治上军事上准备反攻的指示》，指出：“中央决定在政治上军事上迅即准备作全面大反攻，救援新四军，粉碎反共高潮。”“除已令苏北、山东迅即准备一切，待命消灭韩德勤、沈鸿烈，同时发出最严重抗议通电，并向蒋介石直接谈判外，我华北各部须遵前令，提前准备机动部队，准备对付最严重事变。”⑥此时，中共中央已将山东省政府主席沈鸿烈作为与著名摩擦分子、苏北韩德勤并列的华

① 张希周：《我所知道的沈鸿烈》，政协临沂市委员会编：《临沂文史集粹　第 1 辑　政治军事卷》，山东人民出版社 1997 年版，第 391 页。

② 张希周：《我所知道的沈鸿烈》，《临沂文史集粹　第 1 辑　政治军事卷》，第 391 页。

③ 中国人民解放军军事科学院毛泽东军事思想研究所年谱组编：《毛泽东军事年谱（1927—1958）》，广西人民出版社 1994 年版，第 342 页。

④ 《毛泽东、朱德、王稼祥关于在苏、鲁发动军事攻势以答复皖南事变的指示》（1941 年 1 月 13 日），中央档案馆编：《皖南事变（资料选辑）》，中共中央党校出版社 1982 年版，第 139 页。

⑤ 《毛泽东、朱德、王稼祥关于在苏、鲁发动军事攻势以答复皖南事变的指示》（1941 年 1 月 13 日），《皖南事变（资料选辑）》，第 140 页。

⑥ 《毛泽东、朱德、王稼祥关于政治上军事上准备反攻的指示》（1941 年 1 月 14 日），《皖南事变（资料选辑）》，第 146 页。

北、华东顽固派主要代表人物对待，表示一旦皖南新四军被国民党围攻殆尽，即以消灭山东沈鸿烈作为回应。此后随着国内外形势的变化，皖南事变的善后得以协商解决，国共合作仍然继续维系，因此，山东八路军与沈鸿烈部虽有冲突，但未执行将之彻底消灭的军事行动。

沈鸿烈的山东省府在1941年初遭到日军打击一度逃散，重回唐家沙沟不久，驻鲁村西的吴化文部一个营与八路军山东纵队发生冲突，“被八路军包围四昼夜。后来八路军本着共同抗日的精神，给这个营让开退路，使其撤离了小张庄”。沈鸿烈眼见与日寇作战不利，同八路军的摩擦屡屡受挫，亦怕与“八路军正面冲突逐渐扩大化，就自动撤离唐家沙沟，迁移至临朐县八区吕匣店子”[①]。此后沈鸿烈率领省政府及所属武装虽仍然在沂蒙驻扎，但其活动范围局促于当时的“蒙阴八区、沂水八区、临朐八区”，成了三个“八区的省主席”，控制区域狭小，给养供应紧张，加之部队扰民，生存日渐困难，“四一年闹起粮荒，逼的人民群众吃糠咽菜，民不聊生。这时沈鸿烈困难重重，首先感到个人没有可靠的精锐部队保卫，海军陆战队虽是自己培植的人马，但为数甚少，力量单薄，担负不了护卫工作。过去依靠的吴化文，因沈鸿烈没答应保他当军长，现在和沈离心离德，再加上和于学忠、牟中珩的关系日益恶化，李仙洲入鲁只是有消息而看不到部队”[②]。沈鸿烈省政府主席的处境已非常困难。

沈鸿烈的最终离职、离鲁，与于学忠遇刺这一牵涉省政府、鲁苏战区、共产党等多方的偶然事件有直接关系。“于学忠遇刺”案背景复杂，涉及中国共产党对于学忠、沈鸿烈等分而对待的策略，也涉及山东国民党不同派系之间的长期矛盾。沈鸿烈和鲁苏战区总司令于学忠本来同出身于东北军系统，有一定渊源，但自双方同驻鲁南以后，矛盾逐渐郁积，甚至在一方与八路军作战时，另一方“坐山观虎斗”，并不相援。1940年时，于沈关系已不睦，徐永昌日记记载，“该区（指鲁苏战区）情形颇为余担忧”，“于沈相处，仅谓两人个性皆强，遇事自多抵触，但私交仍好，当此为何不能处”？“沈到处通电言于拟兼主席云云，可见孝侯（于学忠字孝侯）直□得罪人已不能堪而已。”[③]山东八路军与沈鸿烈的省府发生“黄庄事件”后，沈以于不救，又公然向蒋介石控告于学忠“亲共”[④]。1941年夏发生的于学忠遇刺事件，更令沈、于二人

---

① 李继曾：《我所知道的沈鸿烈》，政协曹县委员会文史资料研究委员会编：《曹县文史资料》第2辑，1986年版，第188—189页。

② 李继曾：《我所知道的沈鸿烈》，《曹县文史资料》第2辑，第190页。

③ 《徐永昌日记》第五册（手稿本），“中央研究院”近代史研究所1991年影印，第313页。

④ 《徐永昌日记》第五册（手稿本），“中央研究院”近代史研究所1991年影印，第434页。

的关系大大恶化，几乎无法共存。关于于学忠的遇刺，国共双方对该事件起因、经过的表述分歧甚大。国民党方面认为：刺杀于学忠是中共方面的举动，其目的是“蓄意分化山东省主席沈鸿烈先生及鲁苏战区于学忠的关系”，当时鲁苏战区正规军、游击部队与山东省府所属部队实力雄厚，共产党“自忖难以实力对付”，“只有分化一途”，便以其有效渗透到鲁苏战区五十七军的“一个营长，穿著便衣，在鲁苏战区总部所在地，对于学忠行刺，幸于躲避得宜，未被击中，随行之吴化文受轻伤”，共产党利用此事件“开始造谣，说是沈鸿烈派人行刺。战区总部大举检查省府过往官兵，仇视省府，使沈氏在鲁难以立足，最后返回大后方中央政府，改任农林部长”[①]。国民党人士指出，中共对山东国民党的基本策略是对于学忠、沈鸿烈“分而待之”，亦即所谓“倒沈拥于”，取得了很大的成效：中共“运用各个击破的策略，喊出‘倒沈拥于’的口号，在各地不停的打击地方部队。至二十九年夏，而有徐向前攻占鲁村之后，仅新四师吴化文及海军陆战队出而应敌，五十一军则按兵不动，坐观胜负。省政府则被迫东移沂水埠村，继迁临朐”，“此役显现”共产党策略“已运用成功。于是于沈交恶的谣言，也随之而起”。至“韩子嘉以手榴弹刺于总司令事件发生后，谣喙益多。所谓‘于沈交恶’，至此亦达顶点。虽然沈主席于‘七七’抗战四周年，在棘子山村前广场所举行的纪念会上，面对数千与会人士，一再辟谣，并厉声说：‘我和于总司令都是六十岁的人了，相交数十年，感情深厚；我又兼鲁苏战区副总司令，于公于私，绝对没有隔阂，所有一切谣言，皆为恶人所制造，企图分化我们。今后，如再有人传播我与于总司令不睦的谣言，我当严厉予以制裁，决不姑息！’等语；当时五十一军副官长管相齐先生亦立于主席台上，并应邀讲了话，他称颂于沈两先生年高德劭，奋力在敌后领导抗战的精神，值得大家效法。语不及他。这些冠冕的语词，也仅是扬汤止沸，并未触及核心的问题，无补于事态的发展……刺于案发生，所幸未中，然凶手韩子嘉于手榴弹爆炸后，在混乱中免脱，形影无踪。曾几何时，共产党将之捆缚，解送鲁苏战区总司令部。这中间当然有一番微妙的过程；但在总部方面，则感到喜出望外，上下人等不免对八路军之忠于战区及于总司令，深表赞赏”[②]。

而新中国成立后的“文史资料”中当事人回忆则认为，此事是国民党山东敌后政权、军权之间的矛盾激化的结果，行刺于学忠者确与沈鸿烈有关，

① 李汉文：《共“党”在山东破坏抗战的罪证》，台北《山东文献》第12卷第3期，第70—71页。
② 郭易堂：《不堪回首话刺于案》，台北《山东文献》第8卷第1期，第93—94页。

却嫁祸给八路军。[①] 沈派去的刺客刺杀于学忠不成后，“逃向八路军驻地区内，妄图使人疑为八路军所派遣的，而八路军及时烛其奸谋，乃将该犯拿获交到鲁苏战区总司令部”，该犯供认名韩子佳[②]，系五十七军三三四旅六六三团被撤职营长。[③]

身陷敌后的沈鸿烈在对外无法有效组织抗日，对八路军屡屡摩擦却屡遭失利，与鲁苏战区关系恶化，省政无法维系，连基本生存都成为问题的情况下，对山东局势心灰意冷，完全丧失信心，多次向蒋介石请求辞去山东省政府主席，去重庆述职。1941 年 2 月沈鸿烈致电蒋介石：“鲁事艰难万状，非笔墨所能罄尽，适八中全会召开会议，请准予赴渝到会，以便面陈真相，藉谋解决，至由鲁至洛，敌匪遍地，交通极难，飞机接运亦属切要，并望惠予玉成为祷。”蒋介石以山东兹事体大，回电不准沈离鲁，勉慰他道：“请在鲁撑持，不可离防也。”[④]此后沈又屡电坚辞离鲁赴渝，称“鸿烈奉命主鲁，瞬将四载，值军防紧急之际，当敌匪交乘之冲”，对日寇无法有力打击，对共产党无法尽早“歼除”，其原话称“顽劣之敌寇，未能稍事打击，乌合之奸党[⑤]，未能早予歼除”，导致身体“完全失眠，内部虚弱，外邪交侵，百病丛生”等，要求国民政府“另简贤能接替，以维鲁局”[⑥]。6 月 26 日，面对沈鸿烈的强烈离鲁请求，蒋介石再回电勉慰沈：“中[⑦]以兄长才硕德，尝拟调来中央襄助，但因时机未至，故仍请兄暂在鲁苦心主持，况苏德开战后，内外局势，军政人事，皆有详加考虑之必要，如可能内调，届时当再行电商也。”[⑧]8 月上旬，为调解沈、于矛盾，蒋分电沈鸿烈、于学忠，指责于学忠“对成章（沈鸿烈字‘成章’——引者）为人，未免言之过甚，以私论有亏友道，以公论则殊失体统”，对沈则颇加勉慰，“嘱再加忍耐”[⑨]。至 8 月下旬才终于勉强同意沈鸿烈“来渝一叙”[⑩]。从蒋介石对于、沈二人的态度，军令部长徐永昌日记记载和相关当事

① 李希章：《跟随于学忠在沂水见闻》，《沂水县文史资料》第 5 辑，1989 年版，第 45 页。

② 韩子佳，在多数回忆资料中（如万毅将军关于“九二二锄奸”的回忆，国民党方亲历者在《山东文献》中的回忆），称“韩子嘉”。

③ 牟中珩：《回忆于学忠将军》，《天津文史资料选辑》第 52 辑，天津人民出版社 1990 年版，第 30 页。

④ 《蒋中正“总统”档案　事略稿本》第 45 册，台北“国史馆”2010 年印行，第 536—537 页。

⑤ “奸党”，是国民党对共产党的污蔑称呼。

⑥ 《蒋中正“总统”档案　事略稿本》第 46 册，台北“国史馆”2010 年印行，第 409—410 页。

⑦ “中”：指蒋中正。

⑧ 《蒋中正“总统”档案　事略稿本》第 46 册，台北“国史馆”2010 年印行，第 408—409 页。

⑨ 《蒋中正“总统”档案　事略稿本》第 46 册，台北“国史馆”2010 年印行，第 581—582、589 页。

⑩ 《蒋中正“总统”档案　事略稿本》第 46 册，台北“国史馆”2010 年印行，第 644—645 页。

人回忆看，国民党中央显然认为于学忠“亲共”的可能性是很大的，在处理于、沈矛盾中更为偏袒热衷与共产党搞摩擦的沈鸿烈。

1941 年 9 月，沈鸿烈离开山东，转赴大后方，山东省政府主席一职先由雷法章暂代，1942 年 1 月 6 日，国民政府行政院通过“山东省政府委员兼主席沈鸿烈另有任用，应免本兼各职，并任命山东省政府委员牟中珩兼山东省政府主席案”①。牟中珩是鲁苏战区总司令于学忠的部下、东北军五十一军军长。应该说，全国抗战前期沈鸿烈在韩复榘不战而逃，山东原有行政机关溃散情况下，以“寇可往，我亦可往”的信念，率领山东省政府逆敌而上，坚守敌后，坚持抗战，有一定积极意义。在“东里店合作”及面临日寇严重威胁时期，沈的山东省政府与山东共产党和八路军也有过合作。然而沈鸿烈始终以山东最高军政长官自居，一方面与鲁苏战区于学忠难以相容，一方面试图将山东敌后的共产党政权、军队纳入其控制范围，并不惜多次以直接摩擦和纵容部下进行摩擦的方式，打击山东共产党政权和军队的力量，限制八路军在山东敌后的发展。作为一省主席的沈鸿烈种种破坏国共合作的做法，不仅严重助长了秦启荣等山东国民党顽固派对共产党的“嚣张”摩擦气焰，使山东抗战总体力量遭到了损失，也最终招致其自身在山东的难以为继。事实也证明，山东八路军对秦启荣、沈鸿烈、于学忠“分而待之”，“拥于打沈”基本策略取得了成功。而无论沈鸿烈还是于学忠，在国民党中央嫡系的眼中都是为了“对付共党”的“相当落伍之人”。抗战胜利后，胡宗南在日记中记载：“以前利用相当落伍之人，如沈鸿烈、鹿钟麟、于学忠、韩德勤、朱怀冰，去对付‘奸党’②，第一次错误了，而第二次又派熊斌、孙连仲去对付共党，不仅共党对付不了，反增加了本党之弱点，此又错误了。”③

总体而言，全国抗战前期的山东统一战线形势，根据曾任山东分局书记的郭洪涛总结，有以下特点：一是“山东处于辽远的敌人后方，这一特点，就规定了山东统一战线基础的广泛性。济南失守之后，共产党提出了统一战线，博得各阶层的同情与赞助，这就造成山东抗日运动的有利条件”。二是“山东在抗战前是韩复榘统治的，共产党固然处于地下党的状态，然而顽固分子秦启荣等亦是受限制的，因而山东不仅共产党的基础薄弱，秦启荣等顽固势力的基础，虽然比起共产党的力量要大些，但比起苏皖等地区的顽固势

① 《政院任命牟中珩主鲁　李培基主豫》，《解放日报》1942 年 1 月 7 日第 3 版；另：“（中央社）鲁省主席牟中珩氏于 3 月 15 日在鲁省某地补行宣誓，中央派于学忠氏监誓。”载《鲁新主席补行宣誓》，《山东通讯》1942 年第 13 期，第 3 页。

② 此为国民党对共产党的污蔑称呼。

③ 《胡宗南先生日记》（上册），台北：“国史馆”，2015 年，第 567 页。

力就要小些”。三是“三年来山东内部的许多进步力量与中间力量，不赞同顽固分子的磨擦行为，这是便利于抗日力量发展的”。四是“山东顽固势力秦启荣、蔡晋康等，是最顽固最反动的”，他们“一开始便高唱抗日在次、剿共第一的谬论。因此山东统一战线内部的磨擦最为厉害和普遍，而且每次磨擦都是发展成为武装斗争，这就使山东根据地不易建立和困难加多”。五是“山东一部分反动地主的力量特别雄厚，结成阻挠进步力量的反动势力，也就造成有利于顽固分子的环境。然而山东地主反动的固属不少，进步的也颇不乏其人。反动的部分内部由于利害的矛盾和封建性，也极不统一，这就有利于我们利用其矛盾进行抗战工作”。六是“山东中下层群众反日反顽固的情绪，非常高涨，尤其同情于八路军及共产党的政策和主张”，这就便利于“开展统一战线工作；这就便利于孤立顽固势力，争取中间力量”。以上这些特点，“一方面规定了山东统一战线开展的客观基础；另一方面，亦规定了磨擦的严重与工作发展的困难”①。

① 郭洪涛：《山东统一战线形势及党的策略》，《共产党人》1940年第13期，第9—10页。

第三章　山东八路军与鲁苏战区关系的变化

1939年鲁苏战区入鲁之初，对日作战积极，战区总司令于学忠与山东分局和八路军的关系也较为友好。鲁苏战区主力五十一军、五十七军原为张学良的东北军，参加过西安事变，于学忠本人也是东北军出身。中国共产党注重对鲁苏战区的统战工作，对于学忠在态度上也与沈鸿烈、秦启荣等区别对待，并极其注重加强与东北军广大爱国官兵的联系。在全国抗战爆发以前，即有中共地下党员在五十七军中进行统战工作，一方面与五十七军上层维系关系，一方面积极争取该军下层广大爱国官兵。然而随着国民党中央对国共合作态度的转变，及沈鸿烈、秦启荣等在山东不断制造国共摩擦，于学忠部队与山东八路军的关系也逐渐发生转变。就于学忠本人来说，他的抗日态度始终是坚决的，也愿意与中国共产党维系统一战线，但其部下各军、师指挥官对于统一战线的态度则大不相同，抗日积极性也差异很大。以1940年9月五十七军"九二二锄奸"事件为导火索，拉开了国共双方围绕五十七军的多番较量，最终引发了鲁苏战区与山东八路军关系的较大变化。

第一节　"九二二锄奸"与各方反应

"历史重大变动时期的史事既能震撼人心又意蕴深远。"[①]"九二二锄奸"，国民党方面称"九月事变"[②]，是1940年9月21日夜至22日山东敌后发生的重要事件，对山东敌后中共与鲁苏战区的关系产生了重大影响。这次事件及其所引发的一系列事件，最终促使常恩多、郭维城等率领鲁苏战区第一一一师发动起事，投向八路军滨海抗日根据地。

---

① 吴敏超：《区域抗战史研究的关怀与路向》，《中共党史研究》2021年第5期。

② 因当时五十七军军部驻东盘村（在今山东省临沂市临沭县），故有的回忆资料称该事件为"东盘事件"，或称作东北军的"小西安事变"。

一、全国抗战前期中国共产党在五十七军的统战工作及其撤离

鲁苏战区主力五十一军、五十七军是原张学良东北军改编而成。作为非国民党中央军嫡系的地方实力派部队，东北军与国民党中央军存在一定矛盾。全国抗战初期中国共产党在五十七军中的统战工作由中共中央长江局领导，由于万毅的帮助和掩护，中共在五十七军中的统战和组织发展进行得比较顺利。1938 年 3 月，八十余名中共干部在党组织和六六七团团长万毅的安排下进入五十七军一一二师工作，成立中共一一二师工委，由伍志钢同志任书记。工委成立后，第一件工作就是研究万毅的入党问题。万毅出身东北军，时任一一二师六六七团团长，早在东北军在陕甘时，他便倾向于革命，与中共联系密切，1937 年 2 月一度被东北军中反动势力逮捕入狱，直至全国抗战爆发后才获释重新领兵。1938 年 3 月 11 日，万毅正式秘密加入中国共产党，成为中共特别党员，他的入党介绍人是张文海和谷牧同志。[①]谷牧同志回忆说，中共一一二师工委第一次会议“讨论批准万毅同志入党，并明确是单线联系的特别党员。张文海即回长江局复命”[②]。“为了掩护工作，我们总得有个合法身份。按东北军的规定，万毅作为团长无权任命军官，于是伍志钢同志当了‘文书上士’，我（指谷牧——引者）和李欣等同志都是‘二等兵’。有次士兵打靶，我也参加了。凭着在学兵队学过的本事，我居然三枪打得都不错，博得好评。以后不知道从哪里传出说我是从马占山部队来的。这对我开展工作不无好处，我也就听之任之了。”[③]前后一年时间，一一二师工委吸收训练了 250 多名青年知识分子。[④] 这些共产党员跟随五十七军先后转战徐州、日照、连云港，屡经血战，1938 年 9 月部队从苏北开往安徽参加武汉会战，11 月返回苏北，夜袭宿迁，稳定了苏北局势。在五十七军中的共产党员不畏强敌，英勇作战，不少人在战斗中为国捐躯。[⑤]

1939 年初，五十七军奉命开往鲁南。“党组织为了增强干部力量，以适

---

① 万毅：《万毅将军回忆录》，中共党史出版社 1998 年版，第 58—59 页。根据谷牧的回忆：他和张文海接受了长江局交代的任务（考察研究发展万毅入党问题），坐火车经郑州、徐州，在 1938 年“元宵节的鞭炮声中到达新浦”（在今连云港市），作为入党介绍人，正式发展了万毅加入中国共产党。参见谷牧：《谷牧回忆录》，中央文献出版社 2009 年版，第 55—58 页。

② 谷牧：《谷牧回忆录》，中央文献出版社 2009 年版，第 58 页。

③ 谷牧：《谷牧回忆录》，第 58 页。

④ 谷牧：《谷牧回忆录》，第 60 页。

⑤ 李后：《风雨六十年——忆万毅将军及为国捐躯的战友们》，大连市金州区史志办公室编：《风雨晦明九十年　万毅将军纪念文集》，中共党史出版社 2007 年版，第 326—331 页。

应工作日益展开的需要，在苏北期间和到达鲁南以后，经万毅同志同意，曾先后吸收苏北和山东日照的一部分进步青年，举办了第二期和第三期新兵队。随着这两期新兵队的结束，我们党的工作已逐渐扩展到全师所属的四个团以及师部和两个旅部。"[①]在五十七军的另一个师即一一一师，党也开辟了工作，建有师工委，负责人是张甦平、王振乾、曹建华同志。他们与一一二师党工委建立了横向联系，工作上互相配合。一一二师工委还同地方党组织建立了联系，帮助日照、莒县、诸城等地成立了党的地方组织。1940 年初，万毅调任一一一师三三三旅代旅长，离开一一二师，使得一一二师党的活动受到一定影响。1940 年初，随着蒋介石掀起第一次反共高潮，国共关系日趋紧张。"受中共山东分局委托"，罗荣桓"负责指导中共东北军第一一二师工作委员会工作"[②]。谷牧于 1940 年 2 月上旬一天深夜到费县布袋峪向罗荣桓汇报工作，他回忆道："我代表工委请示，能否在必要时，像山西新军那样，把队伍拉出来。罗荣桓说，山西新军是党组织起来的军队，东北军与它不同，发动起义拉队伍，事关重大，必须报请中央决定。他分析了各方面情况指出：压住阵脚，提高警惕，静观形势变化，做好应变准备。考虑到我已经暴露身份，要我先撤出来，其他待不下去的同志也要有计划地撤出。他说，你撤出后，可在八路军一一五师挂个'参议'的名义，继续领导东北军一一二师工委党的工作。"[③]随即，谷牧等党的主要负责人自五十七军撤出。该年 9 月，中共中央山东分局根据中央指示，要求在五十七军中工作的党员全部自该部撤出，"原属 57 军官兵、后被发展为党员的不撤出，但停止组织上的联系，由党的高级机关保留其党籍"。当时在一一二师六六七团工作的共产党员李后回忆：

> "我们按照事先的部署，留下致师长、团长及部队官兵的信。信中揭露了国民党反动派消极抗战、积极反共的倒行逆施，说明我们共产党光明磊落，过去是为团结抗战而来，现在是为团结抗战而去，希望他们不要辜负东北父老和全国人民的期望，以民族大义为重，坚持团结，坚持抗战，打回老家去！我们每个党员分工负责带领几个原属新兵队、当时尚未入党的民先队员和党外同志，于 9 月 21 日分别从不同的地点同时从 57 军撤出。那天，正好我们到集中地点要经过的车辋村逢集，我

---

① 李后：《风雨六十年——忆万毅将军及为国捐躯的战友们》，《风雨晦明九十年　万毅将军纪念文集》，第 331—332 页。

② 黄瑶主编：《罗荣桓年谱》，人民出版社 2002 年版，第 117 页。

③ 谷牧：《谷牧回忆录》，第 67 页。

们就以‘前去赶集’的名义，带着几个非党同志离开驻地。到了车辋之后，才向他们说明党的决定。”[①]

谷牧同志回忆：“9月22日早上，人们忽然发现，部队中许多人不知去向，这些人的枕头下面都有一份印好的《告东北军抗日将士书》，宣布：我们是为抗日救国而去，此处不给我们继续抗战的机会，只得另寻为抗战尽力的地方。有的枕头下还有账单，表明两袖清风，无私无弊。反动分子大惊失色，爱国官兵叹惋不已。撤出的当晚，我带着八路军的一个连在集合地点等候撤离同志的到来。”[②]

五十七军中的共产党员、“民先”和非党人士撤离后，万毅及“原属57军官兵、后被发展为党员”者仍留在该军中工作。在李后等共产党员撤出五十七军的同时，五十七军爆发了“九二二锄奸”事件。而在“九二二锄奸”发生前，日伪报纸也极力挑拨鲁苏战区于学忠部与共产党的关系。[③]

二、“九二二锄奸”事件的发生

“九二二锄奸”的主要策划实施者是五十七军一一一师[④]师长常恩多和该师第三三三旅代旅长万毅。万毅是中共秘密党员。师长常恩多是具有强烈爱国情怀的抗日将领，十分同情并倾向于中国共产党，反对妥协与所谓的“曲线救国”。一些著作及当事人回忆认为，常恩多于1939年已由中共中央山东分局批准正式加入了中国共产党，但是“为了绝对保密，这一关系没告诉中共111师工委”[⑤]。从万毅的回忆文章中可以看出，当时万毅虽然知道常恩多“左倾”，但并不知道常恩多也是中共党员。而且万毅同志始终认为，常恩多虽然“左倾”，但并没有真正加入过中国共产党。[⑥] 当时，“五十七军辖一一一师常恩多及一一二师霍守义两部。常恩多师辖三三一、三三三两个

① 李后：《风雨六十年——忆万毅将军及为国捐躯的战友们》，《风雨晦明九十年 万毅将军纪念文集》，第334页。

② 谷牧：《谷牧回忆录》，第68—69页。

③ 《“伪”军于学忠对徐向前终发出严厉通告 鲁省内“伪”、共时起冲突》，《新民报》（山东版）1940年9月7日，第1版。该报为日伪政权报纸，因此伪政权称于学忠部为“伪”军。

④ 当时习惯上称第一一一师为“百十一师”。

⑤ 戈福录：《抗日爱国的忠诚战士——中共特别党员常恩多》，《中共辽宁党史人物传》第2卷，辽宁大学出版社1991年版，第246页。

⑥ 万毅：《我记忆中的朱瑞同志》，中共宿迁市委党史工作办公室编：《朱瑞纪念文集》，中共党史出版社2015年版，第339页。

旅，共有六六一、六六二、六六五及六六六等四个团”[①]。常恩多与该军军长缪徵流素有矛盾。

1940年夏，受缪徵流的前亲信副官、于1939年日寇“扫荡”鲁南时投敌的李亚藩引诱，五十七军六六六团第六连连长郝继贤伙同两个连的兵力，逃进赣榆县桃林镇的一个伪据点内，“六六五团和六六六团都是三三三旅的建制，旅长万毅”[②]。万毅属下两个连队叛国投敌，使他极为愤怒。万毅向军长缪徵流建议，集中全旅兵力解决桃林伪据点，将之消灭。但缪不同意万毅的作法，他希望通过私人关系，与已经投敌的李亚藩接触，要回这两个连队的人枪。

据万毅回忆：“1940年9月12日，缪徵流的上校参谋，也是我（万毅——引者）的好友于文清突然来看我。他对我说：‘今晨缪徵流找我，叫我和665团董翰卿团长去桃林车站，通过早已投敌的原57军副官长李亚藩联系，与侵占徐州的日本鹫津师团的代表谈判，要达成互不侵犯、共同防共的协议。当汉奸我不能干，我得走了。’我说：‘你不能走，你得去谈！’他说：‘不行，我去了，就是汉奸了，跳进黄河也洗不清了。’我说：‘不要紧，我给你证明。再说你就是不去，他照样再派别人去谈，那样有情况我们就没办法知道了！你一个人受冤枉好说，一个军遭折腾损失就太大了。’于文清终于答应去了。”[③]

9月14日，缪徵流派董翰卿、于文清到达北琴口以南的马家窝铺。伪兴亚建国军早已警戒森严，4时许李亚藩与日方鹫津师团代表大尉参谋辛修三、伪兴亚建国军顾问新容幸雄同车到达，日伪与五十七军达成了“互不侵犯”“共同防共”的协议。16日晚，于文清回到万毅处细说了缪徵流派其与日伪谈判的全过程，万毅遂决定采取行动：“我（万毅——引者）决定向师长常恩多汇报，一来因我在政治上对常是信任的，二来是他多次向我流露出对缪的不满，能争取他出面，力量就大了。偏巧9月16日常师长到军部找缪，追问请长假的事，那时候常、缪之间的矛盾已达到白热化程度，我找到常向他汇报了情况，请示该怎么办。常反问：‘你打算怎么办？’我说：‘汉奸是绝对不能当的，我们应该把部队集合起来，找于总司令（国民党军鲁苏战区总司令于学忠），和缪徵流打官司去。’常说：‘如果大家有这个决心，我就有

---

① 牟中珩：《常恩多起义》，全国政协文史资料委员会编：《中华文史资料文库　第5卷　政治军事编　20-5》，中国文史出版社1996年版，第903页。

② 牟中珩：《常恩多起义》，《中华文史资料文库　第5卷　政治军事编　20-5》，第903页。

③ 万毅：《从“九二二锄奸”到“八三事变”》，大连市金州区史志办公室编：《风雨晦明九十年　万毅将军纪念文集》，中共党史出版社2007年版，第33页。

办法对付他。我们要把缪澂流捉住，拿到证据。’接着我和他共同商定了行动计划。”①

9月17日，万毅与一一一师师长常恩多商议后，决定解除五十七军军部的武装，捉拿有通敌卖国嫌疑的军长缪澂流归案，由万毅统一指挥在军部附近的一一一师部队完成。21日下午，万毅在旅部宴请孙焕彩、刘晋武、于文清、董翰卿四人吃饭，先行扣押了跟于文清一起赴日伪处谈判的董翰卿，“叫他到另一个房间和于文清一起写检举材料”②。

随后，万毅召集六六六团的营级以上干部开会，宣布了常师长的命令，决定派一营营长韩子嘉率部去军部捉缪。然而未料到韩子嘉“是个投机分子”③。9月21日晚，韩子嘉来到军部后向缪澂流通风报信，缪“大惊失色，起身随韩营向沂河渡口逃去”。万毅即率六六六团尾追未及，缪进入一一二师防区后，遭到师长霍守义的冷遇，只得逃往战区总部。鲁苏战区总司令于学忠“并未把缪当犯人看待，给常师长的电报说，过些日子将派人来调查。9月底派了张佩文、郭维城来调查，并将通敌的其他有关人犯带走了”④。

为揭露缪澂流的罪行，一一一师配合国民党军委会政治部抗敌演剧第六队（其中有我党的领导），开展了广泛的宣传教育活动，教育了广大官兵“抗日锄奸”的意义。1940年冬，一一一师两次攻打大店、碑廓之敌，收复了据点，以实际行动巩固了锄奸成果。

“九二二锄奸”行动由于未能抓住军长缪澂流，而未获全功。事后，万毅反思总结认为：“这次锄奸，虽然将缪澂流等通敌者逐出了部队，但我当时未想到事情的复杂性及其变化，未估计到缪有跑掉的可能性，轻信了韩子嘉，教训至为深刻。”⑤

三、事件发生后的各方态度与应对

“九二二锄奸”的发生，震惊了整个山东敌后，以及重庆和延安。山东敌后各方势力，如战区总司令于学忠，山东省政府主席沈鸿烈，五十七军其他将领，驻皖北的东北军何柱国部等均对事件做出了反应。中国共产党对常恩多、万毅的锄奸行动给予了支持。重庆的国民党中央在得知五十七军兵

① 万毅：《从“九二二锄奸”到“八三事变”》，《风雨晦明九十年　万毅将军纪念文集》，第33页。

② 万毅：《从“九二二锄奸”到“八三事变”》，《风雨晦明九十年　万毅将军纪念文集》，第34页。

③ 万毅：《我记忆中的朱瑞同志》，中共宿迁市委党史工作办公室编：《朱瑞纪念文集》，中共党史出版社2015年版，第337页。

④ 万毅：《从“九二二锄奸”到“八三事变”》，《风雨晦明九十年　万毅将军纪念文集》，第35页。

⑤ 万毅：《从“九二二锄奸”到“八三事变”》，《风雨晦明九十年　万毅将军纪念文集》，第35页。

变后，亦采取了一系列措施以试图解决事件。

（一）中国共产党的态度与应对

缪徵流通敌事件发生后，山东八路军迅速察觉，并意识到五十七军有“投敌”伪化之可能性。9月22日，也即“九二二锄奸”发生当天，一一五师政委罗荣桓、代师长陈光致电八路军一纵指挥官徐向前，指出：“东北军之五十七军最近逆转。据确息，有如下事实……缪（徵流）密派一一一师团长董翰卿于本月十五日十七时在郯城东南之桃林镇以北马家窝铺村与敌鹫津师团（二十一师团）派来大尉进行投降谈判，订约如下：①互通情报，互不侵犯。②共同防共。③日方修筑铁路，五十七军不得妨碍扰乱。④以梁钟佩为临时防共总指挥，配合日军夹击郯马及郯东北八路军。五十七军应秘密在翼侧掩护，并准备驱逐郯东北八路军，再以费县为中心指挥点。⑤五十七军防区不得侵犯并不准八路军侵犯。缪与日双方规定陆军联络符号：与空军联络为地上摆成‘五七’字样之白布。陆军互相联络用国旗反面，用白布与国旗相等大，中间一阿拉伯‘7’字。⑥此谈判双方严守秘密。”①

9月28日，毛泽东、朱德、王稼祥致电山东中共党和军队领导人黎玉、朱瑞、陈光、罗荣桓，指出了九条处理“九二二锄奸”事件的具体意见：

“（一）我党我军对此事件应取第三者态度，而于实际赞助常师之拥于反缪斗争。（二）我党我军对外不要发表任何反缪袒常之言论文件。有询问者则以友军内部不幸事件，真相待查，希望友军团结对敌等语答之。（三）位于常师附近之我军应同样取第三者态度，如遇他部东北军攻击常师时，则声言愿任调人劝告双方，顾全大局勿相攻击。我加入战斗则不能保护常师时，应以有力一部伪装东北军参加之，切勿以八路军公开名义参加。不在绝对必要时，应避免参加。（四）估计到于在蒋令下可能宣布常师为叛逆并进行讨伐，争取于之左右反缪或取中立态度。常师应极力影响于学忠勿以叛逆罪名呈报蒋，由于设法妥协了事，以便巩固部队，同时应准备一切对付可能的讨伐，不要惧讨伐。（五）常师文电及宣传品措辞应保存旧军队面貌，切勿抄袭我党我军腔调，切忌过左。（六）估计到沈鸿烈必然借此扩大反共反八路军宣传，你们应准备对付之。（七）估计到于学忠可能借此打击五十一军中的我党同志及左翼分子，应劝告他们加强戒备。（八）对缪徵流与敌谈判投降卖国之一切人证物证，均须妥为保存拍照，作广泛宣传，同时对被捕之缪徵流与敌伪接洽之各代表，尤须妥为优待，加以诚恳的说服，使他们自愿证

① 《罗荣桓、陈光致一纵电》（1940年9月22日），常连霆主编，中共山东省委党史研究室、山东省中共党史学会编：《山东党史资料文库》第7卷，山东人民出版社2015年版，第199页。

明和说明缪投降卖国行为之不当。(九)昨电此电及以后我们电报均勿原文照转孙江等部,尤不可照转常师。”[1]

总体而言,中共中央指示山东党和八路军领导人的意见是,以各种方式(包括宣传、情报、武力等)秘密支持常恩多、万毅等的“抗日锄奸”举动,但在公开的场合不宜过分表现出对此事件的倾向性,而应表现出“第三者”的中立态度,使公众认为这是友军的“内部事件”,以免损害统一战线,并对常恩多师造成不利影响。

事件发生后,叶剑英向重庆方面转来八路军领导人朱德、彭德怀电文,大意有二:“(1)五月中旬 57A[2] 工作人员与峄县敌伪接洽组织伪军事宜。(2)六月下旬 57A 宣传科长到梁邱与敌谈判。”[3]皆为揭露缪徵流投敌证据的内容。

该年 12 月,毛泽东和朱德、王稼祥再次致电山东党和八路军领导人朱瑞、黎玉、罗荣桓、陈光并告彭德怀、左权:“关于东北军内部反投降事件,我们应在实际上赞助之,但不要公开出面,不要把反缪徵流的东北军收编为八路军,如遇敌伪进攻东北军时,八路军应公开援助。”[4]

(二)山东各方势力的反应与国民政府的处理办法

根据南京“中国第二历史档案馆”藏国民政府军委会军令部所收电文,事变发生后,鲁苏战区总司令于学忠向国民政府发电,大意如下:

“(1)据 111D 常师长恩多报称:‘缪徵流派员与敌接洽划分防区,互不侵犯,共同剿共,群情激愤,经于廿二日发动锄奸,已将有关人员获到,331B/111D 唐旅长君尧及 661R/111D 阎团长世东因事留师,军部及直属部队均归依来师,所有一切善后静候钧裁’等语。

(2)据缪徵流报称:‘111D 师长常恩多为 333B 旅长万毅煽惑,于廿二日率同该师 662R,666R 等叛变将 331B 旅长唐君尧团长 665R 团长等扣留,部队□被监视。’

(3)据探询:‘缪军长平素事事自专,对常师长仅令其指挥少数部

---

① 《毛泽东、朱德、王稼祥致黎玉,朱瑞、陈光、罗荣桓并告彭德怀、左权电》(1940 年 9 月 28 日),常连霆主编,中共山东省委党史研究室、山东省中共党史学会编:《山东党史资料文库》第 7 卷,山东人民出版社 2015 年版,第 200 页。

② 57A:即 57 军。

③ 《鲁苏战区有关第五十七军缪徵流投日之九月事变文电》,中国第二历史档案馆藏,全宗号:七八七,案卷号:5173。

④ 中国人民解放军军事科学院毛泽东军事思想研究所年谱组编:《毛泽东军事年谱(1927—1958)》,广西人民出版社 1994 年版,第 340 页。

队，因之积怨已久，万旅长素有左倾嫌疑。’

(4) 又据缪徵流电称：‘派员与李逆东坡(即李亚藩)联系目的在得敌伪情报，不幸派员未归，常师万旅刘团已叛去两连，为交涉两连归还，又密派员与敌伪接洽，常、万不明其密向桃林敌伪工作，以致伪□暴动，疏忽之处，愿自投总部请罪。’”①

于学忠在电文中指出，师长常恩多与军长缪徵流“积怨已久”，而此次常恩多发动事变，是受三三三旅旅长万毅“煽惑”，万毅“素有左倾嫌疑”。也即于学忠对于缪徵流是否有“投日”举动，未置可否，但是指出了万毅的“左倾”(共党)嫌疑。

驻沂蒙的山东省政府主席沈鸿烈来电大意如下：

“(1) 据111D常恩多等团长以上联名电谓，其军长缪徵流‘始则拥兵自重，近又与敌相约互不侵犯，彼等激于义愤，于廿二日发动锄奸，除扣要犯证件，敬候上峰裁决’等语。查缪军长昝□率攻击，成绩卓著，常师长忠厚老成，该部团长均为缪军长同事，虽缪平日稍差，尚不能决裂至此。据熟悉该军内幕者言，万毅平日倾向共党，并与该师参谋长陶景奎及李亚藩为莫逆，此事必为万毅□主动，勾结陶李附合而成。常师长与各团长或被迫或竟不知，又该军霍师长守义嫉共如仇，已电嘱共同弭乱，并电常师长勉以大义，商请于总司令妥谋处理。

(2) 接缪军长梗电称：‘廿一日夜，万旅长率部占据军部，荣旅长护其西来，日内可到达霍师金团防地’等情，此事不致扩大，除商同与总司令设法平乱，并约51A，57A各将领主持正义，期消隐患。”②

相较于学忠的电文，沈鸿烈的态度倾向性则更为明显，直指万毅为“共党”。他认为五十七军军长缪徵流“成绩卓著”，并无过错，第一一一师师长常恩多“忠厚老成”，本不该做此行为，而万毅“平日倾向共党”，必为此事的主使。

五十七军一一二师师长霍守义来电大意如下：

① 档案中个别字迹无法辨认，以“□”代之。《鲁苏战区有关第五十七军缪徵流投日之九月事变文电》，中国第二历史档案馆藏，全宗号：七八七，案卷号：5173。电文中字母，111D，指111师；331B，指331旅；661R，指661团。

② 《鲁苏战区有关第五十七军缪徵流投日之九月事变文电》，中国第二历史档案馆藏，全宗号：七八七，案卷号：5173。

“(1) 常师对缪军长发生变□，职掌握全师，效忠党国，唯钧座之命令是就。

(2) 劝告常师长顾全大局，□命于总司令，并集结部队防止敌伪扰乱。”①

驻皖北的东北军主要将领、抗日名将、骑二军军长何柱国向国民政府发电称：

“(1) 接与总司令午电知57A缪部变故情形，与前333B/111D旅长王肇治过沈丘时密陈者吻合。

(2) 事变原因系缪驭下过严，而万毅思想似近威胁复杂(原电如此)，常恩多乃同情万等迫而出此。

(3) 职意常霍两师亦形成对立，恐调整棘手，拟请将其不稳部队调至阜阳修整，再令前旅长王肇治负责确实整理，而后再开回鲁苏战区，除已面陈长官外，可否乞分别核示。”②

何柱国认为五十七军变故由于缪徵流“驭下过严”，万毅“思想似近威胁复杂”(即有共产党思想嫌疑)，师长常恩多“同情万等，迫而出此”，并指出目前该军下辖的常(恩多)、霍(守义)两师“亦形成对立”，为免事态进一步恶化，应将“不稳部队”调离山东敌后，撤至皖北阜阳休整，并举荐前旅长王肇治接替万毅的三三三旅旅长职务，对该部进行“确实整理”，“而后再开回鲁苏战区”。

而常恩多师于事变后，以百十一师(即一一一师)高层指挥员名义向国民政府中央发电称：

“国民政府主席林、委员长蒋、副委员长冯、中央党部、战地党政委员会、军政部部长何、军令部部长徐、军训部部长白、政治部部长张、第六战区司令长官陈、东北救亡总会钧鉴：溯自抗战军兴，我五十七军转战苏鲁，官兵努力期尽全功，自徐州沦陷，又复处在敌后坚持游击，乃缪

① 档案中个别字迹无法辨认，以“□”代之。《鲁苏战区有关第五十七军缪徵流投日之九月事变文电》，中国第二历史档案馆藏，全宗号：七八七，案卷号：5173。

② 《鲁苏战区有关第五十七军缪徵流投日之九月事变文电》，中国第二历史档案馆藏，全宗号：七八七，案卷号：5173。

逆身充军长，别藏祸心，初则拥兵自卫，坐视敌伪据点星棋密布，继则信使往还，公然庇护敌探，优容汉奸，似此行为，有目共睹，只以有所瞻顾，致未立予检举。犹冀其幡然悔悟，勒马悬崖。今乃变本加厉，于本月十四日密派上校团长董翰卿课长于文清亲赴陇海东段牛山车站附近北琴口以南之马家窝棚敌占区，与敌鹫津兵团代表大尉参谋辛修三顾问新容幸雄汉奸李亚藩等谈判，表面敌对，实际携手互不侵犯，共同剿共，交换情报，互相通告军事行动等叛国通敌条款。该课长于文清谈判归来，特将协定阴谋，仗义举发，多等闻悉之下，深觉此等条款若任其施行，不独鲁南抗战从兹断送，影响所及，必且堕坏整个抗战前途。乃秉诸义愤，体纳群情，于养辰发动锄奸，已将要犯扣留证件保存，敬候层峰裁决。现部队整齐，军部及直属部队均深明大义，来师归依，多等决拥护国策，服从领袖，忠党爱国，精诚团结，抗战到底，特掬此诚惟共鉴之。

陆军第百十一师师长常恩多，副师长刘宗颜，参谋长陶景奎，政治督导员龚晓清，三三三旅旅长万毅，团长孙维嵩、孙焕彩，中校团附管芝山，团长刘晋武

有午鲁南

陆军第一百十一师少校军械董宾镇　转呈”[①]

常师“来电大意”概括为二：“(1)缪军长派员与敌伪谈判划分防区，互不侵犯，共同剿共，业有成就，致群情激愤。(2)职决心忠党爱国。”[②]

国民党中央认为“九二二锄奸”发生的原因复杂。国民政府军事委员会办公厅在接到朱德、彭德怀关于五十七军通敌的电报后，回电朱、彭：“所称五十七军暗通敌伪各情系敌伪反间，希勿误信谗言，为盼。”[③]国民政府军委会军令部长徐永昌在日记中记载：“于孝侯[④]转来一一一师长常恩多电称：缪徵流军长派员与敌划分防区，互不侵犯，共同防共云云。按缪为张杨变乱[⑤]时主张抗日最烈份子，今出此(其不善固守而)为共所逼此应不少，一一一师属缪之五七军。”[⑥]

---

① 《鲁苏战区有关第五十七军缪徵流投日之九月事变文电》，中国第二历史档案馆藏，全宗号：七八七，案卷号：5173。

② 《鲁苏战区有关第五十七军缪徵流投日之九月事变文电》，中国第二历史档案馆藏，全宗号：七八七，案卷号：5173。

③ 《今日之磨擦问题》，进步社 1940 年版，第 44 页。

④ 即于学忠，字孝侯。

⑤ 指西安事变。

⑥ 《徐永昌日记》第五册(手稿本)，“中央研究院”近代史研究所 1991 年影印，第 428 页。

国民政府军委会军令部综合分析各方来电后，做出了对这次事变的五条审核意见："(1)缪常平素积怨。(2)万毅思想左倾。(3)薪饷压欠过多。(4)缪密向敌伪工作。(5)中共或加策动。"[①]也即，军令部认为，事件的发生有缪徵流与常恩多之间"积怨"因素，同时认为，五十七军军长缪徵流确实有"密向敌伪工作"的"疑似勾结日伪"举动，此外，三三三旅代旅长万毅"思想左倾"，中共加以"策动"，也极可能是事变发生之原因。

军令部并拟定了"善后办法"两条：

> "(1) 治标：目前急电于学忠就近核办具报并以委座名义对常师告诫，以安军心。
>
> (2) 治本：将来57A之人事，宜彻底调整。"[②]

五十七军是参加过西安事变的部队，蒋介石对之本已较为忌惮，加之其认定万毅思想"一贯左倾"，有"共党嫌疑"，因此，国民政府虽对该师师长常恩多并未怀疑其"左倾"，但万毅却已被"扣死"了"通共"的帽子，必欲除之而后快。随即，国民政府军委会及山东国民党顽固势力开始了对万毅的处置，并试图将该军中的中共力量"一网打尽"。

第二节 "二一七事件"的发生及东北军挑起局部摩擦

"九二二锄奸"事件发生后，五十七军内部进步与顽固势力的分化愈发明显。常恩多和万毅在一一一师的行动，也促使了五十七军第一一二师内部的分化。一一二师师长霍守义在抗日态度上是坚定的，而对国共合作的态度并不热心，不过也没有表现出强烈的"反共"情绪，可以说是中立派。但"九二二锄奸"事件发生后，霍明显加强了对一一二师中进步分子和共产党员的监控。一一二师事变不断。1940年11月25日夜，一一二师六六七团一营三连连长李宝恕，"把全连拉到鬼子在临沂的一个据点外，自己带着三个排长进入据点打算投降"，上士排附王林和班长宋树仁(民先队员)察觉有异，不愿当汉奸，即串联其余五个班长将队伍拉走；该师六七二团团长、共产

---

① 《鲁苏战区有关第五十七军缪徵流投日之九月事变文电》，中国第二历史档案馆藏，全宗号：七八七，案卷号：5173。

② 电文中数字字母"57A"，指57军。《鲁苏战区有关第五十七军缪徵流投日之九月事变文电》，中国第二历史档案馆藏，全宗号：七八七，案卷号：5173。

党员刘杰遭到师长霍守义软禁，刘设法脱险后来到万毅处；[①]11 月 26 日晚，六六七团一营一连连长江潮（共产党员）发觉营长韩子嘉企图扣押他，“当机立断将全连大部带走，过沭河与 3 连拉出的部队会合后”，投奔万毅。[②]“这三部分人从 112 师出走后，都去投奔了万毅同志。”[③]万毅本想将这些部队留在身边，但一一一师师长常恩多顾虑严重，万毅只得给其五十七军补充团的番号，令其独立发展，“经请示中共中央山东分局后，决定将这三部分人组建成为 57 军补充团，由刘杰同志任团长，并派部分自 57 军撤出的同志到该部工作”[④]，归山东分局领导。“至 1943 年 10 月，该部被宣布为中国共产党党军，并授予八路军海陵独立团的番号，他们对创建海陵抗日根据地起到了重要作用。”[⑤]一一二师一连串事件发生后，师长霍守义与万毅已势同水火，五十七军内部的矛盾已经不可调和。

随着 1941 年初“皖南事变”的发生，国民党顽固派再次掀起反共高潮，也助长了五十七军一一一师内部顽固势力的气焰。“皖南事变”发生后，一一一师内部的反共、反进步势力勾结鲁苏战区其他顽固势力，活动益发猖獗，终致发生扣押旅长万毅、迫害甚至杀害了一一一师中很多中共党员和进步人士的“二一七事件”，公开进行反共摩擦。

当时的一一一师，在师长常恩多身边有四个反动军官。一是师参谋长陶景奎，二是三三一旅旅长孙焕彩，三是六六六团团长刘晋武，四是副师长刘宗颜，被称作“四轮马车”，围绕在常恩多身边。1941 年 2 月 17 日，万毅与陶景奎、孙焕彩到师部见过师长后，随即被孙焕彩、刘宗颜等邀请去三三一旅旅部吃晚饭，到屋后即被埋伏在屋内的孙焕彩手下强行扣押，国民党人称“杯酒释万毅兵权”[⑥]。此后，万毅在一一一师被关押长达九个月，又被转赴战区总部监狱关押了九个月。从 1941 年 2 月到 1942 年 8 月，万毅先后被国民党顽固派关押长达十八个月，直至 1942 年 8 月 2 日“八三事件”发生前夕，万毅越狱成功。在万毅被扣押当天，一一一师的中共党员、进步势力全部被扣押。中共一一一师地下工委书记张苏平、工委委员曹健

---

① 万毅：《从“九二二锄奸”到“八三事变”》，《风雨晦明九十年　万毅将军纪念文集》，第 35—36 页。

② 万毅：《从“九二二锄奸”到“八三事变”》，《风雨晦明九十年　万毅将军纪念文集》，第 36 页。

③ 李后：《风雨六十年——忆万毅将军及为国捐躯的战友们》，《风雨晦明九十年　万毅将军纪念文集》，第 335 页。

④ 李后：《风雨六十年——忆万毅将军及为国捐躯的战友们》，《风雨晦明九十年　万毅将军纪念文集》，第 335 页。

⑤ 万毅：《从“九二二锄奸”到“八三事变”》，《风雨晦明九十年　万毅将军纪念文集》，第 36 页。

⑥ 潘国屏：《惨痛的回忆》，群力报社 1946 年版，第 12 页。

华(常恩多秘书)、电台台长李政宣(地下党员)夫妇被扣押。抗敌演剧第六队被师骑兵押赴战区总部。一一一师战地服务团被全部拘留后,又被强行遣散。六六六团团附彭景文、三三三旅少校教导队副队长杜荣民、六六六团中校团附李鸿德等被收押,六六五团中校团附管松涛(中共地下党)被迫撤离。万毅的警卫员李福海、六六七团调来的上士排附胡铁男、六六一团中尉副官宋穆成,八路军派到一一一师联络的民运科长彭亮等先后被杀害。[①]

"二一七事件"发生后,中共中央十分关心,"曾指示山东分局设法营救。山东分局领导同志也曾派谷牧同志带一连部队到接近111师的地方了解情况并相机行事。但终因无法进入111师驻地而想不出营救的方法"[②]。3月12日,中共中央书记处致电朱瑞、陈光、罗荣桓:"(一)请将常(恩多)师中我们组织此次遭受破坏详情电告。(二)望设法调查万毅及其他被扣同志及进步分子下落,并设法营救。(三)将常师中还有的组织调查清楚,将已暴露的同志及进步分子紧急撤退,并收容至我军工作。"[③]

而孙焕彩等人"二一七"事件的"得手",使一一一师中顽固派气焰越发猖獗,不断制造反共摩擦。该年3月2日,一一一师策反了八路军山东纵队二支队属下的朱信斋部,公开屠杀共产党员和进步人士。朱信斋本为鲁南日照地区大刀会头子,后当过土匪,1939年初主动接近山东八路军,被改编为"山东纵队二支队四大队"。山东党组织为改造朱信斋部,使之成为一支真正的党的抗日武装,向该部指派了政委,各连指导员和大批政工人员。1941年初,朱信斋被五十七军一一一师顽固派孙焕彩所策反,3月2日傍晚,以突袭方式,逮捕我党员干部、工作人员和爱国人士二百余人,公开叛变。3月6日起,朱信斋将我被捕人员全部杀害,导致中共丧失日照两个区、九个乡政权和区中队,是为"黄墩事件",朱部于叛变后被收编为鲁苏战区游击独立第一大队。国民党方面对该事件也有记述,认为"此案打破只有共党策反国军的记录":

> "这支部队(指朱信斋部)源于日照莒县民间武力,抗战之初,接受共党领导,连级以上单位均由共党派遣指导员,并轮番调训原有干部。

---

① 万毅:《从"九二二锄奸"到"八三事变"》,《风雨晦明九十年　万毅将军纪念文集》,第38—40页。

② 李后:《风雨六十年——忆万毅将军及为国捐躯的战友们》,《风雨晦明九十年　万毅将军纪念文集》,第336页。

③ 黄瑶主编:《罗荣桓年谱》,人民出版社2002年版,第171页。

支队司令员朱信斋与贺(元)将军有乡谊关系,眼看子弟兵变质,密与鲁苏战区总部取得默契,一夜之间肃清全部共党干部,由总部赋予'独立第一支队'番号,此案打破只有共党策反国军的记录。"[①]

这一事件也是整个抗战时期山东敌后极个别的共产党武装被国民党策反的例子。1942年7月,朱信斋再叛国民党,公开投降日寇,当了汉奸。[②]后来山东分局书记朱瑞在谈到朱信斋问题时指出:"朱心斋(即朱信斋——引者)是一个典型的封建地主与土匪势力派,他又与其他的势力派,尤其是国民党有矛盾。所以,在一定的情况下,特别是我们优势的条件下,可能靠近我们,而我们也可以利用他,并求得可能的改造他。但必须确认,这种武装根本改造是不可能的。所以,必须有机会即消灭他。""过去我们的错误,就在于对这些武装认识不足,过于宽容与疏忽,所以造成了以后的大灾。这是血的教训。"[③]

1941年4月25日,一一一师顽固派孙焕彩、陶景奎、刘晋武纠集千余人的部队,包围日照沟洼村,妄图一口吃掉当时在沟洼村驻守的中共日照县委、县府机关、县大队四个中队约四百余人。经过奋力突围,中共日照县委、县政府大部分同志突出包围,但遭受了严重损失,多人被俘被杀。[④] 至此,中共山东党组织与一一一师的关系基本破裂。

"二一七"事件后,整个东北军"摩擦"情绪都受到一定"鼓舞"。3月25日,"就顽军动向和我们的对策",罗荣桓、朱瑞、陈光致电刘少奇、陈毅、集总、中央军委等明确指出:"日照、莒县以南之东北军一一一师近来极力肃清进步分子,联合封建反动势力,与我关系恶化,捕杀我人员,并利用演习向我示威。抱犊崮之一一三师一部亦秘密与敌勾结,与我对峙",根据东北军动向及山东其他地区国民党顽军态势,罗荣桓、朱瑞等指出"(1)鲁西顽军向我进攻,似策应掩护韩德勤、霍守义、何柱国、庞炳勋等入鲁。(2)在山东的东北军可能更加坏转,甚至结合顽军残部向我进攻。(3)如此,山东形势在四月半左右可能产生严重变化,我为迅速镇压境内顽军,巩固既得阵地及充分准备坚决打击外来反共军",作出了相应部署,主动打击顽军,"如东北军一

① 刘仲康:《日照贺元将军的生平——突兀一生、坎坷以终》,台北《山东文献》第24卷第1期,第37页。

② 迟玉江:《朱信斋部被我收编及其叛变、复灭的经过》,政协日照市文史联谊委员会编:《日照烽火录 纪念抗日战争胜利六十周年》第2卷,2005年版,第353—354页。

③ 《景晓村日记》,北京八路军山东抗日根据地研究会渤海分会2012年编印,第71—73页。

④ 邵维霞:《沟洼事件》,政协日照市文史联谊委员会编:《日照烽火录 纪念抗日战争胜利六十周年》第1卷,2005年版,第409—410页。

一三师公开武装援助顽军时，本着自卫立场给予还击，为坚持对东北军之争取，事后可有条件地归还一部人枪”①。

4 月 25 日，鲁苏战区五十一军张本枝部在一一一师孙焕彩部制造日照“沟洼”惨案的同日，也制造一起惨案。该军第一一四师三四二旅六八三团团长张本枝，纠集第三三四旅荣子恒部，乘鲁南春季反“扫荡”，八路军主力西移之际，配合鲁南顽军王洪九等部侵入边联地区，杀害干部、群众七十七人，收去民兵两千余支，制造了“四二五”边联惨案。②

就应对制造“四二五”边联惨案的东北军的策略，4 月 30 日，罗荣桓、陈光认真分析当前情况后，最终作出了目前“东北军在分歧、动荡中，对其反共性不要估计过高”的判断：“四县边联应动员群众、地方武装对进犯的东北军以打击，可采取袭扰并进占其原驻地的办法，但不要同其拼消耗。电报还指出：目前东北军在分歧、动荡中，对其反共性不要估计过高，至少目前不会有组织地大规模地向我进攻。”③因此山东八路军对鲁苏战区东北军的反击仍应保持在适度范围内。5 月 16 日，罗荣桓、陈光致电各部，鉴于日军在正面战场集结兵力，企图打通粤汉铁路，截断西北、西南交通线，“时局有好转希望。因此，目前不要向国民党区发展，使蒋、桂各军放心对敌。对沈(鸿烈)、于(学忠)、高(树勋)各部亦暂时停止攻击”。“对东北军，避免逼近其驻防地，对其侵入我大炉之一部，应速予打击，以争取其与我谈判。根据地除留必要武装外一律向外活动，只打击出扰‘扫荡’之敌。”④至此，由孙焕彩等部挑起的东北军对山东八路军的摩擦也基本告一段落。

1941 年 12 月，太平洋战争爆发。1942 年 4 月 6 日，罗荣桓、陈光、陈士榘、萧华就山东与国民党统战工作致电朱瑞、黎玉等并毛泽东、朱德、彭德怀等，对太平洋战争爆发后与东北军的关系作出说明，表现出在新的国际形势下与鲁苏战区东北军改善关系、合作抗战的诚意：“山东处于沿海，遥对东北、日本，成三角形势；是敌人确保黄渤海，南北东西铁道海运的结合地。敌人在山东掠夺了大批财力。太平洋战争爆发后，敌人对山东更加重视，表现在从去年秋季着重对我山区‘扫荡’。现在又集结兵力于高密、诸、莒，不仅限于对东北军‘扫荡’，还可能反复‘扫荡’我沂蒙、滨海及其他地区。太平洋战争爆发后，友军及一切地方势力都很兴奋，鼓吹马上反攻，并对敌攻袭，但为敌各个击破，已受损失。现在对我态度有些改变，收藏反共口号，个别要

---

① 黄瑶主编：《罗荣桓年谱》，第 172 页。

② 黄瑶主编：《罗荣桓年谱》，第 176—177 页。

③ 黄瑶主编：《罗荣桓年谱》，第 177—178 页。

④ 黄瑶主编：《罗荣桓年谱》，第 178 页。

求团结抗战。我以积极自主方针，争取疏通统战关系十分有利。目前我们如果乘危放枪，收缴其溃散人枪是不适当的。强调反顽或反顽反敌各半也是有害的。我们认为在敌人严重‘扫荡’东北军及一些地方势力时，军事上须采灵活游击战，予以适当援助，与其进行通讯情报联络，并力求进一步团结。”“对其不乘危而进。在某些地区，我们可首先后缩一步以昭信义，免其疑虑。对溃兵只收容而不扣留，保证送还。欢迎有事商量，互相来往，彼此取得交通便利。”①

而就万毅来说，自“二一七”被捕后，先在师部关押，期间师长常恩多并未加以营救。② 1941 年 12 月，万毅被转押到鲁苏战区总部正式监禁，“在鲁苏战区总部数次遭日军‘扫荡’中，(万毅)以被囚之身，两次带领、指挥部队突出重围，总部官兵深感钦佩。看守的营连改善了态度”，也为此后他的越狱提供了有利条件。在总部关押期间，“蒋介石给于学忠下达了秘密处决万毅的命令。于学忠不同意，说要‘明正典刑’，拖延了一段时间”③。奉国民党中央要求，1942 年 7 月下旬起，战区政治部主任周复在张家彩组织对万毅的“军法会审”。④ 1942 年 8 月 2 日，万毅被国民党鲁苏战区军法分监处指控为“通敌”“西安事变从犯”“奸党(对共产党的污蔑称呼——引者)嫌疑”⑤。由于被关押时间较长，加之看守部队对万毅并不严加看管，当日晚，万毅即成功越狱，连夜去找山东分局，天明时已到马其窑(距张家石旺三十余里)，再经黄叶就到达八路军山东纵队二旅六团了。⑥ 万毅越狱的第二日，震动一时的“八三事件”便爆发了。

第三节 “八三事件”及其善后

“八三事件”，一些当事人回忆和有关著作称“八三起义”，是全国抗战时期山东敌后国共关系的重要事件。事件的直接发起者是一一一师师长常恩多和鲁苏战区政务处长郭维城。常恩多抗日态度坚定，对中国共产党始终

① 黄瑶主编:《罗荣桓年谱》,第 218 页。

② 万毅:《从“九二二锄奸”到“八三事变”》,《风雨晦明九十年　万毅将军纪念文集》,第 39 页。

③ 《万毅年谱》,《风雨晦明九十年　万毅将军纪念文集》,第 443 页。

④ 彭景文:《关于百十一师锄奸和起义的回忆》,辽宁省政协文史资料研究委员会编:《辽宁文史资料》第 8 辑,辽宁人民出版社 1984 年版,第 34 页。

⑤ 万毅:《从“九二二锄奸”到“八三事变”》,《风雨晦明九十年　万毅将军纪念文集》,第 41 页。

⑥ 万毅:《从“九二二锄奸”到“八三事变”》,《风雨晦明九十年　万毅将军纪念文集》,第 41 页;彭景文:《关于百十一师锄奸和起义的回忆》,《辽宁文史资料》第 8 辑,第 36 页。

抱有好感。常部参加过西安事变，作为张学良的部下，常恩多对蒋介石早有不满。由于经年的征战劳累，常的身体当时已是每况愈下。“九二二锄奸”后，一一一师内部进步与顽固势力分化决裂，随后发生“二一七事变”，万毅被扣押，也使常恩多深感其抗日救国之初衷抱负在国民党阵营中难以实现。而经过当时的鲁苏战区政务处处长郭维城（共产党员）的劝说与帮助，常恩多最终决定率部发动起义，投向八路军滨海抗日根据地。

郭维城早年就读于东北大学附属高中。九一八事变爆发后，他跟随东北大学入关，1932 年在北平加入共青团，同年 7 月考入上海复旦大学，加入中国共产党。此后郭维城曾任张学良的秘书，参加过西安事变。全国抗战爆发后，跟随于学忠转战南北，1939 年随鲁苏战区入鲁，任战区总司令部主任秘书、政务处处长。① 1942 年 2 月，于学忠率鲁苏战区总部移近一一一师防区，将总部设在李家彩。郭维城与常恩多见面交谈，两人同出身东北军，本是老相识，郭力劝常恩多依托一一一师，“以张学良八大主张为号召，单独创个局面”，得到了常恩多的赞同。② 郭维城曾多次去监狱探望万毅，因郭当时不知万毅也是共产党员，故只对万毅说“对共产党只能利用不能打”之类言辞。8 月 2 日，郭维城再次来监狱看望万毅，据万毅将军回忆：“当天，郭来监狱看我，说常恩多已不治，要将部队交给他，等得手后，将接我（万毅——引者）出去帮他掌握部队，让我到时不要误会。我当即表示：‘军队使用好了很有用，弄不好就可能出大乱子。’郭说：‘为了副司令（指张学良），粉身碎骨在所不惜。’当夜我越狱成功。4 日晨见到谷牧，即告 111 师要出事。5 日晚分局获悉事变确已发生。分局书记朱瑞即带上我和王振乾于 6 日靠近该师，相机行事。”③

郭维城回忆，当日他到万毅被关押的张家石旺总部特务一营营部看望万毅，营长不在，“只有一个卫士懒散地站在那里……既看万毅又监管营部警卫”，看管松懈。他对万毅说：“‘常师长病危，已难康复，我们将有一个行动，你要警觉点儿，到时候派骑兵来接你出去，不要误会。’万毅说：‘部队用好了还可以，用不好要出问题。’这时候已不允许动摇和后退。我回答：‘为了实现张汉公④的主张，为了完成常师长的重托，我甘愿肝脑涂地，牺牲一

① 孙占元、杨明清主编：《山东重要历史事件　抗日战争时期》，山东人民出版社 2004 年版，第 194 页。

② 万毅：《从“九二二锄奸”到“八三事变”》，《风雨晦明九十年　万毅将军纪念文集》，第 41 页。

③ 万毅：《从“九二二锄奸”到“八三事变”》，《风雨晦明九十年　万毅将军纪念文集》，第 41 页。

④ “张汉公”：指张学良。

切。'"[①]万毅越狱的第二天早上,"战区总部大量增加岗哨,荷枪实弹,气氛骤然紧张起来",于学忠对万毅越狱极为生气,"盯着我(指郭维城——引者)气冲冲地问:'万毅跑了,你知道吗?'",质问万毅越狱是否与郭昨日去监狱见万毅有关。郭承认了去看过万毅,但坚决不承认万的越狱与他有关。[②]

当时的情况已万分紧急。"八三举义"一年以后,郭维城谈到此事说:8月1日,"医官正式宣布常公(即常恩多——引者)的病已停止治疗。全师陷于惶惑状态,几个有'继承'资格的人都在摩拳擦掌准备争师长。二号午间我去看他",常恩多亲笔写下"务要追随郭维城,贯彻张汉公主张,以达到杀敌锄奸之大欲。本师官兵须知。常恩多　八、二"35个字,将百十一师大事托付于郭。随后,郭维城去监狱看望万毅,商讨举事。当晚,万毅越狱。8月3日早上,面对于学忠关于万毅出走的质问,"我很镇静地把这一个难题应付过去。万顷波(即万毅,字顷波——引者)已经出走了,他不会走得很远,我的决心与信心更增加了。又想国特份子可能把万出走的责任推到我身上。同常公商量一下吧。所以我马上就到常公处,告诉他万已出走,国特分子可能把责任推到我身上。'好吧!'常公把苦涩的眼睛用力一瞪,放出最后的光芒。"[③]

8月3日下午5时,常恩多与郭维城发动起事,将该师顽固派——副师长刘宗颜、参谋长陶景奎、旅长刘晋武等诓来全部拘留,并召集通告各团长一切行动听郭处长的。[④] 当晚,指挥部决定由第六六六团副团长彭景文率该团两个营及第六六二团第三营围攻鲁苏战区总部所在地李家彩,第六六二团第二营负责解决李延修等部顽军。次日凌晨,彭景文组织发动了围攻鲁苏战区总部的战斗。由于第六六二团第三营营长韩希孟对起义发生了动摇,以致于学忠在被软禁后,化装成农民出走。起事部队除一一一师外,鲁苏战区总部政务处、机要处、通讯大队等也参与了起事。[⑤] 随后起义部队"公告四大主张:拥护三民主义、国民政府蒋委员长,反对以三民主义名义破坏

---

① 郭维城:《回忆"八三"举义》,中共临沂市委编:《沂蒙将军颂　抗日战争卷　3》,军事谊文出版社2005年版,第493—494页。

② 郭维城:《回忆"八三"举义》,《沂蒙将军颂　抗日战争卷　3》,第494—495页。

③ 郭维城:《悼常公获三》(1943年8月1日),原载《常故师长纪念册》,《莒南文史资料》第1辑,山东省出版总社临沂分社1989年版,第72页。

④ 万毅:《从"九二二锄奸"到"八三事变"》,《风雨晦明九十年　万毅将军纪念文集》,第42页。

⑤ 常连霆主编,中共山东省委党史研究室编:《中共山东编年史》第4卷,山东人民出版社2015年版,第131页。

东北军；实行建国纲领；联合一切抗日部队一致对外；坚持抗敌除奸”[①]。然而由于事发突然，这次举事未能得到一一一师全体官兵的一致认同，加之放弃原有番号，打出新的“东北抗日挺进军”的番号，尤其是突袭战区总部，软禁于学忠，造成了战区很多官兵思想上的混乱。“8 月 6 日凌晨起，部队就开始哗变。”先是六六一团团长孙维嵩带走了该团，随后负责关押刘宗颜、陶景奎、刘晋武等要犯的工兵营“掩护一干人犯北逃”[②]。部队严重分裂，于学忠从软禁中出走，哗变部队与起事部队发生激烈交战。六六五团团长张绍骞下属二、三营哗变，张绍骞听闻“二、三营在徐家柳沟河套集合”“不知干啥”，立即前去整饬，在队前大声说：“常师长领我们的这次行动，不是当汉奸，而是同八路军合作，共同抗日，我们要打回东北去！”随即被哗变士兵开枪打死。[③] 常恩多和郭维城率尚能掌控的部队向中国共产党根据地开进。8 月 8 日一一一师到达八路军滨海抗日根据地，师部驻莒南县王家坊前。全部起义部队，计有师部大部，三三三旅旅部，六六二、六六五、六六六团、鲁苏战区总部特务团各一部，官兵 2700 余人，家属 300 多人，及 20 余部电台、80 多匹马和大量轻重武器。8 月 9 日，常恩多师长于王家坊前病逝。[④]

新中国成立以后，郭维城与万毅将军对这次起事都做出过回忆与评价。1983 年在临沂召开的一次会议上，郭维城谈到“八三事件”时说：“（那时）统战局面不能再维持下去了，我们怎么办？只有拉队伍。”[⑤]而万毅将军晚年曾经检讨这次事件时说：“从这种思想和立场出发，事变领导人在策略上：打出自己的旗号，自立东北挺进军；在手段上：把部队从国民党军的战斗序列里拉出来；在行动上：包围于学忠总部，解除其警卫武装，软禁于学忠”[⑥]。万毅认为，当时“把矛头直接指向于学忠是不对的”，作为鲁苏战区总司令的于学忠“无论是从大别山挺进鲁南的军事行动中，还是到达鲁南后，坚持敌后斗争和与八路军的交往中，其表现都是好的。这从 1940 年 11 月 25 日毛主席等给山东徐（向前）、朱（瑞）、陈（光）、罗（荣桓）的电报可以得到证实：‘（一）重庆来电称：山东方面于学忠始终没一电来攻击和告发我们，顽方颇不满，似加强对于（学忠）之压力，故有小摩擦云。于（学忠）已成东北军之孤臣孽子，处境艰困……（二）东北军是中间势力，与我有西安事变前后之友好历史，我对之应取争

---

① 万毅：《从“九二二锄奸”到“八三事变”》，《风雨晦明九十年　万毅将军纪念文集》，第 42 页。
② 万毅：《从“九二二锄奸”到“八三事变”》，《风雨晦明九十年　万毅将军纪念文集》，第 42 页。
③ 彭景文：《关于百十一师锄奸和起义的回忆》，《辽宁文史资料》第 8 辑，第 40 页。
④ 郭维城：《回忆“八三”举义》，《沂蒙将军颂　抗日战争卷　3》，第 504—505 页。
⑤ 万毅：《给宋黎同志的信》，《风雨晦明九十年　万毅将军纪念文集》，第 208 页。
⑥ 万毅：《给宋黎同志的信》，《风雨晦明九十年　万毅将军纪念文集》，第 208 页。

取、团结态度，决不能轻启衅端，即使顽固分子从中挑拨，我们亦应加以忍让为要'"[①]。因此，万毅将军认为："'八三事件'第一个打击对象就是被蒋介石视为'孤臣孽子'、'处境艰困'的(东北军)自己的总司令(于学忠)，这种做法，至少是不妥当、不策略的。扣押于学忠，无论出于什么目的(如挟天子以令诸侯)，都不是'起义'。"[②]万毅将军指出，将该事件称作"八三事件"应更为准确。[③]

"八三事件"的起因复杂：一一一师师长常恩多和郭维城对蒋介石扣押张学良不满，早存脱离国民党阵营之心，加之山东国共形势的变化，五十七军中顽固势力、反共势力活动的猖獗，郭维城的极力劝导，以及师长常恩多自知病重无力久撑，万毅又突然越狱，故而该师匆忙起事，扣押于学忠，以致部队发生分裂，并未能实现将全师带入八路军根据地。8 月 5 日，山东分局向中共中央、北方局发电，对"八三事变"发生的原因及存在的问题进行了汇报："产生此次事变的原因是：(一)目的是保存东北军团体，重提杀敌锄奸是雪'九二二'后遭受挫折之愤；(二)对重庆接济失望，又受敌'扫荡'威胁，自身生存日益困难；(三)常病深难救，内部矛盾激化；(四)郭维城的策动，郭是主谋和策划者。这次事变的缺点是：(一)宣布四项政治主张和实际行动相悖，尤其以武力解决于学忠总部和软禁于更是错误的。(二)抛弃原番号另组东北挺进军，不能团结大部非东北籍的官兵。(三)举事出于常、郭二人，缺少上层军官支持，下面也不听指挥。"[④]

中共中央山东分局对事件的发生事先并不知情，山东分局曾致电北方局称："八月三日变起，我五日始获证实。"[⑤]事件发生后，山东分局于 8 月 4 日凌晨召开紧急会议，5 日获悉事变确已发生，分局书记朱瑞即带万毅等赴该师，同事变领导人一起掌握起义部队。为稳定部队，对常恩多师长的病逝暂秘不发丧，决定停止使用"东北抗日挺进军"番号，"仍保持原番号"(即"百十一师")，"编两旅四团，师长由万毅兼代，郭维城任政治部主任兼副师长，

---

① 万毅：《给宋黎同志的信》，《风雨晦明九十年　万毅将军纪念文集》，第 209—210 页。

② 万毅：《给宋黎同志的信》，《风雨晦明九十年　万毅将军纪念文集》，第 210 页。

③ 万毅将军认为："古往今来，各个历史时期，各种特定环境，对'起义'这一称呼都有不同的含义，不能把凡是'拉队伍'、'造上司的反'、'独树一帜'都叫起义。譬如说，在土地革命和解放战争中，蒋介石都是革命对象，但在抗日战争时期，因为有了国共合作的民族统一战线，这时拉队伍反对蒋介石就不能叫起义。"参见万毅：《给宋黎同志的信》(1989 年 3 月 20 日)，《风雨晦明九十年　万毅将军纪念文集》，第 210—211 页。

④ 《中共中央山东分局致中共中央、北方局电》(1942 年 8 月 5 日)，常连霆主编，中共山东省委党史研究室、山东省中共党史学会编：《山东党史资料文库》第 9 卷，山东人民出版社 2015 年版，第 39 页。

⑤ 山东分局：《为百十一师事变情况及处理经过报告》(1942 年 9 月 1 日)，山东省档案馆藏，案卷号：G001-01-0063-026。

原任常师长秘书、后被迫退出之王维平同志任副主任，政治部科长均我同志。万(毅)在部队有信仰尚能领导部队，对党领导一般尊重"，"并决将原自东北军退出之干部(约七八十人)部份陆续抽出给还他们"[①]。山东分局的策略可以说是两个方面，一方面加强对这支部队的帮助与支持，"尽一切方法保持其给养及开支，尽力设法为之建设单独兵工文化及被服的设备"，为其"争取安全的整理环境"，一方面在名义上暂将该部以"友军"对待，即"诚心诚意协助与巩固其发展，争取其为非八路化(保持其名义制度及立场)的外围军"[②]，同时加强中共对该部的领导。

而中共中央从统一战线和抗日战场全局考虑，在"八三事件"发生后的态度是谨慎的。8 月 6 日，中共中央书记处在给一一五师及渝(重庆)周(恩来)的电报中明确指出："常恩多事件是国民党军队内部的变化，我们不要发表任何文件及言论，国民党对常师的处理我们也不要反对，如有国民党人询问，我们应表示不赞成常师的态度。"[③]

1942 年 8 月 3 日常师"八三事件"发生之时，从国际形势看，美英苏团结反法西斯局面形成，从全国形势看，是国共两党关系总体趋好的时期，中共中央对这一点有清醒而明确的认识。该年 7 月 7 日，延安《解放日报》发表《中共中央为纪念抗战五周年宣言》，同时发表《中共中央告抗日根据地全体党员和八路军、新四军将士书》，号召加强根据地内部的团结，人民的团结，与友党友军的团结，新老党员的团结，共同争取抗战胜利。[④] 7 月 9 日，毛泽东致当时在山东的刘少奇电："'但有一点须与你商酌的，即是山东的重要性问题。'国内外局势是很有利的，反希特勒斗争今冬明春就有胜利希望，如此则明年秋冬就有战胜日本希望。苏英美三国团结得很好，影响到国共关系亦不会很坏。'我们的方针是极力团结国民党，设法改善两党关系，并强调战后仍须合作建国。''虽然亦有内战的另一种可能，但我们应争取前一种可能变为现实。'"[⑤]7 月 31 日，毛泽东关于国共关系问题致电刘少奇，认为"目

---

① 山东分局：《为百十一师事变情况及处理经过报告》(1942 年 9 月 1 日)，山东省档案馆藏，案卷号：G001－01－0063－026。

② 山东分局：《为百十一师事变情况及处理经过报告》(1942 年 9 月 1 日)，山东省档案馆藏，案卷号：G001－01－0063－026。

③ 万毅：《给宋黎同志的信》，《风雨晦明九十年　万毅将军纪念文集》，第 206 页；中国人民解放军军事科学院毛泽东军事思想研究所年谱组编：《毛泽东军事年谱(1927—1958)》，第 383 页。

④ 中国人民解放军军事科学院毛泽东军事思想研究所年谱组编：《毛泽东军事年谱(1927—1958)》，第 381 页。

⑤ 中国人民解放军军事科学院毛泽东军事思想研究所年谱组编：《毛泽东军事年谱(1927—1958)》，第 381 页。

前英美不愿中国内战，美国表示援华军火不得用于反共。这是国民党近日态度好转的一个原因。此种好转还会发展，我正极力争取”。“待国民党态度更好转时，我再要求它通令山东、华中部队停止向我摩擦，这种可能也是有的。国共关系，过去国民党内有一部分人倾向武力解决，现因国内外情势变化及我们坚持合作政策，已有改取政治解决之表示。”①

1942 年 9 月 9 日，就配合国民党军作战，争取时局好转，毛泽东、朱德等致电山东陈光、罗荣桓等：“敌攻湘北，又犯郑、洛，国民党正集中力量抗战，我八路、新四各部应向各重要交通线予以可能的袭击，配合国民党之作战。同时对国民党敌后各部应停止任何攻击性行动，仅在彼方举行攻击时，取防卫手段。同时并向国民党各部发出通知，要求配合对敌。所有上述方针，其目的都为争取时局好转。”②

1942 年 9 月 15 日，毛泽东致电山东党的主要负责人、山东分局书记朱瑞指出，“目前已至恢复国共谈判时期，山东方面凡可避免的国共摩擦，均须避免。常恩多事件，我们不应牵涉在内。你们替他发表新闻是不适当的，以后望注意。一切报纸刊物宣传，分局均须抓紧，使不违背党的政策”③。9 月 22 日，中央电告在重庆的林彪，令其向重庆国民党方面告知“我已电令李先念、陈毅及山东朱瑞等部，谨守原防，要求他们停止军事行动”④。因此，中共中央对“八三事件”的处理态度是明确的。

该年 12 月中旬，经过民主选举，由万毅担任新的一一一师师长，郭维城任副师长，于文清任参谋长，王振乾任政治部主任，下辖两旅四团。部队按八路军的宗旨、方针进行了逐步改造。⑤ “进步份子（万毅、郭维城）在减员与补充及维持原状，现仍称百十一师，一切制度受我供给（月需十五万），联合行动，接受我工作干部，国共关系好转。”⑥山东分局采取“掌握下层，改造中层，团结上层”的策略，“该部现大部稳定……我在他们要求下，决另派下层干部进入工作，教育与团结士兵，巩固下层。对中上层（大部对我同情）着重

① 中国人民解放军军事科学院毛泽东军事思想研究所年谱组编：《毛泽东军事年谱（1927—1958）》，第 382 页。

② 黄瑶主编：《罗荣桓年谱》，第 186—187 页。

③ 《毛泽东致朱瑞电》（1942 年 9 月 15 日），常连霆主编，中共山东省委党史研究室、山东省中共党史学会编：《山东党史资料文库》第 9 卷，第 39 页。

④ 中国人民解放军军事科学院毛泽东军事思想研究所年谱组编：《毛泽东军事年谱（1927—1958）》，第 385 页。

⑤ 常连霆主编，中共山东省委党史研究室编：《中共山东编年史》第 4 卷，山东人民出版社 2015 年版，第 132 页。

⑥ 《关于山东敌我友形势报刘少奇电》（1943 年 1 月 28 日），山东省档案馆藏，案卷号：G001－01－0072－018。

耐心教育，帮助其进步。对积极进步的士兵及各级干部，开始吸收其入党，树立思想与组织的中心，以逐渐改造该部”[①]。1944 年 10 月 20 日，该部改编为八路军滨海支队，万毅任滨海军区副司令员兼支队长。1945 年 8 月，以滨海支队为基础联合其他八路军部队合编为“东北挺进纵队”，在纵队司令万毅将军指挥下挺进东北，为全国的解放事业做出了重要贡献。

第四节　三次“甲子山作战”

“八三事件”后，日军乘于部内乱发起“第三次鲁中作战”，鲁南局势一度紧张。日军官方资料对事件有较详细记载：称于学忠军第一一一师八月三日兵变，鲁苏战区总司令部被包围，于学忠于“八月四日未明”脱出包围至五十一军军部（悦庄）避难，五日夜在坪头收容整理叛乱部队。日军乘鲁苏战区内部分裂，集中独立混成第五、第六旅团协同作战，发起以捕捉于学忠为目标的“八”号作战，予于部以重大打击，但被于学忠最终突围逃脱，日军的包围捕捉战至十六日基本结束。日军深以此次抓住于部分裂之战机发起的“协同作战”未能“捕获”到于学忠而“遗憾”。[②]

甲子山区位于日莒边界，日莒公路以南，像一个楔子一样伸入八路军滨海抗日根据地。[③] 该地原先驻扎的部队是国民党鲁苏战区五十七军第一一一师。自 1940 年“九二二锄奸”事件起，一一一师中的共产党员、进步势力同顽固势力进行了反复较量，该师内部产生了严重分化。最终以该师分裂，师长常恩多、郭维城等率部脱离国民党序列，加入八路军滨海根据地而告终。常恩多率该师主力一部转向八路军后，于学忠尚能掌握的一一一师部队还有该师三三一旅一部（旅长孙焕彩），三三三旅的六六一团（团长孙维嵩，该团跟随师长常恩多起义后，于 8 月 6、7 两日发生哗变，重归鲁苏战区序列）。“八三事件”发生不久，孙焕彩[④]率三三一旅进驻原一一一师驻地甲子山区，在曾投八路军又叛八路军投向鲁苏战区的国民党游击独立第七支队朱信斋等配合下，重建了一一一师，孙焕彩被任命为师长，此后，鲁苏战区

① 《关于山东敌我友形势报刘少奇电》（1943 年 1 月 28 日），山东省档案馆藏，案卷号：G001－01－0072－018。

② 「第 3 次魯中作戦経過概要 昭和 17 年 9 月 25 日 仁集団司令部」JACAR（アジア歴史資料センター）Ref. C13070343600、東平湖西方剿共作戦経過 第 3 次魯中作戦経過 概要（防衛省防衛研究所）。

③ 《罗荣桓传》编写组：《罗荣桓传》，当代中国出版社 2015 年版，第 172 页。

④ “八三事件”后，于学忠任命原三三一旅旅长孙焕彩接任一一一师师长。

和八路军各自有了一支以一一一师为番号的部队。“八三事件”的发生，尤其事件中常恩多攻击鲁苏战区总部、扣押于学忠，随后投向八路军滨海根据地，大大影响了鲁苏战区与鲁南八路军的关系，双方关系已降到谷底，因此，对于孙焕彩部进驻甲子山，及其此后的一系列挑衅行动，战区总司令于学忠实际给予了默许。孙焕彩部自 1942 年 8 月 6 日起开始抢占甲子山区，“至 13 日，先后占领了黄墩、浮棚山、址坊、东上涧及甲子山诸阵地，并修筑碉堡工事，筹备武器弹药，积极备战，伺机向抗日根据地反扑”，可以说是摆开了向八路军挑衅的架势。① 正如朱瑞、陈光、罗荣桓 1943 年 1 月致刘少奇电称：“百十一师……自去年(1942 年——引者)八月三日该师内部分化，进步份子(约两千人)实出掩出部②，余(约五千)叛去太石公路北，后旋复进占角子山③区，曾对我区大肆袭劫。”④

孙部占据甲子山，严重威胁着八路军滨海抗日根据地，其强抢民夫、赶修工事，大肆抓兵，迫害八路军抗日家属，步步进逼。为了打击鲁苏战区顽固势力孙焕彩部的嚣张气焰，拔掉其楔入八路军滨海根据地中部的这颗钉子，根据刘少奇的指示，山东分局、一一五师决心打击孙焕彩部，夺回甲子山区，先后发起了三次“甲子山反顽作战”。

甲子山反顽作战，是八路军一一五师与八路军山东纵队这两支此前互不隶属的八路军正规军在实现合并指挥后进行的第一次重大战役。山东纵队于 1942 年 8 月 1 日根据中共中央、中央军委指示，正式改为山东军区，由黎玉任政治委员。⑤ 八路军一一五师与改名后的山东军区实现了合并指挥，由一一五师代师长陈光、师政委罗荣桓统一指挥这两支原独立建制的八路军部队。由于鲁南敌我顽战局异常紧张，改为山东军区后的山东纵队滨海部队仍保持了山东纵队的原有番号，直至三次甲子山反顽作战结束后才进行改建与归建。⑥

1942 年 8 月中旬，八路军以一一五师教导二旅六团、五十七军一一一师独立旅一团、山东纵队二旅五团、六团及四团一部，趁孙焕彩部在甲子山

① 常连霆主编，中共山东省委党史研究室编：《中共山东编年史》第 4 卷，第 141 页。

② 原文如此。

③ 角子山：即甲子山。

④ 《关于山东敌我友形势报刘少奇电》(1943 年 1 月 28 日)，山东省档案馆藏，案卷号：G001-01-0072-018。

⑤ 《八路军山东纵队史》编审委员会编：《八路军山东纵队史》，中共党史出版社 1995 年版，第 457 页。

⑥ 《八路军山东纵队史》编审委员会编：《八路军山东纵队史》，第 463 页。

立足未稳，发动了第一次甲子山反顽作战。[①] 这次战役的具体指挥者是中共中央山东分局书记朱瑞及山纵二旅旅长孙继先。“此时我方针为集中主力组织战役，自八月十号开始，到十九号结束，十天战斗中完全将叛部[②]击溃，确实收复山区，直通太石公路，并一部超越公路活动，在战斗中敌伤亡在五百以上，被俘二百余，投敌者约三百，加上失散逃亡者，共减员约两千人，现窜回路北者约两千五百人（非战斗人员及眷属在内），战斗兵员不及半数，现闻正在整理缩编中”，此战“未能完全或大部歼灭叛部，故虽胜利的控制山区，但山区的边沿及某些主要阵地势将成长期的争夺形势”。[③] 此后孙焕彩部及其附近的国民党地方武装，多有向我八路军部队来投者。第一次战役，“我完全解放了甲子山区”[④]。

第一次甲子山作战对刚刚进入八路军滨海根据地、重建新生的一一一师官兵影响很大。“八三事件”发生后的一一一师情况极为复杂。山东分局指出，“该师义举纯归少数进步上层基于义愤而出之”，部队中下层思想混乱，“故发展下去解体危险极大”。[⑤] “友军（指百十一师——引者）南投后，部分下层怀疑是投降八路，经过政治动员解决后，旋即平稳。但在叛军（指‘八三’举义后分裂、重归鲁苏战区的部分百十一师部队——引者）复近据山区时，部队颇呈不安，上层更表忧患。在战役胜利后，部队无分上下均表现愉快安定的精神，在事变中逃散或潜伏分子亦逐渐来归，或亦有拖枪自北区来投者，部队情绪颇见高涨，在我将在山区所获该师物资及缴获人枪全数退还后，并在政治上经济上各方面诚恳接助下，对我信任更见增强。”[⑥]

然而仅过了一个半月，孙焕彩部趁日寇对我中国共产党鲁南抗日军民进行“扫荡”“蚕食”之机，于 1942 年 10 月上旬，集结当地国民党地方武装朱信斋等部共 4000 余人，再次越过日莒公路向我滨海根据地进犯，企图重占甲子山区。八路军以山东纵队为主力，被迫进行了第二次甲子山反顽作战。

① 辛崇法：《三战甲子山》，政协日照市文史联谊委员会编：《日照烽火录　纪念抗日战争胜利六十周年》第 2 卷，2005 年版，第 257 页。

② 对于“八三”举事中发生动摇、叛归鲁苏战区的原一一一师部队，当时八路军山东纵队及山东分局文件中称其为“叛部”“叛军”。

③ 山东分局：《为百十一师事变情况及处理经过报告》（1942 年 9 月 1 日），山东省档案馆藏，案卷号：G001－01－0063－026。

④ 王建青：《对山纵二旅六团抗战时反顽战斗的回忆》，政协日照市文史联谊委员会编：《日照烽火录　纪念抗日战争胜利六十周年》第 2 卷，第 497 页。

⑤ 山东分局：《为百十一师事变情况及处理经过报告》（1942 年 9 月 1 日），山东省档案馆藏，案卷号：G001－01－0063－026。

⑥ 山东分局：《为百十一师事变情况及处理经过报告》（1942 年 9 月 1 日），山东省档案馆藏，案卷号：G001－01－0063－026。

10月11日，敌一一一师三三一旅及朱信斋部由西向东攻占薛庆、草岭等地，三三三旅等由北向南，逼近甲子山阵地。12日，西路顽军一个团向八路军黄墩、浮棚山进攻，八路军多次打退顽军进攻后，由于补给不继，撤往甲子山主峰。次日晨，西北两路顽军夹击山纵二旅六团于蒲汪阵地，后八路军一一五师教导二旅四团三营赶来支援，并于14日晚协同山纵发起反击。[①] 15日拂晓，由于日伪军集中兵力对八路军滨海根据地进行“扫荡”，为避免双线作战，并集中力量反“扫荡”，山东军区命令参战主力部队主动撤出战斗，开往海陵与日伪军进行作战。孙焕彩部趁机大举进攻，占领了甲子山阵地及其附近地区。[②] 此次战役，八路军与孙焕彩部战斗20余次，共毙伤顽军300余人，八路军参战部队伤亡100余人，山纵二旅四团副团长赖光东在战斗中牺牲。[③] 第二次甲子山作战被迫停止后，“孙部控制了甲子山区的石场、祉坊[④]、刘家东山一带，对八路军搞摩擦，成为滨海根据地的心腹之患”[⑤]。

1942年底，在粉碎了日寇冬季“扫荡”后，山东八路军决心彻底拔掉孙焕彩部这颗楔入滨海根据地中部的“钉子”。第三次甲子山反顽作战由一一五师师政委罗荣桓、代师长陈光亲自指挥。罗荣桓建议山东分局、山东军区和一一五师集中优势主力，一举歼灭长期袭扰根据地的孙焕彩部。这次作战参战部队包括从苏北调回的一一五师教导五旅，教导二旅第六团，山东军区第二旅第五团、第六团，滨海军分区独立团等部队，共计一万多主力部队。[⑥]

12月17日，一一五师代师长陈光亲至前线指挥战斗。18日晚，战斗打响，西线部队进展顺利，但东线教导五旅被孙焕彩部阻挡在刘家东山阵地，强攻未能奏效，伤亡很大。陈光和赶来的山东分局书记朱瑞亲自到距敌只有五百米的指挥所开会，分析敌情，要求参战官兵克服畏难情绪和初战不利的困难，并迅速调整改进了战术。[⑦] 20日，鲁苏战区总司令于学忠令国民党山东省第三区专员张里元和东北军五十七军一一二师等部迅速由莒日公路南援。22日，反顽部队继续展开攻击，向顽军反复冲杀数次，均遭顽军强烈火力杀伤。23日，反顽部队开始向址坊、刘家东山实行坑道作战。孙焕彩

① 辛崇法:《三战甲子山》,《日照烽火录　纪念抗日战争胜利六十周年》第2卷,第258页。

② 常连霆主编,中共山东省委党史研究室编:《中共山东编年史》第4卷,山东人民出版社2015年版,第143页。

③ 辛崇法:《三战甲子山》,《日照烽火录　纪念抗日战争胜利六十周年》第2卷,第258页。

④ 一般写作“址坊”。

⑤ 黄瑶主编:《罗荣桓年谱》,人民出版社2002年版,第261页。

⑥ 《罗荣桓传》编写组:《罗荣桓传》,当代中国出版社2015年版,第173页。

⑦ 《罗荣桓传》编写组:《罗荣桓传》,第174页。

部“深感命运危在旦夕，乃于 23 至 25 日，以 100 至 300 余人兵力向反顽部队反击三次，企图破坏反顽部队的坑道作业，但每次反击均被八路军击溃，并被毙伤 200 余人”。26 日，张里元部 800 余人由莒日公路北南援。一一五师教五旅主力迅速进占黄墩及西南高地，阻击张部。张里元闻八路军一一五师已控制黄墩等阵地，当即退回莒日公路北。28 日晚，孙焕彩见援军无望，为免坐以待毙，以其三三三旅约 1200 余人打头阵，由张家石旺向北突围，沿途遭到八路军反顽部队坚强阻击，除少数窜回公路北外，大部被歼，其中 600 余人被俘。29 日，孙焕彩又亲率师部及三三一旅，分由址坊、石场、刘家东山向德靖山方向突围，遭到八路军痛击，被尾追至莒日公路附近。孙部已溃不成军，三、五成群窜回路北，有 400 余被俘。[①] 最终八路军彻底收复甲子山区，孙焕彩率残敌逃窜。

八路军三次甲子山反顽作战后，鲁苏战区顽固派一一一师孙焕彩部基本被打垮，此后已无力继续向八路军根据地发动大规模进攻，“从根本上扭转了滨海区的形势。从此，于学忠部退到泰石公路以北，整个泰石公路以南的大片地区成为我们的根据地”[②]。“经两次重大打击，现余部尚有两千余人，仍时有向我袭扰，或窜入山区一部之可能”，从全国抗战总体形势好转角度出发，八路军对被俘的百十一师（东北军）官兵，本着一致抗战的态度，采取了优待政策，并进行了很好的统战教育，正如朱瑞、陈光、罗荣桓报刘少奇电称：“但全国形势山东形势有大变化，我仍重政治疏通，此次被俘官佐及家属大部放回（四五百人），且经过一番工作，发予一月薪饷，并通过释回官佐，同其主官进行疏通。”[③]

就甲子山作战及对东北军之对策问题，山东方面与中共中央由于考虑全局与地方局势的角度不同，曾有过意见交流。第三次甲子山作战发起前，针对中央、军委、集总要求尽量避免与鲁苏战区东北军正面激烈冲突的指示，朱瑞、陈光、罗荣桓等于 11 月 30 日致电中央、军委、集总，解释并分析了甲子山对东北军百十一师（即孙焕彩第一一一师）反击的必要性：“军委、集总对我们来电指示均收到。今天扩大对东北军的军事行动及牵涉各地方势力的军事行动是不对的，这不仅违背全局利益，且对山东本身来说亦不适

---

① 林秀刚：《三次甲子山反顽战役》，政协日照市文史联谊委员会编：《日照烽火录　纪念抗日战争胜利六十周年》第 2 卷，第 267 页。

② 王众音：《滨海区抗日战争的艰苦岁月》，常连霆主编，中共山东省委党史研究室、山东省中共党史学会编：《山东党史资料文库》第 17 卷，第 592 页。

③ 朱瑞、陈光、罗荣桓：《关于山东敌我友形势报刘少奇电》（1943 年 1 月 28 日），山东省档案馆藏，案卷号：G001 - 01 - 0072 - 018。

当。我应力求巩固自己，但获得局部打开进退道路，改善防御地位是必要的。因此我们有如下意见：(一)我沂蒙地区对东北军不宜逼近，应对之实行疏通，求得缓和。(二)百十一师叛部趁敌向我‘扫荡’，再夺我滨海甲子山区，并不断深入我中心地区，抢劫财物，捕杀我之工作人员，决给予反击，收复甲子山区，并配合我对泰(安)临(沂)路北各地方势力之统战活动，求得军事活动不致扩大。”同时，“为应付山东将来情况的变化和不致造成我军与东北军的对立，拟以百十一师万毅面目收复甲子山区，我则以调节面目出现，使此事件尽量成为局部地方性来解决，并以资疏通关系”①。

甲子山作战结束后，“1943 年 1 月 18 日，毛泽东、朱德、王稼祥等致电彭德怀、滕代远、朱瑞、陈光、罗荣桓，转发国民党军令部次长刘为章交给周恩来的于学忠十二月二十一日、二十五日反映第三次甲子山战斗情况的电报抄件各一份。毛泽东等在转发后提出：‘查国共正在谈判，军委曾多次制止该部与东北军冲突，该部不顾大局，自由行动，是何原因，如何解释，速复为要。’”②1 月 21 日，朱瑞、陈光、罗荣桓、陈士榘回电中央军委，对第三次甲子山作战原因及情况进行了说明：“关于所问甲子山区事件，去年十二月一号及三十号及今年一月十号均有电报告，以上电报请查。东北军屡次对我逼迫。如在鲁南抱犊崮、天宝山区，袭击我党政机关，捕杀赵镈同志。我与百十一师亦曾发生敌对。我主动派员与其联络共同对敌，不意于一九四一年四月将我派去之联络科长彭亮同志扣押处死。百十一师去年秋季发生事变，退回日莒公路北。我因该师与我防区相连，甲子山区属我活动地区，为避免落入敌手，有地方武装先进入甲子山区坚持。孙焕彩突于十月乘敌向我‘扫荡’‘蚕食’，紧缩我区之际，南下大举进攻，夺我甲子山区，继向我中心地区碑廓、坊前一线进袭，捕杀我后方机关人员。我政治部主任兼特别党部书记龚晓清已被其批交七支队(朱信斋)秘密处死。我对甲子山的战斗完全出于自卫，迫于不得已。否则孙焕彩由北而南进攻我，敌人由南向北、由西向东向我实行‘蚕食’，紧缩我地区。我曾提出谈判被孙拒绝，以致演成战斗。”③

“电报还将孙焕彩进犯滨海抗日根据地的战斗详报、抢劫群众财物和将我工作人员十余名交朱信斋秘密处决的情况择要报告。”④

1942 年是第二次世界大战的关键一年。世界反法西斯统一战线的建

① 黄瑶主编：《罗荣桓年谱》，第 269 页。

② 黄瑶主编：《罗荣桓年谱》，第 276 页。

③ 黄瑶主编：《罗荣桓年谱》，第 277—278 页。

④ 黄瑶主编：《罗荣桓年谱》，第 278 页。

立，让全世界爱好和平、坚持正义的人们看到了可能出现的胜利曙光，而这一年在山东敌后战场是国共关系极为复杂、矛盾日益激化的一年。应该说，在整个 1942 年期间，由于国民党顽固势力破坏统一战线及国内形势变化等复杂原因，山东八路军与国民党鲁苏战区（东北军）的关系经历了较大波折，鲁苏战区中的进步与顽固势力出现了大的分化，东北军中的顽固派多次公开采取武力破坏统一战线的行动，并遭受了沉重打击。但是山东党和八路军始终没有放弃对鲁苏战区中进步势力尤其于学忠的团结与争取工作。1942 年 7 月，《大众日报》出版《抗战五周年纪念特辑》，在总结八路军一一五师、八路军山东纵队抗战五年战绩的同时，仍较实事求是的总结了国民党军抗战五年的战绩，呼吁国共两党团结抗日。[①] 在此后鲁苏战区面临内外交困，总司令于学忠“众叛亲离”，难以立足之际，八路军仍然多次出手支援，如 1943 年 5 月与于学忠部共同发起讨伐吴化文部的战役等等。

山东八路军“对于友人的方针”，是“争取、教育、帮助、批评、斗争”。具体办法是“严肃自卫，打拉兼施；不破坏统一战线，不失掉自己立场；不占人便宜，也不拿便宜给人占；不逼人上梁山，但也不要把自己挤下崖去；不作人尾巴，但也不‘盛气凌人’”[②]。而“对五十七军（东北军）——应该认识它是一个中间力量，是一个失掉家乡无家可归，没有父母的孤儿，国民党也想把它吃掉，它今天正在徘徊、动摇、矛盾。因之，我们要各方面设法争取从他反共方面把它拉回来，以‘光明磊落’的态度对待他们。我们是老大哥（统一战线的发起人），不能同小弟弟一样小气，小弟弟淘气，我们可以搬着屁股打他一顿。但这一顿打，不是要他死而是要他活；不是要他退步，而是要他进步；不是同他赌气，而是为了教育。这按我们的政策来说，就叫作‘一打一拉’的办法，也是同志们常说的‘斗争团结’”[③]。当然，“争取并不等于麻木，让步并不等于妥协。谁们要因这一句话就对顽固或非顽固的友人，存着幻想，一味让步，那就会害己害人，最后会受到失败的”。根据这些方法，滨海区“要求每一个机关、团体、干部、个人、党员、群众，要尽量多找五十七军的官兵谈话、写信、联络、交涉，以赤诚的心去感动别人。要知道，顽是不固的，今天反共

① 《抗战五周年纪念特辑》，大众日报社编印，1942 年 7 月 23 日。

② 王众音（时任中共滨海地委书记）：《滨海区党的紧急任务——怎样与敌、伪、投、顽、友进行斗争》（1942 年），《王众音同志纪念文集》编辑委员会编：《王众音同志纪念文集》，中共党史出版社 2007 年版，第 400 页。

③ 王众音：《滨海区党的紧急任务——怎样与敌伪投顽友进行斗争》（1942 年），《王众音同志纪念文集》，第 400 页。

反八路，我们工作做好了明天也许会回心转意与我们并肩抗日”[①]。此后不久，由于五十七军事实上的分崩离析，蒋介石趁机取消了该军的番号及军部各机构，所辖两个师残部直接归属战区总部指挥。

“波澜亦是历史事实，正是这诸多波澜的存在才成就了历史的丰富性和复杂性，而对诸多波澜的挖掘也使得历史更趋于鲜活。”[②]从1940至1942年间，国民党鲁苏战区与山东八路军在山东敌后经历了一系列复杂斗争。1941年5月28日，山东分局书记朱瑞向刘少奇并北方局致电，汇报山东境内(主要指山东分局辖区，不包括冀鲁豫区中今属山东省的地区——引者)敌、伪、友顽力量对比情况：“只山东境内友顽军，全部(地方团队在内)不满十七万，伪军六万一千人，敌二万三千人。友顽军中有三分之一系反我并与我经常作战者。”“我军据二月统计，山纵共六万五千七百人，一一五师(朱、彭在内时)约六万余(地方基干队营、连均在内，区、乡、村武装自卫团之常备队等不在内)。”[③]也即山东境内山东纵队及一一五师正规兵力约十二万五千七百人。从山东敌后“三角斗争”总的形势看，国民党军(即“友顽军”)1941年中在兵力总数上(十七万人)较山东纵队与一一五师兵力之和(十二万五千七百人)仍有一定优势，但因其中一贯“反我”之国民党顽军大约只有三分之一左右，因此山东八路军较经常“反我”的国民党顽军数量是有优势的。而经过鲁苏战区五十七军的解体及三次甲子山作战后，鲁苏战区整体士气低沉，至1942年底时，山东国民党军的力量较山东八路军已没有明显优势。

---

① 王众音：《滨海区党的紧急任务——怎样与敌伪投顽友进行斗争》(1942年)，《王众音同志纪念文集》，第400页。

② 把增强：《困局与应对：抗战时期中共精兵简政研究》，人民出版社2020年版，第147页。

③ 《朱瑞关于山东今后工作方针给刘少奇同志的报告》(1941年5月28日)，常连霆主编，中共山东省委党史研究室、山东省中共党史学会编：《山东党史资料文库》第8卷，山东人民出版社2015年版，第242页。

第四章　鲁苏战区及山东省府的撤离与山东国共关系新变化

1943年夏，鲁苏战区（总部及战区主力）和国民党山东省政府离开山东，撤往皖北，使得长期以来山东敌后“三角斗争”①的局势发生逆转。此后，中央军李仙洲部入鲁与八路军摩擦失败，最终放弃入鲁。山东党和八路军抓住了宝贵历史机遇，以于学忠部离鲁和阻击李仙洲部入鲁为标志，实现了重要战略转折，奠定了山东根据地日后发展壮大、我党我军基本控制山东敌后全局的基础。山东省府离鲁后，名义上代替山东省府负责留守省境的秦启荣在与山东八路军的摩擦中兵败身亡，标志着国民党在鲁南敌后六年的经营全盘失败。这实际也意味着至1943年底，国民党正规抗战力量在山东敌后的抗战与坚守已陷入彻底失败的境地。在山东敌后国、共、日伪长期“三角斗争”中，中国共产党及其领导的人民政权和军队取得了基本胜利。

第一节　鲁苏战区的艰难维系及其与山东省府离开山东

1943年以来，国民党鲁苏战区和山东省政府在山东敌后的生存已极为艰难，最终无法维继。该年夏，国民党鲁苏战区总司令部和山东省政府被迫放弃山东，撤往安徽阜阳。此后，在一些国民党方面的著作和一些国民党将领的认识中，常常将鲁苏战区的失败归咎于其与中国共产党的摩擦，认为是八路军逼走了鲁苏战区和国民党山东省政府。如有的国民党人回忆认为“山东省政府及鲁苏战区之离开山东，绝不是被敌人打击走的”，而是共产党“在运用关系，先把五十七军分化了”，战区并不知道是共产党的分化政策，“也顺水推舟的取消了五十七军。次一步，又主使百十一师师长常恩多叛变，于学忠总司令也被他们扣押起来。以后当兵的偷把于总司令放走，这才

---

① “三角斗争”，是中共中央山东分局、一一五师等文件中对山东敌后形势的常见表述。

微服逃回了百十三师。这时,战区的部队在山东已不能继续存在的情形下,才被迫退回了安徽阜阳去的"[①]。有的台湾学者著作称:"鲁苏战区内的国军在日伪军和共军的夹击下,处境日艰";[②]"民国三十二年夏,鲁苏战区和山东省政府在日伪和共军的夹击下,奉命迁至安徽阜阳,此后中共在山东地区的势力益盛"[③]。然而事实却并非如此。

其实自1942年起,鲁苏战区已陷入困境。由于鲁苏战区数万国民党正规军的存在,加之总司令于学忠自卢沟桥事变以来便率部转战南北,与日寇多次血战,声誉卓著,令华北日军将其视为"眼中钉",必欲"除之而后快"。自1942年以来,日军为捕捉鲁苏战区总部和于学忠本人,发动了多次针对于部的围剿行动,其中,出动2万人到10万人的有三次。中共中央山东分局和八路军山东纵队主要领导黎玉回忆说:"抗日战争最困难的两年中,日军虽然把主攻目标对准共产党,但为了对国民党军实行迫降,也对其进行了一定攻击。"[④]1942年2月,日寇集中主力发动"仁集团十号作战",意图歼灭鲁苏战区总部及一一三师,8日晨,日军各兵团突入于部阵地,于学忠被围于圈里地区,山东敌后战场爆发了大规模的"圈里战役",于学忠向日照方向突围,一部向西南方突围,一一三师被迫于"原驻地附近""四散潜伏",随后日军各兵团"逐次分驻""讨伐",对一一三师进行残酷的"冬期肃清作战",日方档案记录该战消灭于学忠部516人,俘虏411人,缴获物资极多。[⑤]2月16日,日寇发起"仁集团十号作战"第二阶段作战,继续"扫荡"圈里、东里店、朴里庄、悦庄于学忠部,后判断于学忠"潜伏"日照北老君堂、莒县东南纸房附近,对之"扫荡",致于部重大损失。[⑥]1942年8月,"日寇组织胶济铁路线的独立第五混成旅团(也叫内田旅团)和独立第六混成旅团,共约15000人,连同新投敌的张步云伪军5000余人,企图包围消灭移驻莒县东三十里坪头村的鲁苏战区总司令部",即日军档案称仁集团"于学忠捕杀"之"八号作战",配大炮百余门,飞机十余架。一一三师与日伪军在唐王山、虎眉山和擂鼓山三大山头,绵延二十余里的战场上展开激烈战斗,史称"唐王山战

---

① 王豫民:《胶莱河畔(十六)》,台北《山东文献》第6卷第1期,第112页。

② 张玉法主编:《民国山东通志》第5册,台北山东文献社2002年版,第3015页。

③ 张玉法主编:《民国山东通志》第5册,台北山东文献社2002年版,第3072页。

④ 《黎玉回忆录》,中共党史出版社1992年版,第176—177页。

⑤ 「支那派遣軍の北支に関する報告」JACAR(アジア歴史資料センター)Ref. C13070316200、北支那方面軍電報綴 昭和17～18年(防衛省防衛研究所)。

⑥ 「支那派遣軍の北支に関する報告」JACAR(アジア歴史資料センター)Ref. C13070316200、北支那方面軍電報綴 昭和17～18年(防衛省防衛研究所)。

役”。[①]该战役中，鲁苏战区总司令于学忠胳膊负伤，鲁苏战区党政分会少将处长张庆澍等战死，战区参谋长王静轩等诸多将官负伤。[②]

进入1943年后，鲁苏战区和国民党山东省政府继续连遭重大打击。该年1月18日，国民党山东省政府委员、鲁苏战区新编第四师师长吴化文率新四师和附属保安部队“约四万人”[③]公开通电叛国投敌，日伪政权大肆宣传，意图借此彻底瓦解鲁苏战区，称吴部作为“鲁境渝军有力部队，现因深感盲目抗战之非”而投诚，“参加大东亚战争，以复兴中国，保卫东亚，故苏鲁战区渝军现已陷入溃灭状态，足证渝军之有识将领，对于今日大东亚战争之意义，已能逐渐理解，而渝方所受之打击，实尤为重大”，封吴为“陆军上将，并任命吴上将为和平建国军山东方面军总司令”[④]，下辖两个军五个师。此后又将所谓“山东方面军改称第三方面军，任命吴化文上将为总司令”[⑤]。吴化文部自1939年春跟随国民党山东省政府主席沈鸿烈进入鲁南后，“曾在沂水、临朐、安丘的接壤处进击日寇，有英勇的表现”[⑥]。但由于受不了敌后生活的艰苦，加之鲁苏战区屡遭日寇打击，生存日渐困难，吴与战区总司令于学忠矛盾又日益加深，最终公开叛变投敌，“到济南发表投敌宣言，大肆叫嚣反共反八路的可耻滥调”[⑦]。

鲁苏战区吴化文部伪化投敌后成为山东伪军头号主力，该部人数众多，战斗经验丰富，且非常熟悉国共两党在山东敌后的情况，对山东敌后国共两

---

① 李景圻：《圈里、唐王山和城顶山抗日作战亲历记》，政协临沂市委员会编：《临沂文史集粹　第1辑 政治军事卷》，山东人民出版社1997年版，第401—403页；「支那派遣軍の北支に関する報告」JACAR（アジア歴史資料センター）Ref. C13070316200、北支那方面軍電報綴昭和17～18年（防衛省防衛研究所）。

② 李景圻：《圈里、唐王山和城顶山抗日作战亲历记》，《临沂文史集粹　第1辑　政治军事卷》，第405页。

③ 实际两万余人。

④ 《苏鲁区渝军重要将领吴化文等率部来归　“国府”任吴为山东方面军总司令》，《京报》1943年1月19日，第1版。日伪新闻报道中所称“渝军”，指重庆国民党政府在鲁部队。

⑤ 《吴化文上将任第三方面军总司令》，《晨报》1943年7月30日，第1版。

⑥ 王士元：《抗战期间山东见闻之回忆（下）》，台北《山东文献》第1卷第3期，第96页。

⑦ 抗战时期八路军山东根据地出版的书籍指出：沈鸿烈离鲁后，吴化文“即归于于总司令指挥。这一时期中，他因几次想当山东省主席、军长和十二区专员未果，怀恨在心，加以醉心反共战争，与日寇汪逆异曲同工。因此投敌的念头就愈加明朗，与日寇的关系也更加密切。一九四二年敌寇对北沂山区发动军事‘扫荡’时，他就在日寇的军事威胁与政治拉拢双管齐下，和三个潜伏在该部的日寇特务分子，开始进行关于投降叛国的秘密谈判；十月间，吴逆又派国民党山东省政府保安处长宁春霖去济南、北平、南京等地，与日寇汪逆进一步商讨投降的具体办法和条件；今年一月初，宁春霖由南京返鲁，当即领着汪逆和济南敌寇的代表，在吴逆驻地附近流水庄与吴逆见面，十九日，可耻的投敌谈判全部完成，吴逆乃最后地公开了日寇忠实走狗的面目，到济南发表投敌宣言，大肆叫嚣反共反八路的可耻滥调，并受敌寇委任伪和平救国军（准确名称应为“伪和平建国军”——引者）山东方面军总司令，宁春霖为副司令”。载《国民党叛国投敌的党政军要员概况》，山东新华书店1944年版，第29—30页。

党的抗战形势都造成了极为不利的影响。延安新华社发文痛斥吴部的叛国投敌行径。[①] 吴部投敌后,倚仗日寇支持,对鲁苏战区和八路军根据地进行了疯狂摧残。"率属下四万之山东方面军精锐,布队阵于鲁南地区,日夜挺身击灭蒋共军。"[②]吴部首先引领日军全力围剿鲁苏战区于学忠部和国民党山东省政府,取得所谓"极大战果",在国民党于学忠部多次遭受重创后,吴部竭力配合日军残杀八路军山东抗日根据地军民,实行残忍的"三光政策",在八路军根据地、游击区制造了震惊全国的沂鲁"无人区",暴行累累,双手沾满了山东抗日军民的鲜血。八路军山东军区集中主力于 1943 年夏至 1944 年春先后三次发动"讨吴战役",给吴部以沉重打击,第三次"讨吴"战役后,吴部主力已丧失百分之八十,在八路军沉重打击下,吴部军心涣散,部队成建制逃亡。1945 年 5 月,吴化文率数千残部在日军掩护下逃离山东,撤往安徽蚌埠。

吴化文部的伪化,对国民党鲁苏战区及山东省政府的打击是致命的。抗战时期山东省政府高级官员刘道元(曾历任省教育厅长、政务厅长等要职)在与吴的长期交往中发现:"他(指吴化文——引者)有一个特点:他不相信任何人,因之有任何人不会相信他的意识,潜藏于他的脑海深处。由于他的此一意识之作祟,他与历任省主席打交道,在军事上以至政治上都发生了重大影响,最后山东省政府竟为吴所倾覆。"[③]"自三十年(1941 年——引者)开始,吴和于总司令(学忠)及五十一军不睦,到处宣传于氏歧视他。其实是准备投敌的借口罢了。卅一年冬季,即实行叛变投敌,专打五十一军、省政府、及战区司令部。"[④]吴化文师长期直接负责山东省政府的保卫工作(此时山东省政府主席已由于学忠的部下,原五十一军军长牟中珩于 1942 年 1 月 9 日接任),加之他与于学忠关系不睦,吴部投敌后,马上亲自引导日军捕捉鲁苏战区总部和国民党山东省政府,必欲致于学忠和省府于死地。由于吴化文熟悉鲁苏战区和山东省政府内情,对各机关驻地位置、兵力部署等了如指掌,因此对鲁苏战区在山东敌后的立足造成了重大危险。1943 年 2 月发生在安丘的城顶山战役,给鲁苏战区造成了沉重打击:该年 2 月 17 日起,在吴化文伪军的引导下,"日军以山东派遣军第十二军司令土桥一次为首,调集青岛、潍县、张店、济南和临沂等地的独立第五、第六、第七混成旅团一部,

---

① 《吴化文投敌的前前后后》,《解放日报》1943 年 4 月 19 日,第 3 版。

② 《挺身击灭渝共军　治军方针在教育向上　吴化文将军谈》,《青岛大新民报》1943 年 7 月 6 日,第 2 页,青岛市档案馆藏,案卷号:D000238 - 00012 - 0031。

③ 刘道元:《抗战期间吴化文与山东省政府》,台北《山东文献》第 13 卷第 3 期,第 68 页。

④ 王士元:《抗战期间山东见闻之回忆(下)》,台北《山东文献》第 1 卷第 3 期,第 97 页。

连同吴化文伪军共有25000余人，发动了'拉网包围'大'扫荡'，企图消灭鲁苏战区及其主力一一三师。20日凌晨(农历正月十六)，敌人向城顶山一带大举进犯，炮声枪声响成一片，包围圈逐渐缩小"，师司令部及六七八团被困在城顶山的垓心，官兵据险死守，后组织突围。但由于吴化文伪军熟悉山势地形，故布疑兵，在山沟要道布置多层伏兵，构成了方圆百余里的大火网，师部下令分头突围，弃山入谷误中埋伏，不仅伤亡惨重，且多被俘获。城顶山战役中，战区主力一一三师几乎被打散，师部最终作了紧急疏散。鲁苏战区政治部主任周复中将战死，一一三师少将参谋长张植枰重伤，为不拖累部队突围速度，毅然举枪自戕殉国，六七八团团长刘斌阵亡。一一三师师长韩子乾、鲁苏战区挺进第二纵队司令厉文礼被俘后投敌，做了汉奸。[①] 作为抗战以来国民党政工主官阵亡军衔最高者，周复中将[②]牺牲后，被国民政府追晋陆军上将，蒋介石亲发长电文悼念，并"勉政工人员应以周故主任为楷模"[③]。

城顶山战役后，鲁苏战区上下对吴化文叛国投敌、并引导日军围剿总部之行为恨之入骨、愤怒异常。五十一军军长周毓英面告省政府主席牟中珩说："请你把省府各机关暂撤离此处，我要和吴逆化文决一死战！""此后血战数月，互有重大伤亡。"[④]

1943年5月12日，沂源唐山董家峪之战，战区总部副官处少将处长魏凤韶为掩护于总司令突围头部中弹阵亡，总部军务处少将处长李子衡负重伤，其他官兵伤亡二三百人。一一三师损失也很严重，少将参谋长张少舫、团长曹龄厚先后殉国，伤亡官兵1500余人。总部被迫几经转移，于5月下

① 李景圻：《圈里、唐王山和城顶山抗日作战亲历记》，《临沂文史集粹　第1辑　政治军事卷》，第406—407页；胡博、王戡：《碧血千秋　抗日阵亡将军录》，武汉大学出版社2013年版，第223页。

② 周复虽为军统分子，对共产党和统一战线一向态度不够友好，在"二一七"事件后也曾欲置万毅等人于死地，但最终为国捐躯，在民族大义上是无亏的。日伪政权报纸《晨报》(北平)1943年7月8日第1版《渝鲁苏战区政治部主任　周复伪中将在鲁阵亡》报道："据重庆来电，伪渝府军事委员会发表称：鲁苏战区政治部主任周复中将，于本年二月二十一日在山东省方面战斗时阵亡，事变以来于多数政治工作员之牺牲中，中将级之阵亡者以该氏为首云。"

③ 《某战区政治部主任　周复中将殉职　蒋委员长勉政工人员　应以周故主任为楷模》，《大公报》(重庆)1943年6月11日，第2版。该年11月5日，国民政府在重庆"抗建堂"为周复将军举行隆重追悼会，载《死重泰山　昨在抗建堂举行周复追悼会》，《中央日报》(重庆)1943年11月6日，第3版。

④ 王士元：《抗战期间山东见闻之回忆(下)》，台北《山东文献》第1卷第3期，第97页。

旬抵达蒙阴县坡里镇望东海村。[①] 为抵抗日伪军进攻，保护总部安全，于学忠命令五十一军六八三团迅速撤离马头崮向总部靠拢。六八三团行至贾庄时，遭日伪军一万余人阻击。团长张本枝率全团官兵乘夜突围，抢占村西三宝山有利地形，据险固守。"天刚亮，日伪军乘六八三团立足未稳，向三宝山发起强大攻势。六八三团连续 3 次击退日伪军进攻，阵地前的山坡上日伪军尸体累累。据当事人回忆，敌人打扫战场后，日伪军尸体足有 2000 多具，在崖子河沙滩上垛了 3 大垛，浇上汽油焚烧了两天，火仍不熄；伤员拉了好多汽车。中午时刻，日伪军调来飞机配合，每次有二三架飞机在山顶盘旋，狂轰滥炸。因山顶上仅有人工修的围墙工事（过去老百姓防土匪修的），并没有防空掩体，六八三团伤亡惨重。"官兵弹药耗尽，便用刺刀和石块与敌人肉搏，"张本枝团长和二营营长两人都用最后一粒手枪子弹射向自己的头部，壮烈殉国。山上尚存活的 100 多士兵全部被俘"[②]。第二天，日伪将被俘 300 余名六八三团士兵（包括途中截俘的 100 余人）全部用绳索捆绑，每次拉出 7 人，用战刀砍杀，砍死 48 人后，由于一名战士未被砍死，反而挣脱逃跑[③]，日军指挥官迷信"这一个跑掉了，其余人也不该死了"，遂将剩余 200 余人押往济南关入集中营。[④]

六八三团团长张本枝是东北军中的顽固派，多次蓄意破坏山东国共关系，曾于 1941 年 4 月 25 日制造杀害干部、群众七十七人的"四二五"边联惨案[⑤]；1941 年 10 月 27 日又突袭中共鲁南区党委驻地银厂村（当时属四县边联县，今属兰陵县车辋镇），活埋杀害中共鲁南区党委书记赵镈同志等多人，制造了骇人听闻的银厂惨案，欠下了中国共产党抗日军民一笔血债。而他最终率领全团官兵于三宝山与日寇死战到底，全军覆没，掩护了战区总部的转移。他本人力战殉国而死，应算是功过分明，不失为抗日军人。

1943 年 4—5 月日伪军数万人对鲁苏战区进行歼灭作战时，山东八路军曾配合作战，以伤亡一个连的代价，掩护第五十一军跳出合围圈。于学忠

---

① 郭文明：《六八三团官兵殉国始末》，政协临沂市委员会编：《临沂文史集粹　第 1 辑　政治军事卷》，山东人民出版社 1997 年版，第 410 页。

② 郭文明：《六八三团官兵殉国始末》，《临沂文史集粹　第 1 辑　政治军事卷》，第 410—411 页。

③ 未被砍死的名叫王清芝，后来参加了八路军，转业后在上海工作。参见《六八三团官兵殉国始末》，第 412 页。

④ 郭文明：《六八三团官兵殉国始末》，《临沂文史集粹　第 1 辑　政治军事卷》，第 411 页。（此材料是蒙阴县政协据高永忠、宋增贵、高圣恩等六八三团幸存者口述整理。三人被俘后曾被日军关押于济南的集中营。）

⑤ 本书第三章第二节已述。

率战区总部也一度退往八路军防区。在八路军配合下，鲁苏战区各部苦战十几日，突出日伪军重围，“战区总部移至莒（县）日（照）边，活动于以坊子为中心，东起两城，西至照贤，方圆 100 余里的地区，西部山区几乎全部放弃”。[①] 此时，鲁苏战区入鲁时的两个正规军损失惨重，战区困处敌后，“兵员械弹补给困难”，去阜阳汤恩伯军处领取，“远程跋涉，时遭袭击，人员械弹消耗甚多，得不偿失；能济军用者，只有夜间空投纸币一途，但此乃末节，无补全局”[②]。据当时在鲁苏战区总部工作的李希章回忆：

> “战区总部系非作战单位，由米镇西特务团警卫（该团由营扩编，尚未全额）。党政分会组织庞大，多系非战斗人员，米部也无力保卫，因此，有情况时只好疏散，时间一长，形同虚设。党务处长在吴化文投敌前已自请疏散，该处只余空名。军务处长、总务科长均已阵亡，所余人员甚少。剩下的只有机要科，虽有科长，亦无事干。
>
> 抗日作战，须有实力，但如上所述，连抵抗伪军也嫌单弱，还谈什么抗日！况且兵员补充、械弹补给无不极端困难。为此，总座（指于学忠——引者）据实电告军事委员会，候示待命。身为战区统帅，走此一着，实属万不得已。”[③]

在屡次遭到日伪军沉重打击，尤其吴化文部叛变，引导日军捕捉鲁苏战区总部后，于学忠所部伤亡过半，不少部队基本丧失建制，分崩解体，此时已难以在山东敌后继续维系。

1943 年 4 月，沂蒙山区发生大饥荒，“草根树皮野菜都吃光，军民陷入极大的痛苦，人民饿死的不计其数，青壮都去参军，老弱由于缺乏营养，饿死在家中，都无人埋葬，死尸四溢，老鼠啃尸，惨状无法形容。由赵执吾旅长率领，与日军在临朐发生遭遇战，赵旅长带队退至沂水边境，官兵已三天没有吃饱，旅长命令士兵到村庄找寻能吃之物，当时只抓到一条狗，经带回杀掉，才发现狗瘦无肉，仅仅皮包骨头，不能吃。在不得已情形下，旅长忍痛把他的爱马交出，命士兵杀掉，剥皮入锅烹煮，马肉还未煮熟，已被士兵抢食殆

---

① 孙占元、杨明清主编：《山东重要历史事件　抗日战争时期》，山东人民出版社 2004 年版，第 267 页。

② 李希章：《于学忠部五十一军始末》，沂水县政协文史研究委员会编：《沂水县文史资料》第 5 辑，1989 年版，第 77—78 页。

③ 李希章：《于学忠部五十一军始末》，《沂水县文史资料》第 5 辑，第 76—77 页。

尽”①。此场景为退到台湾后的国民党人回忆片断，由此可见战区当时之困难。

1943 年 6 月 6 日，鲁苏战区主力第一一二师副师长兼鲁南游击总指挥荣子恒“觉悟抗战之非”，率一一二师一部及鲁南地方游击部队约两万余人公开投敌，“向全国发出和平通电”，“堂堂参加和平阵营”，出任汪伪政权第十军军长。荣子恒公然称“救中国之道在与友邦日本停战，击灭成为中国公敌重庆及使唆其之英美，并剿灭共匪外无他途”，“鲁苏战区残余军之全面崩溃，不过时间问题而已”②。投敌后的荣子恒积极配合日军攻击鲁南八路军根据地，八路军鲁南军区亦多次对荣部发起打击，最终于 1945 年 2 月全歼荣部，击毙荣子恒于泗水城。③

荣子恒率众在战区危难之际叛变投敌，再次对鲁苏战区军力及士气造成了致命打击。

而牟中珩的山东省政府早已破败不堪。1942 年春，鲁苏战区在圈里遭受日军重创，此时，牟中珩接手省政府主席时间未久，“新旧交替之际，一切尚无头绪，军事上既未及妥切布置，政治上亦稍有凌乱之感。虚空脆弱，遂致敌人突至，仓皇无措：又加战区方面军事紧急……基此种种内因外素的影响，刹那间，省府几成摧枯拉朽，风扫残叶一般的飘摇之势。这是东里店后的省府二次危局”④。“为了应付当前的危机，利用各种有效的方式与敌周旋数日后，省府为避免遭受意外的损失，便于旧历元旦，在五十一军一部兵力(除省府直属之精卫大队外，尚有五十一军之补充团等部队之护卫)的协助下，暂行采用了辗转游击的途径，分队向东南四十余里的沂山左近移动。因敌人的纷路追击与窜扰，省府至蔡峪等处遭遇敌情时，迫于情势的危急，不

---

① 翟醒宇:《山东抗战杂忆》，台北《山东文献》第 27 卷第 2 期，第 6 页。

② 《鲁苏战区已濒崩溃　荣子恒中将参加和运　“国府”任命为暂编第十军军长》，《新天津画报》1943 年 6 月 7 日，第 1 版；《鲁苏战区将崩溃　感奋日本道义精神　觉抗战名义丧失　荣将军参加和平经纬》，《青岛大新民报》1943 年 6 月 7 日，第 1 页，青岛市档案馆藏，案卷号:D000237 - 00013 - 0011。

③ 国民党荣子恒部伪化投敌后，盘踞在鲁南崮口地区。1944 年 5 月，八路军鲁南军区发起讨伐荣子恒战役，给予荣部重创。此后荣部退入费县城固守。1944 年 11 月，日寇调荣部移驻泗水城。山东八路军决定彻底消灭荣子恒部。1945 年 2 月 3 日，八路军鲁南军区部队攻克泗水城，全歼荣部，击毙了荣子恒，结束了他反共卖国的一生。山东党的机关报《大众日报》详细报道了“八路军鲁南主力三团和鲁中三军分区两个团，在我地方武装和民兵的配合下”解放泗水城，击毙荣子恒的经过，参见《攻克泗水城　歼灭荣子恒》，《大众日报》1945 年 2 月 12 日第 3 版。“伪十军军长荣子恒被我们的战士用刺刀穿死”，“伪十军三师师长朱级勤和泗城伪县长李香亭夫妇在这里做了俘虏”，相关照片载《攻克泗水城　打死伪军长荣子恒》，《山东画报》1945 年第 25 期。

④ 李继昶:《八年抗战之山东(五)》，台北《山东文献》第 3 卷第 1 期，第 149 页。

得不再作紧要的措置。首为分散敌人攻击目标，在雨雪中化整为零。于是大部分的公务人员，只好另行转进的转进，疏散的疏散，潜伏的潜伏，直有半月的时间，都抓紧在沂山的岗峦上，簇松的啸风下，重开了层层云雾，带起坚决牺牲的精神，踏着雪，紧着肚皮，用僵硬的手脚，铁的心，向窜山的敌人昼夜奋斗，挣扎。这是人间一部紧张的节奏，是生与死的最后斗争！是省府一度转战行军的历历惨影。”①刚刚改组不久的山东省政府又经历了一段流离失所的艰难时期。

1943年初吴化文率新四师投敌后，省府失去了此前数年间主要依靠的武装力量和屏障，成为惊弓之鸟。“省府因久为新四师所保护，数年来辗转南北，作战东西者，未曾一日稍离，虽自牟主席到任，始换一部的五十一军警戒，然迄仍与新四师紧相联防；新四师（师部在悦庄西北八里之张家庄）驻悦庄，南麻和鲁村的盆地一带，省府则在洛庄，栗行和吕匣店子的山峪附近，遥对着相去不过十余里，且为省府西部的唯一外围，省府之一时高枕无忧者，可谓新四师亦与有力焉！所以三十二年（1943年——引者）的一月，新四师突形叛变后，因其他部队的尚未调至，西防顿告空城，省府首先受到影响，手忙脚乱，慌张万分。”②为躲避日伪军的攻击，省政府机关仓皇由沂山北麓移往沂山南麓的于沟、九山一带，又失散了一些干部，一部分被俘，一部分逃散，“经此磨难，使本来已无多少业务可言的省政府，又陷入了半死半活的蛰势局面”③。当事人忆称，省府“以情况的突然发生，及行军的仓促，于彼此联络的疏断隔绝中，竟有少数的公务人员曾遭俘虏，另有若干的亦无形离散；同时且以现移至地区，东界沂青公路（仅距二三十里）甚近”，南离中共控制区“亦不远，局势所限，风飘雨摇，不惟人心不安，抑且以干部的损失，致碍于行政推展者多多矣！这是省府数年来局势的愈陷艰危的起端！”④

山东省府在沂山南麓的各村中亦未敢驻扎太长时间，由于当时山东敌后共产党与国民党之间摩擦不断，八路军“连起的由东南向沂山间”继续推进，与国民党鲁苏战区和山东省府所属各部交战激烈，“在四处炮声隆耳，与火光熊天之中，省府于西南所驻的战区，同遭全面的犯扰；省府尤以东偏外围，活动地区素极狭小……大有陷围与窒息之势；且本身亦非战斗团体，自卫力量又薄，临阵移动殊感不易”，故“牟（中珩）主席亲率大部冲过沂青、台

① 李继昶：《八年抗战之山东（五）》，台北《山东文献》第3卷第1期，第149—150页。

② 李继昶：《八年抗战之山东（七）》，台北《山东文献》第3卷第3期，第141—142页。

③ 孙占元、杨明清主编：《山东重要历史事件 抗日战争时期》，山东人民出版社2004年版，第264页。

④ 李继昶：《八年抗战之山东（七）》，台北《山东文献》第3卷第3期，第142页。

潍两公路东进，其余各部有就地潜伏沂山者，更有深绕敌后游击者；总之，省府的干部及工作人员，经此次移动后，已愈无形的扩大了分散范围；除牟主席与多数人员，分布莒日两县外，其在安丘昌乐者有之，在临朐沂水者亦有之；这是省府各部自东里店后，复次较长的分散时期”①。牟中珩率省府部分职员转进沂青、台潍路以东，“讵料因情况紧急，途遭扰阻的关系，各部遂只得分别移转，因致联络上互为中断；迨至五月间，牟主席到台潍路东莒县之石崮(在桑园庄东十里)时，省府各厅处间，仍尚未取得密切联系，与设法集中，(当时随牟主席行动者，有秘书保安两处，财政厅及会计室等)，是以省府在东山区迄未能正式办公，几至有关行政的多半工作，一时均似停顿”②。

半年来被日伪四处追赶，又因山东国共关系的恶化而历经“四处炮声隆耳，与火光熊天”、流亡不定的国民党山东省政府此时已是有名无实，既无力掌控各地政权，也无力推行省政。山东省政府仍坚守在省内办公，更多剩象征与精神意义。

鲁苏战区总司令于学忠向国民政府中央“屡陈鲁省险况，催请援军迅进”，但以“援鲁各军经年未到，到达愈晚，恢复愈难，职无命令誓不离鲁，自身毫无顾虑，惟瞻望战区前途，不无杞忧，乞鉴核”③。5 月 31 日，于学忠又电“请饬李仙洲部主力赴援，暨派机飞送粮弹”，称：“我各部进退无据，有被全歼之虞。本部省府虽脱险于前，亦恐难逃于后，冀察、苏北之前辙，思之怵然，加以食粮罄尽，青黄不接，官兵恒终日不得一饱，形势尤为严重，时至今日，本战区已至生死关头，为解救目前计：(一)请转饬李总司令④速以主力进至蒙山以北。(二)请饬派机速送弹药，以鼓士气，事急情迫，务恳俯鉴。”⑤

1943 年 6 月，国民政府军委会终于以“鲁苏地域远悬敌后，补给困难，形势日益险恶，而区属各部又因历年作战需待整补”为由，令鲁苏战区总部及其主力离开鲁南，撤往安徽阜阳⑥，令中央军嫡系李仙洲部尽快入鲁接防。1943 年 7 月上旬，于学忠不等李部入鲁接防，即开始全面撤离。战区总部及所属部队撤离过程中，须经过日军严密防守的津浦路等交通要道和重要防线，由于日伪军的堵截，造成损失极大：“在转移途中，迭遭敌伪截击，战区参谋长王静轩、第五十一军军长周毓英、山东省保安处处长高仁绂均受伤，

---

① 李继昶：《八年抗战之山东(七)》，台北《山东文献》第 3 卷第 3 期，第 142 页。

② 李继昶：《八年抗战之山东(七)》，台北《山东文献》第 3 卷第 3 期，第 142—143 页。

③ 《蒋中正“总统”档案　事略稿本》第 52 册，台北“国史馆”2011 年印行，第 636—637 页。

④ “李总司令”：指李仙洲。

⑤ 《蒋中正“总统”档案　事略稿本》第 53 册，台北“国史馆”2011 年印行，第 471—472 页。

⑥ 胡璞玉主编：《抗日战史　鲁苏游击战》，台北“国防部”史政局编印，1966 年版，第 21 页。

第一一四师师长黄德兴、副师长王松元阵亡。”[1]至 8 月上旬，总部及各部陆续到达皖北阜阳。该年 11 月，国民政府军委会对鲁苏战区处置如下：“鲁苏战区总司令部暂驻皖北之阜阳，所属主力在阜阳及太和一带整补，一部配合地方部队，于鲁西、胶东、皖北及战区全面，积极破坏敌后交通，摧毁伪政权，并尽量牵制消耗敌人于战区以内，藉备而后国军主力反攻之策应。”[2]

鲁苏战区总部及主力在山东敌后奋战五年，虽然与八路军有过严重摩擦，但总司令于学忠及所部官兵在面对日寇的绝大多数时间表现出抗战勇气与牺牲精神。鲁苏战区在山东敌后的抗战功绩应该为历史、为后世所铭记。正如中国社会科学院王建朗研究员在《抗战研究的方法与视野》一文中所说：“对于世界来说，中国只有一个。过度的相互指责，只会削弱中国抗战的世界评价。抗战胜利已经过去 70 年了，如果说最初关于这一问题的争执事关执政合法性与政局走向，在 70 年后的今天，这一影响因素已大大淡化，我们更有可能从民族视角国家视角来观察那场战争。在那场战争中为中华民族的生存而浴血奋战的中国军队，无论姓国，还是姓共，都是中华民族的军队。”[3]

据时任山东省政府主席牟中珩（原鲁苏战区五十一军军长、于学忠部下）回忆，于学忠率战区离鲁前，“在总部对我说：‘蒋介石发来这封电报，再不出鲁不行啦！你山东省府亦很难单独留在鲁南，亦须随同出鲁。’我们决定一同率军出鲁，到达安徽阜阳，成为一个流亡省政府”[4]。山东省政府跟随鲁苏战区部队五十一军一一四师一同转移。至此，自 1938 年 1 月沈鸿烈接替韩复榘担任山东省政府主席起，山东省政府在山东敌后坚持了近六年的时间后，亦随战区部队撤往皖北，成为在省外办公的流亡政府。实际上自 1941 年秋沈鸿烈去职后，山东省政府的职能已日渐瘫痪，其在沂蒙立足已深为不易，更无力统御全省。随着担负省府保卫工作的吴化文部投敌，及日寇对鲁苏战区总部的不断打击和捕捉，山东省政府已失去在山东敌后生存的条件，再不出鲁，是很有可能被日伪彻底捕捉消灭的。而一旦鲁苏战区部队出鲁，山东省政府也无力单独在沂蒙立足。由此，山东省政府在鲁苏战区总部及主力离鲁的情况下，跟随战区部队一同出鲁，几乎成为当时唯一的可行选择。

---

① 胡璞玉主编：《抗日战史　鲁苏游击战》，台北“国防部”史政局编印，1966 年版，第 22 页。

② 胡璞玉主编：《抗日战史　鲁苏游击战》，台北“国防部”史政局编印，1966 年版，第 21 页。

③ 王建朗：《抗战研究的方法与视野》，《抗日战争研究》2016 年第 1 期。

④ 牟中珩：《回忆于学忠将军》，政协天津市委员会文史资料研究委员会编：《天津文史资料选辑》第 52 辑，天津人民出版社 1990 年版，第 32 页。

在于学忠部连遭日寇打击时，八路军曾伸出援助之手，数度允许于部进入八路军防区。“2 月间，于部遭敌‘扫荡’时，八路军曾予配合，允许于部退入八路军防地，于学忠因此对八路军态度转好。罗荣桓因势利导，派人疏通，3 月间做到互派代表联系，4 月间约定恢复电台联络……”[①]3 月 20 日，山东分局和一一五师政治部致电各区党委、各军区并报中共中央、北方局、军委、集总：“敌最近连续‘扫荡’于学忠战区。二月中旬，百十三十韩子乾部、十二纵队厉文礼部遭受惨重损失。韩子乾、厉文礼等被俘。鲁南五十一军在‘扫荡’中亦受重大损失。估计这一方面是李仙洲入鲁引起敌人对友军的破坏，企图使李部入鲁失败。目前友顽军的重大削弱，客观上更加重我们的负担，使我更处孤立不利”，随后提出四点办法，试图恢复和发展与友军的联络关系，疏通团结、合作抗战，以“恢复旧好”。并明确指出“这一工作应以东北军为主要对象”[②]。双方由“八三事件”和甲子山作战后的紧张关系得到了恢复与缓和。于部撤离山东时，罗荣桓与于学忠进行了联系，命令八路军部队“开绿灯”，以烟火为号，由八路军接防，并商定于部撤离路线可以通过八路军防区坦埠(位于沂水与蒙阴交界处)和旧寨(坦埠以西)两地。[③] 当然，由于 1942—43 年间山东八路军根据地被日寇围剿“扫荡”而进行反“扫荡”作战，自身遭遇很大困难，在 1943 年鲁苏战区迭遭日寇重大打击时，八路军确实没有办法施以得力的军事援助以避免鲁苏战区的失败。综上所述，将鲁苏战区在山东的失败归咎于其与山东八路军的摩擦，显然是难以令人信服的。八路军在鲁南、鲁中面对鲁苏战区顽固势力的挑衅时，的确进行过反击，但这并非是鲁苏战区在山东无法立足的根本原因。鲁苏战区失败的原因是复杂的，其中固然有国共摩擦的因素，然而国民党内部的矛盾，如于学忠与吴化文因地盘、军饷分配等的争执也是原因之一。吴化文的叛变投敌对其打击是致命的。鲁苏战区部队自身始终无法适应敌后特殊环境，坚持采取正规军、正规战的方式与日伪作战，以致屡屡损失严重，也是重要原因。而日寇对鲁苏战区于学忠部的反复、集中的捕捉与打击，则是其最终无法在山东敌后立足的直接原因。

国民党方面认为，自此“山东第二个黑暗时代”“到临”：“这是省府最终的正式与全省父老作挥泪之别！从此踏上了省外抗战之途！同时在省内，这是山东抗战后第二个最危急而且最混乱黑暗时代的到临！以军政指挥领

---

① 《罗荣桓传》编写组：《罗荣桓传》，当代中国出版社 2015 年版，第 183 页。

② 黄瑶主编：《罗荣桓年谱》，人民出版社 2002 年版，第 298—299 页。

③ 牟中珩：《回忆于学忠将军》，政协天津市委员会文史资料研究委员会编：《天津文史资料选辑》第 52 辑，天津人民出版社 1990 年版，第 32 页。

导的双重中心暂时俱失，就只凭这三千八百万的同胞，及这唯有少数弹援殆尽的游击部队，在这极度困窘与凶恶的环境中，左冲右杀，前仆后继的来维系这点仅有抗战的命脉。”①

当时的国民党内亦有人对鲁苏战区离鲁后，中共将控制其在沂蒙的抗日基地有所认识。在于部离鲁途中，山东省参议会参议长孔繁蔚 1943 年 7 月 21 日致电国民政府中央，要求国民政府“请于总司令停止西移，并饬 92A（即李仙洲部第九十二军——引者）兼程东进”，电文称：

> “自鲁苏战区总部奉令率部西移，沂蒙山区一带支柱顿失，地方团队虽力谋联合自卫，终觉力单势弱，不能持久。查胶济路线所驻敌寇陆续他调，预料在短期无力向山区作大规模进犯，趁此时机派国军一部前来填防，即少数兵力亦可从速布置，保此抗战基地，再各地方团队对策应国军控制地方实具极大功用，假如时间过晚，地方团队遭受摧毁，日后国军再来，人地不熟，亦易陷孤立无援，进退维谷之境，河北之可资借镜，且日来‘奸匪’分股南犯，对我抗战基地形成夹击燎原之势，迫在眉睫，如援军驰到，尚可遏阻，否则地方团队即有被各个击破之虞，为抗战建国前途计，鲁南山区根据地必须保持，用敢电请钧座饬令于总司令停止西移，藉收驾轻就熟之效，以保沂蒙山区，并饬在滕费边境之 92A 兼程东进应援，以挽危机而慰民望。”②

孔繁蔚认为，鲁苏战区一旦离鲁，中共军队必将对其在鲁南原有的“抗战基地形成夹击燎原之势”，所留“地方团队”根本无力与之对抗，国民党在鲁南山区苦心经营多年的抗战基础将全部丧失，山东全局形势也将不可逆转，日后“国军再来”亦将极为困难。

抗战时期曾任省教育厅长、政务厅长的刘道元事后反思认为，当时鲁南国民党军政首脑机关及其部队虽遭受重大打击，但是基本力量仍存，其与中国共产党山东敌后力量虽屡有摩擦，有时还很激烈，但中共武装是不会与日伪军一起出兵攻击省府的，因此对他和国民党山东省政府“抛弃”山东“三千八百万省民”而“率先撤退”颇感愧疚。也即在刘看来，鲁苏战区及山东省府虽然处境艰难，但仍不应该贸然放弃坚持已久的鲁省敌后斗争局面而撤离。他说道：

---

① 李继昶：《八年抗战之山东（七）》，台北《山东文献》第 3 卷第 3 期，第 146—147 页。

② 《蒋中正“总统”档案　事略稿本》第 54 册，台北“国史馆”2011 年印行，第 138—139 页。

"抗战还未胜利竟先离开，俟抗战胜利后再回来，虽不是前功尽弃，却有未竟全功之失。在心理上是难以释然的！

再次最感歉疚的是领导全省抗战，为三千八百万省民所信赖的省政府，竟不顾十四个行政督察专员，一百零八个县长以及若干游击部队司令之仍在境内对日寇和八路作战，竟然率先撤退，固然是奉命行事，确属有失袍泽之谊，而且此举对全省军民造成无法承受的一大震撼！

复次，省级各机关公务人员，在敌后作战五六年，生活是紧张的，工作是繁复的，精神是奋发的，不畏寒暑，不怕雪雨，日夜在备战中。撤至皖北，仍在战区，却不是前线；仍然指挥全省，却不是处于同一环境；仍然在对日抗战，却不与作战官兵同甘共苦！是以每次接见境内出来到阜阳向省政府述职的人员，心里即有对他们不起的感觉。"①

国民党鲁苏战区总部、主力及山东省政府离开山东，不止丧失了山东民心，也彻底丧失了抗战时期国民党在山东敌后对八路军的战略优势与对峙能力，而这种影响一直持续到解放战争时期。

第二节　中国共产党对"李仙洲部入鲁"②的应对策略

鲁苏战区和国民党山东省政府的离鲁，并不意味着国民党中央要放弃山东敌后，相反，其试图通过中央军李仙洲部入鲁接防于部来挽救国民党在山东的局势。而鲁苏战区和山东省政府的离鲁，则确实给中国共产党彻底扭转山东敌后长期"三角斗争"中的不利局面创造了历史性良机。八路军和山东分局也成功把握住这一历史机遇，取得了在山东敌后"三角斗争"中的优势局面。

全国抗战后期国民党中央军李仙洲部入鲁，是在鲁苏战区总司令于学忠率战区总部及主力、国民党山东省政府离鲁的同时，国民党中央为挽救其在山东敌后及整个鲁苏战区倾颓局势的重要战略部署，对山东敌后日伪、中共、国民党长期"三角斗争"形势产生了重要影响。中国共产党对李仙洲部入鲁的应对策略存在一个变动过程，从初期的"欢迎""疏通团结"发展到制

---

① 刘道元：《抗战期间山东未曾沦陷(下)》，台北《山东文献》第12卷第4期，第25页。

② "李仙洲部入鲁"，国民党人又称"李仙洲部回鲁"，如《王子壮日记》(手稿本)，因李仙洲是山东人之故。

定“顶李送于”方针，到此后的全力阻击李仙洲部入鲁，其对李仙洲部入鲁态度的变化，是由鲁苏战区形势的复杂变化决定的。目前学界对于李仙洲部入鲁的背景，及1943年中国共产党对李仙洲部入鲁的应对策略的转变过程及其原因，尚未进行系统研究。大陆方面已有研究散见于山东一些地方党史著作中，仅仅叙述了山东八路军“顶李送于”方针及八路军阻击李仙洲部入鲁的军事战斗过程，且各篇叙述大同小异。① 实际上，中国共产党并非在一开始就不同意李部进入山东。中国台湾地区则完全指责八路军阻击李仙洲部入鲁是“破坏抗战”，并将国民党两大敌后战区之一的鲁苏战区失败的原因归咎于共产党。本节利用山东省档案馆一手原始档案、民国报刊、台湾文献及亲历者回忆等，对全国抗战后期中国共产党对“李仙洲部入鲁”的应对策略的转变过程及原因进行研究，以期澄清史实，对抗战时期山东敌后日伪、中共、国民党“三角斗争”形势及鲁苏战区的失败原因有更深入的认识。

一、李仙洲部入鲁与中共的初步应对

中央军李仙洲部入鲁，对国民党中央来说，其政治象征和实际战略意义都很重大，也是在鲁苏战区包括整个华北的国民党敌后战场（另一大敌后战区——“冀察战区”此时也已基本失败）陷于全面失败境地后，国民党在华北的重要战略部署和挽救颓势的重要举措，体现了重庆国民党中央自称决不放弃山东敌后（所谓“抢救鲁省与驰援战区”②）的显著意图。李仙洲第二十八集团军（1942年以李的主力部队中央军第九十二军为基础升格而来）全国抗战爆发以来“曾转战纵横万余里，历踏南北各战场；自二十七年（1938年——引者）起，除与敌之小接触不计外，仅其所经之大会战：如南口、忻口、台儿庄、随枣、豫南、鄂西、皖北、郑州诸役，无不迭奏奇功！尤以在忻口作战，更几歼敌达数联队以上，遂以光荣的忻口部队得名！正以其久战能战与卓绩勋著”③。总司令李仙洲是黄埔军校一期毕业生、蒋介石的心腹爱将，与参加过西安事变的东北军于学忠同蒋的关系完全不可同日而语，加之李本身是山东人，国民党中央对李部入鲁抱有重大期望：

---

① 如孙占元、杨明清主编：《山东重要历史事件　抗日战争时期》，山东人民出版社2004年版，第247—256页；常连霆主编，中共山东省委党史研究室编：《中共山东编年史》第4卷，山东人民出版社2015年版，第448—453页。

② 李继昶：《八年抗战之山东（七）》，台北《山东文献》第3卷第3期，第143页。

③ 李继昶：《八年抗战之山东（七）》，台北《山东文献》第3卷第3期，第143页。

“以鲁省深处敌后，人民久于水深火热；无不以中央为念！九十二军以新自后方开来，兵强马壮，步伍整齐，处处表现着一种生力军的风神；况既有久获战功的声威，又为中央近年所赖以应战的精锐；因而一般人民莫不切思至慕！在普遍热烈的希望中，都认为这是中央新派的唯有义师！他们完全代表着中央，代表着中央肩负重任到陷区来，他们携来中央的威德，他们更带来中央的意志！在此似乎是无论任何的民间患难与疾苦，都立可设法的拯救与解除；所以他们前进的声浪和足迹，都随时牵动着每一个人的热情，都无刻不慰藉着每一个苦难人的心怀！战区与省府，亦同样寄托着最大的渴怀，均都热望这是一支铁的劲军，要以动天拆地的声势，先杀一条血路，来挽回战区的颓势，来营救省府的危急！”①

李仙洲部入鲁，自全国抗战中期国民党中央即开始谋划。1939年秋，李仙洲接何应钦电令其入鲁。该年8—9月，李仙洲在重庆数次晋见蒋介石，探讨入鲁事宜。蒋介石认为“自抗战以来，八路军在敌后发展很快，已成心腹之患……鲁南于学忠势力的削弱，形成了严重的危机，必须增派生力军，挽回颓势。和共产党斗争，必须党政军一元化；入鲁后，统一指挥当地党政机构及游击部队，并运用伪军逐步打击和消灭八路军，建立和发展敌后政权”②。“李仙洲在重庆和国民党许多党政军要人如何应钦、陈诚之流，都有广泛的接触，关于扩充军队编制、增拨军费、补充人马械弹等问题，都获得圆满的结果。”③

王子壮1939年8月25日日记记载：“仙洲兄④以军功任九十二军长，近以奉命回鲁，特来重庆进谒当局。昨来谈两年来作战经过甚详。大战晋北，胸部受伤，弹已洞穿……现已全如初，似更健壮矣。最近回鲁，负有收复失地、歼灭敌人之重大任务。闻彼在湖南作战之经过，士气振奋，精神焕发，异常使人神往，有此军人，我国前途真有无限之欣幸也。”⑤8月31日，王子壮

---

① 李继昶：《八年抗战之山东（七）》，台北《山东文献》第3卷第3期，第143—144页。

② 赖惕安：《李仙洲率部入鲁反共纪实》，中国人民政治协商会议全国委员会文史资料研究委员会编：《文史资料选辑》第40辑，文史资料出版社1963年版，第115页。

③ 赖惕安：《李仙洲率部入鲁反共纪实》，中国人民政治协商会议全国委员会文史资料研究委员会编：《文史资料选辑》第40辑，文史资料出版社1963年版，第115页。

④ 王子壮与李仙洲不仅为山东同乡，且家乡相距极近，王为济南人，李为长清县人。

⑤ 《王子壮日记》（手稿本）第五册，1939年8月25日，“中央研究院”近代史研究所影印，第307页。

再到李仙洲处交谈："知子班[①]之九十二军政治部主任已发表，干部训练团有鲁籍学生五百人，已陈明委员长准予带回工作。此外，尚拟由六中毕业生调二百人以便回省办理民众教育工作，仙洲此次带精兵三师回鲁作游击战，实为收复失地之先声，责任十分重大，有能力之人至应助其回鲁工作。"王深感李部回鲁所需人才之匮乏："惜在后方有此魄力能力者尚不多"，而李仙洲九十二军政治部"亦只有就现在他处有工作者用数人。"随后王为山东同乡李仙洲入鲁所需人才事宜极力谋划，"西安现到有鲁籍学生千五百人"，"已电询仲裕[②]，彼电又谓此省青年均欲南下，如付彼以使命，数万青年可以立集……为国家计，盼其即成也。"[③]

1940 年 1 月 2 日，王子壮在日记中再次记载为李仙洲聘揽回鲁人才，并记录了省府和重庆国民党人对共产党在山东敌后发展的"焦虑"，期盼李部尽快入鲁："丁先生[④]召余往，为山东共党猖獗已极，据地达四十五县，省府焦虑，嘱余代拟签呈总裁，请念山东大局严重，令李仙洲部即日回鲁。李部近为李宗仁留于信阳一带攻敌，故未能按步前进也"[⑤]。

1941 年春初，九十二军开赴安徽阜阳。"安徽阜阳距敌人交通线较远，地理形势特殊，成为沦陷区与大后方的联络中心。"[⑥]九十二军以其建制的第二十一师、一四二师、暂十四师并指挥骑八师，"担任皖北涡阳、蒙城至太和间地区的防御"，进行了长期的、约两年的入鲁准备工作。[⑦] 主要有如下几个方面：

第一，政治训练。编写《斗争手册》，加强党化教育，以"奸匪"代替"异党"称呼，以"党团"为核心，积累并学习与共产党作政治斗争的经验。

第二，收买人心。李仙洲在皖北临泉开办中央军校驻鲁干部训练班，在阜阳西南柴集附近开办成城中学，该中学招收人数在千人以上，多数为鲁籍流亡学生，成城中学教职员全部是李仙洲的山东老乡，"他们奉李仙洲为山

---

① 子班：指刘子班，山东惠民人，1939 年时任国民党中央宣传部委员，同年 8 月底为支持李仙洲部入鲁，"毅然投笔从戎"，担任九十二军政治部主任，挂少将衔，他到军后担负起九十二军的"反共""反苏"理论宣传任务。

② 王仲裕，山东日照人，时任国民参政员，后任山东省政府委员等职。

③ 《王子壮日记》(手稿本)第五册，1939 年 8 月 31 日，"中央研究院"近代史研究所影印，第 313 页。

④ 丁先生：指丁惟汾，国民党元老，山东日照人。

⑤ 《王子壮日记》(手稿本)第六册，1940 年 1 月 2 日，"中央研究院"近代史研究所影印，第 2 页。

⑥ 王立哉(抗战时期长期担任山东省临时参议会秘书长，1943 年春兼任山东省政府委员，同年随李仙洲部入鲁)：《九十忆往(四)》，台北《山东文献》1986 年第 12 卷第 2 期，第 70 页。

⑦ 赖惕安：《李仙洲率部入鲁反共纪实》，中国人民政治协商会议全国委员会文史资料研究委员会编：《文史资料选辑》第 40 辑，文史资料出版社 1963 年版，第 116 页。

东领袖”。

第三，与山东省内国民党地方部队和伪军建立联系。李绕过于学忠，直接与刘桂堂、王洪九、张步云、赵保原等山东伪、顽势力建立了电报等通讯联系，积极策划伪军反正，准备在入鲁后将此类山东地方伪、顽力量扩编成数个军。王子壮日记记载，李仙洲被任命为二十八集团军总司令，“以在鲁之刘桂堂、张步云、赵宝元（即赵保原——引者）等部地方部队编成一军，因于学忠部在地方对此种部队均难有灵活之指挥也，如仙洲部队均能陆续到达，鲁省危殆情势或能稍加挽回”①。

第四，军事训练。针对入鲁将要面临的战斗状况，着重演练对抗八路军的战斗技巧，及在日伪占区超越障碍的技能，“在训练和八路军战斗的课目中，主要抓行军中的搜索警戒和宿营中的战斗警戒，特别着重夜间战斗，对白刃战和手榴弹投掷，早晚都要练几遍”②。

可以说，李仙洲部的各项入鲁准备工作是围绕进入山东后站稳脚跟，并与八路军争夺地盘和民众进行的。

此外，据李部九十二军副参谋长、入鲁计划主要制定者赖惕安回忆，李部为入鲁制定的方案细致而庞大，包括先立足鲁南、鲁西，后发展鲁北、胶东，最终在全省建立根据地，以“鲸吞”和“蚕食”摧毁共产党力量，恢复国民党各级政权，对敌避免正面战斗，保存实力等待胜利等。③

1943 年春初，在鲁苏战区面临崩溃的情况下，李仙洲部主力按照预定的入鲁计划，开始由皖北向鲁西、鲁南挺进。李部主力入鲁主要分两路：一路于 1943 年 2、3 月间由第一四二师师长刘春岭、副师长牛乐亭指挥，越过微山湖直接进入津浦路东的鲁南地区，与抱犊崮山区土顽军刘桂堂部配合行动。另一路由李仙洲亲率二十一师及暂五十六师主力进入鲁西。④

李仙洲部移驻皖北训练，准备入鲁达两年之久，中共中央山东分局对李部入鲁意图早已洞若观火。山东分局和一一五师在 1943 年初即做好应对准备。

作为历经大战的中央军嫡系精锐李仙洲部入鲁，对山东党内不少同志

---

① 《王子壮日记》（手稿本）第八册，1943 年 2 月 27 日，“中央研究院”近代史研究所影印，第 81 页。

② 赖惕安：《李仙洲率部入鲁反共纪实》，中国人民政治协商会议全国委员会文史资料研究委员会编：《文史资料选辑》第 40 辑，文史资料出版社 1963 年版，第 121 页。

③ 赖惕安：《李仙洲率部入鲁反共纪实》，中国人民政治协商会议全国委员会文史资料研究委员会编：《文史资料选辑》第 40 辑，文史资料出版社 1963 年版，第 124 页。

④ 赖惕安：《李仙洲率部入鲁反共纪实》，中国人民政治协商会议全国委员会文史资料研究委员会编：《文史资料选辑》第 40 辑，文史资料出版社 1963 年版，第 127—128 页。

还是产生了较大影响。“各地同志对李部入鲁有不少不正确的反映，有的是慌张恐惧，也有的是麻痹不关心，总之他们用一种极简单的想法看法来对待党的统战政策”，“这对今后对友顽合法斗争为主的疏通团结为主的方针和任务的执行上，是极不利的”[①]。因此，1943 年 1 月，山东分局要求在“主要负责同志”“全省全体干部”“全体群众”思想上都要做好宣传、解释与准备：“分局关于李部入鲁的指示，各级党及部队的主要负责同志必须很好的展开讨论并联合和检讨自己过去对这一问题的过左过右的认识”。也要在全省全体干部中做好李部入鲁的政策宣讲工作：“因下层统战教育差，故分局关于李部入鲁指示对秘密的对策部份应加修改和删掉外，其余各节应在全党干部中进行口头传达和讨论，对不能参加讨论的同志应专门个别传达，要作到每个干部都能大致了解李部入鲁究是为了什么目的，好的方面是什么，不好的是什么，我们如何争取其实现和推动其好的方面，如何批评与严防对抗战不利的方面”，而且要求“目前以前者为主，后者讲时应婉转技术”。“加强全体干部对党关于这一问题的方针和政策的教育，以便坚持立场，全体全区展开疏通团结工作。”与此同时，在全体群众中也要做好李部入鲁的宣讲解释工作：“群众对这一问题的了解是更差的，这就便于敌伪和国特的造谣欺骗，而不利于我们正确统战的展开，因此分局主张在今年旧历年节以后各战略区都以军政民联欢座谈会的名义召集各阶层人士（好的坏的都请）规模较大的座谈会，内容是讨论如何共同坚持根据地开展一九四三年的胜利斗争为主，联系到党政军民各方面工作，真做到大家知无不言，言无不尽。我们该纠正过去那种光是我们训一套的方式，会中着重宣传我党的统战政策，把我欢迎李部的态度和精神，让各阶层了解，建立起群众团结抗战的信念，粉碎敌伪国特挑拨离间的欺骗宣传，这是非常重要的。开会时连工农青妇的下层干部也邀请在内。”[②]可以看出，1943 年初山东分局对李仙洲部入鲁表达的态度是“欢迎李部”，并要求向党员干部和广大群众主要宣传李部入鲁好的一面，对不利方面在讲的时候要求“婉转技术”。

1943 年 1 月 28 日，朱瑞、陈光、罗荣桓等山东根据地主要领导人“致刘少奇同志并报中央北局”电指出：“最近已将统战重整，我向于、李等积极进行疏通工作（李部入鲁，分局对山东形势估计及对策，师有军事对策电，已发中央军委，请参考）为主动进行政治疏通，决定以一切方法直接打通各友军

① 山东分局：《对李部入鲁应有的认识》（1943 年 1 月 21 日），山东省档案馆藏，案卷号：G001-01-0080-005。

② 山东分局：《对李部入鲁应有的认识》（1943 年 1 月 21 日），山东省档案馆藏，案卷号：G001-01-0080-005。

的联络(首先是东北军),除用报纸表明我对山东坚持抗战及对李部入鲁后态度外”,还“以陈罗名义向朱彭请求转重庆军委会令于学忠与我打通联系,另以 115D[①] 名义正式向于直接□[②]联络”[③]。即山东八路军一方面试图改善与驻扎鲁南的鲁苏战区于学忠部的关系,一方面积极应对中央军李仙洲部入鲁带来的新情况。

1943 年春,针对李仙洲部先头部队已进入湖西地区,山东分局对李部统战工作进一步指示,认为李部先头部队有继续推进沂蒙的可能性,“果如此,则山东敌友我斗争形势必将因之发生重要变化”。“李部入鲁的另一个目的,便是增强国民党在山东的合法地位与军事政治力量,以便更有效的限制我党我军民主力量的发展,甚至压迫我们退出山东,造成国民党对山东全部控制的形势。故李部之入鲁,是有其对敌对我对山东实力派的两面性的。”[④]从李部入鲁对山东抗战各方影响看:其对山东敌后的整体抗战力量将有所增强,但“对于敌友间的矛盾将要扩大,我党我军目标与比重将因之相对缩小……敌友我斗争中我更处劣势”,李部“对我党我军则在口头上强调团结抗战,在政治上强调统一,强调法令,强调服从中央政府、服从纪律,在军事上将首先推动杂牌地方军向我伸张,缩小、蚕食我区,限制我活动,在必要时方出面内应,以至直接向我们挑衅”;在对地方杂牌军方面,李部“首先是分化、收买、拉拢、吞并,直到直接整编,改造、兼并”;从鲁苏战区(东北军)方面,山东实力派“在无以自保情势之下,对李仙洲之入鲁开始是欢迎的”,但“以后可能逐渐矛盾与冲突,首先在争取山东领导实权上,中央军与东北军之间的矛盾不免加深。这给我各方疏通团结工作以大大便利”;从日寇方面,“当李入鲁途中”,敌人已予其多次打击,将来有可能组织对其较大“扫荡”以稳定局势[⑤]。分局指出“李以其中央正牌的合法地位入鲁,可能携带大批特工、党务、民众、政权以至经济、文化的各种专门工作干部,以企图深入敌人心腹使用。但欲动摇伪军伪组织、打击敌人,首先就将进入山东各地内破坏我民主政权、群众运动、文化宣传、财经收入,尤其首先动摇及

---

① 115D,即 115 师。

② 原件中该字已无法辨识,以“□”代之。

③ 朱瑞、陈光、罗荣桓:《关于山东敌我友形势报刘少奇电》(1943 年 1 月 28 日),山东省档案馆藏,案卷号:G001-01-0072-018。

④ 山东分局:《关于李仙洲部来鲁后的统战工作指示》(1943 年),山东省档案馆藏,案卷号:G001-01-0080-007。

⑤ 山东分局:《关于李仙洲部来鲁后的统战工作指示》(1943 年),山东省档案馆藏,案卷号:G001-01-0080-007。

分解我根据地的中间分子和社会上层对我党我军的信赖”[①]。

据此，山东分局拟定了具体对策：在原则上“我们基本仍然以强调疏通团结为主，尽量利用国共合作情形好转及李部抗战的一面，尽量扩大关于团结抗战的宣传”，“对其非友好行为，多用斗争和善意批评的态度”，“不到万不得已时不要轻易使用武装反击”[②]。在具体执行中，一是给友军提供便利，“在李部入鲁所过各区（如鲁南沂蒙），应以我军正式名义接洽连备，不要冷淡不理，并多动员民意机关、人民团体及开明中间分子进行欢迎慰问……并在可能范围内予以给养之接济及一切可能的协助（如协助民夫，供给响导，交换情报等）”[③]。二是“扩大对友军每一抗战具体表现、每一友好事实的报导，以扩大中央军目标，鼓励与推动他与敌（指日伪军——引者）积极作战。”“在李部及其他地方友军与敌战斗时，则应设法以小部队协同作战。各区部队应以小部不断在友军可能行进路上扰袭敌人、破坏道路及电线，以引动敌人之注意或出动，以推动友军与敌人作战”[④]。据李部九十二军副参谋长赖惕安忆述，“李仙洲到达单县后，发现了不少八路军‘欢迎九十二军入鲁抗日’的标语，和接到八路军要求联络的信件。李和路可贞[⑤]却骂共产党是‘口蜜腹剑，不怀好心’”[⑥]。随李部入鲁的山东省政府委员王立哉在1949年赴台后回忆：“余随军行军，甫离阜阳”，共产党“竟沿途张贴‘欢迎五十一军领弹药返鲁抗战’之标语。日军及共产军即按标语所示地点，沿途截击”[⑦]。李仙洲到单县不几日，日寇数千人配合汽车、坦克即向李部在单南葛楼、武楼、宋刘楼等驻地进攻，“激战至黄昏，部队伤亡较重……李乘夜转移至微山湖西侧张土城附近”[⑧]。李仙洲将日军的攻击归咎于是八路军有意暴露其入鲁行踪。实际上，八路军按照预定方针对李仙洲部与日军作战提供了不少帮助，当时“八路军为负伤的官兵换药，并用担架送回原部队”，还通过舆论媒

① 山东分局：《关于李仙洲部来鲁后的统战工作指示》（1943年），山东省档案馆藏，案卷号：G001-01-0080-007。

② 山东分局：《关于李仙洲部来鲁后的统战工作指示》（1943年），山东省档案馆藏，案卷号：G001-01-0080-007。

③ 山东分局：《关于李仙洲部来鲁后的统战工作指示》（1943年），山东省档案馆藏，案卷号：G001-01-0080-007。

④ 山东分局：《关于李仙洲部来鲁后的统战工作指示》（1943年），山东省档案馆藏，案卷号：G001-01-0080-007。

⑤ 路可贞：时任九十二军第二十一师副师长。

⑥ 赖惕安：《李仙洲率部入鲁反共纪实》，中国人民政治协商会议全国委员会文史资料研究委员会编：《文史资料选辑》第40辑，文史资料出版社1963年版，第129页。

⑦ 王立哉：《九十忆往（四）》，台北《山东文献》1986年第12卷第2期，第70页。

⑧ 赖惕安：《李仙洲率部入鲁反共纪实》，中国人民政治协商会议全国委员会文史资料研究委员会编：《文史资料选辑》第40辑，文史资料出版社1963年版，第129页。

体宣传李部的抗日事迹,“大意是向九十二军能坚持一日战斗,杀伤不少敌人表示慰问,并提出在敌后补给困难,要灵活机动,不要过多的消耗力量,以利持久抗日”[1]。李仙洲却一面打电报向蒋介石和汤恩伯夸耀杀伤日军千余人的战果,一面“大骂八路军送回负伤官兵,是企图在军队内部作政治工作”[2]。

面对李部入鲁之步步深入形势,4 月 30 日,山东分局对“李部入鲁”再次发出“补充指示”。集中驳斥了党内两种错误观点:一种“认为李部入鲁,只是为了反共反八路军”;第二种认为“在敌人打击之下,李部决难入鲁,入鲁亦不能深入,深入必将消耗殆尽,溃退无力,因而表现过分乐观,仍对李部入鲁认识不正确”[3]。随后,山东分局对李部入鲁的目的及可能对我的影响进行了进一步分析:“李部入鲁是因国内外形势好转,国共关系进一步调正[4],及山东友军形势危殆。总的形势推动之下的防共限共,并确定对我之优势,亦是其入鲁之目的另一方面,但不是唯一的一面,也不可能是最主要的一面。尤其在他入鲁之初,敌人打击,兵员消耗,深入之后联络可能中断,补充物质供应均将非常困难,加上山东各友军头绪纷乱,内部不断分化动摇,不易统一,根据地不巩固,且主要的沂山鲁山已在日趋伪化。李部谓:没有理想的立足之地等困难之下是不可能,且不利向我积极压迫,造作事端陷于两面作战,其策略的最大可能是对敌尽量避战,对我们方面以合法地位联络疏通。另方面对我根据地采取和平的挤进及拖的方法,向我压迫。”[5]

基于以上分析,山东分局指出,对内应坚持以下三点:首先,“必须坚持政治疏通工作,应以仁至义尽可能婉转方式,多种方法向其上层下层、向其基本部队与外围各军进行不疲倦的争取联络疏通工作”,“绝对禁止在报纸上、群众集会上对友军作空洞之揣测,估计或发表代刺激性的言论,及在电函往返中,相互责备或交际中之恶言恶语等现象”。其次,“必须加紧群众工作”,“彻底检查与纠正各种政策上的执行错误。特别是减轻负担及人权、财权、地权的保障应切实作到”,做好未来与李部争取山东民众的准备。第三,“必须坚持阵地,在军事上,应适当的集中与分散使用部队,给以一定的坚持

① 赖惕安:《李仙洲率部入鲁反共纪实》,中国人民政治协商会议全国委员会文史资料研究委员会编:《文史资料选辑》第 40 辑,文史资料出版社 1963 年版,第 129 页。

② 赖惕安:《李仙洲率部入鲁反共纪实》,中国人民政治协商会议全国委员会文史资料研究委员会编:《文史资料选辑》第 40 辑,文史资料出版社 1963 年版,第 129 页。

③ 山东分局:《对李部入鲁的补充指示》(1943 年 4 月 30 日),山东省档案馆藏,案卷号:G001－01－0080－008。

④ 原文如此。

⑤ 山东分局:《对李部入鲁的补充指示》(1943 年 4 月 30 日),山东省档案馆藏,案卷号:G001－01－0080－008。

任务，不得任意放弃阵地，造成友军压迫的便利，并给以规定的向友军疏通团结的指导。从政治上积极向友军疏通。军事上提高警惕，以造成和平坚持的优势，如遇友军主动摩擦，应据理力争，必须并严正的自卫，如友军大规模的计划进犯时，除分局转呈中央批准外，不得采取正规的大规模的冲突、部署，但可以分散游击战的状态，坚持阵地”①。“对外”应做到五点：包括“从国内外及国共的团结抗战与关系的好转，反攻的接近与胜利在望，说明李部入鲁应干什么：‘团结抗战，准备反攻’，不应该干什么：‘摩擦分裂破坏抗战’”，“对李部入鲁后，山东开明人士及军民应该干什么？”对友军，“为缓和友军对我仇视，并扩大其目标，各战区报纸，应迅速的收集与公布友军作战建设生活等的报道。但注意不要故意暴露友军秘密，这是不对的。在报纸上要清除过去动不动连串使用顽固派投降派等名词，以后称友军。同时对于过去顽固投降派反共倒退所造成之罪恶种种，应有系统的具体搜罗，收集清楚以准备必要时之政治资本”②。

总体来看，自 1942 年底至 1943 年 5 月初，山东分局由于没有掌握确切的于学忠部离开沂鲁防区的消息，因此，对李部入鲁的态度是比较复杂的：一方面承认了李部入鲁的既成事实，一方面认为李部入鲁对山东抗战局势有利有弊，反复强调“疏通团结”的要求，给予其相应便利与协助，双方没有发生大的冲突。山东分局对李部入鲁增强国民党力量后的山东复杂“三角斗争”形势做好了长期艰苦斗争的准备。

二、于学忠部离鲁与中共对李仙洲部入鲁政策的调整

李仙洲部的入鲁对山东各地伪军及国民党地方武装的震动非常强烈，由于李部是“中央军正牌部队”，其与蒋介石的密切关系非于学忠东北军可比，在鲁苏战区势颓的情况下，各地伪军及国民党地方部队纷纷向李部“投怀送抱”。正如罗荣桓所说：“李仙洲入鲁，中央牌子打起来。在伪军中，尤其是大股伪军认为是‘中央’的牌子好”；“地方顽固势力，李仙洲要来的时候，他们很欢迎，很兴奋，到处都喊，到处都闹”③。加之李部入鲁消息的迅速传播，引起了日军的高度警觉。1943 年初，陈光、罗荣桓等致电中央军委等

① 山东分局：《对李部入鲁的补充指示》（1943 年 4 月 30 日），山东省档案馆藏，案卷号：G001-01-0080-008。

② 山东分局：《对李部入鲁的补充指示》（1943 年 4 月 30 日），山东省档案馆藏，案卷号：G001-01-0080-008。

③ 罗荣桓：《目前山东的形势和新的任务》（1943 年 9 月 10 日），常连霆主编，中共山东省委党史研究室、山东省中共党史学会编：《山东党史资料文库》第 11 卷，山东人民出版社 2015 年版，第 81 页。

指出："（甲子山作战后）百十一师遭打击后已撤至日莒公路以北街头集结，约两千人。五十一军与刘桂堂在费南之部队均撤至费东北及西蒙山地区。其另一部约两个旅似在鲁山附近集结，向西接应李仙洲部队。""李部入鲁声势浩大，已引起敌人严重注意。敌人沿津浦及以东地区各主要据点已增加兵力，为使李部丧失接应，可能会包括东北军在内一起'扫荡'。我们在滨海区接连胜利，增加了对敌人的威胁，敌人更可能向我出击。"①事实与罗荣桓等的分析一致。李仙洲本人到达单县不到几天，日军迅速纠集千余兵力对单县李仙洲部进行打击，迫其部分转移。该年 4 月，日军主动出击，发起"陇海线东段治安作战"，试图寻找李仙洲部主力加以歼灭，以击破李部入鲁企图。该段时间的日伪报纸连续刊载了《李仙洲伪部企移驻鲁省被击溃》《日军痛击李仙洲部渝军　粉碎敌北上企图获大战果》等日军"痛击"李仙洲、粉碎李部入鲁企图的新闻报道②，极力夸大对李部作战的战果，以震慑山东各路因受李部入鲁影响而躁动起来的伪、顽军。如 4 月 28 日伪《新天津报》报道"李仙洲伪部企移驻鲁省被击溃"消息，声称日军在"陇海路东段治安作战"，25 日晚在砀山东南攻击北侵之李仙洲部三千余人，"渝军遗尸一三〇〇，俘虏二三〇"，缴获战利品无数。③ 4 月 30 日，伪《晨报》声称"完全粉碎敌（指李仙洲部——引者）六千余众大军之北上企图"，击毙李部第二十一师及五十六师主力 1563 人，俘虏 365 名。④

就鲁南民众对李部入鲁态度而言，也经历了由"欢喜"到"失望""愤恨"的过程。经过 1943 年 2 月"大扫荡"，敌人在鲁南建立了众多据点并修通了数条公路，"鲁南山区的分割已大体形成，陷于空前严重的危局。正当此时，李仙洲部以'反攻'的美装旗帜，大军浩浩荡荡进入鲁南，鲁南军民感到无限兴奋，认为可以和我鲁南军民并肩对敌作战，更有效的准备反攻，因此沿途各地皆竭诚欢迎"。未料"国军进入鲁南的第一夜，即攻打滕峄边的膻子口庄，以盟国援华抗战的精良武器，围攻熬尽敌伪摧残、在敌后坚持了五年抗战赤手空拳的抗日群众……李部大军所到之处，人民惨遭浩劫"⑤。面对日

① 黄瑶主编：《罗荣桓年谱》，人民出版社 2002 年版，第 280—281 页。

② 如《陇海线日军部队　展开猛烈作战　李仙洲伪部企移驻鲁省被击溃》，《新天津报》1943 年 4 月 28 日第 1 版；《日军在砀山东南方　展开炽烈夜袭战　渝军李仙洲部三千益趋崩溃》，《晨报》1943 年 4 月 28 日第 1 版；《日军痛击李仙洲部渝军　粉碎敌北上企图获大战果》，《晨报》1943 年 4 月 30 日第 1 版；《日军讨伐　李仙洲部》，《晨报》1943 年 5 月 8 日第 1 版等。

③ 《陇海线日军部队　展开猛烈作战　李仙洲伪部企移驻鲁省被击溃》，《新天津报》1943 年 4 月 28 日，第 1 版。

④ 《日军痛击李仙洲部渝军　粉碎敌北上企图获大战果》，《晨报》1943 年 4 月 30 日，第 1 版。

⑤ 张雨帆：《艰苦斗争在鲁南》，宿士平：《山东人民的新生》，东北书店 1947 年版，第 13 页。

军打击李部、阻李入鲁的鲜明态势，李仙洲不敢与日军正面全力作战，反而避敌锋芒，加紧入鲁，多路渗透，主动进攻八路军和山东抗日军民，以抢占地盘，“当地土顽亦如蝇逐臭，纷纷向其靠拢”，刘桂堂、荣子恒、刘国桢、申宪武等伪军和地方武装蜂拥而至，在湖西、鲁南各路配合李部夹击八路军抗日根据地。“一时反动势力甚嚣尘上，鲁南根据地处于伪顽夹击合围之中，大有‘黑云压城城欲摧’之势。”①

李仙洲部入鲁后对日军作战的节节不利，由李部入鲁造成山东敌后伪、顽军的震动不稳，李部对八路军根据地的不断进犯，使得山东八路军需要重新调整对李仙洲部入鲁的应对策略。而于学忠部的准备撤离鲁南，则是山东分局与八路军对李仙洲部政策调整的关键性因素。

鲁苏战区总司令于学忠率战区总部及五十一、五十七两个正规军自1939年春进入鲁南以来，与山东八路军的关系经历了由友好到摩擦的复杂变动过程。尤其以1942年8月3日的“八三”起义，于学忠部五十七军第一一一师（又称“百十一师”）在师长常恩多、鲁苏战区少将政务处长郭维城（共产党员）带领下发动兵变，围攻鲁苏战区总部，扣押于学忠，并带该师投入八路军滨海抗日根据地为转折点，双方关系降到谷底。随后半年中双方围绕甲子山所进行的三次大规模争夺战，彼此矛盾冲突实已很难有调和余地。不过1943年初，于部主力尚存，且与山东敌后各路国民党地方武装互为支撑。

于学忠部长期盘踞鲁中、鲁南山区，阻隔八路军滨海根据地和胶东、清河诸区联系的状况是不利于八路军在山东敌后发展壮大的。对这一点中共中央有清楚认识。1942年底至1943年初，由于国民党坚持黄河以南的新四军部队北移，在与国民党谈判时，中国共产党提出了豫鄂边区李先念部和山东敌后于学忠部对调的交换条件。1943年1月12日，毛泽东主持中央政治局会议讨论了周恩来、林彪提出的“国共谈判现在的中心问题”：“是否答应以李先念部移动与于学忠部移出山东为交换条件。”②1月16日，中共中央再次讨论了周恩来、林彪“关于与国民党谈判时，可否以李先念部同山东于学忠部对调，‘以便统一山东’”的建议，认为“我若向彼方表示可与于学忠部对调”，一则由于敌人封锁，对调目前“事实上办不到”，二则“可能会引起

① 黄作军（1943年7月初任八路军尼山独立营营长，尼山独立营为鲁南第一军分区机关及直属部队缩编而成，率所部亲自参加了阻击李仙洲部入鲁的关键战斗——桃花山战斗等）：《反击李仙洲部入鲁纪实》，《山东抗战口述史》（下），山东人民出版社2015年版，第181页。

② 中国人民解放军军事科学院毛泽东军事思想研究所年谱组编：《毛泽东军事年谱（1927—1958）》，广西人民出版社1994年版，第391页。

彼方不满，认为我方有意为难，讨价还价”。[①] 2月12日，中共中央根据“林彪十一日报告电，电复林彪并告周恩来：谈判方针昨日已电告。可答应以皓电为谈判基础，可以你的名义提出李（先念）于（学忠）对调作为委曲求全的表示，并说此点回来商量”[②]。最终双方谈判未能达成一致。

山东分局和一一五师得到于学忠部离鲁的确切消息是较晚的。当时，山东八路军与鲁苏战区总司令于学忠部的关系已跌入谷底，双方没有直接的沟通渠道。6月中旬，山东八路军和山东分局“获悉于学忠将被调出鲁，其防务交给李仙洲部，山东形势紧张”，在淮南区盱眙县黄花塘新四军军部休养、接受医疗检查已半月的罗荣桓“决定终止休养，返回山东”[③]。罗荣桓返鲁后迅速研究当前形势与对于学忠、李仙洲部的策略。7月2日，山东军区致电各军区、冀鲁豫军区并报中央军委、集总：“于（学忠）总部已遵中央令移防鲁西，决定东北军全部自三十日开始陆续开鲁南，然后西进。百十一师于七月初先行出发，五十一军百十三、百十四师开始以营为单位，逐渐秘密集结调整，加强营连力量，对重要道路选调优良之兵团加强监视，监督逃亡。”[④]

按照国民党中央的原本设想，鲁苏战区总司令于学忠部应于中央军二十八集团军总司令李仙洲部全部入鲁，接防于部原有防区，再行撤出山东。但从李仙洲部入鲁后对日作战屡遭失败，却勾结土顽积极反共态度看，一旦李部顺利进驻沂蒙，必然会制造大量反共摩擦，对八路军滨海抗日根据地造成巨大威胁，并切断滨海区与胶东、清河诸区的联系，山东八路军将处于极端不利局面。且李部作为中央军嫡系，牌子很大，其入鲁对山东八路军争取伪军和中间力量均将带来严重不利影响。因此，根据形势的变化，尤其于学忠部的即将撤离山东，罗荣桓和山东分局共同探讨后认为，“于走李入鲁”的间隙是八路军完全掌控鲁南、打通山东各根据地之间交通联系、扭转整个山东敌后“敌友我三角斗争”形势的重要战略契机。

7月4日，山东分局分别向北方局和中央军委、集总发电，作了对“于走李入鲁”策略转变的汇报，两电内容侧重不同，但基本主张一致，可互为补充。

---

① 中国人民解放军军事科学院毛泽东军事思想研究所年谱组编：《毛泽东军事年谱（1927—1958）》，第392页。

② 中国人民解放军军事科学院毛泽东军事思想研究所年谱组编：《毛泽东军事年谱（1927—1958）》，第393页。

③ 黄瑶主编：《罗荣桓年谱》，第306页。

④ 黄瑶主编：《罗荣桓年谱》，第308页。

山东分局在致北方局《关于于学忠离鲁情况的报告》中指出:“据各方消息,于学忠确有于最近离鲁的准备,估计前息重庆调于离鲁(一说调任冀主席,一说另有异地任用)或至鲁地整训之说已实现,于决定走,即一定争取青纱帐期间速走,确息孙焕彩一个团已开始西移,主力七月初开始离鲁,有‘于继孙部出鲁’说。”[①]“于走李入鲁后,山东形势之必然发展,将来对各方军政斗争均将更加尖锐,但其引起之形势对山东抗战与对我发展是利与害交织的形势。就目前说,于李之交替势将闪出空隙便我利用,一方面争取友军,一方面争取发展自己,这都是山东历史上有重大意义的一个时机,掌握得好,将会争取到我在山东更有利的形势,否则会丧失时机,或造成错误”。“我们掌握这一时机的基本方针是乘李未深入、于即离去,地方实力派去从无定之时,加紧政治的疏通团结利用矛盾的扩大统战阵地,并掌握一切有利时机,独立自主的发展自己以扩大抗日阵地。在这方针下:(子)政治上我们立即组织对各地的大小地方实力派及荣子恒吴化文等大股刚投敌的伪军分别布置工作,专门予以争取,除个别的极坏份子趁机予以打击消灭外,一般均应加强疏通团结,因于走后必然会引起山东实力派间许多新的混乱新的矛盾,这一工作执行得好是会有成绩的,且可能使李入鲁后依托团结地方实力派统一攻我的企图失败。(丑)军事上要坚决主动的掌握时机,接占或抢占某些有利阵地,以滨海区准备于孙焕彩西移时即以一部接占孙焕彩防地,消灭朱信斋,疏通张里元、张步云,控制五连山[②],相机打通与胶东的联系,鲁中准备以一部太山[③]部队接占鲁沂山区,对南主要控制蒙山阵地,准备应付李部北上,鲁南则灵活集中或分散坚持阵地,扼止李部占我基本区或迅速北上。”[④]对于学忠部离鲁:“我们原打算通过各种关系表示对于的挽留,现于既决定走,则除仍表示惋惜外,在于行动中应予以可能的方便(如放路走,送给养等),俟其能迅速离鲁并留下好印象,便于将来的联系,对于主要阵地的接占不过晚,亦不过早,而且在方式与口实上尽力做到堂正有理(——巩固抗日阵地安定民心与友军共同作战),不然将是单纯的抢占阵地,对东北军可能沿途找壮丁及□护行为应采取隐蔽的坚壁清野办法对付之。”“李部入鲁除以仍本分局以前迭次决定方针外,基本上是尽量迟延其东进,扩大其目

① 山东分局:《关于于学忠离鲁情况的报告》(1943 年 7 月 4 日),山东省档案馆藏,案卷号:G001-01-0080-010。

② 五连山:即五莲山。

③ 太山:即泰山。

④ 山东分局:《关于于学忠离鲁情况的报告》(1943 年 7 月 4 日),山东省档案馆藏,案卷号:G001-01-0080-010。

标，对其攻我行为主要采取政治的群众的斗争准备下有利的政治资本，在其向我中心地区进犯时坚决打击消灭其一路或一部，但主要还是政治的疏通团结，以不扩大摩擦，不违背我党总的统战方针为原则。”①总之，“在进行一切活动一般仍取隐蔽目标，少说多做，口软手硬办法，一方隐蔽自己，另方从争取群众同意各阶层及友军下手，以便将来进一步对国方进行军事或政治的斗争。”②

山东党政军领导人朱瑞、罗荣桓、黎玉、萧华致电中央军委、集总，提出了不阻截于学忠部离鲁，并给于部离鲁创造一切便利条件，使其在李仙洲部到达沂蒙前先走，同时尽量迟滞李仙洲部到达沂蒙的战略方针，望中央指示：“李仙洲之入鲁与于学忠之出鲁将引起山东重大变化”，“于(学忠)部目前正收缩兵力，充实部队，准备分批开走，其第一批以百十一师为先头部队，于本月上旬出发至鲁南集结”，“第二批可能以百十三师及于总部于本月中旬出发”。我“对于(学忠)部西开不加钳制，并在一定条件下给予便利。对李(仙洲)部东进北上尽量迟滞其时间，并在自卫原则下，乘其伸入我根据地立脚未稳之际，予以歼灭一部之打击，但不放松与之政治疏通及扩大敌顽矛盾。对于部防区附近于之地方部队，争取可能争取者，歼灭某些最坚决反共部分，力求控制鲁中山区及莒、日、诸间山区，并互相联络，以便继续向外围发展。相机与清河、胶东打通直接联系。”③具体部署如下：

“1. 鲁中地方武装一方面巩固现有阵地，准备两个团兵力，相机歼击刘桂堂部之由北南下进入蒙山及刘春岭师之由南而北进入蒙山部队。另以有力一部(约一个主力团以上兵力)主要从临博地区由北而南抢占沂山，另以一部由沂水地区由南向北控制沂山后，再向青沂路东发展。

2. 滨海地区准备以十三团全部相机挺进日莒路以北，控制日、莒、诸间山区，争取张里元，歼击朱信斋，尔后向西北与鲁中部队相对发展，并抽六团一个营为预备队。另以万、郭师④控制甲子山区，收容顽军逃散部队。

3. 鲁南地区，以政治攻势为主，以反‘扫荡’姿态集中必要兵力，相机打击刘春岭师向我根据地挺进部队，并抑留或迟滞该师之北上……对于部应

---

① 山东分局：《关于于学忠离鲁情况的报告》(1943年7月4日)，山东省档案馆藏，案卷号：G001-01-0080-010。

② 山东分局：《关于于学忠离鲁情况的报告》(1943年7月4日)，山东省档案馆藏，案卷号：G001-01-0080-010。

③ 中共中央：《关于对付国民党各派军队的原则的指示；山东分局关于对待李仙洲、于学忠之军事部署》，山东省档案馆藏，案卷号：G001-01-0080-004。

④ “万、郭师”：指1942年“八三事件”后加入八路军的原鲁苏战区五十七军第一一一师，师长万毅，副师长郭维城。此时该师已是八路军部队，但仍暂沿用东北军的番号。

派人与之联络，发起部分慰劳，但亦必须警惕其抢夺壮丁和对我袭击。

……

5. 鲁西南地区应设法尽量迟滞李部主力东进，目前李部向我根据地进犯，应集中必要兵力相机给予打击，尤其可能引起敌人对之‘扫荡’。”[①]

中共中央对山东方面关于李、于部对策的汇报进行了研究。从当时全国形势看，随着共产国际的解散，国民党中央借机大造舆论，发起第三次“反共”高潮，一方面大肆叫嚣“解散”共产党组织，一方面集结兵力命令胡宗南部试图闪击延安。中共中央一方面利用国内外舆论揭露蒋介石独裁内战的阴谋，并在军事上做好应对准备，一方面积极争取和平，呼吁爱国的国民党人“行动起来，制止这个内战危机。合作到底，共同挽救民族于危亡”[②]。在国内外强大压力下，7 月 13 日左右，国民党放弃了进攻延安的冒险计划。7 月 15 日，中共中央回电山东方面指出：对于学忠、李仙洲部的政策应保持有理有节：“（一）同意你们对付于学忠、李仙洲的方针。（二）对友好者坚决团结之，对顽固而暂时尚未向我进攻者则设法中立之，对向我进攻者则坚决反击之，这就是你们应付各派国民党军队的原则。但一切摩擦仗均须将顽方攻我压我情形电告中央，以便通知国民党中央，杜断其借口及污蔑。”[③]

中央回电的精神与山东分局和一一五师的策略是基本一致的，且更加强调了“对友好者坚决团结之”等要求。因此，山东分局虽然在部署上已做好了针对于学忠部（东北军）西撤时沿途拉壮丁等行动的应对方案，但在于部通过时，八路军始终未放一枪对之进行阻击，且还“给准备粮草，予以迎送”[④]。在于部撤离，李仙洲部未接防前后，沂鲁山区和诸日莒山区成为各方争夺的焦点。主要有鲁山以北的伪军吴化文部，东北面安丘的伪军厉文礼部，山东国民党著名“摩擦专家”、省建设厅长秦启荣部，诸城一带伪军张步云部，日莒公路以北的国民党地方武装张里元部等。八路军各部按照既定方针，利用于、李接防间隙，对于学忠部撤防区域进行全面接管，同时打击试图抢占这一区域的伪、顽军势力，进展较为顺利。

而李仙洲本身亦对入鲁瞻前顾后，缺乏破釜沉舟的决心。1943 年 7 月 26 日，李仙洲向国民党中央发电称：“入鲁以来，先后二十余战，人员武器消

① 中共中央：《关于对付国民党各派军队的原则的指示；山东分局关于对待李仙洲、于学忠之军事部署》，山东省档案馆藏，案卷号：G001-01-0080-004。

② 中国人民解放军军事科学院毛泽东军事思想研究所年谱组编：《毛泽东军事年谱（1927—1958）》，第 401 页。

③ 中共中央：《关于对付国民党各派军队的原则的指示；山东分局关于对待李仙洲、于学忠之军事部署》，山东省档案馆藏，案卷号：G001-01-0080-004。

④ 王汇川主编：《罗荣桓元帅功著山东》第 3 集，中国文史出版社 2015 年版，第 144 页。

耗半数，弹药消耗三分之二，原拟稍事整补，继续东进，时敌防卫甚严，不克即时行动，月初于部西移，军奉令掩护，现百十一师后续部队及五十一军正陆续西开，该部弹药消耗殆尽，每兵不足十粒者，似难再留鲁南，近因敌人封锁甚严，并对费南及费西北分股截击，各部已失联络，过湖过路障碍丛生，全部何时到达，甚难预定，至青纱帐已撤，东进时机既失，大军麇集鲁西一隅，顾虑尤大，现奸伪[①]复由冀南边区及鲁西北集中兵力三四千窜扰，今后鲁西将继，太行山之后成为争夺焦点，敌伪交迫，机动区域有限，诚恐兵力逐渐消耗，难挽颓势，伏恳迅示处置方针，俾资遵循为祷。”蒋介石接到李电后极为生气，严厉斥责李仙洲：“此种畏缩不前之行动，殊为革命军人之最可耻可鄙之言行，应照预定方针及命令不顾一切积极进行，非达成目的必照律严惩也。”[②]严令李仙洲必须坚持入鲁，不得后退。

三、中共对待李仙洲部入鲁政策的进一步转变

于学忠作为鲁苏战区总司令，及当时东北军实际的最高指挥者，并未等待李仙洲部开进沂蒙，便率领鲁苏战区总部、战区主力和山东省政府撤离山东，艰险越过津浦、陇海铁路，向皖北开进，罗荣桓分析认为这是李仙洲“与于学忠有矛盾”[③]。重庆国民党中央要员王子壮在日记中“痛心”指出，于学忠在沈鸿烈离鲁后，无法应付山东困难情况，“乃向中央请救，中央即派李仙洲入鲁”，但“当此仙洲部队陆续入鲁之际，于似又有所忌惮”，对李仙洲对山东伪、顽军刘桂堂、张步云、赵保原等部的改编不满，并阻拦李部收编山东地方武装，“是否对李仙洲又有所不满，实难□言”，“本省局势”已极危殆，“而将领间仍存猜忌，真为亲者所痛，仇者所快者也”[④]。于、李矛盾实际背后反映于学忠东北军系统与蒋介石国民党中央的长期矛盾，其结果就是李仙洲部未能与于学忠部形成呼应、完成交接。八路军抓住“于走李入鲁”间隙迅速接防并打击土顽军，控制了泰石公路以北，使李仙洲部接替并扩大于学忠鲁南防区的计划完全落空，不仅具有重要战略意义，也在民生等方面帮助当地百姓过上了更好的生活，正如当时山东共产党以“再见天日的泰石路北”为标题的宣传文稿称：“泰石路北地区（即泰安至日照县石臼所的公路以北

① “奸伪”：是国民党对共产党的污蔑称呼。

② 《蒋中正“总统”档案　事略稿本》第54册，台北“国史馆”2011年印行，第164—165页。

③ 罗荣桓：《目前山东的形势和新的任务》（1943年9月10日），《山东党史资料文库》第11卷，第81页。

④ 《王子壮日记》（手稿本）第八册，1943年5月1日，“中央研究院”近代史研究所影印，第173页。

地区，今滨海区之北部，亦简称滨北——编者）在国民党反动派军队盘踞之下，群众过着牛马般的生活，虽然今年并不歉收，但群众吃的却是树叶、树皮、花生皮、至多掺上一点粮食。粮食呢？早被反动派军队一次两次的强征去了，现在有好多人家吃萍柳树秧子……在苦难中，群众把希望寄在民主政府、八路军身上，他们整天盼望着八路军快来，他们怨八路军来得太晚：‘同志们，你们早来二十天，我们也少受些罪，多吃两顿饱饭。’八路军来后，群众生活稳定了，生产情绪提高了，现在各集上牲口的交易多起来了……他们已经认清了谁是他们的仇人，谁是他们的救星……群众新生了，抗日的社会秩序建立起来了，广大的从汉奸反动派蹂躏下解放出来的土地，正向着抗日民主根据地的方向跃进。”①

1943年7月26日，罗荣桓总结了于学忠部离开鲁南后，八路军接占于部防区、打击土顽军所取得的巨大成果，即7月4日既定部署的完成情况："经与土著部队及伪军等共计战斗十余次，目前第一步任务已基本完成，鲁中部队除控制北沂蒙原百十四师地区及占领沂山大部，并以有力一部已伸至青沂路东，占领原百十三师②地区之大部；滨海部队开始完全控制日莒诸间五莲山、马耳山地区。"③经过这一阶段的行动，八路军实力得到进一步增强，"共计俘获及和平争取人枪将近两千左右"。在此基础上，进一步调整了下一阶段对李仙洲部的行动方针，将"分局以前迭次决定方针"，即"尽量迟延其东进，扩大其目标"促其对日作战，"政治的疏通团结以不扩大摩擦"等，调整为"为巩固既得阵地，争取可能之军事优势，改善我坚持斗争地位，必须破坏李仙洲北上企图"，下一步"基本目的是集中优势力量寻求运动战，歼灭李仙洲北上部队，使胶东、鲁中土著顽军更陷于孤立、崩溃，便利我之争取与打击"④。至此向山东全党全军提出"破坏李仙洲北上企图"，"歼灭李仙洲北上部队"。具体部署为：

"1. 估计李仙洲北上部队，首先可能以刘春岭师及刘桂棠⑤师一部，约三千余人左右，其路线主要有两条：第一条经天宝山西部刘桂棠地区，越滋

① 陶钝：《再见天日的泰石路北》（1943年7月27日），宿士平编：《山东人民的新生》，东北书店1947年版，第22—24页。

② 百十三师、百十四师：是鲁苏战区五十一军的两个师。

③ 罗荣桓：《打击李仙洲北上反共部队的部署》（1943年7月26日），常连霆主编，中共山东省委党史研究室、山东省中共党史学会编：《山东党史资料文库》第10卷，山东人民出版社2015年版，第463页。

④ 罗荣桓：《打击李仙洲北上反共部队的部署》（1943年7月26日），《山东党史资料文库》第10卷，第463—464页。该电又见黄瑶主编：《罗荣桓年谱》，第317—318页。该电为罗荣桓亲自起草，并与黎玉共同签发。

⑤ 刘桂棠：即刘桂堂。

临路经九女关，沿东北军南下路线北上。第二条经天宝山南部费县以西经朱田附近北上，但以第一条可能性最大。集结在安丘境之张天佐、秦启荣、张里元部，共约五千人，适时亦可能以全力南下抢占沂山，借以策应李部北上。

2. 我与之作战地区选择如下：

（1）在西蒙山、九女关附近。但该地区狭小不宜使用重兵，只能以有力一部配合地方武装与之展开游击战，疲劳恐慌之，相机歼灭其小股。如其继续前进则尾击之。

（2）在旧寨、坦埠附近。该地为我基本根据地，群众地形条件均有利，拟集中两团至三个团兵力与之作战，力求歼灭其一部或大部，或将之打回原地去。

（3）我在东里店一带。该地区若我能首先控制各主要阵地，决将原百十四师所筑围寨、碉堡彻底破坏，作战仍可能取胜，但力求在旧寨、坦埠附近较为有利。……”①

8月12至18日，鲁南军区按照罗荣桓指示，集中主力在天宝山地区对越过微山湖进入鲁南地区的李部一四二师刘春岭部进行反击。8月12至13日的松林伏击战中，歼灭敌数百人，刘的师部及其直属队大部被歼，刘本人负重伤。8月14日，八路军鲁南部队三团、五团、尼山独立营、费西独立营和地方部队集结松林地区，准备将李部一四二师围歼于四开山地区。8月16日晚十时各部发动进攻。敌拼命向桃花山阵地反攻。被八路军击退十余次攻击，并乘势反攻，俘敌众多。桃花山战斗是这一战役决胜的关键。刘部勉强突过滋临路至费县北后，又遭八路军鲁中部队打击，被迫退回滋临路南。至进犯根据地失败的刘春岭一四二师撤回皖北时，其兵力已锐减为2000余人。②

在八路军一一五师和山东分局部署阻击李仙洲部进入沂蒙、接防于学忠沂蒙防区战略前后，八路军冀鲁豫军区部队也对进入湖西、鲁西南地区的李仙洲部主力及地方顽军两万余人进行全线反击。“冀鲁豫军区第六分区部队、第二分区七团（缺一个连）、第五分区十九团、湖西地方武装共5000余人，统由第六分区司令员王秉璋、政委唐亮指挥，于6月21日在巨南展开反击”，“李部二十一师师长聂松溪率六十一团及六十二团一个营，由丰、砀、单

---

① 罗荣桓：《打击李仙洲北上反共部队的部署》（1943年7月26日），《山东党史资料文库》第10卷，第464页。

② 黄作军：《反击李仙洲部入鲁纪实》，《山东抗战口述史》（下），第187—189页。在黄作军的回忆文章中，一四二师师长刘春岭写作了“刘春霖”。

边区急援巨南，在单县城西北之禄庄遭我阻击，被歼 300 余人”。6 月 25—27 日，冀鲁豫八路军与李部及其勾结的地方土顽在湖西地区连续作战，多次予其打击，“使李仙洲受到极大震惊。地方土顽也从此开始动摇了对李部入鲁的信心”。6 月 30 日夜，冀鲁豫军区部队奔袭赵小楼，全歼号称“常胜连”的李部六十二团四连及二营机枪排。接着十九团攻下前庄，全歼李部六十二团六连。这一仗共歼灭李部顽军 300 余人，因所歼均系李部精锐部队，故对李部内部震动很大。[①] 7 月后，蒋介石掀起的第三次反共高潮——“闪击延安”阴谋业已破产，李仙洲在此情况下亦不愿过多停留湖西、鲁西南与冀鲁豫八路军纠缠，而试图尽速东去鲁南，开辟根据地，与先入鲁南的刘春岭、牛乐亭部，及刘桂堂等部会合。

根据中央指示，八路军冀鲁豫军区部队于 7 月下旬，由司令员杨得志等亲自指挥，展开反击李仙洲战役的第二阶段作战。于“7 月 29 日，九团攻克了小范楼，歼灭了最顽固的保七旅常振山大部，迫使李仙洲将其总部及二十一师、暂三十师等部，收缩至天宫庙以南陈楼、陈庄村内。我军乘胜将其包围，并断其水源。聂松溪之二十一师企图突围，遭我伏击，被歼近千人。其他顽军再也不敢行动”[②]。7 月 30 日，丰北地区九十二军军长侯镜如率暂编五十六师、一四二师各一部增援李仙洲总部，遭八路军冀鲁豫部队阻击，虽其最终会合李仙洲总部突围，但损失惨重。[③] 日伪报纸对冀鲁豫八路军阻李入鲁的战斗及其结果也有不少报道，如《晨报》(北京)1943 年 9 月 21 日头版报道称：“如斯，鲁西中共军，逐次压倒蒋系军而恢复地盘，致第九十二军，似已不得不全面败退至省境附近矣。”[④]冀鲁豫八路军对李仙洲部的打击，有力配合了一一五师和山东分局接防于学忠部防区，阻击李部进入沂蒙的战略方针。

中共在军事上阻击李仙洲部的同时，还在舆论宣传上对李仙洲部入鲁反共行径进行充分揭批。1943 年 9 月 1 日，延安《解放日报》刊登了《鲁南反共军李仙洲部　破坏抗战反对人民》一文，集中刊发了新华社关于李仙洲部入鲁的报道，揭露了李仙洲部阴谋入鲁、破坏抗战、意图消灭共产党、专打八路军的行径，指出：“此次国民党反动派，派遣反共军李仙洲部入鲁，在湖西、鲁南区先后骚扰达六个月之久，不打日寇，专打共产党八路军抗日民主政府和抗日人民，罪恶滔天，罄竹难书”，在我作战中“所缴获之李仙洲部一四二师的反共文件中”，竟然“公开的写着‘根据山东省局势及共产党之动向，为

① 黄作军：《反击李仙洲部入鲁纪实》，《山东抗战口述史》(下)，第 183—184 页。

② 黄作军：《反击李仙洲部入鲁纪实》，《山东抗战口述史》(下)，第 186 页。

③ 黄作军：《反击李仙洲部入鲁纪实》，《山东抗战口述史》(下)，第 186 页。

④ 《鲁西蒋共军交锋　共产军逐次压倒蒋系李仙洲部》，《晨报》1943 年 9 月 21 日，第 1 版。

省局着想,则‘剿匪’重于抗战。’将抗战与‘剿匪’并重,一体不分。甚至还明白确定,共产党是他们‘斗争的主要对象’。而对于屠杀我千万同胞,侵占我广大国土,欲陷我国家民族于万劫不复亡国灭种的日寇,却称为‘斗争的次要对象’。实际上反共军与日寇是遥相呼应,向我配合进攻的。同时更无耻的制定《对奸伪之基本策略》多项……国民党反动派祸国误国的全部卑鄙无耻的面目,于此可见一斑。”①

新华社报道采访了“反共军李仙洲部一四二师”的“几位自动重回抗日战线的士兵,畅谈良久,他们对李部反共长官的反共利敌罪行,抱着极大的忿恨”:“一位老兵韩自成说,‘抗战六年了,弟兄们也不知道流了多少血,才拼到这个样子,现在眼看鬼子快打出去了,长官们却要打内战,要是他真的这么一来,咱抗战也白抗了,弟兄们的血也白流了。’一位新兵吴纲勋说:‘我还在家里种地,就给抓来当兵了,要是当兵打鬼子,我死也甘心了,要是打内战,打死了咱也死得不明不白呀!’……一位曾在以前对敌作战中几次负伤的老战士,他激愤的回忆着前几年在抗日战场的苦闷,他气愤的说:‘打八路军时,营长大声喊着占领阵地呀,我他妈的可是不听那一套,回头就跑,他还使手枪逼着咱再上去,咱可不怕,大伙儿都跑光了,他枪毙谁去。要是打鬼子,不用你乱叫,咱自己就会找阵地,死也不跑。’李部四二六团三营的一个士兵说:‘要打鬼子,咱当兵的一点不含糊,就是那些大官儿,一心要打八路军,咱就是不干那份子丢人的英雄。’……最后一位士兵说,‘这些人现在回过头来还不算晚呀,再抗战还有办法,要是不回头,那事情可难办了,全国人民一定要唾弃和粉碎他们的。’”②中共对李仙洲部入鲁反共阴谋的坚决揭露和批判,有力配合了在军事上对李仙洲部入鲁的阻击,但仍留有余地,望其“现在回头”,与中共合作抗日。

8 月 12 日,屡遭打击的李仙洲再向重庆国民党中央“未文电陈”共产党“进犯职部,已与接触,请加强部署免为各个击破”。该电略称,共产党“为策应苏北及察冀鲁边区,以主力进犯职部,已与接触者共十三个团及四个支队,九十两日血战尤烈,孟师陈团损失人员武器约两个半连,其余各部亦有伤亡,共‘匪’虽稍向西北转移,仍以推磨战术与我对峙,根据各方情报,万福河北尚有后续部队兼程南下,游击部队畏‘匪’甚于畏敌,局势演变,极堪忧虑,综合判断,‘匪’似企图加强控制华北,为最后挣扎,对重建苏鲁问题拟请

---

① 《鲁南反共军李仙洲部　破坏抗战反对人民》,《解放日报》1943 年 9 月 21 日,第 2 版。

② 《鲁南反共军李仙洲部　破坏抗战反对人民》,《解放日报》1943 年 9 月 21 日,第 2 版。

加强部署，俾免为‘匪’各个击破”[1]。蒋介石批示“交军令部对该方面速定整个部署”[2]，亦已于大局无补。

至1943年9月，李仙洲部坚持反共失败，又遭日伪“扫荡”，入鲁时主力两万余人，已剩不足八千人，被迫放弃入鲁，退回皖北。从李仙洲部进入山东，到其撤回皖北，历时8个多月。八路军进行大小战斗69次，击毙李部纵队参谋长1名，击伤正副师长各1名，毙伤官兵1450人，俘纵队司令以下官兵3572人，缴获迫击炮3门、重机枪6挺、轻机枪88挺、掷弹筒28个、长短枪3250支，子弹14万余发。开辟了东西约140华里，南北约100华里的新解放区。[3] 8月21日罗荣桓说，“于(学忠)部迅速西去而李(仙洲)部未能迅速北上，使鲁中顽军失去依托，处于极端恐慌混乱局面并发生分化”[4]。鲁中、鲁南总体局势已向八路军倾斜。

中国共产党对李仙洲部入鲁态度的变化，是适应全国抗战总体局势及山东敌后形势变化而及时进行调整的结果，并与山东八路军对于学忠部离鲁的情况判断有直接关系。实际上，自1939年上半年鲁苏战区总部及主力和山东省政府进入沂蒙后，在相当长的时期内，国民党在山东敌后的总兵力和战略态势上始终对八路军占有优势。中国共产党最终做出并执行阻击李仙洲部入鲁的战略计划，对山东及整个华北、华东敌后全局影响是极为重大的。从此国民党正规军部队已基本退出山东省境。在日军兵力有限，只能控制点线的情况下，八路军在山东的战略优势已逐渐确立。而国民党中央在遭遇李仙洲部入鲁失败后，直至抗战胜利前，没有能够再派出大规模正规军入鲁。这也正印证了1942年刘少奇过山东时亲自指导总结、当年10月山东分局正式发布的《抗战四年山东我党工作总结与今后任务》重要文件中说：“既是历史先机，就是难得不常有的，当着历史先机已经出现，或许是很短的(一月甚至一周)，但它能给予我们的，往往能使我们完成多年所不能完成的事业。”[5]

罗荣桓认为，“李仙洲入鲁失败，第一原因是勇气不够；第二原因是与于学忠有矛盾”。山东八路军正是成功利用了于、李矛盾，“顶李送于”，及时控

---

① 电文所称“匪”，是国民党对共产党的污蔑称呼。今加引号。《蒋中正“总统”档案　事略稿本》第54册，台北“国史馆”2011年印行，第290—291页。

② 《蒋中正“总统”档案　事略稿本》第54册，台北“国史馆”2011年印行，第291页。

③ 黄作军：《反击李仙洲部入鲁纪实》，《山东抗战口述史》(下)，第189页。

④ 黄瑶主编：《罗荣桓年谱》，第325页。

⑤ 《中共中央山东分局关于〈抗战四年山东我党工作总结与今后任务〉的决议》(1942年10月1日)，常连霆主编，中共山东省委党史研究室编：《山东党的革命历史文献选编　1920—1949》第5卷，山东人民出版社2015年版，第274页。

制了鲁南山区,"造成于我极有利的形势,确立了我对国民党优势的争取","根据地面积增加了十万平方里"[①]。具体而言:"第一,在战略的机动自主上增大了。过去我处于两面作战,受很大约束。第二,扩大了地区,有二千个村庄,十万平方里的地方,人力物力增加。第三,李仙洲入鲁失败是非常重要的。这样鲁南地区就解放出来了,国民党军已到洛阳去了。但是国民党与我抢山东是有决心的,据说由牟中珩统一指挥。第四,地方顽军东逃西散,其反共气焰比过去低落,便于我争取。"[②]国民党方面则认为:"适因九十二军本身的强大,与入鲁任务的繁重,并及鲁省一般对其过高的热望,无形宣传的影响所及,致其闻讯之下,敌伪匪为先发制人计,在九十二军尚未开拔的前夕,他们已早即调兵遣将的,作了种种军事上的紧急措置",中共军队"密置纵横的封锁线,布好层层的包围圈,期以最有效的战术和阵式,在这长途跋涉的国军尚未到达目的地之前,即予以迎头的痛击与阻截","嗣于五月间入鲁后,又复遭敌伪匪的层扰迭犯……九十二军在鲁西南陷入混战的胶着状态,不能再向其他的阵地转进,发展其原拟的军事计划;深为惋惜!"[③]10月4日王子壮日记评价山东局势:"自中央调于学忠部入皖,李(仙洲)军则仍未达鲁南,致鲁南山区为共党所占,省政府已随军队入皖,而同时有更调李部撤回之令,故鲁人得此函电交驰,滋扰惶惑,以中央部队均将离去,再行恢复,将倍增困难也。"[④]10月19日,王与孔德成宴从山东来重庆的何思源等后,再"痛心"于"山东之厄运",认为于、李失和与汤恩伯"从中拨弄"有关[⑤],"实际上徒牺牲山东予敌人及共党之八路","仙洲黄埔一期,于(学忠)乃北洋老军人,因彼此不能合作,地方乃为河北省之续,全部沦陷矣"。[⑥]"鲁省党政军相继退入后方,负责人到达重庆,暗潮迭生,且甚复杂",11—12月,王子壮在重庆多次面见于学忠、李仙洲、何思源等山东敌后要人,综合分析后

① 罗荣桓:《目前山东的形势和新的任务》(1943年9月10日),《山东党史资料文库》第11卷,第81页。

② 罗荣桓:《目前山东的形势和新的任务》(1943年9月10日),《山东党史资料文库》第11卷,第81页。

③ 李继昶:《八年抗战之山东(七)》,台北《山东文献》第3卷第3期,第144页。

④ 《王子壮日记》(手稿本)第八册,1943年10月4日,"中央研究院"近代史研究所影印,第387页。

⑤ 11月7日,王子壮参加山东籍国民党元老丁惟汾召开的"慰劳地方军事长官之会",于学忠、李仙洲、孔繁蔚(山东省参议会议长)均到会,详陈山东失败情形。11月9日,王子壮再赴于、李、孔等人之宴,晚间又亲到李仙洲处详谈,李仙洲告知王子壮:他与于学忠失和,"完全由汤恩伯从中唆弄,要须(于、李)彼此不睦,始可达到(汤)对于北方之大欲"。时汤恩伯驻军皖北。见《王子壮日记》(手稿本)第八册,1943年11月7日,11月9日。

⑥ 《王子壮日记》(手稿本)第八册,1943年10月19日,"中央研究院"近代史研究所影印,第404页。

认为:"于以李入鲁将以代彼,初不欢迎","实际上仙洲因系中央直辖部队,在未入鲁以前,即有若干地方部队与伪军向彼接洽,以此为于部所嫉视,故有拒绝仙洲入鲁之表示……实际上对中央部队有所畏惧也",而何思源帮于学忠"造谣生事",攻击李仙洲。最终"今日鲁省势殆",彼此"互诿过责"。①退出山东后的国民党人仍不思为何在山东失败,互相攻击无已。

习近平总书记说:"历史发展有其规律,但人在其中不是完全消极被动的。只要把握住历史发展规律和大势,抓住历史变革时机,顺势而为,奋发有为,我们就能够更好前进。"②山东,是中国共产党改变国共两党力量对比,通向全国胜利的跳板。山东共产党和八路军抓住了宝贵历史机遇,以于学忠部离鲁和阻击李仙洲部入鲁为标志,实现了重要战略转折,奠定了山东根据地日后发展壮大、共产党和八路军基本控制山东敌后全局的基础。正如 1943 年 11 月 29 日北方局对山东分局的来电中所说,山东党和军队"正确掌握了于③出鲁时机,控制山东有利山区,第一次击败李④入鲁企图,改变了山东三角斗争中我党我军的地位(变'敌友我'为'敌我友'对比的形式),扩大了民主根据地,并进一步联结了胶、清、鲁中、滨海等主要战略区,这些不管对坚持抗战巩固山东根据地及为战后作准备,均为极其重要的大变化"⑤。

第三节　秦启荣部的败亡与国民党在鲁南的失败

鲁苏战区和国民党山东省政府离鲁后,以当时仍在沂蒙地区的山东省建设厅长兼省政府委员、省党部委员、鲁苏战区第三游击纵队司令秦启荣代理省政,负责省府离鲁后山东省政事宜的处理。秦启荣是全国抗战时期山东国民党方面有名的顽固派,也是最早在省内挑起国共摩擦事端的极端顽固势力。这一点为当时各方所公认。即使国民党方面的资料,亦称秦是"山东首先反共的第一人,也可以说是山东反共的先知先觉"⑥。有的称"秦向村

① 《王子壮日记》(手稿本)第八册,1943 年 11 月 30 日,12 月 1 日,"中央研究院"近代史研究所影印,第 462、467 页。

② 习近平:《在党史学习教育动员大会上的讲话》,《求是》2021 年第 7 期,第 10 页。

③ 于:指于学忠。

④ 李:指李仙洲。

⑤ 《北方局对山东工作的几点意见向山东分局的报告电》(1943 年 11 月 29 日),山东省档案馆藏,案卷号:G001-01-0072-007。

⑥ 张筠山:《蒙阳絮语(二)》,台北《山东文献》第 1 卷第 2 期,第 122 页。

部，乃是一支反共最早最坚强也是最积极的武力”①。早在1938年初，秦启荣即在沂蒙地区对中共山东省委通过徂徕山起义等刚建立的“八路军山东人民抗日游击第四支队”（八路军山东纵队前身）进行压迫、攻击。1939年春，秦启荣制造了震惊国内的“太河事件”，随后又接连制造了“雪野事件”“淄河事件”等国共摩擦。甚至1949年退到台湾的、曾在抗战时期山东敌后工作的国民党人评价秦称：“当大众对共产党昏醉迷惑的时期，秦启荣竟将肆无忌惮，洋洋得意的共产党，猛不及防的当头一棒，确实值得喝彩。”②由于秦启荣肆无忌惮地公然破坏山东国共关系，逼迫、杀害中共山东抗日爱国军民，曾被延安中共中央多次点名批评，成为山东国民党顽固反共势力的代表和标志性人物。“太河事件”发生后，秦即遭到全国维护统一战线人士的一致批评和声讨，并遭到八路军山东纵队的反击。1939年4月，毛泽东指出：“坚持同国民党长期合作，多方面争取友党友军之进步；对一切顽固分子之无理攻击，必须以严肃的态度对待；对汉奸分子（秦启荣）必须坚决消灭之。”③1939年9月，毛泽东接见重庆中央社记者谈话时再次指出：“张荫梧、秦启荣，是两位摩擦专家，张荫梧在河北，秦启荣在山东，简直是无法无天，和汉奸的行为很少区别。他们打敌人的时候少，打八路军的时候多。”④1940年，毛泽东在延安声讨卖国贼汪精卫集会中，发表《团结一切抗日力量，反对反共顽固派》的重要演讲，又一次点名批评了当时制造摩擦的国民党顽固势力，“在湖南就闹平江惨案，在河南就闹确山惨案，在山西就闹旧军打新军，在河北就闹张荫梧打八路军，在山东就闹秦启荣打游击队”⑤。因此，在毛泽东那里“挂了号”的秦启荣部也多次遭到山东八路军部队的沉重打击。此后秦启荣部打日寇不那么积极，搞摩擦却依旧不知收敛。鲁苏战区和山东省府离鲁后，在屡遭八路军打击的情况下，秦部减员严重，不得不在鲁中南山区隐藏形迹。

1943年7月，国民党山东省政府跟随鲁苏战区部队离开山东赴皖北后，在秦启荣的驻地安丘县王家沟村设立山东省政府鲁南办事处，由秦担任

---

① 秦启荣，字向村。王士元：《抗战期间山东见闻之回忆（上）》，台北《山东文献》第1卷第2期，第109页。

② 张筠山：《蒙阳絮语（二）》，台北《山东文献》第1卷第2期，第122页。

③ 《中央对山东问题之处置办法》，《山东革命历史档案资料选编　第4辑　1937.7—1940.7》，第60—61页。

④ 徐向前：《徐向前元帅回忆录》，解放军出版社2005年版，第492页。

⑤ 毛泽东：《团结一切抗日力量，反对反共顽固派》（1940年2月1日），中共中央文献研究室、中央档案馆编：《建党以来重要文献选编（一九二一——一九四九）》第17册，中央文献出版社2011年版，第106—107页。

办事处主任，代省府行使部分省政职权。当战区及省府离鲁之际，秦表示强烈反对。“以为鲁南山区，乃数年艰苦奋斗所保留”，“国军一去”，八路军必来，“无益借寇而齎盗粮也，且弃之易，收之难，他日为反攻基地者，今日必慎守至，否恐悔无及矣。当局以计划已定，莫可更易”，遂以秦为“鲁南办事处主任，以坐镇焉”[①]。国民党亲历者说：山东省政府主席牟中珩聆听了秦启荣提出的省府不应离鲁的意见后，“自感理亏词穷，苦无以对，沉默良久，欲言又止者，至再至三，终以迫于会议待决，决于省府撤离后，设鲁南办事处，以秦厅长启荣兼任主任，代行省府职权，匆匆一言而决，其情境则以应付一时之困耳。实际上如此重大事件，事前既未深思熟虑，何曾作过任何准备，而敌‘匪’环伺，灾祸旦夕之间，以主席位重职显，草草如是决策，未免不伦不类”[②]。对于秦等反对省府离鲁的意见，牟中珩“惟于公（于学忠——引者）之命是从，虽听之动容，碍难采纳忠谏”[③]。秦启荣的部下后来回忆，“当于学忠开拔前夕，秦启荣前往送别时说：‘总座调离山东，我不能跟随，八路军将要占领鲁南山区，我秦启荣誓与鲁南共存亡，鲁南在，我秦启荣在，鲁南亡，我秦启荣亡。’于一笑置之，最后表示：‘希望你不要固执成见，一切以国家民族利益为重，好自为之！’”[④]

秦启荣率少量卫士及省府留守的部分职员驻扎王家沟期间，与伪军厉文礼部来往密切，实际托庇于厉文礼伪军的保护下。厉文礼原任潍县县长，是全国抗战初期秦启荣组织抗日时的老部下。在“正规军大都撤至徐州一带”时，厉文礼存抗日之心，动员全县军民（“人枪万余”）及“智识青年等”，“带入铁道南安丘山区，建立根据地”。于学忠率战区主力入鲁后，“战区总部靠近厉部，物资补给，得力于厉部之处颇多”，此后厉文礼部一直服从于学忠指挥，重庆国民党报纸 1942 年评价“厉部无论在任何困难环境下，整编训练迄未稍懈……军容装备纪律为全鲁纵队之冠”[⑤]。厉文礼部在全国抗战前期与山东共产党的关系较好，有一定统战合作关系。1939 年元旦，中共中央山东分局书记郭洪涛在《山东八路军一年来抗战的总结》中曾表扬厉文礼：全国抗战爆发后“由于韩复榘的恐日病和逃跑主义的影响，各地专员除范筑先专员、张里元专员、厉文礼专员之外，都携款潜逃，溜之大吉”[⑥]。同

---

① 龚舜衡：《秦“烈士”启荣治军纪实》，台北《山东文献》第 7 卷第 2 期，第 10 页。

② 赵公鲁：《昌乐埋骨忆忠烈》，台北《山东文献》第 13 卷第 4 期，第 7 页。

③ 赵公鲁：《昌乐埋骨忆忠烈》，台北《山东文献》第 13 卷第 4 期，第 6 页。

④ 徐叔明：《我所知道的反共顽固派秦启荣》，全国政协文史资料委员会编：《文史资料存稿选编　20　军政人物　下》，中国文史出版社 2002 年版，第 409—410 页。

⑤ 归雁：《山东游击队的透视》，《山东通讯》1942 年第 13 期，第 1 页。

⑥ 郭洪涛：《山东八路军一年来抗战的总结》，《八路军军政杂志》1939 年第 6 期，第 35 页。

年，毛泽东亦称赞过厉文礼："山东的政权还在国民党手中，主席沈鸿烈是积极靠近中央以求发展的。八个行政专员都是国民党员，只厉文礼、张里元两专员对我较好，其余均很坏，特别是秦启荣、蔡晋康两专员不断与我武装冲突，企图想消灭我部队。"[①]但此后厉文礼与山东八路军的关系不断恶化。1943 年 2 月，日寇调集重兵围剿鲁苏战区总部时，厉文礼率鲁苏战区挺进第二纵队（厉任纵队司令）与战区主力五十一军一一三师在城顶山被日伪军围困。该战中，鲁苏战区死伤及被俘者数量极众，厉文礼也在水润道西山被俘。3 月 10 日，被俘的厉文礼"觉悟抗战之非，毅然参加和平阵营"，并发表声明要与日军"共同反共"，"彻底剿灭全中国之敌共产军"，后被委任为伪鲁东和平建国军司令，所部 8000 余人驻扎安丘、昌乐、潍县一带。厉文礼部在安丘、潍县各处进行反共宣传，截击八路军交通，破坏山东民众的抗日斗争。[②]

秦启荣因遭山东八路军部队屡次打击，无力自保，以厉文礼曾是自己的老部下，故托庇于已经伪化的厉文礼部队之下，驻在厉部辖区内的安丘县王家沟。隐藏形迹的秦启荣，如此前的国民党山东省政府一样，根本无法实际推行省政。此时秦启荣虽未公开投降日寇，但实际上已经放弃抗日，转而与伪军勾结。

为彻底消灭秦启荣部，1943 年 7 月 24 日，八路军山东军区鲁中一团，在团长李福泽、政委王一平率领下，由沂水北部进军安丘柘山地区，当夜奔袭并包围了秦启荣部驻地王家沟，未经多大战斗就攻入村内，抓了不少俘虏，缴获了一大批枪枝、弹药、电台、马匹、药品等，还有不少的国民党钞票。但秦本人逃跑，未被抓获。[③]

王家沟战斗后，秦启荣率领一批国民党山东省政府机关职员，向北潜逃到辛庄子、北辉渠，依附于厉文礼属下的特务团胡鼎三部。[④] 此时国民党在山东敌后的局势已处于难以挽回状况。国民党资料称秦启荣"面临四面楚

① 毛泽东：《国民党的防共办法与我们的对策》（1939 年），中共中央文献研究室、中央档案馆编：《建党以来重要文献选编（一九二一——一九四九）》第 16 册，中央文献出版社 2011 年版，第 849 页。

② 参见王志民主编：《山东重要历史人物》第 8 卷，山东人民出版社 2009 年版，第 227—228 页；《剿共建设并进参加和平一周年，厉文礼将军树立伟功》，《青岛大新民报》1944 年 3 月 25 日，第 1 页，青岛市档案馆藏，案卷号：D000246 - 00043 - 0016。

③ 安丘县政协文史组：《击毙秦启荣纪实》，中国人民政治协商会议山东省安丘县委员会编：《安丘文史资料》第 1 辑，1984 年版，第 99 页。

④ 安丘县政协文史组：《击毙秦启荣纪实》，《安丘文史资料》第 1 辑，第 99—100 页。

歌，山穷水尽，实难无法挽救狂澜之既倒”[①]。该年8月6日，秦启荣召集当时在鲁南、鲁中地区各国民党“党政首长”“来辉渠村作初步会商”[②]。

王家沟战斗未能消灭“摩擦专家”秦启荣，使八路军参战部队极感遗憾。在得到秦启荣新的藏身地点确切情报后，我鲁中一团于8月6日晚从沂水县官庄出发，次日拂晓包围秦部。[③] 战前，团首长向全团进行了重要动员，指战员们“了解了这次战斗的意义，情绪十分激昂，人人同仇敌忾要找这个欠了累累血债的刽子手算账”[④]。据当时因参加辉渠会议而留宿秦处、与秦同寝的国民党山东省党部委员牟尚斋[⑤]回忆，8月7日凌晨左右，中共军队已抵达秦处。听到“重机枪声连续不停”，牟判断绝非小股中共武装来袭，因彼时中共武装“虽有轻重机枪，但以缺乏子弹，非重大战役决不轻用”，而今中共武装“不惜使用重机枪掩护进攻，岂可等闲视之”。当时秦驻地所部武装不多，牟尚斋极力劝秦突围，秦却极力坚持固守“奋战”，等待破晓后援军来救。然而破晓后，援军并未赶来，周围的“东西辉渠两村已不复闻枪声”，牟尚斋推测这些驻军不是突围，就是已被中共军队攻陷消灭。战至7日上午10时，秦见援军已无望，才欲突围。[⑥] 最终被八路军全歼，秦启荣在突围中被八路军击毙，“从其尸体上搜出铜制私章1枚，派克钢笔和左轮手枪各1支”[⑦]。

在整个华北乃至全国都称得上“著名”的“摩擦专家”秦启荣被山东八路军击毙，在当时以及此后多年都引起了较大震动。蒋介石及重庆国民党中央极为不满，向中共中央发电质问，大后方报纸持续污蔑、指责八路军“袭击山东友军”。9月，毛泽东和朱德、周恩来致电在重庆参加国民参政会三届二次会议的中共参政员董必武：“九月十二日重庆国民党报纸发表伪造所谓八路军袭击山东友军事件，企图蒙混视听，兹将山东方面查复秦启荣事件转告如下。请依此实情答复军令部。抗战以来，国民党在山东不下十七万人，由于国民党在敌后采取降敌反共政策，从一九四一年六月，六十九军军长毕载宇投敌后相继投敌者，有孙良诚、吴化文、荣子恒、宁春霖、厉文礼、齐子

---

① 王灿：《我所认识的秦司令启荣先生——在鲁南山区抗日“剿共”二三事》，台北《山东文献》第17卷第2期，第15页。

② 牟尚斋：《秦“烈士”启荣殉国纪实》，台北《山东文献》第7卷第2期，第12页。

③ 山东省安丘县地方史志编纂委员会编：《安丘县志》，山东人民出版社1992年版，第257页。

④ 安丘县政协文史组：《击毙秦启荣纪实》，《安丘文史资料》第1辑，第100页。

⑤ 在击毙秦启荣的战斗中，国民党山东省党部委员牟尚斋亦被八路军俘虏，但他“诡称在昌乐县当录事而得释放”。见范予遂：《我的回忆》，《山东文史集粹　修订本　上集》，中国文史出版社1998年版，第128页。

⑥ 牟尚斋：《秦“烈士”启荣殉国纪实》，台北《山东文献》第7卷第2期，第13—14页。

⑦ 山东省安丘县地方史志编纂委员会编：《安丘县志》，第257页。

修、刘景良、韩子乾、张步云等逆。最近在山东境内仅有秦启荣、刘桂堂、赵保元等部约万余人。但并非抗日，均与敌伪勾结，积极反共。查秦启荣为国民党山东省党部委员及山东三青团、复兴社的特务头子，前任国民政府军事委员会山东别动队纵队司令，后改为苏鲁战区第三游击纵队司令。乃国民党派在山东主要反共健将。自一九三九年一月底起，在山东几年中，完全执行由重庆委托勾结敌寇，进攻八路军之任务。'最近事件，发生于本年七月二十三日，秦启荣亲率特务大队及其所属各支队，配合伪军张步云部向八路军鲁中部队大举进攻。激战十余日，始将该部击退，战后传闻秦启荣于此役阵亡。中央社所谓八路军袭击山东友军云云，乃颠倒是非，恶意污蔑，应予驳斥。'"[①]

对于这样一位与伪军有勾结的反共摩擦专家，国民党中央在当时和事后都对秦启荣进行了高度评价。秦被击毙后，国民党中央对秦"明令褒奖，饰终之典有加焉"[②]。1944 年 3 月 5 日，"陪都追悼秦启荣"，国民党中央大员及各省在渝要人共计千余人参加了公祭，蒋介石亲自题颁横额"英烈长昭"。[③] 同年，国民政府在山东省政府驻地安徽阜阳设立"向村中学"（秦启荣字"向村"）以纪念秦，抗战胜利后该校迁回省会济南。[④] 1945 年抗战胜利后，国民党山东省政府在济南、青岛等地年年举行秦启荣的纪念会乃至"大游行"，屡见报端[⑤]。国民党败退台湾后，出版过多本秦启荣生平及其"功绩"的书籍、纪念册，还有"秦烈士启荣纪念基金会"等之设立，秦被夸赞为："秦将军孤军奋斗，寡不敌众，终于壮烈成仁，可歌可泣"[⑥]；"卒以捐躯党国，杀身成仁，舍生取义……秦将军实践圣人之言矣"，甚至将秦启荣（山东邹县人）与山东籍抗日牺牲的著名民族英雄张自忠将军（山东临清人）并列，"实有过之而无不及"，称秦是"一代革命伟人，实当之无愧矣"[⑦]。这些评价多数出于

---

① 吴殿尧主编：《朱德年谱　新编本　1886—1976　中》，中央文献出版社 2016 年版，第 1144 页。

② 龚舜衡：《秦"烈士"启荣治军纪实》，台北《山东文献》第 7 卷第 2 期，第 11 页。

③ 《"英烈长昭"　陪都追悼秦启荣　蒋主席题颁横额》，《中央日报》（贵阳）1944 年 3 月 6 日，第 2 版。

④ 济南市政协文史资料委员会、济南市教育委员会编：《解放前济南的学校》，济南出版社 1991 年版，第 9 页。

⑤ 参见《秦启荣殉国三周年，各界今举行纪念会》，《青岛晚报》1946 年 8 月 7 日，青岛市档案馆藏，案卷号：D000386 - 00014 - 0001；《秦启荣殉国忌辰今晨举行纪念会》，《民言报（晚刊）》（青岛）1947 年 8 月 7 日，青岛市档案馆藏，案卷号：D000097 - 00014 - 0023；《秦启荣殉职五周年　党部昨日纪念》，《青岛公报》1948 年 8 月 9 日，青岛市档案馆藏，案卷号：D000193 - 00018 - 0005。

⑥ 王士元：《抗战期间山东见闻之回忆（上）》，台北《山东文献》第 1 卷第 2 期，第 109 页。

⑦ 王灿：《我所认识的秦司令启荣先生——在鲁南山区抗日"剿共"二三事》，台北《山东文献》第 17 卷第 2 期，第 15 页。

政治立场、个人好恶原因而言过于实。秦启荣在山东敌后可以说是“反共”远积极于“抗日”的相当一部分国民党人的代表，其与张自忠将军在对民族的功绩上根本无法相提并论。客观而言，秦启荣本人在全国抗战初期对日作战有一定成效，尤其在韩复榘弃省逃跑的情况下，秦举起抗日义旗，自己拉起队伍抗日，表现出民族气节。而当国民党在山东敌后的抗战面临全盘失败局面时，秦始终没有公开投日，相较吴化文、孙良诚、厉文礼、荣子恒诸人，尚有民族良知存留。但是他长期坚持顽固反共立场，多次有意挑起与山东共产党的摩擦。应该说，八路军与鲁苏战区、国民党山东省政府在山东敌后的关系不断恶化，被国民党方面称作“山东首先反共的第一人”“山东反共的先知先觉”的秦启荣“难辞其咎”。他为了一党之私和地盘、军队等个人利益，而对中共存在严重偏见，始终枉顾统一战线，最后难免落得“机关算尽太聪明，反误了卿卿性命”的下场。1949 年国民党退守台湾后，不少曾在山东参加过抗战的国民党将领和官员以“后知后觉”之明，从最后国共内战国民党失败的结果反推出一些奇怪观点，诸如反思他们自己在抗战时期的山东“没有及时识破共党的阴谋”而与之合作，认为是自己犯了“糊涂”，反而将秦启荣早早开始与中共搞“摩擦”的种种做法看成是秦本人的“先知先觉”“先见之明”和“对党国的效忠”，无疑是混淆了时代任务，颠倒了因果关系。

秦启荣的败亡，也意味着国民党山东省政府在山东的彻底失败，以及自沈鸿烈、于学忠以来国民党在鲁南敌后数年“苦心”经营的失败。国民党方面资料称：“（秦启荣与八路军在辉渠）激战后，嗣以秦主任（指秦启荣——引者）弹尽援绝的自戕，情势的剧变之下，不惟昌乐、安丘两县同时告急，而且鲁南其他各县亦无不相继沦落；非为敌有，即为‘匪’占，陷于极度之昏暗糜乱中！只有八区专署所驻的胶济铁路附近的昌乐，与一十两纵队防区的临、郯、费、枣边境，尚能孤峙在一角，续作生死抗拒的困斗；这是秦主任殉职后，鲁南全局最后的沉沦与混乱。”①

① 李继昶：《八年抗战之山东（七）》，台北《山东文献》第 3 卷第 3 期，第 148 页。秦启荣被击毙前，其所属部队鲁苏战区第三纵队已所剩不多。该纵队原下辖七、八、九三个支队，秦任纵队司令兼七支队队长。1942 年秋，八、九支队的两个营相继投日，此后七支队和八支队余部被编为直属第一支队，旋改为山东省保安第 38 旅，以赵执吾任旅长。1944 年 6 月，省保安第 38 旅在当时的安丘县大陈庄被日伪军包围并打垮，旅长赵执吾身中数弹殉国。参见中国人民政治协商会议临朐县委员会编：《临朐县抗日斗争史料：纪念抗日斗争胜利五十周年》，潍坊市新闻出版局 1995 年版，第 266—267 页；翟作相：《大陈家庄战役》，《老兵讲述 9 抗战刻骨铭心的记忆》，中国文史出版社 2016 年版，第 131—132 页。

第四节　鲁中、鲁南的其他主要国民党地方势力及其命运

鲁苏战区和山东省政府离鲁后，鲁中、鲁南地区仍有一定实力，且当时暂未公开投降日伪的仅有张里元、刘桂堂、张天佐、王洪九等数部。以下分别论述之：

一、刘桂堂的毙命

刘桂堂，民国时期报刊及档案文献亦写作“刘桂棠”，山东费县人，绰号“黑七”，是纵横华北的著名“悍匪”。“家中赤贫，童年为人牧羊为生，后做土匪，盘踞在抱犊崮山区，过着打家劫舍、绑票剪径的生活。民国十六、七年革命军北伐至山东时，他投效了革命军。后来山东主席韩复榘设计要捉他，但他机警过人，事先带着部下由鲁西北逃到河北，更由河北窜赴察哈尔、热河一带。是时日寇正由热河进犯察哈尔，乐得利用刘桂堂打前锋，于是对刘大事装备，马匹枪支子弹共装备万余人。刘即率此万余骑兵南窜河北，由河北而豫北，更由豫北窜至鲁西”①，公开为日寇侵略华北充当急先锋。此后，山东省政府主席韩复榘收买刺客刺杀刘桂堂，刘重伤未死，一时脱离日寇，隐蔽起来。1937年七七事变后，刘故态复萌，投奔日寇，“又当汉奸，驻扎山东掖县。”1939年春，于学忠在沂水成立鲁苏战区总司令部后，即多方游说、拉拢刘桂堂，劝其“反正”脱离日伪，“给他的番号是新编第三十六师”。“刘氏脱离鬼子的掌握，奔向鲁南山区，沿途经过汉奸据点时，即向汉奸说：‘我当汉奸当的够够的（即厌烦之意）了！你们可别再当汉奸了，赶快接受招安打鬼子吧！’”②“刘氏反正后，曾在鲁苏战区总司令部住了一段时间，天天和司令部的高级将领在一起，每天参加升旗降旗，聆听讲话，在不知不觉间收到潜移默化之效；他回到部队中照样模仿，也是升降旗，训话。在他的脑海里，只有一个管辖两省的战区总司令值得尊敬。至于一省的主席和下面的专员、县长，根本看不在他的眼里。所以他每逢提到‘主席’、‘专员’、‘县长’，都先加上一个‘小’字。”③

此后，刘部“常驻费县西南乡的山区中，（直至卅二年秋）既抗日，又反

---

① 王士元：《抗战期间山东见闻之回忆（下）》，台北《山东文献》第1卷第3期，第95页。

② 王士元：《抗战期间山东见闻之回忆（下）》，台北《山东文献》第1卷第3期，第95页。

③ 王士元：《抗战期间山东见闻之回忆（下）》，台北《山东文献》第1卷第3期，第96页。

共”[①]。他大肆强拉民夫，修建工事，将其老巢锅泉村打造成坚固堡垒。刘桂堂部驻扎鲁南期间，对八路军费南、费北等根据地进行残酷“扫荡”，在费北柘沟袭击八路军津浦支队三团，俘虏团长续志先等 200 多人。1941 年 5 月袭击中共费南县二区区公所。该年秋包围费南县郑城附近一处我党干校，八路军费南三团两个营 500 余指战员与之激战，120 多人牺牲。随后刘部又袭击费北县杨谢庄一带八路军一一五师六八六团，被八路军消灭 500 多人。[②] 由于刘部军纪极差，又消极抗日，故鲁苏战区总司令于学忠对其行为亦颇不齿。1943 年中央军李仙洲部入鲁后，刘桂堂认为联系上了“中央”，找到了新的靠山，故积极配合李仙洲部九十二军袭击中共在鲁南的抗日根据地，却迭遭八路军沉重打击，损失惨重。

“反正”当上“国军”的刘桂堂(“刘黑七”)给沂蒙人民带来了深重灾难，从 1939 年至 1943 年，“刘匪共烧杀抢劫三百多个村庄，烧毁房屋三万余间，杀死无辜群众四千余人，奸污妇女不计其数”，其抓捕、杀害中国共产党抗日军民和无辜群众的手段极其残忍。[③] 刘桂堂之残酷，可从沂蒙百姓日常生活的若干表达及小调中得到体现：一是当地老百姓用刘黑七吓唬孩子，“连孩子哭了娘也吓唬说：‘来刘黑七了！’孩子就立刻不哭了”；二是沂蒙民众流传着“十恨黑七”的小调：

> “一恨黑七太不良，从小就把牛羊放，不该把土匪当。
> 二恨黑七太不该，当了土匪良心坏，到处抢起来。
> 三恨黑七心太狠，杀人放火又奸淫，糟蹋了多少人！
> 四恨黑七不应当，蒙山前怀杀满庄，火烧一扫光。
> 五恨黑七似豺狼，杀人放火又抢粮，抢了美女拜花堂。
> 六恨黑七不要脸，抢了银钱千千万，天津去保险。
> 七恨黑七真孬种，投降鬼子到胶东，当了汉奸兵。
> 八恨黑七真捣乱，假装反正回本县，‘中央’名字换。
> 九恨黑七卖国贼，联日反共反人民，到处打我军。
> 十恨黑七太猖狂，莫忘全民来反抗，早晚叫你见阎王！”[④]

---

① 王士元：《抗战期间山东见闻之回忆(下)》，台北《山东文献》第 1 卷第 3 期，第 96 页。

② 王秉伦等：《民国巨匪刘黑七》，山东省政协文史资料委员会编：《山东文史集粹　修订本上》，中国文史出版社 1998 年版，第 745—746 页。

③ 王秉伦等：《民国巨匪刘黑七》，《山东文史集粹　修订本上》，第 744—746 页。

④ 王秉伦等：《民国巨匪刘黑七》，《山东文史集粹　修订本上》，第 745 页。

1943年8月，由于鲁苏战区和山东省政府离鲁，中央军李仙洲部入鲁又失败，刘认为国民党在山东敌后已无前途，因此重萌当汉奸之意，率残部1500余人逃至费县南部，公开投日，被任命为伪和平建国军第十军第三师师长。然而再做汉奸的刘桂堂仅过了三个月，即迎来其末日。1943年11月13日夜，中共鲁南区委书记兼鲁南军区政委王麓水亲自率领第三团、五团、尼山独立营和费滕独立营各一部，长途奔袭刘桂堂盘踞的柱子村，全歼刘部，并将刘桂堂本人击毙。[①] 祸乱鲁南数十年的"巨匪"刘桂堂被八路军击毙，使多年深受其害的鲁南民众无不拍手称快，也再次震惊了重庆和延安，延安新华广播电台连续三日，每三小时一次播发《山东我军击毙惯匪刘黑七》的新闻。《解放日报》1944年1月发表的《山东军民反"扫荡"胜利》社论指出：中国共产党山东军民"尤以击毙始终受日寇豢养、三十年来窜扰华北五省、杀人巨万的'混世魔王'刘匪桂棠，为山东人民除大害，为中华民族长正气，特别值得大书特书"[②]。至此，刘桂堂这个纵横华北二十余年、张宗昌韩复榘等数任山东主政者都未能剿灭、多次"降日"又"叛日"的"巨匪"，被八路军结束了其"反复无常"的一生。

二、"残喘"于昌乐的张天佐

张天佐是山东寿光人，全国抗战爆发前曾任昌乐县警察局长，1937年6月到庐山暑训班，曾受蒋介石嘉奖，并加入"复兴社"。张天佐与抗战时期鲁南顽固派的代表秦启荣一样，都是国民党军统分子，虽然起初尚不如秦启荣那样热衷于挑起两党"摩擦"，但他对国共合作持消极态度，也时有"摩擦"举动。到抗战后期，尤其鲁苏战区和省府离鲁后，张如"惊弓之鸟"，为"求生存"而与八路军的"摩擦"愈演愈烈。

全国抗战初期，张天佐在韩复榘不战而逃，昌潍吃紧时，出于爱国保家义愤组织武装抗日自卫，怒斥放弃职守的国民党昌乐、潍县县长，"以积极抗日的表现得到国民党第八区专员厉文礼的推荐，委任其代理县长兼五团团长，盘踞昌乐仓上一带"[③]。

1937年12月至1938年1月，中共在昌乐组建了抗日别动队第十七大

① 《血洒齐鲁耀中华——纪念王麓水将军牺牲50周年》，中共山东省委党史研究室、中共枣庄市委党史办公室、中共滕州市委党史办公室编：《王麓水将军》，新华出版社1995年版，第19—20页。

② 《山东军民反"扫荡"胜利》，《解放日报》1944年1月26日，第1版。

③ 丁云峰：《我所知道的张天佐》，中国人民政治协商会议山东省潍坊市潍城区委员会编：《潍城文史资料》第5辑，1990年版，第69页。

队和抗日别动队第三十二大队。2 月 4 日，两支部队合并，对外仍称“抗日别动队第十七大队”，随后开始了与张天佐在昌乐的长期合作与斗争。张天佐“在给养、防区等问题上对十七大队进行种种刁难，不断挑起摩擦，企图扼杀我党领导下的这支年轻的抗日武装，因此，十七大队的处境越来越困难”[①]。1938 年 3 月，张天佐趁十七大队主要领导和骨干分子去潍县联络八路军其他抗日力量之际，“乘机采取行动，一手制造了破坏国共合作的‘北展事件’”，以“点名发饷”为名，要十七大队到北展小学集合，大队指挥官刘汉三未能识别张的阴谋，导致刘被扣押，7 名反抗战士当场被杀，其他队员被抓捕。[②] 昌乐中共抗战力量受到重挫。中共党员赵西林、庄少云于 1938 年 9 月再次拉起抗日武装“二十九大队”后，去仓上“与张天佐谈判部队的军需供应和驻防问题。张天佐坚持‘给养统一，防地统一’，再三进行刁难。同时，以共同抗日为名，别有用心地约二十九大队同去昌乐城袭击日伪军，企图借日军之手消灭这支刚诞生的抗日武装”。此次联合作战中，“张天佐部因事先准备不充分，战斗意志薄弱，一触即溃。而二十九大队作了充分准备，战斗勇敢，给日伪军打击后，有秩序地撤出战斗”[③]。11 月上旬，赵西林、庄少云怀着极大耐心“再次去仓上与张天佐商谈部队防区和军需供应问题，并设法化解双方之间的矛盾。但是，张天佐坚持不合作态度”[④]。随着秦启荣等制造“太河惨案”，省政府主席沈鸿烈不断趋向反共，张天佐亦发起反共高潮，1939 年 9 月 9 日，张天佐逮捕并杀害中共昌乐县委书记刘慈源，中共昌乐县委被破坏。1940 年，“以张天佐为首的国民党昌乐当局反共活动又一次升级，采取一系列措施，更加疯狂地捕杀共产党人，打击共产党的活动”，中共昌乐县委为避免更大损失，一度主动退却。[⑤]

鲁苏战区和山东省府离鲁前，张部一面不断与共产党摩擦，一面坚持抗日。日军也多次对其进行打击，日伪报纸历年均有歼灭张天佐“匪部”的报道，如 1941 年 9 月报道日军“剿击伪昌乐县长张天佐匪部，激战二小时之久……匪众惨败窜逃”[⑥]。但日军并未能真正彻底消灭张部。1942 年 9 月，张被山东省政府任命为山东第八区行政督察专员公署专员兼保安司令，仍兼昌乐县长。张部统辖的“县属保安团队，及省保安十五、十六两团”，改编为省保

① 中共昌乐县委党史研究室编：《中共昌乐地方史　第 1 卷　1921—1949》，山东大学出版社 1998 年版，第 42—45 页。

② 中共昌乐县委党史研究室编：《中共昌乐地方史　第 1 卷　1921—1949》，第 45—46 页。

③ 中共昌乐县委党史研究室编：《中共昌乐地方史　第 1 卷　1921—1949》，第 47—48 页。

④ 中共昌乐县委党史研究室编：《中共昌乐地方史　第 1 卷　1921—1949》，第 49 页。

⑤ 中共昌乐县委党史研究室编：《中共昌乐地方史　第 1 卷　1921—1949》，第 53—56 页。

⑥ 《安邱伪县长部　已被击溃》，《新天津报》1941 年 9 月 23 日，第 6 版。

安第五旅。[①] 在日军进攻威逼下，张将部队和县政府节节南迁。1942 年 10 月 12 日拂晓，日军和伪军出动万余人，兵分八路，将张天佐的部队围困于白浪河源头大鼓山及纪山一带，试图全歼张部。此战张天佐部死伤极大，县政府也被打散，教育科长赵伯枢、团政治部主任曹子君等均被日军俘虏，押去伪满通化省临江县大栗子沟铁矿干苦工。[②] 1943 年鲁苏战区和山东省政府离省赴皖，对山东省内留守各国民党地方部队震动极大。“留省之党政军各部人员，咸集昌乐，人心惶惶，不可终日。”[③]在日寇强大攻势下，张天佐部队几乎弹尽援绝，他本人也已丧失抗战信心，却又怕承担“汉奸”的罪名，故唆使其二营营长张震寰以继任五团团长身份率部到驻潍县日军处谈判，向日军谎称张天佐已于纪山之战中突围后失去联络，生死不明，进行所谓的“曲线救国”，以换取日军不再对其部进行打击。此后张天佐化名“张道一”，仍旧在暗中指挥部队，但不再以“张天佐”名义出现。[④] 而国民政府则称抗战后期的张氏“受命于危难之际，独支危局，内而保障境内军民及各部人员之安全，外而抵抗‘敌匪’[⑤]之双重侵袭，终以昌乐弹丸之地，作砥柱于洪流，实现一不可思议之奇迹。故上峰依畀更殷，使兼省府第五办事处副主任、三民主义青年团山东支团部干事、鲁中军区副司令官、山东保安第一师师长等职”[⑥]。当时，省府留鲁的一些机关、人员也隐蔽在昌乐张天佐处。对于张天佐的“曲线救国”，国民党文献虽大肆吹嘘其“支柱昌潍的艰辛”，甚至说“昌潍的奇迹是怎样创造的”，但也承认：“三十二年（1943 年——引者）国军撤退省府离鲁以后，山东局势有一段黯淡阴霾的时期”，“为了安全的考虑，张天佐有意的把昌乐神秘起来。机关部队对外通讯多用代号，如昌乐县政府的代号是‘天立堂’；若干人事任命也秘而不宣，如张天佐本人受任山东挺进第二十二纵队司令的事，当时一般民众都不知道”。然而其“剿共”方面“同仇敌忾气氛，未见稍丧”[⑦]。

实际上，自 1943 年鲁苏战区和省府撤离后，张天佐困处“昌乐弹丸之地”，以属下之伪军部队为掩护，已完全丧失抗日勇气，日军也不再对其打

---

① 张玉法主编：《民国山东通志》第 5 册，台北山东文献社 2002 年版，第 3044 页。

② 昌乐县政协文史科：《张天佐两进仓上》，中国人民政治协商会议昌乐县委员会编：《昌乐县文史资料选辑》第 3 辑，1985 年版，第 92 页。

③ 黄季陆主编：《革命人物志》第 4 集，台北中央文物供应社 1970 年版，第 313 页。

④ 县政协文史科：《张天佐两进仓上》，《昌乐县文史资料选辑》第 3 辑，第 93—94 页。

⑤ 此处“匪”，是国民党方面对中国共产党军队的污蔑称呼。

⑥ 黄季陆主编：《革命人物志》第 4 集，台北中央文物供应社 1970 年版，第 313 页。

⑦ 李云汉：《掬泪望乡关，平情衡史录——纪念张天佐先生殉国三十周年》，台北《山东文献》第 4 卷第 3 期，第 10 页。

击。张部驻地位置连接鲁中与胶东，较为重要，且容留了部分未撤走的国民党山东省府人员，成为了山东八路军重点打击的对象。张亦将与八路军摩擦以求得在敌后生存作为首要任务。国民政府则倚之为省府离鲁后在山东仅剩的主要力量之一。从1943至1945年，张天佐在仓上大肆征发民力，修建围墙、碉堡，挖壕沟、地道等一系列防御工事，建立两道封锁线和严密封锁网，冀图在八路军的打击下自保，“共动用土石方约是六万二千多立方，毁坏粮田一百三十多亩”①。

1945年春，山东军民在中国共产党领导下对日伪和残余顽军发动反攻。张天佐邻近的寿光、益都、安丘、临朐等县几乎完全被中国共产党控制。张惊恐万分，“把所领导的一切组织机构，都纳入反共轨道”，“组织昌乐县‘防匪’工作队”和各区分队，一面进行反共宣传，一面联保连坐，还组织“暑期服务队”，分到全县各村查岗督哨，“凡被认为私通八路或八路嫌疑者，就被枪杀或活埋，很少幸免”②。从1943年至1945年抗战胜利，张天佐在其辖区杀害了不少他认为“私通”或有“八路嫌疑”的无辜民众。③

1945年8月日本投降，早已不抗日、专“剿共”的张天佐终于“等”来了抗战胜利。国民党方面资料记载：在日军面前隐藏形迹已久、不敢暴露身份的张天佐的“新职衔也在大幅的布告上公开出来：他是山东省第八区行政督察专员兼保安司令，山东省保安第一师师长，胶济铁路警备司令，仍兼着舍不得放下的老职位：昌乐县长”，“原来隐匿着一些大机关立刻挂出了耀眼的招牌”④。张天佐部迅速开进昌乐、益都、潍县、安丘等地“接收”，收编厉文礼部伪军，抢夺胜利果实⑤，并大肆进攻解放区。抗战胜利前夕，国民党山东省政府一方面依靠张景月等部的力量“西上”与中共军队“赛跑收复济南，一面把维护胶济铁路，确保昌潍要地的重任，交付与张天佐一人”⑥。直至1948年4月27日人民解放军华东野战军攻克潍县，张天佐率部突围，被击毙于

① 县政协文史科：《张天佐两进仓上》，《昌乐县文史资料选辑》第3辑，第95—96页。

② 县政协文史科：《张天佐两进仓上》，《昌乐县文史资料选辑》第3辑，第97—98页。

③ 县政协文史科：《张天佐两进仓上》，《昌乐县文史资料选辑》第3辑，第98—100页。

④ 李云汉：《掬泪望乡关，平情衡史录——纪念张天佐先生殉国三十周年》，台北《山东文献》第4卷第3期，第10页。

⑤ 《张天佐关于日降后派队将益都、昌乐、潍县、安丘等县克复并派人接收的电报》(1945年8月18日)，青岛市档案馆藏，案卷号：B0024-001-00736-0054。

⑥ 《何市长讲“我们要向沉痛的教训中学习”——纪念张天佐及昌潍淄博殉难军民》，《北平市政府公报》1948年第3卷第13期，第4页。

潍县东门外。[①]

三、张里元与国共合作

张里元是山东定陶人，1922年毕业于北京大学政治系。1931年考取文登县长，在任上兴利除弊，得当士绅民众广泛好评，被韩复榘大加赞扬。1933年调任一等县沂水县长，政绩卓著，被省府通令嘉奖。1936年2月升任山东省第三区行政督察专员公署专员、保安司令。1937年全国抗战爆发后，第五战区司令长官李宗仁任命时任第三区专员、保安司令兼临沂县长的张里元为第五战区第八游击司令。张不满于韩复榘畏战情绪，动员所属各县民众支持庞炳勋和张自忠部保卫临沂城，并亲率部队在临沂西门与日寇短兵相接，奋勇拼杀，一度重创日军。[②] 张里元的部队"是很早就成立在三区的，在徐州五战区的统率下，嗣以严格的组训方式，扩编到二十几个支队，另外还有许多旅团，分布在临、郯、费、峄、沂、莒、日等县，在张司令里元艰苦的领导之下，他们曾配合了国军策应临沂战役；迨至台儿庄会战结束后，为巩固鲁东南的游击根据地，在山区中到处转战，冲破了敌伪奸匪的层层包围，造成鲁东南一时的抗战局面"[③]。临沂城沦陷后，张里元率部撤往临沂西部山区，坚持在敌后抗战。

与张天佐、刘桂堂等人大不相同，张里元出身于名校北京大学，受过良好的高等教育，具有鲜明的爱国思想和坚定的抗日立场，且其思想也较为开明，对国共合作持较为乐观的态度。同时，张本人的书生气很浓，自视甚高，对敌后所谓"曲线救国"和各种伪军势力极为鄙视。在鲁南敌后抗战期间，张与中共山东党组织保持着较为良好的合作关系。亲历者在新中国成立后的回忆中几乎都称张"赞成统一战线"。1937年10月，中共苏鲁豫皖边区特委书记郭子化以第五战区总动委会委员身份，与张里元建立了统战合作关系。1938年5月，"中共临沂特委建立张光中任队长的苏鲁人民抗日义勇军，9月改编为张里元保安直辖四团，由张里元供给给养"。此后张曾多次掩护八路军部队，他与中共山东党政军主要领导徐向前、朱瑞、黎玉、张经武等人都有过不少接触。中共山东党组织也先后三次派大批干部到张里元

---

① 《鲁省垣各界　追悼张天佐》，《中央日报》（贵阳）1948年5月14日第2版；《鲁八区专员张天佐阵亡》，《大公报》（香港）1948年5月14日第2版；《鲁省委张天佐昌潍之役殉职》，《华北日报》（北平）1948年5月14日第2版。

② 郝鸿恩、孔警宇：《回忆张里元先生》，定陶县政协文史资料研究委员会编：《定陶文史录》第5辑，1987年版，第53页。

③ 李继昶：《八年抗战之山东（一）》，台北《山东文献》第1卷第4期，第67—68页。

各部开展工作。[①]

张里元与中国共产党在全国抗战前期保持了良好的统战关系。张本人也曾多次对八路军和山东中共党组织给予帮助。1938 年 6 月,“为了支援鲁南山区我党领导的义勇总队的反顽斗争,苏鲁豫皖边区省委书记郭洪涛率领四支队二、三团共八九百人,由泰山地区插到鲁南山区,击溃了土顽地主武装申从周、刘光田的部队,引起了鲁南地区其他地主武装头子孙鹤龄、刘玉华等人的恐慌。他们便联合起来对付我军,在滕县的八里沟打了我四支队和边区省委直属队的埋伏。在我军被围困的情况下,我们派人找到了张里元,利用张里元的关系,制止了鲁南土顽武装对我军的联合进攻,才使省委机关和四支队能安全回到了鲁中地区与沂蒙山区的留守部队会师,转危为安”[②]。“同年 7 月,在鲁南山区活动的义勇总队,在省委机关和四支队离开鲁南山区之后,处境非常不利,他们从滕峄地区向抱犊崮中心区转移时,途中也遭到了土顽刘玉华部队的阻击,义勇二大队教导员渠玉伯同志被俘牺牲。在行军到费县孔家洼时,又被土顽李以锦部队拦截不得通过。在此紧急关头,也是由总队长张光中同志亲自持张里元的信前往李以锦部交涉才得以通过的。同年 9 月我义勇总队配合张里元的部队进行胭脂山的伏击战,取得了消灭日寇六七十人的胜利。其后又进行了拔除车辋日寇据点的战斗。从此,义勇总队在鲁南地区逐步打开了局面,得以活跃在大炉周围地区。”[③]

1939 年“东里店国共合作时期”,张里元是山东国民党内支持国共合作的代表。故内战结束后,国民党内很多人对张里元当时与中共合作的态度颇为不满。当时,国民党地方武装王洪九部在临沂、费县一带活动。王洪九不满于国共合作,经常独立行动。徐向前与张里元沟通,“说是王洪九部应该拨归游击第一纵队所指挥(时张里元担任第三专署专员兼任游击第一纵队司令,王洪九部活动范围亦在第三专署境内——引者),这样不但可以增加实力,而且也便于统一指挥。张里元这位北大毕业的书生专员,闻之甚觉有理,乃透过鲁苏战区总司令于学忠的首肯,将王洪九的部队,改制为游击第一纵队第三支队,由张里元指挥”,以此限制了王洪九部的扩张。[④]

沈鸿烈的山东省府驻东里店时,“山东省府在沂水县的岸堤,当时设有

---

① 王志民主编:《山东重要历史人物》第 7 卷,山东人民出版社 2009 年版,第 122 页。

② 刘少傥:《与张里元合作抗战》,《山东抗战口述史》(下),山东人民出版社 2015 年版,第 157 页。

③ 刘少傥:《与张里元合作抗战》,《山东抗战口述史》(下),山东人民出版社 2015 年版,第 157—158 页。

④ 《王洪九粉碎“共党诈术”》,台北《山东文献》第 6 卷第 1 期,第 91 页。

一所干训班，轮流调训军政干部，省主席沈鸿烈兼班主任，因班址设在第三行署境内，专员张里元又是省府委员，故由其兼任班副主任，另派赵雪峰为教育长，负实际责任。”“巧的是”，中共“亦在岸堤设有所谓延安抗大山东分校”，“与省府干训班可谓‘门当户对’，双方教官可以互换授课”。张里元与山东分局统战部长郭子化等人多有交往。战后，国民党方面人士认为，由于中共是“有备而来”，“因此干训班中学员，或多或少都受了”中共“蛊惑与煽动”，而张里元作为省府委员兼干训班副主任，极力支持干训班的工作，是帮助了中共的宣传与发展。[①] 故战后的国民党人指责“张里元专员因书生味过浓，近于迂腐，而且出身北大，自视甚高”，初对中共的“活动采取放任态度”，干训班时期，“教育长赵雪峰曾屡次建议”与共产党“划清界限，可是张里元都不予理会，可能他本人当时就已中了”中国共产党“所谓‘抗日不分党派’的这种谎言蛊毒”，他们认为张里元被共产党成功“统战”了。[②]

1939 年夏，随着国民党掀起第一次反共高潮，山东共产党与沈鸿烈山东省政府的关系逐渐趋于恶化，张里元与中共的统战关系也逐渐紧张，中共派去张部队工作的人员撤出。但因张对中共仍保持中立态度，一一五师领导罗荣桓和陈光仍决定继续与他保持合作，曾几次派人与张联络。1940 年 7 月 28 日，山东分局书记朱瑞在山东省第一次各界人民代表联合大会上做“从国际到山东”主题报告指出，内外敌人“用一切方法破坏八路军与张里元先生的关系，但八路军和张里元先生及其部队始终还是抗战的朋友”[③]。此时，中共山东党组织仍试图争取维系与张里元的统战关系。1941 年 1 月，张里元被撤销专员职务，他与中共的统战关系虽未公开破裂，但彼此合作已较少。

1943 年夏，鲁苏战区和山东省府离鲁，李仙洲部入鲁被阻，鲁南国民党各地方武装“群龙无首”，惶惶不可终日。该年 7 月，八路军鲁中、滨海、胶东区部队组织较大力量沉重打击了伪军吴化文、厉文礼、张步云等部，滨海军区主力一部越过莒日公路，全部控制了于学忠部放弃的诸（城）日（照）山区。1943 年 8 月 6 日，张里元参加了新任不久的鲁南办事处主任秦启荣函邀的会议，“会议席上，张司令官一再建议，要秦主任（指秦启荣）一同转进鲁苏边区，先求安定，再谋发展。当时秦主任认为既是鲁南办事处主任，就不能放

---

① 《王洪九粉碎“共党诈术”》，台北《山东文献》第 6 卷第 1 期，第 91 页。

② 《王洪九粉碎“共党诈术”》，台北《山东文献》第 6 卷第 1 期，第 91 页。

③ 朱瑞：《从国际到山东——一九四〇年七月二十八日朱瑞在联合大会上的政治报告》，山东省档案馆、山东社会科学院历史研究所编：《山东革命历史档案资料选编　第 5 辑　1940.7—9》，山东人民出版社 1982 年版，第 20—21 页。

弃鲁南。会后分手，各奔南北”。次日，秦启荣即被八路军在辉渠击毙。张里元深感鲁南形势“已不可为”，自忖无力与八路军争锋。[①] “1943年秋，张里元接到共产党山东分局负责人朱瑞来信。信中说，为打通滨海通道，要求张把驻在日照沿海一带的部队撤出，以免发生冲突”，张决定放弃滨海地区，将驻在日照、莒县的部队全部撤出。[②] 8月21日罗荣桓判断，“于(学忠)部迅速西去而李(仙洲)部未能迅速北上，使鲁中顽军失去依托，处于极端恐慌混乱局面并发生分化”，“张里元在鲁南难于立脚，率部南下临(城)邳(县)郯(城)地区，现一面派其副师长到鲁西调查情况，一面到阜阳领取弹款，该部如不西去依靠于学忠，则可能依靠李仙洲”[③]。张率部南下“达鲁苏边区”，部队进驻邳县、郯城、峄县一带，整个鲁南大部已由中国共产党掌握。[④] 1945年春，“张部被新四军打跑，残部辗转到了(苏北)丰、沛、铜西北部驻定”，被彻底赶出山东。张部于此“停留数月，休整部队，沿黄河故道行动，直至日本投降”[⑤]。

抗战胜利后，因怀疑“张里元在鲁南暗中与八路军有联系”，张的部队遭到国民党山东受降长官李延年部的缴械，张本人一度被扣押，后被释放。1949年国民党败退台湾前，张里元时任国民党政府“行宪国大”第一届立法委员会委员，却不愿随国民党赴台，留居上海，1975年在上海病故。

四、王洪九部与中共的合作与冲突

王洪九，山东临沂人，1928年在家乡办起临沂县城前区自卫团预备团，并任团长。全国抗战爆发后，1938年春，王洪九以十六支枪组织“临费边境联庄会”，自任会长，举起抗日义旗，从其家乡艾山北脚下的沙沟崖打响了当地民众抗日的第一枪。此时国民党军尚在临沂城坚守，但地方民众已开始纷纷逃亡。“当时各战场上所遗弃的武器，大部分为老百姓捡去……在这些断瓦颓垣中所遗下的武器，有步枪、轻重机枪、掷弹筒、手榴弹。另外还有弹药”。王洪九团体的武器弹药，“有的是老百姓自动拿来参加团体的，有的是从老百姓手中买来的”[⑥]。他率部配合守城的国民党军在纸坊、耿家埠、西单等地多次伏击日军，“临费边境联庄会”初具威名。4月，临沂城沦陷，王洪

① 孟宪蕴:《八年抗战中之我见我闻》，台北《山东文献》第12卷第1期，第19页。

② 何志斌等:《在抗日民族统一战线旗帜指引下——怀念抗日时期的张里元将军》，《山东文史资料选辑》第32辑，山东人民出版社1992年版，第49页。

③ 黄瑶主编:《罗荣桓年谱》，人民出版社2002年版，第325页。

④ 孟宪蕴:《八年抗战中之我见我闻》，台北《山东文献》第12卷第1期，第19页。

⑤ 魏其民:《张里元其人》，《台儿庄文史资料》第3辑，1992年版，第73—74页。

⑥ 张筠山:《蒙阳絮语(一)》，台北《山东文献》第1卷第1期，第120页。

九率部坚守萁山，坚持敌后抗战。

然而，王洪九的抗日举动在当时却没有得到地方上长期以来逆来顺受、“只知有家族、不知有国家”的士绅民众的普遍支持。“一般民众的心理”“只认为中央军都打不过日本鬼子，你们凭什么打？简直是老虎头上捉苍蝇，惹祸呀！老百姓心里既恨日本鬼，又怕日本鬼，只求眼前没事。所以他们说：‘王洪九打日本鬼子，抗战；惹祸招灾！’这也难怪。原来当王先生向艾山的敌人发出一阵枪声以后，沙沟崖一个广大的村庄，紧接着即化为灰烬。当时日寇以为村中有埋伏的国军，于是扑下山来，一把火把全村烧个净光。王先生首先把自己的家产牺牲了。同志杨少卿也在这次为国献上自己的生命。这是联庄会型的抗战团体，为国牺牲的第一位英雄。而老百姓却认为这种灾祸完全是王先生惹出来的。从此以后，地方上就把王先生这些人看做危险人物，惟恐来到自己村中，引来鬼子放火杀人。”①王洪九率领的“联庄会员的饮食，全由当地供给，人活动到那个村庄，就吃那个村庄的。地方上对饮食的供应，并不拒绝，惟希望你吃完了马上离开，恐怕停下引了鬼子来”②。

当时临沂境内的民众抗日团体，王伯英、王孝忱及董慕仲部先后失败，只剩王洪九的“临费边境联庄会这个单位，在艰苦中挣扎奋斗”。同时，中国共产党的力量开始以各种途径进入鲁南地区。最先来到王洪九部队的是三个年轻的小伙子，英姿飒爽、生气勃勃，他们都是共产党人，但起初没有暴露身份。据国民党方面的资料记述（亲历者赴台后回忆）：“说实在的，他们多数是二十岁左右的青年小伙子，那种热情，那股干劲，以及吃苦耐劳的精神，确实可爱……看他们风尘仆仆，而精神奕奕。见了王会长，当然大大赞扬一番。表现的那种热诚和蔼，怎不教人喜欢。接着谈了些抗战理论：长期抗战啦，抗战到底啦，又什么国共合作，统一战线啦。真是眉飞色舞。不知他们从那里来，到那里去。而给人的印象是：确是些忠勇爱国青年。中国有这样的青年，抗战那怕不胜？谁曾料到是共党部③来鲁南开展工作的呢？”④

因此，当时的王洪九及其部下认为这几个人都是爱国青年，干劲十足，热血澎湃，非常招人喜欢。他们也为中国有这样的青年而感到骄傲，并没有意识到这些年轻人是共产党。

1938 年 12 月，王洪九部改编为第五战区第八游击第十七支队。

---

① 张筠山：《蒙阳絮语（一）》，台北《山东文献》第 1 卷第 1 期，第 120 页。
② 张筠山：《蒙阳絮语（一）》，台北《山东文献》第 1 卷第 1 期，第 121 页。
③ 原文如此。
④ 张筠山：《蒙阳絮语（一）》，台北《山东文献》第 1 卷第 1 期，第 123—124 页。

全国抗战初期中国共产党人对临沂地区的工作是令人赞叹的。即使在国民党人的角度，赴台后的亲历者于时隔数十年后，仍然高度评价了当年这些年轻的共产党员在临费边的“热诚勤苦”，使他们和当地民众不由自主对共产党、对统一战线产生了好感：

“‘抗日民族统一战线’是共党当时喊得最响亮的口号。当然把统战工作列为首要，惟由此才可以瓦解他人，壮大自己。共党在费南山区的工作，最初是只靠几支钢笔开展的；而拿钢笔的人，却都是些经过特别训练的优秀青年。统战工作，就是这些青年的唯一任务。这些人到了费南山区，那种热诚勤苦的表现，不由引起人一种快慰的感觉。再加以国共合作的烟幕弹，更使人眼花缭乱。于是他们首先建议临郯费各抗日团体成立联合办事处。”①

在中国共产党的推动下，临沂抗战各个团体的“联合办事处”成立了，“事实上无什么可办，只是每天交换交换情报，其余的时间，无非闲谈说笑”，但国民党人后来回忆认为，共产党人利用这一组织“刺探情报”，“藉此了解各单位的真实情形”②。而作为临费边起兵最早、规模较大的一支抗日武装，王洪九部自然成为共产党人重点“统战”的对象。此时的王洪九对于与共产党人合作也持较为开明的态度。全国抗战初期的临沂地区，广大农村基层对于共产党基本处于“一无所知”的状态中，王洪九部的共产党人在基层大力宣传“国共合作”，而国民党也在宣传“国共合作”。此时，中共也在费南山区建立了数支武装，在地方的影响力逐渐增大。

面对共产党人在地方的卓越工作和积极热忱的宣传动员，1949 年赴台的国民党人“反思”当时临沂的状况，“反思”王洪九的十七支队被中共“渗透”情况时，不禁感叹道：

“共产党的干部潜入了团体，而能坚定不移，保持着独特作风的，在当时的抗战团体中恐怕很少……二十八年(1939 年——引者)三月，十七支队驻马庄，这个时期，在政治上，可说是最使人感觉迷惘的时期。三十二年(1943 年——引者)春天，五七军荣旅变节，则是军事上应付最困难的时期。国共合作的口号响亮的喊着；‘国民党、共产党，两党合

① 张筠山：《蒙阳絮语(一)》，台北《山东文献》第 1 卷第 1 期，第 125 页。
② 张筠山：《蒙阳絮语(一)》，台北《山东文献》第 1 卷第 1 期，第 126—127 页。

作中国不会亡'的歌声终天唱着，若定力稍差，意志稍弱，势将左右失据，无所适从。在彷徨犹疑中，必将坠入共产党的陷阱。更重要的是：临沂县动委会(其中共党甚多)结束，各单位分人之后，还有几个比较重要的人，也都自动的来了。这些人来到十七支队帮着办教导队，办政治训练班。共产党开展工作，可说是极不易得到的好机会。他们在这里有的担任功课，有的编印教材；谁相信不能发生渗透作用？"①

当时，王洪九希望培养一批"适合抗战需要的新生力量，担任部队里的，或地方上的政治工作"，因此在十七支队中成立了政治训练班。而这个训练班迅速成为中国共产党人宣传抗日爱国主张的主要阵地之一。王洪九对于政训班中共产党员的活动有所察觉，又不便直接指出，便采取了各种手段对共产党的活动加以限制，但尚维持着表面的友好与客气，据当事人回忆：

"(十七支队)政治主任兼(政治训练班)班主任，教官则由杨士法、萧芳洲等几个共产党员担任。科目的规定，是主任和他们商量的。讲义的编印，全由他们负责。最要紧的，课程中有唯物论辩证法，和中国革命史。说来可怜，当时沦陷区里，其他的教材，极难见到；尤其三民主义一类的书籍，更不容易物色。况且在山区里，除了共产党，跟其他比较有政治思想的人，可以说断绝了交接的机会。当时想，我们的国民党同志何处去了！不禁感慨系之。讲义编好，虽由主任审阅一番，但在当时情势下，亦未便十分指摘。革命史由主任讲授。讲到革命军北伐，讲义上竟说北伐成功，完全是共产党的力量。他绝不承认这种荒谬的说法；更不能把这种荒谬的史实灌输到纯洁的青年人的脑子里去。于是耐着一肚子的气，不声不响的，当讲授的时候，将一些荒谬的地方完全抹去，并斥驳其诬妄胡说。至于唯物论辩证法，由他辩证去吧，反正学员听不懂。可是表面上，对杨萧等人，依然保持着友善合作的态度，而内心里由此引起深切的警惕。因此对学员常作个别深入详细的调查，有无受到杨萧等人的影响。并且切实叮嘱他们，切勿轻信杨萧等人的话，并随时报告。主任跟支队长存着同样的心理：自己的团体里不要产生了共产党。"②

① 张筠山：《蒙阳絮语(二)》，台北《山东文献》第1卷第2期，第120页。
② 张筠山：《蒙阳絮语(二)》，台北《山东文献》第1卷第2期，第121页。

由于王洪九的防范，共产党人“杨(士法)、萧(芳洲)、靳(怀刚)等人在这里，给人的印象确实很好，但没能发生一点作用”。后来他们相继找借口离开了十七支队，当时的十七支队的政治主任“总觉得有些怅然惋惜之感。萧芳洲还留在这里过了一段时间。有一天，当他说也要到别处去的时候，政治主任总认为萧是个人才，走了实在可惜。因向支队长(指王洪九——引者)建议把他留下。支队长笑道：‘虽是人才，但不为我们用啊！’”[①]此后，杨士法、萧芳洲、靳怀刚等同志陆续回归中共山东党政机构，1945 年抗战胜利后，萧芳洲率部还曾与王洪九部血战数月。[②]

王洪九的部队自“临费两县边境联庄会”举义，此后番号变动频繁，规模越来越大。1939 年 12 月，十七支队的番号改为鲁苏战区游击第一纵队第三支队，部队扩编为 4000 人，7 个大队。1940 年 9 月，鲁苏战区独立第二十七支队的番号，又代替了游击第一纵队第三支队。1942 年 10 月，改名为鲁苏战区挺进第十纵队。[③]

1940 年 3 月，王洪九率部渡过祊河，进占蒙山东南部，司令部驻古城里，在各处建立据点，不断向八路军根据地军民挑衅，经常无故抓捕八路军战士，勒索民众，派粮抓夫。中共抗日军民忍无可忍。该年 7 月，八路军山东纵队集中两个团围攻古城及其周围据点，王部连战连败，被包围于古城，王急电山东第三区专员张里元求助，但张拒绝出兵援助。王只得拼死抵抗。八路军围攻古城到第三天夜里，准备全歼该部时，山东分局鉴于王部并未公开投敌，而张里元又为王部做出保证撤回祊河以南的保证，遂令包围部队网开一面，王率残兵得以逃出古城，退回祊河以南。[④]

1943 年，国民党在鲁南的形势发生重大变化。在鲁苏战区于学忠部主力和国民党山东省政府离鲁的同时，蒋介石调中央军精锐李仙洲部入鲁，意图接管于学忠部在山东的地盘。王洪九马上投靠李仙洲，认为有了中央军的支持，积极配合李仙洲部入鲁，向八路军挑衅。1943 年 9 月 30 日《解放日报》报道“国民党反共军王洪九部，自前奉李仙洲部指令，由鲁南地区北上后”，即“大肆叫嚣，自称‘遵令收复沂水各区’(按即我沂蒙区边联县抗日根据地)，并乘我军分散边缘打击敌伪、掩护人民秋收时，偷偷窜入根据地，袭击我边联县县政府，抢去人民财物约值十万余元……当时临沂城北茶叶山、尖山等敌伪据点的汉奸，均异口同声给王洪九的‘反共战功’作宣传，说什么

---

① 张筠山：《蒙阳絮语(二)》，台北《山东文献》第 1 卷第 2 期，第 122—123 页。

② 张筠山：《蒙阳絮语(二)》，台北《山东文献》第 1 卷第 2 期，第 123 页。

③ 张筠山：《蒙阳絮语(一)》，台北《山东文献》第 1 卷第 1 期，第 118 页。

④ 费县志编纂委员会编：《费县志》，中国广播电视出版社 1992 年版，第 204—205 页。

‘西边八路军都没有了，王洪九打的真漂亮’。”至1943年9月底，王洪九“已自临沂城北逐步东窜，其一部已在敌伪掩护下窜至我滨海区沭河以西地区暗中活动”①。八路军对之严厉谴责，并被迫对王部反击，同时也打击了由李仙洲部入鲁引发的鲁南国民党残余部队的一时蠢动与嚣张气焰。

1944年4月，王部番号再由鲁苏战区挺进第十纵队改为山东挺进军第二十纵队，成为鲁南敌后尚未“伪化”的规模最大的国民党抗战力量。然而，在鲁苏战区和山东省府离鲁，李仙洲部入鲁失败，秦启荣部败亡后，中国共产党力量已占据优势，“在鲁南地区，十纵队完全陷于孤立的境地”②。但王部仍与八路军不时摩擦，并向百姓勒索粮款。1944年10月9日，王洪九部“窜至相公庄西北台潍路东侧之水湖崖、刘家宅子、曹家丹③、陈屯一带，与敌伪同驻，并修筑据点，以小股武装便衣不断向我边缘区骚扰。王逆连日在相公庄附近各村勒索粮款，仅平墩湖一村，即要款八十万元，要小麦、谷子、高粱各一万斤，每天出伕一百名，当地群众无不恨之入骨，纷纷要求我军（八路军——引者）前往讨伐。我二军分区主力一部，为解救人民痛苦，惩罚叛逆，于本月十四日晚，将王逆主力驻地曹家丹围住，与敌激战至十五日黄昏，将该据点攻克。是役我毙伤王逆部下四十余名，生俘王逆二十支队官兵二百余，缴获长短枪二百五十余支，轻机枪五挺，手炮二门，子弹及其他军用品甚多。临沂敌伪四百余前来增援，亦被我击退。次日晚，我军乘胜威胁相公庄、水湖崖等据点，临沂敌复配合王逆第二十九支队一部共八百余人，再次来援，我予以痛击后，安全转移。当曹家丹战斗结束时，附近群众闻讯，莫不欢天喜地，发起劳军，并自动集合千余人，扛着锄头、铁锹将据点工事平毁”④。1945年3月，八路军鲁南军区发动“春季讨王（洪九）战役”，取得一系列胜利。1945年4月，王洪九与日军达成协议，双方维持互不侵犯，王还派出参谋与驻临沂城日军固定联络，双方交换情报以对抗八路军。⑤ 此时他已事实上放弃抗日，坐等胜利。1945年7月中旬，八路军鲁南军区又发动“秋季讨王（洪九）战役”，给王部以沉重打击，歼灭王部百余人，攻克其在临沂、费县的数个据点。⑥

1945年8月日本投降，王洪九部在伪军引导下进入临沂城，收编伪军，

---

① 《鲁反共军王洪九部在敌掩护下偷袭我根据地》，《解放日报》1943年9月30日，第1版。

② 张筠山：《蒙阳絮语（六）》，台北《山东文献》第2卷第2期，第99页。

③ 曹家丹，应为“曹家店”，后文同。

④ 《鲁南国民党军队　王洪九部叛国投敌》，《解放日报》1944年10月31日，第2版。

⑤ 临沂县志编纂委员会办公室编：《临沂县志资料》第2辑，1983年版，第74页。

⑥ 王西献：《王洪九怎样走向历史的反面》，政协临沂市委员会编：《临沂文史集粹　第2辑　社会民情卷民族宗教卷》，山东人民出版社1997年版，第450—451页。

扩充队伍。此时王部已与八路军激战半月有余。八路军山东军区集中兵力向临沂城及王洪九在城北的各据点发动强大攻势，经过三个月激战，至11月下旬，王洪九部队被消灭，其地盘全部被解放，王化装成牛贩子逃走。12月15日，王洪九辗转来济南谒见山东省政府主席何思源和国民党山东接收主官李延年。国民党报纸记录王来济南的“惨状”时称，“王氏三个月来衣未解带，发长三寸，身着乡农便装，望之一若乡愚；所部约八千人在鲁南作战数载”，其进入临沂城的部队“全体与临沂城同时殉难。其后共军继续围攻王部根据地达三个月以上。王氏率部突围时，尚有战士四千，不幸于赴枣庄途中，复被共军截击，致牺牲甚巨”，“王氏则只身来济报告，此间各界刻准备作盛大之欢迎”[①]。1947年王洪九作为山东省第三区专员兼保安司令，跟随国民党对山东的重点进攻卷土重来，再次占据临沂，疯狂“反攻倒算”，直至1948年10月在人民解放军打击下再次率部南逃，其所部多数在淮海战役中被歼，1949年他随国民党政府败退台湾，1977年于台北去世。[②]

王洪九与中共在鲁南敌后的关系经历了从合作到彻底破裂的变化过程。从以上若干鲁南地方实力派的经历中可以看出，无论张里元、王洪九、张天佐，还是其他抗日武装，到全国抗战后期的山东，已经没有“骑墙”路线可走了。其实，地方上任何抗日组织，无论其举起义旗时的初心如何，在国共党争的大背景下，必须做出“挑边站队”的选择，要么彻底倒向共产党，要么彻底倒向国民党(多数最终伪化当汉奸)。

总体而言，自鲁苏战区于学忠部离鲁，阻击李仙洲部入鲁成功后，山东敌后总的形势是有利于八路军的。随着日寇为进行其陆军自建军以来最大规模的战役“一号作战”(即我所称“豫湘桂战役”)，将驻山东之主力第十二军抽调担当豫中会战主攻，其在山东已呈战略收缩态势，山东八路军及其根据地力量不断扩大，并展开了对日伪军的局部反攻作战。同时，山东共产党对今后山东敌后新的困难形势仍有深刻认识，尤其是面临国民党在山东敌后原有体系解体，敌后国民党军投敌现象日益严重，而新的国民党中央部队有可能继李仙洲部失败后再次企图入鲁的情况下，1943年11月底，北方局在“对山东工作的几点意见向山东分局的报告”中指出，“上述这些仅是容易见到的一面，必须指示更容易在此时为一般忽略的另一面，即困难的一面”：首先，“山东伪军统计中几占华北之半，顽军相继投敌有加无已，敌兵

① 《王洪九突围抵济南　报告共军袭击经过》，《前线日报》1945年12月17日，第2版。

② 王西献：《王洪九怎样走向历史的反面》，《临沂文史集粹　第2辑　社会民情卷民族宗教卷》，第443页。

力减少是暂时的，而在伪军及年来投敌之大批顽军的补助下，敌已可控制数目相当巨大的机动兵力，对我实行反复不断的'扫荡'，至敌军敌特统制及进攻方法的复杂尖锐巧妙更□[①]发展，这些日趋严重紧张的形势会更加重我们对敌斗争的负担”。其次，“正如分局估计，我们仅只第一次的战胜了国民党反动派入鲁的企图，国民党入鲁军还会再来的，兵力也许更大，范围或者更广，斗争手段可能更加机巧。我们必须准备力量，一次再一次的打破他们的企图。我们还要足够估计国民党在山东特别在我控制的地区有长期统治的潜藏影响和力量，将会从多方面阻碍及破坏我们的工作，在国民党此次入鲁失败后，更将会增加其与敌特伪军的配合，摇身一变以借刀杀人的办法实行以公开与隐蔽的对我进攻和捣乱，故对国方的斗争将更见曲折复杂的”[②]。

① 原件中该字已无法辨识，以“□”代替。

② 《北方局对山东工作的几点意见向山东分局的报告电》(1943 年 11 月 29 日)，山东省档案馆藏，案卷号：G001-01-0072-007。

第五章　山东其他地区的国共关系

全国抗战时期，由于日伪军重兵把守津浦、胶济铁路等山东境内交通要道等原因，山东省内抗日力量活动范围被分割成了若干区域。而国共两党关系最为复杂、争夺最为激烈的是鲁南（“大鲁南”）地区，具体包括中国共产党鲁中、鲁南、滨海三个战略区，当时统称为“鲁南”。这一范围长期驻有国共两党在山东的最高军政机关：包括国民党的鲁苏战区总部（管辖鲁、苏两省大部地区）、国民党山东省政府，中共中央山东分局、山东省战工会（后改名省战时行政委员会）、八路军山东纵队总部、一一五师师部和后来的山东军区等。鲁南地区国共双方重兵云集，各方势力交错纷杂，日伪军为消灭山东国共两党首脑机关，曾多次对鲁南发动大规模“扫荡”。因此，以驻扎鲁南的山东国共双方军政最高机关（鲁苏战区、国民党山东省政府，中共中央山东分局、八路军山东纵队总部、一一五师师部等）的相互关系为主线的论述，是本书研究的重点内容，从中可以提纲挈领的理清山东国共两党关系的主要变化及其基本脉络。而在山东其他区域，如鲁西（中共冀南、冀鲁豫边区），胶东，以及鲁北平原地区（中共冀鲁边区、清河区，1944 年 1 月，两区正式合并为新的渤海区）等抗战时期被交通线和敌占区所分隔、在地理上相对独立的地区，虽然不是国共山东省主要首脑机关的驻地，如胶东区、渤海区归属驻鲁南的山东分局领导，鲁西地区主要属于中共冀南区和冀鲁豫区[①]（非山东分局）领导，但这些地区在国共关系上同样经历了较为复杂的变化过程。以下分别论述之。

---

① 因两个区“在工作上来说，经长期共同的斗争，是已打成了一片，互相毗连。从过去工作历史关系来说，也经过了长期非常密切的联系”，“为了更加统一对敌斗争的步骤……紧缩机关，保存干部”等，冀鲁豫、冀南区于 1944 年 6 月合并，直接统一于冀鲁豫中央分局领导。参见《中共冀鲁豫区党委、中共冀南区党委关于冀鲁豫和冀南区党委合并和拥护冀鲁豫中央分局成立决定》（1944 年 6 月 13 日），河北省档案馆藏，案卷号：0157－001－0001－0001。

第一节　国共两党在胶东的合作与交锋

一、国共两党在胶东武装的建立及其合作与斗争

“自芦桥事变，河山易色，不数月而倭寇凶焰肆及鲁东，各地腥膻，民遭涂炭，情势岌岌，莫可终日！”①全国抗战初期，胶东地区随着沈鸿烈撤守青岛而沦陷。七七事变爆发后，时任青岛市长兼国民党海军第三舰队司令的沈鸿烈对日态度强硬，在青岛一线积极布防。然而随着山东省政府主席韩复榘不战而弃济南、泰安，日军沿津浦线南下，迅速占领山东交通动脉津浦铁路、胶济铁路沿线要地，为避免青岛成为被日军在海陆两面割断的孤岛，沈鸿烈于1937年12月18日晚放弃青岛，率所部撤离。沈撤离青岛前，彻底炸毁了日本人在青岛苦心经营多年的二十余家纱厂、榨油厂、橡胶厂，及四方电厂、两个自来水水源地和青岛港码头设备，并将被日本海军封锁在胶州湾的第三舰队及相关船只总计二十余艘破旧军舰全部炸毁，以免资敌，堵住了主要航道，实施了所谓“焦土抗战”。1938年1月10日，日本海军第四舰队四十多艘军舰开抵胶州湾，在飞机的掩护下，3000多日军登陆青岛，同时，占领济南的矶谷师团一部沿胶济铁路向东进袭，相继占领潍县、高密、胶县，与登陆日军会师青岛。随后日军沿青烟公路占领了烟台、威海等地，控制了胶东主要城市和交通线。“慨自‘七七’事变后，不数月间，济青烟威，相继沦陷，胶东各县县长先后弃职潜逃，政治脱执，人心惶恐，地方一时陷于紊乱状态，情势岌岌可危！”②

在国民党胶东地方政权纷纷垮台之时，中国共产党迅速举起了胶东抗日的大旗。七七事变以来，中共胶东特委广泛发动、组织各界爱国人士，在胶东地区组织武装起义。1937年12月，胶东特委书记理琪以昆嵛山游击队为骨干，在文登县天福山举行起义。“伟大的日子终于来到了，一九三七年十二月廿四日，胶东人民抗日武装第一次站在人民的面前了，在文登天福山上，举起了‘山东省人民抗日救国军第三军’的大旗，这是胶东人民八年来抗日战争的胜利标志。鲜明的旗帜指示了人民奋斗的方向……十二月廿四

① 山东省第十三区抗战史料征集委员会:《山东省第十三区抗战纪实》，山东省第十三区抗建日报社编印，1940年版，“序”。

② 山东省第十三区抗战史料征集委员会:《山东省第十三区抗战纪实》，山东省第十三区抗建日报社编印，1940年版，第1页。

日，这伟大的日子，它带给人民以无限光明与幸福！”[①]随后，在胶东特委的统一部署下，威海、蓬莱、黄县、荣成等县相继发动组织了抗日武装起义，以上各县的抗日起义武装1938年1月统一编为山东人民抗日救国军第三军。[②]1938年2月16日，第三军“克复牟平城，进行了轰动胶东的雷神庙之战，这次战斗打开了胶东抗战的局面，坚定了胶东人民抗战的意志，奠定了新胶东的光辉始基”，然而，“胶东人民军队的创始人、胶东党的领导者——理琪同志在这次战斗中为人民壮烈牺牲了！”[③]

在掖县，1938年初面对日军入侵，国民党县长刘国斌弃职潜逃。中共掖县县委郑耀南、张加洛等同志组织了四五百人枪，进行抗日斗争。国民党县党部常委、县督学赵森堂、杨辅庭、王春堂等也建立了“民众抗敌前进队”，进行抗日活动。中共掖县县委利用未公开身份的共产党员王仁斋打进了国民党抗战组织“民众抗敌前进队”内部，联合“民抗”力量，成功建立了抗击掖县伪政权的统一战线。经过与国民党人赵森堂等协商，国共两党决定将联合起来的统一武装组织命名为“掖县民众抗敌动员委员会”（简称“民动”），指挥部设军事、政治、组织、宣传、外交五个席位，中国共产党人占据四个席位，而由国民党人赵森堂任职外交。因此，“民动”实际是控制在中国共产党手中的统一战线组织。[④] 1938年3月9日，中共掖县县委集合了掖县国共两党的所有抗日力量，发起对掖县县城的攻击。中共掖县县委和“民动”联合组成了攻城指挥部，由共产党员郑耀南任总指挥，并由国民党“民动”领导人参与指挥，各部协同作战，一举攻克掖县城，活捉了替日本侵略者卖命的伪县长刘子荣及其爪牙张延善等汉奸，捣毁了掖县的伪政权。随后中共掖县县委在县城建立了党的政权组织，并将所控制的武装力量正式组建为“胶东抗日游击第三支队”（简称“三支队”），支队长郑耀南，全军三千多人枪。“三支队”成为中国共产党在胶东地区的又一支主要武装力量。[⑤]

此外，鹿省三、马保三等在昌潍地区建立的鲁东游击第七、八支队，也在

---

① 仲曦东：《八路军胶东部队抗战简史》，《血战八年的胶东子弟兵》，胶东新华书店1945年版，大连大众书店1946年印行，“代序”，第2页。

② 高锦纯：《抗战初期的胶东武装斗争》，常连霆主编，中共山东省委党史研究室编：《山东抗战口述史》（中），山东人民出版社2015年版，第306—307页。

③ 仲曦东：《八路军胶东部队抗战简史》，《血战八年的胶东子弟兵》，胶东新华书店1945年版，大连大众书店1946年印行，“代序”，第3页。

④ 张加洛：《胶东抗日游击第三支队的诞生和发展》，常连霆主编，中共山东省委党史研究室、山东省中共党史学会编：《山东党史资料文库》第17卷，第695—696页。

⑤ 张加洛：《胶东抗日游击第三支队的诞生和发展》，《山东党史资料文库》第17卷，第693—694页。

胶东执行战斗任务。[①]

1938年5月间，胶东特委暨三军总部与马保三、韩明柱等率领的鲁东游击七、八支队夺取国民党黄县政权，解除国民党县长王景宋的武装，各部会师黄县，同月，在胶东特委领导下，成立了黄县抗日民主政府，先由王纬仲任县长，不久由曹漫之接任。[②] 中共胶东特委驻在黄县石良和文基姜家一带。

此时，中共中央派郭洪涛带领一批干部进入山东，发动群众进行抗日工作，这批干部于1938年5月21日到达泰安南上庄的中共山东省委驻地。随后，山东省委派延安干部王文、高锦纯等赴胶东进行工作。[③] 王文、高锦纯等同志来到黄县后，重新调整了胶东特委领导班子，由王文任胶东特委书记，高锦纯接替林一山任胶东特委军事部长，兼任山东人民抗日救国军第三军(简称"三军"或"第三军")总指挥兼军政委员会主席，其他特委主要领导班子也做了调整。高锦纯接任"三军"总指挥后，重新整顿"三军"下属的四路部队，整顿后的"三军"总兵力达到7000人，成为当时胶东地区中共领导的规模最大的抗日队伍。[④]

国民党方面，胶东地区的国民党旧政权在沈鸿烈率海军陆战队撤离青岛后，随着日寇的东西两面入侵而陷入混乱。省政府主席韩复榘的逃跑，更促使胶东地区国民党旧政权官员纷纷放弃职守，各谋出路。此时，较早起兵抗战的国民党人是当时担任平度县中学校长的张金铭。张金铭是山东定陶人，北京朝阳大学毕业，典型的文人出身，他曾参加过国民党"CC系"组织学兴社，也是"中统"成员。全国抗战爆发后，国民党平度县长姬春堂携带家眷弃职逃跑，张金铭将平度中学提前放假后，毅然离开学校，"投笔从戎"，寻找在鲁南正面战场抵抗日军的第五战区司令长官部。他经鲁南辗转到了徐州后，与国民党第五战区游击总指挥李明扬取得了联系，被第五战区司令长官部任命为第五战区游击总指挥部直属第十六支队中将司令。[⑤] 随后，张又辗转谒见了山东省政府主席沈鸿烈，受封为平度县长。这样，张金铭从一个县立中学的文人校长，一跃成为中将军衔兼领县长。

---

① 高锦纯:《抗战初期的胶东武装斗争》，常连霆主编，中共山东省委党史研究室编:《山东抗战口述史》(中)，山东人民出版社2015年版，第306页。

② 孙执中:《抗日战争时期黄县抗日根据地的建设和发展》，常连霆主编，中共山东省委党史研究室编:《山东抗战口述史》(下)，山东人民出版社2015年版，第159页。

③ 高锦纯:《抗战初期的胶东武装斗争》，《山东抗战口述史》(中)，第305页。

④ 高锦纯:《抗战初期的胶东武装斗争》，《山东抗战口述史》(中)，第307—308页。

⑤ 万钧:《我所知道的张金铭其人》，政协平度市文史资料研究委员会编:《平度文史资料》第7辑，1991年版，第224页。

虽然军职名头很大，但是当时的张金铭手下没有一兵一卒。国难当头，一位没有领兵经历的文人，在旧政权官员纷纷弃职之际毅然起而抗日，奉命回胶东敌后创建武装，确属勇气可嘉。当时胶东地区民间武装众多，还有日军侵入后被打散或潜逃的不少旧军队、旧警察，司令多如牛毛，但不成系统，且各自纷争甚至大打出手。到1938年1月，张金铭返回平度，当时县城已沦陷，张以大泽山下的祝沟村为基地，一面重建县政府，一面收罗地方武装，组建军队，凭借国民政府所给的官职和他的人脉，大发委任状，军队和政府很快便组织了起来。1938年3月，他的第十六支队，共下辖十四个纵队，八个直属支队，分驻平度、即墨、莱阳、掖县、招远、昌邑、黄县、栖霞等地。[①] 一时间，张在胶东十八县声名鹊起。1938年2月下旬，张金铭所部第三纵队司令唐俊峰部夜袭平度城，虽未能攻下县城，但对驻扎城内的日寇形成很大震慑，加之日寇兵力不足，便于该年4月撤出平度城，缩回胶济铁路沿线的胶县、高密等县城。张金铭收复平度，将司令部迁入了平度城里。

张金铭收编平度各支抗日武装时，试图强行收编胶东的中国共产党武装。他将目标首先选定在平度乔天华的“平掖救国会”，乔拒绝被张收编，并率领部队归并入中共掖县县委郑耀南、张加洛等在掖县建立的胶东抗日游击第三支队。张金铭便将收编对象转到中共三支队。

在三支队赶走了掖县伪政权，占领掖县城后，张金铭便多次送来委任状，希望把中共这支部队拉拢到他的十六支队名下，被三支队拒绝后，“又派他的副官徐树铭、参议曲明达利用老部下老同学的关系，暗中拉拢我四大队队长王兆麟和七大队队长徐承勋”[②]。“二计失败后”，1938年5月6日，张金铭集合各路联合人马攻击掖县城，冀图消灭中共三支队。战前，张金铭将给三支队罗列的所谓“十大罪状”通报给周边国民党各部，并向莱阳刘东阳、栖霞秦毓堂（国民党三零八团）、招远焦盛卿部（国民党别动总队三纵队第四十梯队）邀约合战，集结四路兵力，妄图将中共胶东抗日部队彻底扼杀于摇篮中。

中共胶东抗日部队为应对国民党顽固势力的大举进攻，决定集中力量进行坚决反击，以第三军、七八支队和三支队成立“胶东抗日联军”（即当时所称“三联军”），推马保三为联军指挥，林一山为政委，并组织前敌指挥部，

---

① 万钧：《我所知道的张金铭其人》，《平度文史资料》第7辑，第225页。

② 王庆轩：《胶东抗日游击队三支队的创立和发展》，山东省政协委员会文史资料研究委员会编：《文史资料选辑》第16辑，山东人民出版社1985年版，第58页。

经过一个月反顽作战，击毙顽军头目杜广乾、潘俊，取得胜利。[①] 军事斗争结束后，中共胶东党组织迅速开展与张金铭的政治斗争，双方进行了谈判，中共方面第三军代表高达三、八支队代表王文轩、三支队代表张家洛等在黄县我联军指挥部与张金铭的代表郭武林等进行了谈判，严斥了其破坏国共合作，公然进攻抗日武装的行为，迫使张金铭的谈判代表做出了今后“共同抗日，不再肇事”的承诺。[②]

而此时，三支队内部的国共关系又产生了问题。原本与三支队在掖县合作抗日的国民党人蠢蠢欲动，意图内外夹击，勾结鲁南秦启荣部将我三支队“一网打尽”。三支队及时在掖县进行了清除内奸的活动：全国抗战初期与三支队合作的原“民抗”领导人、国民党员赵森堂此时担任三支队参谋长，密谋篡夺掖县政权和武装，“我特支的同志采取应变措施，7 月 4 日，将 6 名为首的叛变分子全部处决，巩固纯洁了部队，并为统一蓬、黄、掖抗日根据地，统一我党在胶东的抗日武装，提供了前提和条件”[③]。

1938 年 9 月，胶东地区党的两支主要武装力量——“山东人民抗日救国军第三军”（简称“第三军”）和“胶东抗日游击第三支队”（简称“三支队”）在掖县沙河镇举行建军大会。由延安来鲁干部、中共胶东特委书记王文正式宣布两支部队合并组建“山东人民抗日游击第五支队”（简称“五支队”），新组建的“五支队”由延安来鲁干部高锦纯任司令员，宋澄任政委，宋竹庭任政治部主任，下辖四个团，由此奠定了此后中国共产党在胶东地区武装力量发展壮大的基础。12 月，经中共中央批准，山东共产党各武装合组改编为八路军山东纵队。根据中共中央山东分局统一部署，“山东人民抗日游击第五支队”改名为“八路军山东纵队第五支队”，继续由高锦纯任司令员，宋澄任政委，至此，“五支队”成为山东八路军的正规军，也是胶东地区的八路军主力部队。[④]

全国抗战前期胶东另一股重要国民党军事力量是赵保原部。赵保原是山东蓬莱人，早年毕业于吉林军官讲习所，投效东北军，驻防青岛。此后脱

---

① 王庆轩：《胶东抗日游击队三支队的创立和发展》，山东省政协委员会文史资料研究委员会编：《文史资料选辑》第 16 辑，山东人民出版社 1985 年版，第 59—61 页。

② 王庆轩：《胶东抗日游击队三支队的创立和发展》，山东省政协委员会文史资料研究委员会编：《文史资料选辑》第 16 辑，山东人民出版社 1985 年版，第 61—62 页。

③ 张加洛：《筹建北海银行的始末》，李金陵主编：《山东革命老区口述史》（下），济南出版社 2014 年版，第 578 页。

④ 中共烟台市委组织部、中共烟台市委党史资料征集研究委员会、烟台市档案局编：《中国共产党山东省烟台市组织史资料 1921—1987》，山东省出版总社烟台分社 1989 年版，第 77 页。

离东北军，"复转任国民革命军第二十一师营长。济南惨案发生后，曾击溃张、褚于蓬、福间。旋又转任东北军上校团长。九一八事变后，陷身伪满"，当了汉奸。[①] 1937年七七事变发生前，赵任伪满骑兵第三旅旅长。1938年秋，赵保原与其长官、伪满老牌汉奸李寿山一起率伪满军队跟随日军进驻胶县，随后便配合日军进攻八路军山东纵队五支队，然而"惨遭失败，溃不成军"。在随后的日伪内部倾轧中，日本人杀掉了李寿山。赵保原"兔死狐悲"，惊慌失措。[②] 此时，尚处于流亡状态中的国民党山东省政府主席沈鸿烈趁机多方游说拉拢，劝赵率部"反正"，加入抗日阵营。1938年12月18日，赵保原率所部两个团和一个炮兵营约三千人，由胶县突至平度县三户山，摆脱了日军控制，发表"反正通电"，被沈鸿烈任命为山东省第八区保安第三旅旅长兼莱阳县长，归第八区专员厉文礼辖下。赵保原反正之时，"将所部之日寇军人一律枪杀"，以示与日寇彻底决裂。[③] 赵保原的反正，得到正处艰难时刻的国民政府嘉奖，《中央日报》《扫荡报》等大后方主流报纸都予以报道并给予赵极高评价。随后赵部遭到日军和张宗援[④]伪军袭击，紧追不舍，赵部与日军数度接战，损失惨重，退到莱阳城。[⑤] 省政府主席沈鸿烈所任命的胶东行辕正驻扎莱阳，行辕主任为卢斌。当时国民党山东省府正处于流动之中，沈无力控制全省，故设置了鲁西、鲁北、鲁南、胶东四个行辕以代行省政。赵到莱阳后，得到了卢斌的重视，成为全国抗战前期胶东地区一支实力较强的国民党武装。

当时在胶东的国民党地方武装部队众多，除了张金铭、赵保原之外，还有厉文礼、姜黎川、蔡晋康、张步云、李先良、胡鼎三、郑维屏、苗占魁、安廷赓等部，及山东省政府主席沈鸿烈设置的胶东行辕。这些部队实力各异，多数各自为政，军纪松弛，彼此间矛盾重重，与中共胶东抗日武装也时常发生摩擦。但他们在全国抗战初期还是普遍抗日的，也是爱国的。中国共产党的诚挚朋友、著名美国进步记者安娜·路易斯·斯特朗1937年12月在从华

---

① 张培鸿：《赵保原将军传略》，台北《山东文献》第6卷第2期，第62页。

② 陈延忠：《赵保原传略》，政协海阳县文史资料委员会编：《海阳文史资料》第8辑，1992年版，第298页。

③ 《东北伪军赵保原部　在胶东反正经过　随军敌寇一律予以枪杀　赵部反正后鲁军威大振》，《中央日报》（贵阳）1939年1月9日，第2版。

④ 伊达顺之助（1892—1948），华名"张宗援"，原为日本浪人，长期在华北、东北为日本侵华服务，能说一口流利汉语。其曾为方便日军侵华，而与北洋时期山东旧军阀张宗昌攀上亲戚，故改名"张宗援"。全国抗战时期作为山东伪军头目，在胶东地区作恶多端。1948年被国民政府在上海提篮桥监狱处决。

⑤ 陈松卿：《赵保原其人》，政协烟台市委员会文史资料研究委员会编：《烟台文史资料》第4辑，1985年版，第88页。

北前线到汉口的火车上记录了与一位在山东敌后抗战的国民党“青岛前警察局长”的谈话：

> “他既文雅和蔼，又勇敢大胆，挺惹人喜欢。他在青岛失陷的时候，率领一千七百名全副武装的警察，骑着摩托车，到山区建立了一支游击支队。他是前往汉口去请求指示，并要求提供军需。他洋洋得意的神态表明，他已经发现游击战比他那种管理市警察局的古老的工作更合他的心意。”

斯特朗称这位“青岛前警察局长”为“英雄”。“这位英雄”与同车的军人“讨论起旧中国的困难、落后和腐败现象”，讨论起战争爆发后一再的失利与溃败，以致斯特朗“最后忍不住说：‘你们谈到了这些可怕的事情，尽管如此，你们看上去都没有泄气。”“这位英雄”说：

> “有三条理由使我们不气馁。第一，日本人原来认为中国只会屈服，不会起来战斗，但是他们遇到的只是战斗，而不是屈服。第二，这场战争使中国实现了新的统一。第三，即使最偏僻的村庄里也在出现一种民族意识，这意味着我们的国家终将实现自治。”①

二、“鲁东抗日联军”与胶东地区的国共合作

胶东日伪政权成立之后，即高举所谓“反共”旗帜，以“反共”“反赤化”为号召，一方面大肆宣称“反共救国”，一方面宣称“打倒蒋政权”，即所谓“反共救国”必须“先打倒蒋政权”。1938 年 12 月 5 日，伪鲁东道公署在烟台市“联合”举行所谓“反共救国大会”，“台前高悬五色国旗”，会场横匾两旁悬联各一：“文曰‘扑灭共产党，拥护新政府’，‘打倒蒋政权，建设新中国’。”伪山东省长马良的代表、日军代表何野机关长、斋藤司令、武田机关长、青岛维持会代表讲话。大会通过了所谓《联合反共大会宣言》《请政府缔结反共同盟电》《请全国民众及侨胞一致反共倒蒋电》等，妄称日本入侵中国是为了“防止中国赤化”，污蔑“蒋介石利用外人，联俄容共，佥在是从，志士裹足，横征暴敛”②，认为今日局面是因“蒋介石藉容共以攘得政权”，“联共以抗日，卒至酿

---

① ［美］斯特朗著，傅丰豪译：《斯特朗文集》第 3 册，新华出版社 1988 年版，第 168—169 页。

② （伪）鲁东道公署宣传室：《反共救国大会特刊》，《鲁东月刊》1938 年第 1 卷第 8 期，第 33 页。

成空前未有之惨变，以数千年之国家为孤注，以亿万民之生命为儿戏，战征甫逾一年，沦亡已达十省，凡退出之区，尽成焦土，蒸黎何罪，罹此鞠凶，推厥祸端，完全由共产党胁迫蒋介石一手造成，虽聚九州之铁，不足以铸此大错”。大会公然宣称“反共第一步，是先要铲除为虎作伥的蒋介石”，“所以说反共第一步，须先打倒蒋介石”[①]。《联合反共大会宣言》最后号召“欲求统一全国同力合作，须先推翻障碍之蒋介石，铲除万恶之共产党，舍此别无他途，今日所开反共救国大会，即是此意。凡我民众，曷与乎来”[②]。群奸登场，大敌当前，胶东的国共两党有着合作抗日的基础与要求。

1938 年 8 月 15 日，在蓬莱、黄县、掖县分别建立了县级抗日民主政权的基础上，具有统一战线性质的北海行政督察专员公署在中共胶东特委控制的黄县县城正式成立，下辖蓬、黄、掖三县。北海专署名义上是国民党山东省政府的派出机构，实际上是中共胶东特委领导下的抗日民主政府。这也标志着胶东地区第一个抗日根据地——蓬黄掖抗日根据地的形成。北海专署也是中共山东第一个专区级人民政权。[③] 胶东特委派政府工作部部长兼宣传部长曹漫之任北海专署专员，并兼任黄县县长。1938 年 12 月，中共胶东特委与国民党山东省政府主席沈鸿烈的代表谈判达成协议，曹漫之、孙端夫、于烺的黄县、蓬莱、掖县县长职务分别由国民党山东省政府正式委任。由此，中国共产党在蓬黄掖根据地政权的合法地位被国民党山东省政府正式承认。1939 年 1 月，中共胶东特委正式改组为胶东区党委，以王文任书记，隶属中共中央山东分局领导，胶东区党委陆续建立起东海特委（地委）、北海特委（地委）、西海地委、南海地委、胶北特委、烟台市委，不断发展壮大。[④] 山东分局要求各地在尊重国民党山东省政府政令、“尽可能采取统一的合法方式”的前提下，坚持自己独立性。1939 年 2 月，山东分局致胶东等地支队并“告中央北局”：“各地民众团体求得合法不盲从取消，并加强我党的领导，以便继续大量组织与武装民众。尽可能采取统一的合法方式，争取不到统一时，则单独进行”，“既得政权（蓬黄掖等好[⑤]）绝不放弃我军防区再开展，行政人员不能让其随便调换，并尽力争取保区乡政权外，我军防区内均

---

① （伪）鲁东道公署宣传室：《反共救国大会特刊》，《鲁东月刊》1938 年第 1 卷第 8 期，第 33—34 页。

② （伪）鲁东道公署宣传室：《反共救国大会特刊》，《鲁东月刊》1938 年第 1 卷第 8 期，第 31 页。

③ 中共山东省委党史研究室、山东省中共党史学会编：《山东党史资料文库》第 1 卷，山东人民出版社 2015 年版，第 183 页。

④ 中共山东省委党史研究室、山东省中共党史学会编：《山东党史资料文库》第 1 卷，山东人民出版社 2015 年版，第 150 页。

⑤ 原文如此。

照原有决定尽力参加政权，加强敌伪军工作、敌占区工作”①。

中共在蓬黄掖的蓬勃发展引起了日伪军的高度关注。全国抗战初期胶东地区的伪军力量，以张宗援部为最强。“张为著名之日本浪人，亦为说华语最流利的一个中国通，并冒称为张宗昌之弟，以资号召。彼由东北率四个伪军师入关时，声称要打通山东，想尝尝山东伪省长的滋味。”②1939 年 1 月，张宗援纠集日军及伪军张步云、刘桂堂等部大举进犯胶东国共两党控制区，先后攻占了掖县、蓬莱、黄县等县城，随后转攻栖霞、莱阳。胶东包括国民党、共产党在内的各路武装力量由于各自为战，无力抵御日伪进攻。当时胶东区党委、八路军山东纵队第五支队为保存有生力量，撤出蓬黄掖根据地，迁往莱阳西北部山区。而在此时，国民党在胶东的势力内部又发生火并。1939 年 2 月，山东第八区专员兼保安司令厉文礼命令所部胡鼎三团公然袭击山东省政府主席沈鸿烈所设置的胶东行辕，将行辕主任卢斌打死，是为“胶东行辕事件”。国民党资料称：“‘行辕事变’，军政遽失重心，局势混沌，至堪忧虑。”③赵保原拒绝参加厉文礼的行动，脱离了厉部。卢斌死后，1939 年 4 月，李先良被沈鸿烈任命为鲁东行署（即原“胶东行辕”）主任。④

面对日伪大举进犯，胶东各支抗日武装有了结合起来一起抗日的急迫需要。中共胶东区党委多次派人做赵保原的工作，希望赵能够团结胶东国民党各部，同八路军合作抗日。赵保原接受了中共胶东区党委的共同抗日建议，1939 年 3 月，由八路军山东纵队第五支队发起，在栖霞县桃村召开了胶东各友军联席会议，正式成立鲁东抗日联军，由赵保原任总指挥，八路军山东纵队第五支队司令高锦纯、国民党第九区专员兼保安司令蔡晋康任副总指挥。胶东地区抗日武装中，除保安第一旅旅长姜黎川拒绝参加外，其他各派力量全部参加了“鲁东抗日联军”。⑤

“鲁东抗日联军”的成立，是全国抗战前期胶东地区国共合作的积极成果，也使赵保原登上了其在胶东权势的顶峰。国民党资料称：“鲁东抗日联

---

① 山东分局：《对苏鲁工作的决定》（1939 年 2 月 23 日），山东省档案馆藏，案卷号：G001-01-0049-009。

② 刘贯一辑著：《抗战外史》，胶东通讯社 1946 年版，第 26 页。

③ 山东省第十三区抗战史料征集委员会：《山东省第十三区抗战纪实》，山东省第十三区抗建日报社编印，1940 年版，第 1 页。

④ 陈松卿：《赵保原其人》，政协烟台市委员会文史资料研究委员会编：《烟台文史资料》第 4 辑，1985 年版，第 88—89 页；山东省第十三区抗战史料征集委员会：《山东省第十三区抗战纪实》，山东省第十三区抗建日报社编印，1940 年版，第 1 页。

⑤ 常连霆主编，中共山东省委党史研究室编：《中共山东编年史》第 3 卷，山东人民出版社 2015 年版，第 83 页。

军组成，胶东前途，复现曙光。从此抗战力量集中，建国工作确立，突飞猛进，一日千里，此固由于各部队之共同努力，但以我十三区赵司令之功为独多。”①联军成立后，国共各部互相配合，共同作战，多次击败日伪军的进攻。1939 年 5 至 6 月间，八路军山东纵队第五支队联合国民党赵保原、徐叔明②部，面对日伪大举来袭，坚决抵抗，莱阳城两次被日军攻陷，又两次被“鲁东抗日联军”收复。战斗中，日伪军头目张宗援被击成重伤，逃回青岛。两次收复莱阳城之战，震惊了胶东日寇。国民党方面资料亦记载：“当张宗援部进犯鲁东各县之时，将军（指赵保原——引者）亲率部队追击，连克掖、招、栖、莱等城。最后于莱阳团旺一役，将张部击溃，至此，鲁东局势，转危为安。迭蒙中央嘉奖。”③8 月，赵保原被国民政府任命为山东省第十三区行政督察专员兼保安司令④，下辖胶莱河两岸的潍县、昌邑、平度、掖县、莱阳、海阳六县，总部设在莱阳。

该年 11 月 9 日，平度、即墨、掖县日伪军分五路进攻莱阳，赵保原部奋起抗击日寇，八路军山纵五支队亦全力出击，将日军从莱阳城逐出，抗日联军收复莱阳城。该战中，赵保原的副司令韩炳宸身中三弹，壮烈殉国。⑤

在国共合作的大好局势下，在中共胶东抗日武装的大力帮助与扶持下，赵保原声名鹊起，远近青年不断来投，使得日寇对之十分“头疼”。1939 年 12 月，青岛伪政权的主要报纸《青岛新民报》发文《在外有无穷危险　还家十分平安　青年勿再受赵保原欺骗　莱阳全县老人发劝告书》，说：

> “谁无父母妻子，谁无房产地亩，现在叫他们（指以赵保原为首的抗日武装——引者）煽惑的父母不相见，兄弟妻子离散。说到这里，我可哭的说不上话来了，因为我的亲兄弟、亲子侄、都还没回来，我心里怎么不难过呢？就是我那兄弟子侄他在那里被压迫，亦是一定的难过。现在我们这些老年人，都与日本军队见面了，才知道亦不打人，亦不抓人，亦不欺负人，亦不要给养，一点也不遭害人民，这才明白赵部以前宣传的那些话，全是哄骗我们的，耳闻是虚，眼见是实，在外有无穷的危险，回家是十二分的平安。现在天寒地冻，你们跟着他东跑西奔，受惊受

① 山东省第十三区抗战史料征集委员会：《山东省第十三区抗战纪实》，山东省第十三区抗建日报社编印，1940 年版，第 1 页。

② 徐叔明，有的资料写作“徐淑明”。

③ 张培鸿：《赵保原将军传略》，台北《山东文献》第 6 卷第 2 期，第 62 页。

④ 张培鸿：《赵保原将军传略》，台北《山东文献》第 6 卷第 2 期，第 62 页。

⑤ 常连霆主编，中共山东省委党史研究室编：《中共山东编年史》第 3 卷，第 83 页。

怕，设入一旦牺牲，尸骨难寻，是不是于身有害、于家无益、于国何补？赵保原他是爱国吗？他是爱民吗？诸位青年别再受他的麻醉了，他是害我们的莱阳的仇人。再过几天要是立春了，咱们地不是要耕吗？咱们的骨肉不是要团圆吗？咱们的家庭不是要快乐吗？咱们的农村不是要和平吗？诸位既讲爱国，先要爱家，既讲爱家，先要保身，要早早脱离了害我们莱阳的赵保原，快快回到你各人早思梦想的快乐家庭！青年青年，及早回头，千万千万，猛醒觉悟。”①

青岛日伪政权的报纸以各种歪理邪说“煽情”地“劝说”胶东青年不要被“蛊惑”而投奔赵保原，从中不难看出，当时的胶东确实是有很多爱国青年投奔赵保原和鲁东抗日联军的。应该说，这段时期也是全国抗战八年期间，鲁东地区国共两党合作最为密切的时期，对日寇和伪政权造成了很大震动。然而赵保原本是汉奸出身，其来到胶东后脱离日寇，投入抗日阵营主要还是为了自身利益考虑，他对中国共产党并没有好感，国共能在胶东地区短时间组成“抗日联军”的唯一基础就是日伪的大兵压境。在对地盘、地方行政权与军队指挥权的争夺中，赵保原与八路军山东纵队矛盾重重。1939 年 12 月，赵保原公然退出“鲁东抗日联军”，并将所部改为“抗八联军”（即“抗击八路军”之意），此后多次指挥“抗八联军”进攻八路军山纵五支队。胶东地区维系不到一年的国共合作大好局面就此破裂。

三、八路军反击张金铭及张部在胶东的失败

“鲁东抗日联军”破裂以来，胶东地区的国共合作抗日局面基本陷于停顿，此后国民党顽固派和地方武装多次挑起对胶东八路军的摩擦。对于国民党顽军的摩擦挑衅，胶东党组织和八路军进行了坚决反击。时任山东纵队五支队宣传部长的罗竹风回忆了八路军反击张金铭部的经过。为团结张部抗战，“胶东党组织一再规劝张金铭，敦促他以民族利益为重，但张金铭执迷不悟，一意孤行”②。在这种情况下，驻张部十八旅的八路军代表声明撤出该部，中共平度县委的工作也从公开转入地下。“为打击张金铭这种出尔反

---

① 《在外有无穷危险　还家十分平安　青年勿再受赵保原欺骗　莱阳全县老人发劝告书》，《青岛新民报》1939 年 12 月 29 日第 3 页，青岛市档案馆藏，案卷号：D000305 - 00207 - 0006。

② 张忠强：《罗竹风传略》，东方出版中心 2016 年版，第 60 页。罗竹风，山东平度人，中国著名语言学家、出版家，抗战时期曾任八路军山东纵队五支队秘书长、宣传部长。

尔的罪恶活动，胶东区党委和胶东军区决定消灭张金铭部。"[①]1940 年 8 月 10 日，根据罗竹风提供的情报，八路军部队奉命拔除了张金铭所占据的祝沟等七个据点，平度大泽山、两目山一带全部解放。罗竹风随军缴获张金铭发给沈鸿烈的电报，电文中有："庆父不死，鲁难未已。壮士断腕，噬脐曷及"等字样，并表示"顽抗"到底，誓与共军决一雌雄。罗竹风把电报摔在地上，气愤地说："简直是一派胡言，痴人说梦。""到 8 月 11 日上午 8 时左右，八路军大获全胜，张金铭带申冠臣残部投靠赵保原而去。这次战斗俘敌一千五百余人，缴获各种枪支一千三百余支。至此，山东省保安第十八旅宣告解体，李德元部被改编为平度保安团，其余的部队则被赵保原收编。"[②]

如前所述，张金铭在全国抗战初期以平度县中学校长[③]的身份"投笔从戎"，受封平度县长、中将司令，在胶东国民党各部中是举义最早、抗战最为坚定的"抗日派"。全国抗战爆发后，他在国民党原有地方行政体系纷纷瓦解、溃散之时举兵抗战，一度克复多地，国民党方面称其是"胶东抗日游击的领导者，也是发起号召的第一人，建立了胶东抗日完整体系与坚强的阵容……开办了鲁东军政学校，对鲁东行政人材的培养与军事干部的造就厥功至伟，奠定了胶东抗日的军政基础"[④]。（笔者在搜集资料时发现一个很有意思的现象：胶东日伪在相当长的时间内，对张金铭部究竟是共产党、还是国民党武装认识不清，常以共产党称呼张金铭部，由此也约略看出，张部在作风上应较胶东其他国民党部队为优，以致伪政权常误认张部为共产党军。[⑤]）一方面，张金铭的抗战态度坚决，曾多次与日军血战：自胶东起兵抗战"三年间，两度克复平（度）城，及凤凰山、龙虎山、古岘、麻岚、徐里、大田等大小凡百五十余战，歼敌三千余名"[⑥]，1938 年鼎盛时统辖十四个游击纵队，受其直接间接指挥的武装达四万人，是全国抗战初期鲁东国民党抗日武装第一主力。作为北平朝阳大学毕业的知识分子，张金铭对曾当过伪满汉奸的"鲁东抗日联军"总指挥赵保原亦颇有不满。八路军五支队宣传部长罗竹风亦指出"张

---

① 张忠强：《罗竹风传略》，第 60 页。

② 张忠强：《罗竹风传略》，第 60—61 页。

③ 张金铭出身名校，年少成名，"才华横溢"，全国抗战爆发前深受当时山东省教育厅长何思源的器重，年仅 24 岁就被何委任为平度县立中学校长，"凡结识者，莫不以'才子'誉之"。参见刘珍鉴、左伯诚：《胶东抗日战争记实》，台北《山东文献》第 18 卷第 4 期，第 46—47 页。

④ 刘珍鉴、左伯诚：《胶东抗日战争记实》，台北《山东文献》第 18 卷第 4 期，第 47 页。

⑤ 伪青岛特别市警察局内部档案中多次将张金铭部称作"共产匪首"。参见青岛特别市警察局：《关于灵山卫迤北天齐庙于学忠部扰乱治安等情形之件＋关于共产匪首张金铭部匪被友军包剿情形之件》（1939 年 8 月 12 日）（青岛市档案馆藏，案卷号：A0018-002-00546-0034）等。

⑥ 刘贯一辑著：《抗战外史》，胶东通讯社 1946 年版，第 25 页。

金铭在共产党抗日民族统一战线政策的感召下，从事了一些抗日活动，数次击败日伪军的骚扰，尚得人心”[①]；另一方面，自全国抗战爆发以来，张金铭就与胶东中国共产党武装多次摩擦，八路军先后多次做其工作，“劝其顾全大局，但张金铭执迷不悟，坚持其反共反人民的立场”，终于招致自己在与山东八路军的摩擦中惨败，失去在胶东地区的立足之地。[②]

张金铭部被打垮后，他本人被迫逃往莱阳投奔赵保原，但赵对抗战“首鼠两端”的态度使张金铭深感失望，不久张即离开赵部和胶东，跑到重庆，后又投奔老上司、当时流亡皖北阜阳的山东省政府主席何思源，担任省政府参议。1945 年抗战胜利后，张金铭被委任为济南市长，至 1946 年 11 月离职，1948 年赴台。[③] 抗战时期，张金铭既始终坚持抗战，又与八路军不断“摩擦”，功过不能说相抵，但从民族大义上看，张金铭相较胶东国民党其他地方势力而言仍是有可称道之处的。客观而言，张部的存在，对遏制抗战时期胶东国民党地方势力各种形式的“伪化”“曲线救国”有一定作用。抗日态度坚决的张金铭部的失败，对胶东国民党积极抗日的力量是一个重大削弱。然而归根结底，张金铭长期坚持反共摩擦立场，使其与胶东八路军的大规模武装冲突不可避免，这也是其最终失败的根本原因。

四、许世友来胶东与胶东的反顽作战

虽然八路军五支队对国民党顽固派进行了有效打击，但是由于胶东地区国民党武装势力庞大，派系、数量众多，总体上仍较八路军有一定优势，也给八路军和胶东党组织自身带来了不小损失。

1941 年 2 月，许世友调任山东纵队第三旅旅长后，率部赴胶东指挥反顽斗争。到胶东后的许世友决心沉重打击以“抗八联军”为首的胶东各派国民党顽固势力，扭转八路军在胶东“敌我顽”三角斗争中的不利局面。“这时，国民党投降派在力量对比和态势上占着极大的优势。以赵保原为首的二三十个大小司令，共约 5 万人，分别占领着胶东的主要城镇；而我军约有 1 万人，五旅与五支队又被分割在蓬莱、黄县、栖霞、招远边境和文登的昆嵛山区。投降派继续压向我军……局势非常危急。”然而他们也有不利的一面，“这就是他们卖国求荣不得人心，内部的利害矛盾极为深刻”，赵保原、蔡晋

① 张忠强：《罗竹风传略》，第 60 页。

② 李玉晓：《戎马战倭寇，功业留汗青——乔天华传记》，中共平度市委党办公室编：《平度党史资料》第 12 期，1993 年版，第 169—170 页。

③ 何芳艺供稿、王西献整理：《张金铭任济南市长前后》，政协山东省临沂市委员会文史资料研究委员会编：《临沂文史资料》第 6 辑，1987 年版，第 114—117 页。

康、姜黎川、李先良等部各怀鬼胎,“他们虽然在反共方面是一致的,但内部争权势、抢地盘的斗争却时刻都在进行”①。

1941年3月,胶东八路军各部队在许世友指挥下,以攻取牙山为中心,发起了消灭顽军蔡晋康部的战斗。许世友提出:“事不宜迟,趁投降派气焰嚣张之时,出其不意发起反击是有利的。盘踞牙山的是投降派中较弱的蔡晋康,且有兵工厂,首先夺取牙山,既符合毛主席的‘先捡弱的打’,又可以缴到大量枪械、子弹,利于今后作战。”②战斗于3月16日凌晨打响,至18日下午结束,国民党顽军蔡晋康与陈煜分别负伤逃跑。八路军东西两路大军会师牙山。随后,八路军胶东部队在许世友统一指挥下,连续作战五个多月,先后重创或打垮了赵保原、蔡晋康等十余个国民党顽固派,打散其兵力2万余人,俘虏8000余人。这次大规模、长时段的反顽作战,将顽军驱逐出了胶东腹心地带,中国共产党在胶东的形势得到根本好转。“这样,胶东心腹地带,重新成为抗日民主根据地。我军也在斗争中壮大了一倍以上,与顽军在数量上相等了,迫使投降派再也无力发动进攻。牙山之战,胶东军民把它称为‘五个月反投降’。这一仗,不但打开了胶东的新局面,也证明了‘斗争是克服投降危机、争取时局好转、巩固国共合作的最主要的方法’。”③

在这次反顽作战中,赵保原部等一度请求鲁苏战区正规军支援,鲁苏战区主力五十一军自鲁南来援,其先头一个营于4月27日到达发城地区,助长了胶东国民党顽固势力的气焰。“根据这个情况,如果能给这个营以严重打击,不但可以使其他顽军不敢来援,而且会使全线顽军动摇。”许世友亲率部队对五十一军先头部队进行了反击,将之击溃,“伤亡惨重的五十一军先头营逃回沂蒙山区”④,大大打击了胶东顽固派的气焰。

国民党顽固派赵保原于1940年3月起担任鲁苏战区胶东游击区指挥官⑤,5月任陆军暂编第十二师师长,此外还兼任山东省第十三区专员兼保安司令、三青团山东支团鲁东北区指导员等职,自诩为国民党在“胶东一大柱石”⑥,被时任山东省政府主席沈鸿烈称为“胶东屏障”⑦。作为当时胶东

---

① 许世友:《战牙山》,曲青山,高永中主编:《抗日战争回忆录　3》,党建读物出版社2015年版,第161页。

② 许世友:《战牙山》,《抗日战争回忆录　3》,第162页。

③ 许世友:《战牙山》,《抗日战争回忆录　3》,第164页。

④ 许世友:《战牙山》,《抗日战争回忆录　3》,第163—164页。

⑤ 张培鸿:《赵保原将军传略》,台北《山东文献》第6卷第2期,第62页。

⑥ 山东省第十三区抗战史料征集委员会:《山东省第十三区抗战纪实》,山东省第十三区抗建日报社编印,1940年版,第2页。

⑦ 山东省第十三区抗战史料征集委员会:《山东省第十三区抗战纪实》,山东省第十三区抗建日报社编印,1940年版,“题词”。

地区力量最强的国民党顽固派，也是胶东大小投降派之首，自1941年上半年遭到胶东八路军沉重打击后，赵再次托庇于日寇。赵保原虽未公开投降日寇，但多次与日寇勾结联合进攻八路军根据地，成为“伪顽兼祧”的典型。此后，胶东八路军对赵保原进行过数次打击，并提出“一年打败赵保元”的口号。“但从今天三角斗争的形势看，我们在胶东消灭赵保元的可能是困难的，已经形成长期的斗争”，且考虑到赵保原始终未公开投日，“我们不能在政治上造成我们主动进攻人家的自供，给顽、友以反对我们的实凭确据”，1943年后胶东区取消了“一年打败赵保元”的对外宣传口号。①

1944年，山东八路军历数赵保原部“通敌反共祸国殃民”举动：

“一九四〇年五月三日，八路军在现里伏击敌人汽车二辆，敌人已将就歼之际，赵保元②突以其主力邓团袭我侧后，使敌寇乘隙逃走。

一九四〇年六月敌‘扫荡’胶东后，八路军为收复道头据点，不顾炎暑，兼程出击。行经□③沟时，赵保元竟亲率所部两千余人阻击我军。八月二十六日，赵部邓团及保安团二千余，配合张金铭部进攻我驻徐里部队，沿途烧杀，所过村庄全被洗劫。

一九四〇年冬，赵保元将院里防地让与敌寇，二十五日敌进占郭家店，我趁敌立足未定，突予袭击，赵部竟为敌解救，袭我后方，当日下午，又配合敌寇向我进攻。

一九四一年一月十八日，赵保元在马连庄日寇支持下，以五个团向平度我军进犯，日寇并以飞机两架配合，轰炸我军。

一九四二年春，敌万余人‘扫荡’胶东，赵保元除配合敌寇从东西夹击我军外，并以一个团更直接授敌指挥，在各路敌寇中都夹杂着赵保元部队，打着太阳旗，尾随敌寇奸淫烧杀。

一九四二年五月，敌寇‘扫荡’胶东时，赵保元自动要求配合日寇，敌酋冈村发给赵部子弹十万发，赵又鼓励国民党军队秦玉堂（现已投敌）部出兵配合，并分给子弹三万发，共同配合敌寇‘扫荡’海莱边区龙虎山一带。

一九四二年冬，敌二万余对我进行‘拉网合围’的大‘扫荡’，赵保元又亲率其三团三个连，特务团两个营，及一、三、四、七等四个区队，进犯

---

① 《景晓村日记》，北京八路军山东抗日根据地研究会渤海分会2012年编印，第21—23页。

② 赵保元：即赵保原。

③ 原文中该字已无法辨识，以“□”代替。

我于山，所到之处除烧杀而外，并抓捕壮丁，送给敌寇。

一九四四年四月五日，赵部配合莱阳敌伪进犯我驻南蓝部队。二十三日我军攻克海阳大山□据点，赵部出兵千余为敌解围，并破坏我根据地大生产。五月六日，敌机十一架配合赵保元东犯岚墩前，赵则以所部配合沐浴店伪军到杨格庄、于格庄、姜格庄一带，拉走牲口六十五头，抓走壮丁三十二名。

今秋我军为配合正面国军作战，对敌展开猛烈攻势，一个月内收复文登、荣城、水道等一百二十四个敌伪据点，赵保元反增援敌寇，掩护海阳敌伪逃亡□口。南海我军围攻古砚据点，正当残敌就歼之际，赵保元以两千之众，分三路猛攻我侧后，企图为敌解围。我军攻克古砚后，清查俘虏时，始知其中有暂编十二师十六旅部队，我军攻克旧店、代田、玉科顶、齐家沟敌伪据点时，也发现其中有赵保元部队。

以上所举，仅系赵保元千百次配合敌寇，进攻我军中之明目张胆、人所共知者，至于袭击我地方武装，捕杀我工作人员，则叙不胜叙，这里只从赵保元自己印行的所谓‘抗战纪实’上来看，他公布着他最大的而又唯一的‘战绩’——毙匪（指八路军及抗日人民）万余名，呜呼！如此‘抗战’！如此‘战绩’！难怪日寇愿把赵保元由国民党师长而升为剿共军胶东总司令了。”[①]

赵保原勾结日寇、袭击八路军，事实俱在，有据可查。为使广大胶东民众看清赵部的真面目，胶东八路军曾形象地以“猫住在老鼠洞里”，来比喻国民党赵保原部与日寇之间的关系：“猫住在老鼠洞里，该算是全国奇闻了。可是像这样的事真有着哩！青岛日本军司令部内就住着国民党的暂编十二师[②]办事处。但是仔细想起来也用不着稀奇，那个老鼠洞里的‘猫’，原来也是一个老鼠，有一天晚上偷了一个小死猫皮，回洞后就躲在猫皮里，人们一恍眼，以为是个小猫，其实就是一个老鼠。赵保元也就是披着‘抗战’的死猫皮的一个通敌投降的‘老鼠’。认清了赵保元的真面目，对于国民党暂编十二师办事处设立在青岛日军司令部内就不值得奇怪了。赵保元的青岛办事处成立于一九四〇年，主任由十二师政治部主任张玉田兼任（张曾任国民党莱阳县长），一九四二年三月，敌命令赵保元配合‘扫荡’时，曾由该办事处发

① 《两个害民贼》，群众出版社，1944 年，第 1—3 页。书名“两个害民贼”，分别指的是胶东赵保原，和鲁南秦启荣这两个国民党在山东的“反共专家”。

② 即赵保原部。赵为该师师长。

给赵保元两次子弹，一九四三年三月又经该处发给子弹两万发。”赵保元在莱阳城里的办事处的“‘贵宾’，有敌军中队长久保欠中尉，联络员小显少尉，警察指导官田井军曹，及伪治安军军官。”①“赵保元对自己通敌反共的罪行解释道：‘蒋委员长来命令说，咱们有两个敌人，一个远的是日本，一个近的是共产党。先打远的后打近的，等到日本完了，不完全是中共军的吗？……咱们把铜铁、牛皮、花生米、花生油、粮食送给日本人，并不是投降，是换子弹和枪支，先打八路军，后打日本。’”②

1944 年 2 月，八路军胶东部队发起河源西沟战役，突破赵保原部四个坚固设防的碉堡，彻底摧毁河源西沟据点，赵保原部守敌被“几近全歼”，缴获兵工厂一座，机枪十四挺，长短枪八百余支及大量物资，新开辟莱西北根据地，孤立了赵的老巢万第。许世友高度评价这一战役胜利的意义，称“这一战役的胜利”，“改变了我南海分区腹背受敌的形势”，“对沆瀣一气的日、伪、顽反动势力是一个沉重打击，动摇了敌人依恃坚固筑垒地带据守顽抗的信心，标志着胶东我军攻坚能力和战术、技术水平有了长足的发展，不仅对胶东军区所属部队，而且对整个山东部队的攻坚作战，都起到了有力的推动作用”③。

虽然赵部对日寇“毕恭毕敬”，但日寇仍欲压迫赵部公开投降，“于今年（1944 年——引者）八月十五日”以武力向赵部突然发难威胁，赵“覆电未明白表示态度”，敌即扣押了赵保原青岛办事处主任张玉田及参议等。“赵急派其副师长张其陆到莱阳，求敌久保中队长及伪治安军斡旋。最后与青岛独立第五混成旅团长谈判结果，赵保元应完全受日军指挥，日军委赵保元为‘剿共军胶东总司令’。胶东‘中国方面部队’于赵保元正式接受委任后，统归剿共军胶东总司令部指挥，此外尚有送壮丁及钱款粮食等条件。虽然赵保元今天尚未公开宣布投降，但由其十六旅李德元部以及姚团的接防敌伪据点，实际上已经说明了赵保元在偷偷摸摸的实行敌人的条件，不过他还舍不得爬出掩盖他投降面目的一张死猫皮吧了。”④

1944 年秋冬之际，山东军区发出准备反攻作战指示，明确要求胶东区应以赵保原部为主要作战对象。在八路军陆续打掉胶东大大小小二十多个伪军、顽军司令后，赵仍倚仗其将近两万兵力，在以莱（阳）海（阳）边的万第

---

① 《两个害民贼》，群众出版社，1944 年，第 5—6 页。

② 《两个害民贼》，群众出版社，1944 年，第 7 页。

③ 许世友：《讨伐赵保原》，常连霆主编，中共山东省委党史研究室、山东省中共党史学会编：《山东党史资料文库》第 16 卷，山东人民出版社 2015 年版，第 92 页。

④ 《两个害民贼》，群众出版社，1944 年，第 7 页。

为中心的区域盘踞，成为胶东日军最大的帮凶。为了消灭赵保原部，八路军胶东军区参战部队达到一万多人，集中了大部主力，战前在全区各界进行了广泛的政治动员，做好了充分的准备。许世友将军说，这“无疑是同赵保原的一场决战”①。战役由胶东军区政委林浩和副司令员吴克华统一指挥。1945 年 2 月，战斗打响，在胶东广大人民群众大力支持下，八路军参战部队自 2 月 11 日至 19 日，“首克万第，再战左村，乘胜横扫五龙河两岸，共歼灭赵逆八个团的兵力，总计一万二千余人，缴获兵工厂、被服厂、粮库各一座及大量枪炮弹药和其他物资，基本消灭了赵保原的反动武装力量，摧毁了山东投降派的一个重要堡垒……自此，胶东大地坚持抗战与准备反攻，展现出一个前所未有的大好局面”②。在这次作战中，赵保原“漏网而逃，窜到即墨，公开投身于日军的怀抱之中”③，直至 1946 年人民解放军攻克胶县，将其本人击毙。④ 赵保原部在胶东被打垮后，中国共产党已基本控制了胶东半岛除青岛、烟台、威海、平度等少数日寇重兵驻扎城市和据点外的广大地区。

全国抗战时期，胶东八路军长期处于敌伪军和国民党军的两面夹击中，不仅要与日伪斗争，还要与赵保原、蔡晋康、张金铭等国民党顽固势力进行反复较量。1945 年抗战胜利后，胶东东海军分区政委仲曦东在“八路军胶

---

① 许世友:《讨伐赵保原》,《山东党史资料文库》第 16 卷,第 93 页。

② 许世友:《讨伐赵保原》,《山东党史资料文库》第 16 卷,第 94 页。

③ 许世友:《讨伐赵保原》,《山东党史资料文库》第 16 卷,第 94 页。

④ 全国抗战时期,赵保原“反正”后何时再次投日？按照大陆相关文史资料和中国共产党报刊资料的记录,赵部与日寇一直暗中勾结,并联合日寇、伪军进攻胶东八路军。不过,至 1945 年初赵部主力被八路军打垮前,赵保原仍未公开倒向日寇(仍是“暗中勾结”)。这与赵对国民党在山东的未来还抱有期待有关。国民党中央对赵保原也未如对吴化文、荣子恒、厉文礼等那样,确实认定为汉奸并将之开除党籍军籍。笔者查阅青岛市档案馆所藏的伪青岛特别市警察局有关赵保原部相关档案材料,青岛伪政权 1943、1944 年间在其内部档案中仍将赵部视为抗日势力及敌人,称赵部为“伪暂编第十二师赵保元”,并对赵部充满了污蔑、诋毁之词。参见青岛特别市警察局:《关于赵保元印在市内收购金属制造枪械情况的报告》(1943 年 5 月 21 日)(青岛市档案馆藏,案卷号:A0018 - 002 - 00161 - 0159)等,可以看出,即使赵保原与胶东日伪暗中勾结,日伪方面亦并不对赵保原充分信任。此外,1944、45 年间,赵保原仍与重庆国民党方面保持着联系,维持其表面上的抗战态度。青岛市档案馆藏有数封 1944 年以来赵保原与国民党原鲁东行署主任、国民党青岛市政府秘书长李先良交流的书信。然而李先良并不真正信任赵保原。1945 年抗战刚刚胜利,李先良就向参议员王鲁风发电攻击赵保原部妄图冲入青岛市区,抢夺抗战胜利果实,紊乱地方秩序,参见李先良:《关于莱保、平保、即保及赵保原残部转入李村、沧口区一带的电》(1945 年)(青岛市档案馆藏,案卷号:B0024 - 001 - 00542 - 0158)等。此外抗战胜利之初青岛其他国民党武装和单位也向李先良(抗战胜利后任中央直辖的青岛市市长)控诉赵保原部抢掠给养、意图抢占青岛、抢夺抗战胜利果实。如《关于驻仙家寨保安队第一大队部第一三中队与赵保原部接触损失械弹的报告》(1945 年 8 月 20 日),青岛市档案馆藏,案卷号:B0024 - 001 - 00129 - 0354;《关于赵保原两主力团进驻市内的报告》(1945 年 8 月 24 日),青岛市档案馆藏,案卷号:B0024 - 001 - 00129 - 0321。

东部队抗战简史”一文结尾指出，“八年来的苦斗，说明了：谁能为人民为民族解放事业而忠勇奋斗，谁就能取得人民的支援；谁作投降反共反人民的罪恶行为，谁就要在人民的面前毁灭崩溃！八年来我们经常处于敌伪投[①]的两面夹击中，然而我们能够发展壮大，这就证明了真理永远是属于正义的人民的一方，胜利也就必然是属于人民的一方”[②]。

五、“黄县较量”——全国抗战时期国共两党在黄县合作与冲突的个案

全国抗战爆发初期，黄县（今龙口市）是中共胶东特委和主要武装“第三军”的驻地，中共在胶东最早的根据地——蓬黄掖根据地的核心区域，也是整个抗战时期中共胶东抗日根据地的核心区域。国共两党围绕黄县曾展开了一系列明暗交织的复杂较量，较量的成败也关系着整个胶东地区国共力量的对比。关于国共两党在黄县的斗争，大陆和台湾方面的史料中均有相关亲历者忆述。笔者综合运用海峡两岸资料，论述国共两党在黄县斗争的个案，以期对抗战时期胶东地区国共关系的复杂状况有更为深刻的理解，亦可以之作为整个抗战时期山东敌后国共两党复杂纠葛的一个截面。从抗战时期黄县的个案中，我们可以更清晰地看出中国共产党为何能在山东敌后的敌我顽复杂斗争局面中取得优势，并最终将山东建成中国共产党在全国力量最强大的根据地之一。亦可以管中窥豹，理解曾经在山东敌后占据绝对优势的国民党，为何最终会在鲁省陷入全盘失败的境地。

（一）黄县沦陷与王景宋收复县城

全国抗战爆发初期，山东军阀韩复榘曾在其第三路军中设立政训处，组织人员赴各县宣传抗战。设在黄县的政训处机关有三十多人，其中不少爱国青年早已参加了中国共产党领导的“抗日民族解放先锋队”（即“民先”），政训处人员经常在黄县民众教育馆与当地教师、学生交流，并于 1937 年 9 月成立了爱国团体“抗日救亡团”，团队的十几人中包括仲曦东、范心然、房雨若等中共党员和“民先”队员。1937 年 11 月，国民党黄县县长弃职逃往天津，逃跑前将部分枪支弹药和经费发给政训处。随后政训处人员撤至城西南山区下观庙组织武装抗日，于 1937 年 12 月向中共胶东特委领到“山东人民抗日救国军第三军第三大队”（简称“三军三大队”）番号。[③] 日寇占领黄

① 敌伪投：即敌伪和国民党“投降派”。

② 仲曦东：《八路军胶东部队抗战简史》，《血战八年的胶东子弟兵》，胶东新华书店 1945 年版，大连大众书店 1946 年印行，“代序”，第 7 页。

③ 范心然、王纬仲：《星星之火——抗战初期黄县武装斗争的发展》，烟台地区行政公署出版办公室编：《胶东风云录》，山东人民出版社 2014 年版，第 162—163 页。

县城后，未在县城驻兵，而是任命了汉奸杜乐先为维持会长。1938 年元宵节，黄县伪警察哗变，国民党人、原黄县民众教育馆馆长王景宋趁此机会，运用其在地方的威望，收抚了伪警察，重新挂起青天白日旗，自封为县长。[①] 由此，王景宋驱逐了日伪维持会，重新建立了国民党黄县政权。王景宋派秘书张敏生找中共武装“三军三大队”谈判。当时党的武装刚刚建立，缺乏经验，“对王景宋软弱、虚荣的面目认识不清”，提出了支持王景宋任县长、保持三大队独立发展、县政府负责三大队的军需供应三个条件。双方谈妥后，中共“三大队”接受王景宋改编和指挥，王的武装整编为“第一支队”和“第二支队”，中共“三大队”称“第二支队”，由李希孔任支队长，但在对敌斗争中仍称“三大队”。[②]

（二）马保三智取黄县县城与中共在黄县的发展

1937 年全国抗战爆发后，中共党员马保三在寿光县发动武装起义，创建“八路军鲁东抗日游击队第八支队”，部队约 700 余人，长短枪近 500 支。1938 年 3 月，八支队与活动在昌邑瓦城的八路军鲁东抗日游击队第七支队会合，随后马保三率七、八支队东进胶东掖县。1938 年 4 月，胶东特委和七、八支队前委代表在掖县沙河镇开会，会议决定：七、八支队开赴黄县，由三大队协助整编国民党黄县王景宋的部队，胶东特委直接领导的第三军一、二大队同时进驻黄县。[③] 七、八支队驻扎掖县期间，派赵修德、仲曦东同国民党黄县县长王景宋进行了数次艰苦谈判，双方达成协议，允许七、八支队指挥部和后勤机关进驻黄县县城。接着赵修德、仲曦东与王景宋属下二支队队长李希孔作了联系。李希孔的部下陈迈千、范心然等都是中共秘密党员，他派陈迈千和赵、仲二人约定时间，待七支队开进黄县西关，二支队即开西门把部队接入城里。恰在此时，招远县“民先”派人前来联系，邀请七、八支队前往招远城，由已打入国民党部队内部的王檐雨等同志做内应，解决城内武装，占领招远县城。马保三、韩明柱等分析形势后，决定一举占领黄县、招远两城。命令两个支队分头行动，由刘光汉、赵修德带领七支队直赴黄县，协助城内的二支队进占黄县城，借机解决王景宋的武装。由韩明柱率领八支队主力赴招远，相机解决城内国民党武装。马保三等率指挥机关进驻黄

---

① 范心然、王纬仲：《星星之火——抗战初期黄县武装斗争的发展》，《胶东风云录》，第 166 页。

② 范心然、王纬仲：《星星之火——抗战初期黄县武装斗争的发展》，《胶东风云录》，第 166—167 页。

③ 范心然、王纬仲：《星星之火——抗战初期黄县武装斗争的发展》，《胶东风云录》，第 168 页。

县西部的黄山馆，统一指挥两路人马行动。①

在黄县王景宋部下二支队的配合下，“马（保三）遂率部来县。兵临城下，王景宋犹在文明堂浴室陶然高卧也。闻马至，竟欢迎入城。马入，王即被囚。李希孔见状，急撤出县城，据守城南山区保存实力。一支队则被缴械。城外驻军，翌日已被缴械；李尽忧走依徐叔明。地方武力遂悉为共党所得”②。由此，马保三部“智取黄县”，改编了王景宋的武装，委任王纬仲为中国共产党的黄县县长。后王景宋个人要求外出，经胶东特委同意，放他走了。马保三部驻扎黄县期间，七、八支队与胶东三军和掖县三支队合编为胶东抗日联军，马保三任胶东抗日游击队总指挥，声势大振。③ 1938 年春，中共党员曹漫之率军自文登、荣成进占蓬莱县城，指派“孙端夫为蓬莱县长，与马保三遥相呼应。旋降蓬莱各区队各别缴械，另畀以三军二路番号，委郭某（绰号郭大个子）为总指挥，郝铭传为副总指挥”，退到黄县城南山区的李希孔见中共力量强大，“复暗通款曲，阴受曹之‘三军四路’委，并迎曹部西来”。8 月末，马保三奉中共中央山东分局令，转进胶河以西。“本县防务乃由曹漫之接防。曹遂自任县长。”④

1938 年 8 月 15 日，中国共产党控制的北海专员公署在黄县县城正式成立，下辖蓬、黄、掖三县。国民党方面忆者称，“是时沈鸿烈既主鲁政。冬，十二月，省府视察团在杨沛如团长率领下莅县，竟承认既成事实，即报省府加委曹漫之为县长，予以合法地位，于是共势益张”。“杨沛如者，昌邑人，前县立中学之训导主任也……素为青年所敬仰。”⑤杨沛如对中共的倾向与同情，进一步促使蓬、黄、掖地区广大青年积极加入中国共产党胶东抗日队伍。

1938 年北海银行在胶东特委控制的蓬黄掖地区成立，发行北海币，光明正大地取代国民党法币，这是中共山东根据地自办金融事业的起点，使中共可以不再仰赖国民党法币金融体系的“鼻息”而独立自主发展，也使胶东地区呈现出中共的北海币、国民党的法币和日伪政权的伪币并存局面。北海银行在掖县城设总行，在黄县、蓬莱县城设分行，北海币“与法币等价流通，随时可十足兑换”⑥。中共胶东特委创办北海银行、发行北海币的目的，

---

① 政协寿光市文史资料委员会编：《寿光文史资料选辑　第 14 辑　八支队》，1997 年版，第 61—62 页。

② 魏懋杰：《黄县抗战戡乱史（一）》，台北《山东文献》第 1 卷第 1 期，第 97 页。

③ 王志民主编：《山东重要历史人物》第 7 卷，山东人民出版社 2009 年版，第 101 页。

④ 魏懋杰：《黄县抗战戡乱史（一）》，台北《山东文献》第 1 卷第 1 期，第 97 页。

⑤ 魏懋杰：《黄县抗战戡乱史（一）》，台北《山东文献》第 1 卷第 1 期，第 97 页。

⑥ 张加洛：《筹建北海银行的始末》，李金陵主编：《山东革命老区口述史》（下），济南出版社 2014 年版，第 579 页。

就是"堂堂正正地取代旧法币及各种杂票的"[①]。北海币起初只使用于蓬黄掖核心区，此后流通范围不断扩大，超出蓬黄掖地区，北海银行也由胶东一隅上升成为山东分局直接领导的全省性银行，有力地支持了山东根据地经济金融、社会民生和对敌伪顽斗争等各项事业。

（三）国民党在黄县的潜伏及其活动

马保三部智取黄县后，中国共产党在黄县的力量大大加强，黄县也成为中共胶东根据地的核心区。全国抗战时期曾任国民党黄县党部书记长、黄县县长的张拙夫回忆，黄县起初"由平度张金铭之梯队司令王景宋先生驱逐汉奸组成之维持会所接收"，王景宋部下第二支队长李希孔"为共党干部王纬仲、陈迈千等所掌握，该等把持该支队后，即以共党党员为主干，发展组织，扩大势力"，"不旋踵李希孔部秘至掖县欢迎寿光县之八路军高保三（应为马保三——引者）部入县，缴王景宋械，全县沦于共手。同年十月蓬莱县游击部队，亦为于仲叔联络之共党'三联军'一一解决，至此我已无生存空间，遂不得已转为地下斗争矣"[②]。

原国民党黄县县长王景宋被扣后，其"别动总队第四十六支队第十梯队长张拙夫，与舅父魏毓栋集合该部重要干部荆乐兴、王纯肇、邹景舜、荆元音、魏懋杰等会商应变。魏氏以马保三兼并友军，态度暧昧，后将为患，宜乘其初至，人心未附时，袭而逐之，以还我地方武力，共谋御侮之策。众多为其虚伪宣传所眩惑，复为其虚声所震慑，议论纷纷，持久不决，遂使马某（指马保三——引者）坐大"。张拙夫自忖黄县共产党的力量强大，"难以力敌……与共争斗，则转入地下"，开始了其在黄县的潜伏与暗中活动。他"命遇士选于城东关设立磨坊以为掩护；曲享吉于西关设普济施院；自设广济医院于南关以为机关，田祥庆实主其事。张永兴、李秀阶、臧美桂、田瑛、王维杰、冯子恺、刘居一分负策划组训、宣传、行动之责。敦请魏毓栋与王纯肇假行医之便，刺探情报，藉收瓦解敌人之效。""遇士选、田祥庆同为县中高材生，遇刚毅而田机智，向为县中学生领导核心，以彼二人主其事，辗转传告，立收马首是瞻之效，知识分子意欲投共者，乃观望不前。五月间，复命魏懋杰潜赴东北，说远祸伪满者纷纷归赴国难，以增强实力。"以张拙夫为首的国民党势力在黄县的潜伏及暗中拉拢青年等破坏活动，被中共黄县政府所察觉，"及侦知系拙夫所为，而魏毓栋实为谋主，因于十二月二十五日捕魏毓栋，系于义

---

① 张加洛：《筹建北海银行的始末》，《山东革命老区口述史》（下），第578页。

② 张拙夫：《金山今昔——追记胶东民众自卫军的成立》，台北《山东文献》第17卷第1期，第123页。

乐院，张拙夫驰往营救，亦被执。入夜，拙夫乘间逾垣脱走，共军尾追不舍。时狂风雪骤，道路迷漫，方向莫辨，幸得荆乐兴援引扪树木积雪以定方向，凌晨逃至蓬莱大辛店，始得免。时山东省第九区专署高炳旺团初驻此地，所属各县党政机构多随军驻此，乃晋谒专员蔡晋康，聘为参议”。“魏毓栋素以雄辩著称”，中共黄县政府逮捕他后，“而无法入罪。嗣经绅商联保，始勉予开释。”①

(四) 黄县县城再度沦陷与三方政权鼎立

1939 年 2 月，“日寇伊达顺之助(华名张宗援)与方永昌部由掖县东侵”，为保存有生力量，坚持持久抗战，八路军山东纵队五支队和胶东区党委撤出黄县、蓬莱等县城。撤离之前，焚毁了黄县县政府、县立中学及各机关学校，退据战家斋、竹园乡一带。潜伏黄县的国民党人“遇士选、田祥庆等乘机策反，遂有大批青年弃共来归”②。日寇进后城，大肆淫掠，造成空前浩劫，重建黄县伪政权，委任“南关鱼市街人姜彝丞为伪县知事”，关寿山为伪警察所长，田方平为商会会长，并划龙口为特区，“维持会会长孟吉堂，特区专员阚某。伪组织成立后，群奸再次粉墨登场”③。

中共黄县政权撤离县城，占据山区后，改任命孙执中为县长。此时国民党山东省政府主席沈鸿烈对山东国共合作的态度渐趋恶劣，故其否认中共任命的黄县县长，转而任命当时在招远与日寇作战的国民政府军委会别动纵队第四十八支队少将司令徐叔明(辛亥烈士徐镜心之侄)为黄县县长。“惟徐县长仍在招远，遭敌所拒，陷于苦战中，无法返抵县境，仅遥作指挥而已。”而张拙夫则趁机“由蓬莱潜归，与马永华等组织三民主义青年团分团部筹备处，与县党部同志遥相呼应”④。至此，黄县形成国、共、日伪三方政权对立的局面。

张拙夫(山东黄县人)、马永华潜回黄县后，在已沦陷的黄县城内秘密筹备成立国民党三青团黄县分团部，公推张拙夫为干事会筹备处主任，马永华任书记，魏懋杰、田祥庆、遇士选担任干事，积极吸收团员数十人，迅速发展组织，一方面宣传抗日，一方面与中共在黄县争夺青年。然而该年 6 月，马永华设在青岛的电台“遭日寇破坏，被捕系狱”，马永华被日寇抓捕后，“致本县团务工作与上级脱节”⑤。

1939 年夏，张拙夫在黄县成立“民众自卫队”，一方面打击日伪，一方面

① 魏懋杰:《黄县抗战戡乱史(一)》，台北《山东文献》第 1 卷第 1 期，第 98—99 页。
② 魏懋杰:《黄县抗战戡乱史(一)》，台北《山东文献》第 1 卷第 1 期，第 99 页。
③ 魏懋杰:《黄县抗战戡乱史(一)》，台北《山东文献》第 1 卷第 1 期，第 99 页。
④ 魏懋杰:《黄县抗战戡乱史(一)》，台北《山东文献》第 1 卷第 1 期，第 99 页。
⑤ 魏懋杰:《黄县抗战戡乱史(一)》，台北《山东文献》第 1 卷第 1 期，第 99—100 页。

秘密抓捕城内外潜伏的中共人员，破坏中共组织，“由是，城东、北、西二十里内共党之机关全失，即敌伪亦不敢轻于出动骚扰”。国民党方面自认为“造成首次斗争之大胜利”。[①]

1940年（农历庚辰年）9月，国民党在黄县山区潜伏并破坏中共抗战的特务组织第一次被中共破获，国民党方面资料称之为“庚辰十月事件”，认为此事对其在黄县的力量造成了重大打击：

> “惟共党自盘踞山区后，控制綦严，青年壮丁，均迫参加，知识分子，尤难幸免。况本党工作同志田积芬、张恒爽、张恒弼等皆曾随朱良耕投考太原军官教导团，以时局紧张欲有事于地方而归来者，故早在共党密切注意及监视中。以是党政推行，虽悉采秘密方式进行，亦难免泄密之虞。二十九年九月，我方组织，果被侦知。尤不幸者，党员名册，亦为其查获，乃于十月十日发难，捕组织干事田积芬（山官庙后下田家村人）、党员王永杰（院下人）等五人”。“嗣复按图索骥，续捕陈万约（河北陈家人）、张恒爽、张恒弼……朱广模等先后三十九人”，“复扩大至城东，张从儒、张化俗等四十余人均为党捐躯！……城东城南所部署之党中菁英，至是尽付一炬，其损失可谓大矣！（然烈士八十余，姓名多不可考，不能一一列举，俾流芳百世，滋可痛已！）此即所谓‘十月事件’是也……由是山区乃完全赤化矣！”[②]

经过中共黄县政权的打击，国民党黄县地下力量遭受重创，其嚣张反共摩擦气焰得到遏制。加之随后国民党在蓬黄掖地区“内乱”的发生，使国民党力量在黄县国、共、日伪“三角斗争”中完全陷入困境。

（五）国民党在蓬黄掖的内乱与“抗战局势之逆转”

“庚辰十月事件”后，徐叔明因忙于在招远的抗战，请辞县长，山东省府委任蓬莱县人李惠先接任黄县县长。“先是，蓬莱县长沈伯祥由栖霞移驻大黄家时，张拙夫为掩护其生存，及有利本县之工作，乃说蓬莱伪警备大队长郝铭传秘密反正，接受省府改编。仍驻县城，秘为我游击部队之掩护及屏障”，沈得郝氏之助力，与中共冲突常“有斩获”，“九区专员蔡晋康并拟向黄县进军”，县长李惠先“亦常派便衣武装人员至蓬黄边区缉奸肃谍”，与中共

① 魏懋杰：《黄县抗战戡乱史（一）》，台北《山东文献》第1卷第1期，第100页。

② 魏懋杰：《黄县抗战戡乱史（一）》，台北《山东文献》第1卷第1期，第100页。

在黄县不断摩擦。①

然而此后，国民党在蓬黄掖的力量因“曲线救国”问题而发生“内乱”。国民党蓬莱县长沈伯祥因坚定抗战，而与蓬莱伪大队长郝铭传渐交恶：“惟沈则视郝为汉奸，不稍假以辞色。虽经魏懋杰竭力牵引，终不见容，且屡辱郝之家人及其部属，以是激怒郝部，乃势成水火。郝遂阴假手烟台伪道尹张化南压迫专署，以孤立沈氏，藉泄私忿”。第九区专员蔡晋康面对日军的压力，托庇伪军自保，“曲线救国”，试图将所属部队改编为伪军。“此所谓‘曲线抗战’者，深为沈氏所不齿。由是隔阂渐生，议事每不合。”1942 年春，日伪烟台道尹张化南“迫蔡氏接受伪军改编，遭沈氏强烈反对，蔡不为动，沈遂弃蔡走依福山秦玉。四月，遭皇姑庵伪军狙杀之于大赵家村前”。坚持抗战、反对投降的国民党蓬莱县长沈伯祥竟由此惨死，也深深触动了意图“曲线救国”的九区专员蔡晋康。“沈之遗眷乃控蔡谋杀于省府。蔡无以辩解，亦深以‘伯仁因我而死’内疚于心，遂中止改编协议。”“张化南乃命伪军进逼，共军乘机袭之，蔡遂狼狈逋归高密原籍。数年经营之专署及蓬莱县政府因之土崩瓦解，此三十一年(1942 年——引者)五月四日事也。”经此一事，国民党山东省第九区“所属栖、招、蓬、黄四县党政人员星散，仅存者则走依莱阳暂编十二师师长兼第十三区专员赵保原矣。专署解体，无异失去屏障，县府南迁，关系民心尤巨……影响所及，我县(指黄县——引者)党政工作几至停顿。”②

(六)特殊义教与“献机运动”

1942 年 6—7 月间，张拙夫、魏懋杰等潜伏黄县的国民党人先后秘密前往鲁南，谒见山东省政府主席牟中珩，“报告桑梓敌情，并请示机宜”，省府任命张拙夫为黄县县党部书记长，以张益瑶为县长。③ 张拙夫 7 月由黄县县城乘烟潍公路汽车到潍县，换乘胶济铁路火车到益都县城下车，依照省党部党务督导员赵国栋提供的联络地点，辗转循路线前往，他回忆道：“时值鲁南山区饥荒，饿殍载道，由联络站为觅一向导，系一十六、七岁青少年，沿途排泄，大便多为树叶食物，足见当地民众生活的艰苦。”④张拙夫等在鲁南山区一个叫梨行的小山村见到了山东省政府主席牟中珩，此时省府驻梨行村，当时属临朐县。牟中珩本属意张拙夫任黄县县长，但张“以年轻识浅，不能胜任相辞谢”。在鲁南省府驻地，牟中珩三次约见张拙夫，委任他兼任“山东全省保

---

① 魏懋杰:《黄县抗战戡乱史(一)》，台北《山东文献》第 1 卷第 1 期，第 100—101 页。

② 魏懋杰:《黄县抗战戡乱史(一)》，台北《山东文献》第 1 卷第 1 期，第 102—103 页。

③ 魏懋杰:《黄县抗战戡乱史(一)》，台北《山东文献》第 1 卷第 1 期，第 103 页。

④ 张拙夫:《牟中珩在梨行》，台北《山东文献》第 21 卷第 2 期，第 126 页。

安司令部烟招区军事特派员”，“负责烟台、福山、蓬莱、黄县、栖霞、招远等县市伪军策反工作。在工作上尽可量情而为，只要身上不著伪军服装，插上伪军旗帜即可”①。省政府主席的器重，使张拙夫坚定了回县后继续抗日、反共的决心。

返回黄县后，张拙夫、魏懋杰等在该县开展“特殊义教”，其目的有两面性：一方面是与中共争夺青年，自称要抵制中共的所谓“赤化教育”，“肃清共党潜伏之职业学生”，一方面增强民族意识，保持民族气节，抵御日伪的“奴化教育”，打击“汉奸”，打击所谓“亲日亲共教职员”：

> “三十一年冬，省委魏懋杰代刘青石为教育厅特殊义务教育督导员，辖蓬莱、黄县、龙口、掖县四县市特殊义务教育。懋杰乃打入蓬莱县中任教。藉郝氏之力，肃清共党潜伏之职业学生，及亲日亲共教职员；打击汉奸校长陈嘉杰去职，另代之以朱静航。一面吸收优秀学生，提高民族意识；一面抢救有志青年，送赴后方就学。县立一小、二小、北河小学均纳入组织，渐及各文化团体，致使伪新民会形同虚设。蓬莱根据地稳固后，始次及本县、龙口。命郑子厚、吕晶符……等分在县城伪县中，第一、第二、第三国民学校，模范国民学校，及龙口伪市中，市立第一、第二、第三小学各校，建立据点，而以伪县中及龙口近郊廒上私立小学为机关，逐次扩展至四乡，消除奴化、赤化教育之毒素，以净化思想，工作绩效大增。三十二年九月，省督学兼特教督导队长车道安来县视察，当由魏懋杰秘导至蓬、黄、龙口各据点抽查成果，并召集各负责人垂询及嘉勉，对工作成就，至感满意。”②

1943年夏，国民党山东省政府离开省境，迁往皖北后，留守黄县的国民党人士气受到重大打击，“潜伏伪机关工作之同志，目击时局逆转，不无瞻顾徘徊，难尽掩护之责。日方情报，惟赖魏毓栋、王纯肇假行医之便，出入伪军驻地刺探之，其艰辛程度，实千百倍于往昔也”③。

1943年冬，流亡安徽的山东省政府主席牟中珩密令张拙夫发动“献机报国”运动，“飞机命名为黄县号——以壮军威而荣桑梓”。“惟献机需款至巨，非仅恃劝募所能达成者。张拙夫筹之再四，计无所出，乃偕张履新秘访

---

① 张拙夫：《牟中珩在梨行》，台北《山东文献》第21卷第2期，第127页。

② 魏懋杰：《黄县抗战戡乱史(一)》，台北《山东文献》第1卷第1期，第103—104页。

③ 魏懋杰：《黄县抗战戡乱史(一)》，台北《山东文献》第1卷第1期，第105页。

伪县公署顾问王芷青，希其影响伪县知事何林，共襄义举，并预为日后赎罪之阶梯。王以为难。因向民间开征，例须日寇联队长佐藤大尉批准乃可；若此巨额摊派，将假何名义要之于日酋？佐藤固有厌战迹象，然终系敌人，亦不能直道其隐也。事经两月，仍无进展。”无奈之下，张拙夫因忆王芷青言佐藤有厌战倾向，复侦知其通华文，略谙华语，遂冒险去见日军联队长佐藤。张在黄县的主要助手魏懋杰记录了这一颇为戏剧性的情景：

> “张氏见敌酋，即自承为通缉国事犯张拙夫。佐藤大骇，谓，子欲自首减死欤？曰：‘否！乃慕君高义而来。今贵国败征已现，破灭无日，君宜早为之计！’佐藤怒斥曰：‘子欲速死耶？’拙夫笑曰：‘余畏死则何敢诣君？余死，君罪更深矣！君智者，必不为此也！……今本县党政军民拟献机于中央，为天下倡，藉增军实以缩短战争。然需款甚巨，非君协助莫办！君高义，希能为我图之！’佐藤沉思再三，始首肯而与之盟……翌日即赴县城命何林召各区乡长集会，下令开征。凡询用途及请减额者，均遭呵斥。事已谐矣，乃为共谍所破坏。款未集，佐藤突奉召回国，竟为和平而殉焉！献机运动竟致功亏一篑，惜哉！”①

关于张拙夫进行的所谓“黄县号”飞机的“献机运动”，大陆方面也有相关忆述。《龙口文史资料》中，张浡然（抗战时期被张拙夫秘密发展加入三青团和国民党，任县党部总务干事，在张拙夫控制下的三甲学校教学以掩护身份）称：“一九四三年，由张拙夫和张益瑶出面，印了一份捐启式的传单，以庆祝蒋介石生日的名义，募集捐款，捐献什么‘黄县号飞机’。详细情况不怎么了解，估计这次他们会搜刮很多钱的。”②但他并没有提到张拙夫为筹措“捐机”经费而冒险当面“劝降”日酋一事。

（七）张拙夫集团在黄县的彻底失败

国民党黄县县党部书记长张拙夫等人在黄县长期从事反共活动，极大破坏了抗日民族统一战线，“一些不明真相的社会上层人物和民众对我抗日政府产生误解，严重地损害了我党我军威信”。中共黄县县委对张拙夫等人的行动进行了全面深入的侦察。根据县委指示，黄县中心区委先后通过同学关系分化瓦解了张拙夫集团中主要成员曲恩厚等人，从而全面掌控了张

① 魏懋杰：《黄县抗战戡乱史（一）》，台北《山东文献》第1卷第1期，第105页。

② 张浡然：《张拙夫与他的“县党部”》，政协山东省龙口市委员会文史资料委员会编：《龙口文史资料》第3辑，1993年版，第91页。

拙夫集团的机构、成员及其反共活动情况。1944 年 6 月 7 日，在县委统一指挥下，兵分多路，在九个区同时行动，分别包抄张拙夫的老巢及联络站，一举将张拙夫等 11 名要犯全部捉拿归案（后张拙夫在押解途中逃跑），彻底摧垮了国民党张拙夫集团在黄县的地下组织机构。① 此役将国民党黄县“党政军留县负责人几一股成擒……（张）拙夫竟于数百人前后簇拥下独跳涧逃逸……”随后，中共黄县县委和北海地委搜捕张拙夫，张乃转赴蓬莱。1944 年 10 月，张拙夫被流亡皖北的国民党山东省政府任命为黄县县长，同时仍兼县党部书记长，张乃于蓬莱六区重组国民党黄县政府，流亡办公。据当时在蓬莱与张拙夫相熟者回忆，张拙夫这个流亡的黄县县政府其实有名无实，虽也任命了民、财、教、建各科科长，“其实这些人都不在蓬莱，有的本人还不一定知道，只是些空头名衔。张拙夫还备有‘黄县县政府’的大印和他自己‘县长张拙夫’的行书图章”②。退到蓬莱的空头县长张拙夫仍然没有放弃与中国共产党死硬对抗到底。当时胶东八路军利用时任蓬莱县伪大队长的郝铭传迷信占卜的特点，派刘复生同志扮作巫女接近郝铭传，认郝为义父，“此后刘复生便经常到郝家走动，有时还寄居郝家”，刘利用占卜之术促使郝“投八路”，胶东军区又派郝斌（中共党员，郝铭传的堂弟，郝铭传“幼失怙恃”，由郝斌之母养大）、姚琪二位同志潜入蓬莱，劝说郝铭传加入八路军。郝铭传当时早已接受张拙夫的任命，暗中为国民党服务。对于加入八路军，郝铭传本人起初动摇不定，对杀害郝斌等，他也颇犹豫迟疑。但在张拙夫的极力破坏及压力下，郝铭传最终杀害了三位同志，与八路军决裂。张复帮助郝部建立“政工工作”，以防其被中共组织渗入。郝铭传“一心等待着张拙夫对他的承诺：接收他参加国民党；抗战胜利后，把他的伪军改编为‘国军’”。张拙夫“抢救”了其在蓬黄掖的“最后据点”③。

1945 年 8 月，日寇投降。张拙夫命郝铭传以一中队守蓬莱，余均配合国民党黄县自卫队驰赴黄县、龙口接收，并要求黄县伪军坚守待命，不得向八路军投降。在遭到八路军胶东军区部队打击后，张拙夫率部放弃蓬黄掖，从海路逃往天津。至此，中国共产党率领军民收复了黄县城和龙口。1949 年张拙夫赴台后，递补就任第一届“国民大会”代表，1960 年任“中国医药学

① 刘式达：《抗日战争中期黄县中心区的建立及其工作》，中共龙口市委党史委编：《龙口市党史资料》第 1 辑，1987 年版，第 125—126 页。

② 戚勃然：《我被张拙夫挟持的一段经历》，《龙口文史资料》第 3 辑，第 79—80 页。

③ 戚勃然：《我被张拙夫挟持的一段经历》，《龙口文史资料》第 3 辑，第 75—78 页；金灼之：《姚琪、郝斌烈士殉难经过》，《蓬莱文史资料》第 2 辑，1986 年版，第 69—74 页；魏懋杰：《黄县抗战戡乱史（一）》，台北《山东文献》第 1 卷第 1 期，第 106 页。

院”教授、“教育部医学教育委员会委员”等，晚年的张拙夫撰写出版了多部中医著作，成为了一名中医学者。①

全国抗战时期，国、共、日伪三方在黄县公开与地下都进行了反复较量，其过程复杂多变、明暗交织。直至抗战结束，中国共产党在黄县取得最终胜利。国共两党围绕黄县的一系列公开与地下的争夺，可以说是全国抗战时期山东敌后国共关系的一个缩影。以张拙夫为代表的黄县国民党人出于民族大义，始终与日寇周旋，没有投降和放弃抵抗；而同时，他们出于党派利益（如张拙夫本人，也可以说是出于对国民党的忠诚），又与中共黄县政权在明、暗两面都进行了反复对抗与摩擦。他们失败的命运，固然由于1943年国民党山东省政府离鲁赴皖而使其士气遭到严重打击，更由于其始终不能充分依靠群众、发动群众，由于其内部的动摇与纷争，以及其坚持与中共摩擦的错误立场。

第二节　鲁西地区的局面变化

一、国民党顽固派挑起摩擦

全国抗战初期，在范筑先的领导下，国共两党在鲁西北地区建立了较为稳固的抗日民族统一战线。鲁西北地区也一度成为全国范围内国共合作抗日的典范。但自1938年11月范筑先殉国，聊城失守后，鲁西地区国共合作面临严重的危机，各派势力纷争不已。接替范担任第六区专员的王金祥，省政府主席沈鸿烈任命的鲁西行署主任李树椿，原范部下、省保安第五师师长齐子修，后入鲁西的石友三部等多次挑起国共摩擦，鲁西共产党力量受到削弱。

为了重振这块抗日阵地，1938年12月10日，八路军一二九师三八六旅旅长陈赓亲率六八八团之一营开始向鲁西前进。12日进至朝城，“此地为山东地界”②，随后到达聊城、博平一带。1939年1月3日，陈赓在日记中记载他所看到的鲁西地区复杂国共关系：“沈鸿烈遍发密令：谓‘八路军以六区部队（即鲁西的国民党王金祥、齐子修等部——引者）尽为皇协汉奸，将加以解决，以孤立我，并阻止群众送我给养，到处阻止我们的行动，使我‘无所寄托’，其计真险矣！对于这样的顽固分子，应给以必要打击，求得在激烈斗争

① 刘国铭主编：《中国国民党百年人物全书》（上），团结出版社2005年版，第1220页。

② 《陈赓日记》，人民出版社2013年版，第175页。

中，使之进步，与我合作，坚持华北抗战。”①陈赓的到来对鲁西国共关系起到了一定缓和作用，他在日记中记载：“顽固分子王金祥，由于我们的至诚感动，对我们态度似有转变，表现在：一、接通冠（县）、朝（城）间电话；二、对墨林（即中共筑先纵队司令张维翰——引者）表示必须团结一致，并承认过去错误。”1月8日，王金祥率部进攻日寇驻守的聊城，陈赓写道：“今日在原地。聊城方向发现枪声，侦察结果知为王金祥部攻聊城，在距城二十里处，向城‘远攻’，不敢前进，结果敌以汽车十余辆向之出击，随即溃退。此辈不讲求战术，其战斗力之微弱，实属可怜”，但他亦认为，王部敢于攻击日寇之坚城，“不能不说是进步”，应“加以鼓励，当即派人与之联络，表示随时愿意参加共同战斗，并令津支派出得力侦察，各兵团即作战斗准备，但据报告王部已远离战地矣”②。1月10日，陈赓指挥所部一度攻克高唐县城，大大震慑了鲁西敌伪。1月15日陈赓率部离开鲁西，前往冀南应对日寇“扫荡”。③ 同日，中共鲁西区委员会成立，统一领导鲁西北、鲁西、泰西三个特委，张霖之任书记。张炳元任鲁西特委书记，后任鲁西区第一地委书记④。

然而，1939年7月13日，时任中共鲁西区第一地委书记的张炳元在朝北化庄（今莘县王奉镇）被第六区专员王金祥部杀害，使鲁西地区党组织发展遭受重大影响。张炳元在鲁西北国共合作时期，曾任中共莘县县委书记，与范筑先等国民党爱国将领进行过合作。7月初，中共领导的冠县“动委会”主任高元贵消灭了18个作恶多端的国民党顽固分子，敌人伺机报复，13日夜，在朝北化庄，“一伙身穿灰色八路军服装的人骗过哨兵混进村内，在夜幕掩蔽下，摸进了地委机关人员睡觉的小院”，开枪打死了张炳元。暗杀者正是王金祥指使的所部特务营长马泽远。⑤ “李（树椿）、王（金祥）复配合敌伪瓦解抗日部队，致鲁西北各县重陷敌手，500万人民陷于水深火热中。”⑥

在鲁西南，国民党顽固派也不断制造摩擦。11月21日，国民党制造了

① 《陈赓日记》，人民出版社2013年版，第180页。

② 《陈赓日记》，人民出版社2013年版，第182页。

③ 《陈赓日记》，人民出版社2013年版，第184页。

④ 杨巨源：《张炳元朝北遇害》，中共聊城市委党史研究室、聊城市政协文史资料委员会编著：《聊城重要历史事件》，中共党史出版社2003年版，第544—545页。

⑤ 杨巨源：《张炳元朝北遇害》，《聊城重要历史事件》，第545页。

⑥ 徐运北：《国民党是怎样破坏鲁西北根据地的》（1943年10月3日），聊城市革命老区建设促进会、中共聊城市委党史研究室编：《徐运北文集》，中共党史出版社2014年版，第12页。

“千里井惨案”，杀害我铜北办事处副主任阎树堂等数百人，震惊湖西。[①] 12月8日，山东第十一区专员兼游击第七路军司令朱世勤指使其下属刘则岭袭击朱庄村，杀害中共单县自卫团总团长朱鸿济及其次子朱德民，制造了“辛羊区惨案”。[②]

1940年1月，国民党冀察战区副总司令、三十九集团军（第十军团）总司令石友三部在鲁西冀南制造了一系列与共产党的摩擦事件，围攻八路军东进纵队第三团和清河、清江两县大队，将八路军部队缴械，抢占根据地。全国抗战初期，石友三部在鲁南沂蒙地区时曾与中国共产党密切合作抗日，但被调往鲁西冀南后则完全改变了同共产党的合作态度。石部“来冀南区在近一年的时间里，就制造了数十次流血事件，杀害我党政干部数百人，反动气焰甚嚣尘上”[③]。

二、八路军部队反击顽军石友三部的作战

1940年1月30日，中共中央书记处致朱德、彭德怀等并山西、河北、山东党政军领导人刘伯承、邓小平、朱瑞、徐向前、陈光、罗荣桓：“对河北与山西境内的任何军队，不论是中央军、晋绥军及石友三部，如果它进攻八路地区，我应在自卫原则下，在有理有利条件下，坚决反抗并彻底消灭之。应号召我八路全体军队，号召两省全体人民，坚决打击一切从抗日阵线后面的进攻者……此方针同样适用于山东，望山东亦坚决这样做”[④]，在电文中重点指出了石友三的名字。在鲁西地区国民党顽固势力不断挑起摩擦的情况下，1940年1月起，八路军鲁西主力部队进行了一系列反击国民党顽固派的作战。

八路军反顽作战首先打击了鲁西地区的国民党地方顽军。该年1月，一二九师先遣纵队、筑先纵队在卫河东岸馆陶一带，一一五师独立旅在观城、朝城一带，东进抗日纵队在聊城、阳谷、东阿一带，同时对鲁西行署李树椿部、第六区专员王金祥部发起作战，攻占朝城县城，“王金祥率部队向西南逃窜，企图向驻扎在濮县、濮阳一带的高树勋部靠拢。我军跟踪追击，至濮县一带，将其所率第六旅全部击溃。其他各部有的被俘，有的溃散”，王金祥

① 江苏省丰县史志办公室：《中共丰县地方史　第1卷　1919—1949》，中共党史出版社2007年版，第106页。

② 《中共湖西地区党史文稿》编写组编：《中共湖西地区党史文稿》，山东大学出版社1990年版，第111页。

③ 中共威县县委党史资料征集办公室编：《峥嵘岁月》第1辑，1985年版，第170页。

④ 中国人民解放军军事科学院毛泽东军事思想研究所年谱组编：《毛泽东军事年谱（1927—1958）》，广西人民出版社1994年版，第296页。

仅率少数残兵向东逃窜。[①] 八路军同时平息了李树椿等操纵的阳谷“忠孝团”和聊城、东阿一带的会门暴乱，使鲁西根据地连成一片。[②]

随后，八路军将反顽作战的打击重点放在鲁西地区实力最强的国民党顽军——石友三第三十九集团军方面。1940 年 2 月，一二九师师部制定并向中央汇报了打击国民党高树勋、石友三部的方针，指出，“对高石两部由削弱到消灭，在有理有利的原则下，不放弃机会消灭其分散部队，特别是出扰危害抗日部分，并不放弃在该部脱离其据点随时消灭，消灭石高时应采取消灭一部算一部的方针”。同时，“对冀南、鲁西北之邵鸿基、王乃贤、齐自修[③]、袁聘之、王金祥、李树椿等部，应找到机会消灭之”[④]。

1940 年 2 月，八路军总部命令冀南、冀中、冀鲁豫主力部队约 25 个团，在宋任穷、程子华统一指挥下，对石友三部进行反击作战。据参加战斗的先纵一团(卫河支队)政委、老红军干部李大清回忆：战役原定 2 月 11 日发起，可 2 月 9 日春节刚过，发现石部秘密南窜，我遂发起战斗，“石友三主力遭我痛击，伤亡惨重，我歼敌二千余人”，石部主力从威县向西逃窜，日伪军亦出动配合，我在追击中又歼灭石军一部。[⑤] 3 月初，八路军突袭占领石军总部所在地六塔集，随后攻克濮县城，歼灭高树勋新六师一部。石部退过黄河南岸，凭借东明、菏泽黄河大堤修筑工事顽抗。八路军各部乘胜追击，连战连捷。4 月初石策动丁树本部进占东明，渡河北犯，再遭八路军沉重打击。5 月 15 至 17 日，杨得志指挥八路军冀鲁豫军区七个团向东明集及外围顽军发起作战，歼敌 800 余，残敌南逃。至此，第一次反击顽军石友三部的作战基本结束。这次作战历时三个月，八路军控制了北起朝城、南至东明，西起卫河，东至运河的包括十个县城在内的广大地区，使冀鲁豫区与鲁西区连成一片，歼灭顽军 1.5 万人。[⑥]

八路军在军事上坚决打击石友三部的同时，也在政治上充分揭露、揭发石部破坏抗战的行径和石友三本人反复无常的恶劣政治操守。1940 年 6 月延安《解放》期刊指出：“石友三，会给你这样的印象：仿佛他是一个完全被

---

① 《消灭朝城顽匪王金祥之战》，《莘县文史资料》第 3 辑，1990 年版，第 90 页。

② 常连霆主编，中共山东省委党史研究室编：《中共山东编年史》第 3 卷，山东人民出版社 2015 年版，第 271 页。

③ “齐自修”：即“齐子修”。

④ 《对国民党军高树勋、石友三等部的打击方针》(1940 年 2 月 29 日)，军事科学院《刘伯承军事文选》编辑组编：《刘伯承军事文选 1》，军事科学出版社 2012 年版，第 280 页。

⑤ 李大清：《风雨路・战友情——李大清回忆录》，中国三峡出版社 2002 年版，第 68 页。

⑥ 冀鲁豫边区革命史工作组编：《冀鲁豫边区革命史》，山东人民出版社 1991 年版，第 213—217 页。

金钱迷了心眼的市侩;他可以和你像十年老交情一样的谈着、笑着,突然他的笑容收敛了,摆出一副不可言状的丑相;他可以当你的面说得那样动人,而且是那样表示亲热地送你上路,但只要一回头,他就会咬牙切齿的诅咒你;他善于奉迎,也善于用阴谋设计去陷害一个坦白的朋友。总之,谁如果曾经和这位石友三接触过,谁就自然而然会体验到这位摩擦专家石友三是:阴险、反复、卑鄙恶浊的家伙。""'我们的敌人不是日本。我们的敌人是八路军、是共产党!……'石友三这样公开地对其部下说。"①中国共产党对石友三的这段评价可以说非常准确、形象地描绘了石友三两面三刀、反复无常的性格与举动。1938 年石友三部驻扎鲁南期间,其表现出的与山东共产党、八路军合作的态度与举动可谓相当积极,石本人甚至一再要求加入中国共产党。但自石部从鲁南调往冀南鲁西后,几乎完全推翻了过去与中国共产党的合作关系,转而成为华北对八路军的"摩擦专家",其反复无常性表露无遗。

此后石友三部勾结日寇,自 1940 年 6 月 28 日起,由日伪军开路,石友三集中三万余人,重新占领了濮县、清丰、观城、范县中共根据地。冀鲁豫军区、鲁西军区、冀中军区、冀南军区参战部队根据八路军总部命令,由宋任穷任总指挥,萧华任政委,发起了第二次讨伐石友三的作战,于 7 月 11 至 17 日在范县毙伤石部 2700 余人,俘敌县长 5 名。② "8 月 4 日至 12 日,宋任穷、萧华指挥部队先后在朝城、堂邑等地给顽军齐子修、王金祥等部以沉重打击,粉碎了鲁西顽军向南延伸策应石友三部的企图。"③8 月中旬,八路军"讨顽总指挥部"召开会议。会议认为:经过第一阶段作战,基本上打破了石部的第一步计划,但石仍未放弃继续向东北延伸,与齐子修等部联成一线的企图。今后不宜进行大规模攻坚战,"但石逆勾结日军的罪行若揭,加之其 3 万余众密集在已狭小区域内,吃穿和兵员补充完全取之于当地人民,群众对顽军仇恨日益加深",石部官兵对其与日寇勾结行为也有不齿。为此,今后对顽军的斗争,政治斗争应更占重要地位,发动群众深入揭露石逆背叛祖国、破坏抗战的罪行,宣传我党我军的抗日主张,统战政策和俘虏政策,来争取群众和从内部瓦解顽军。会议决定采取政治斗争为主,军事斗争为辅,双管齐下,长期斗争的方针。④

---

① 《石友三在冀南》,《解放》1940 年第 109 期,第 29 页。

② 常连霆主编,中共山东省委党史研究室编:《中共山东编年史》第 3 卷,第 254 页。

③ 常连霆主编,中共山东省委党史研究室编:《中共山东编年史》第 3 卷,第 254 页。

④ 卢迟迅主编:《中国共产党范县历史 第 1 卷 1927—1949》,中共党史出版社 2009 年版,第 123 页。

针对与石部斗争的紧迫形势，1940 年 8 月，延安中共中央机关报《新中华报》连续在头版以朱德、彭德怀名义发电痛批石友三部。8 月 2 日《新中华报》刊登《朱彭总副司令电蒋委座　石友三号称新中央军攻我八路军　如再任其发展抗战前途殊难设想》，控诉“石友三统帅所部配合鲁西杂军匪伪共两万余人，号称新中央军，于上月底在敌机四架掩护之下，向濮阳清丰一带猛进，沿途捕杀抗日工作人员，并向驻该地区之职军[①]攻击，同时盘踞大名聊城两濮一带之敌军，亦纷纷策应石军……查石友三叛变成性，反复无常，年来在冀南鲁西公开通敌破坏抗战，职等洞烛其奸，曾屡电呈报其罪行，请求予以制止，惟因其狡猾多端，欺蒙上峰，以至忠奸莫测，今石军号称新中央军，公开与汪逆结合，在敌军配合下向职军大举进攻，此种丧心病狂媚敌求荣之徒，若不能以有效办法制止，何以整法纪而正视听，如再任其继续发展，则正气掩没而抗战前途具甚危险”[②]。8 月 9 日，《新中华报》头版刊登《朱彭总副司令电请讨伐通敌叛国者石友三》，以十八集团军朱德、彭德怀名义再次向蒋介石等控诉石友三“猖狂反共，在日寇公开掩护下进攻抗日军民”：“查石友三所部，并纠合杂军二万余人，公开在敌军掩护与帮助之下，向冀鲁豫边区猛攻驻在该区之职军，职等曾电呈制止在案。兹据报，职部驻濮范间遭石军猛烈攻击，职军之杨得志部不得已而还击，当缴获石军此次进攻职军之军事会议决议案，及石本人通知所属各部队与日寇联络办法密函各一件”，并公布了“石军军事会议之决议案”及“石友三□月廿日致各部队密函一件，内容系指示与日寇联络办法”。朱、彭电请：“石部现所据之濮县、范县、观城等县城为敌军让与者尤为通敌明证，敢请钧座念时势之艰危，悟奸邪之蒙蔽，毅然撤免石友三本兼各职，明令讨伐，以证□德，而安人心为祷”。[③]

8 月下旬，八路军参战部队主力逼近石军，并采取小部队袭扰的方式，打乱其粮道后勤部署，消灭其抢粮部队 700 人。9 月 3 日又消灭为其运送弹药之顽军一团，断其补给。濮范观地区各县士绅也纷纷表示对八路军的支持和对石部的愤慨，经过长达两个多月的细致工作，对石部的分化瓦解和争取群众工作取得了良好成效。[④] 很多受石部蒙蔽，跟随其袭击共产党的封建

① 即八路军。

② 《朱彭总副司令电蒋委座　石友三号称新中央军攻我八路军　如再任其发展抗战前途殊难设想》，《新中华报》（延安）1940 年 8 月 2 日，第 1 版。

③ 《朱彭总副司令电请讨伐通敌叛国者石友三》，《新中华报》（延安）1940 年 8 月 9 日，第 1 版。

④ 常连霆主编，中共山东省委党史研究室编：《中共山东编年史》第 3 卷，第 254 页。

会道门武装逐渐醒悟过来。濮范观一带群众因遭受石部压迫蹂躏，看清了石部勾结日伪面目，更加拥护八路军，反对石部。八路军通过各种途径宣传石逆勾结日寇，袭击爱国抗日官兵的行径，引起石部内部分化，甚至石部下层官兵对石的勾结日伪积极反共也日益不满，说"咱们是小汉奸，石友三是大汉奸"，脱离石部的官兵甚多，仅清河县籍士兵逃回家者即400人，"石部教导师6月初每连120余人，到10月每连只剩三四十人，最后不得不将2个连合为1连"[①]。石部内外交困，给养断绝，军心涣散，最终促使其内部高层发生分化。

石友三在与中共作战失败后，"退至鲁边观城、濮阳、阳谷一带，图与日本相结，夺取武器，再与共军战"[②]。在石友三与八路军摩擦屡遭失败之时，日伪大力拉拢石友三，并有意制造石要"投日"的舆论。自1939年起，日伪控制的《晨报》《南京新报》《京报》等便连篇累牍报道石部与共产党摩擦的消息，并多次报道石友三"即将"降日、石"暗示"要降日甚至"已经"降日的各种"内幕"（实际上直至石友三被杀，石并未公开宣布降日）。现在看来，日伪报纸数年来关于石友三意图降日的消息未必尽皆属实，但确实对分化离间石军内部，及石与中国共产党、与重庆国民党中央的关系起到了效果。[③]

1940年12月1日，石友三部下高树勋不满于石与日寇的"勾结""瓜葛"行径，加之石部遭受八路军毁灭性打击致使其内部长期郁积的矛盾激化，突然发动事变，将石友三诱捕后在濮阳县柳下屯处死，结束了这个地方军阀反复无常的一生。至此，八路军集中讨伐石友三部的战斗取得重大胜利。石友三被杀后，重庆国民党中央对石友三所定罪名是"秉性轻佻，反复无常""立故习不改，野性难酬，近来对于中央作战命令，阳奉阴违，有所调遣，亦多不遵行"，未将"勾结日寇"作为石的明确罪名。[④] 12月14日，中共中央致电周恩来、叶剑英、叶挺、项英等，一针见血地指出："石友三通敌叛国，被其部下高树勋逮捕枪毙，大快人心，证明八路军反对石友三是完全正确的，惟国民党不宣布其汉奸罪状，称谓其自由扩军，不服调遣，杀鸡给猴看，又一对我

---

① 冀鲁豫边区革命史工作组编：《冀鲁豫边区革命史》，山东人民出版社1991年版，第220页。

② 张玉法主编：《民国山东通志》第5册，台北山东文献社2002年版，第3034页。

③ 如《石友三彻底觉悟　率部投诚　蒋政权消灭为期不远》，《晨报》1939年9月27日第8版，《石友三暗示投降　抗日阵线呈分裂状　由彼反共声明可见其意》，《戏剧报》1940年1月24日第1版，《枣强石友三军　发出反共声明　抗日战线崩溃期不远》，《南京新报》1940年1月24日第2版等。日伪报纸对石友三部与八路军摩擦冲突的报道，更不胜枚举。

④ 《石友三枪决　其弟友信亦伏法》，《中央日报》（昆明）1940年12月8日，第2版。另：重庆的国民政府官方对石死因的对外报道是"枪决"，但相关当事人、亲历者的忆述基本都称石是被活埋而死。

之恐吓伎俩，望向各方面揭穿之。”[①]

然而此后，继石任三十九集团军总司令的高树勋部继续北犯，向八路军制造摩擦。12月中旬，八路军南进支队发起古云集强攻战，经四昼夜强攻，攻克高部坚固据点古云集，歼灭顽军近三千人，拔掉了突入我根据地最深的一颗钉子，重创孟昭进暂一师主力。该月下旬，运河支队围攻雷庄、郑庄，段海洲率部南逃。同时，三十九集团军内部再次接连发生分化。原石部教导师副师长文大可率兵到朝城投降日寇。高树勋与鲁西行署主任孙良诚（孙良诚是石友三在西北军的老上级，高树勋托孙良诚传话给石友三，让其来高部赴约，结果借机杀掉石友三，令孙良诚大惊，认为其“对不起朋友”）二人决裂，孙不满于高树勋杀掉石友三，加之彼此过往矛盾，以致部队发生分裂，孙良诚与毕泽宇（高树勋支持）争夺六十九军军长失败，率部移驻定陶。原石部参谋长王清翰率三十九集团军两个团来投孙良诚。[②] 高树勋收拢石友三残部，已实力大减，暂时无力向八路军根据地继续北犯。至此，自该年1月起，八路军冀南、冀中、冀鲁豫军区反击国民党顽军，讨伐石友三部的战略行动，在政治、军事“双管齐下”之下，通过坚持“有理有利有节”原则，取得了基本胜利，中国共产党得以在冀鲁豫、冀南区建立了较为稳固的根据地，坚持抗日斗争。

三、1941至1944年冀鲁豫八路军与孙良诚、高树勋部的斗争与合作

1941年，日伪对冀鲁豫边区进行严酷封锁与“扫荡”，根据地进入困难时期，而国民党孙良诚、高树勋等部亦趁机不断向冀鲁豫八路军进攻。该年4月19日，高树勋部向国民党中央报称，其部“右纵队米、张两师主力推进古云集、孙堤口董家楼一带；左纵队张、马两师主力推进瓦屋头、六塔集一带。职（即高树勋）率预备队到卫城集一带”，八路军冀鲁豫部队约一万七千余进至“濮东及范县南部，有向我濮城威胁模样”，随后高部与八路军在濮、观交界之古云集及清、濮交界之麦村一带发生激战。[③] 5月下旬，高部主动“进剿”冀鲁豫八路军，在八路军根据地内建立据点。[④] 而国民党鲁西行署主任兼三十九集团军副总司令孙良诚所部则趁机由濮阳窜至定陶以东、成武

---

① 中国人民解放军军事科学院毛泽东军事思想研究所年谱组编：《毛泽东军事年谱（1927—1958）》，广西人民出版社1994年版，第337页。

② 王成斌等主编：《民国高级将领列传　5》，解放军出版社1999年版，第164页。

③ 《高树勋报告袭击鲁西地区八路军密电》（1941年4—5月），中国第二历史档案馆编：《中华民国史档案资料汇编》第五辑第二编政治（二），江苏古籍出版社1998年版，第592—593页。

④ 《高树勋报告袭击鲁西地区八路军密电》（1941年4—5月），《中华民国史档案资料汇编》第五辑第二编政治（二），江苏古籍出版社1998年版，第594页。

以西，在日伪对八路军进攻的同时，亦不断向八路军根据地进犯，巨野以南局势危急。该年9月底，八路军第二纵队司令杨得志统一指挥冀鲁豫军区部队对孙良诚部进行反击，一方面通过政治攻势，揭露孙部消极抗日，反而袭击八路军的事实，使其在舆论上处于不利地位，一方面对拒绝退出我区的孙属下段海洲部发起连续打击，俘其政治部主任，迫使孙部摩擦失败南退，我巨野南根据地完全恢复。①

当冀鲁豫八路军主力在巨野南部反击顽军孙良诚部时，高树勋部进犯冀鲁豫抗日根据地范、观中心区。该年11月7日起，高部进占我濮阳东北，企图以此为据点，继续北进，占领观城，而清丰县顽军也向北推进，占据东北庄与大张家间的瓦屋头。八路军第二纵队集中南进支队全部及教导第三旅七团，对东北庄顽军发起反击，高树勋调集四个团主力前来救援。由于高部战斗力较强，八路军二纵队未能实现歼灭进占东北庄顽军的战略意图，执行阻敌援军任务的教导三旅七团三营一度被高部包围，八路军被迫撤出战斗。此役中八路军毙伤顽军600余人，俘虏220余人，自身也牺牲数百人。②

1942年春，日伪推行第四次"治安强化运动"，对鲁西地区的国民党正规军孙良诚、高树勋部发起强大攻势，意图逼迫其投降。孙良诚时任鲁西行署主任③兼国民革命军第三十九集团军副总司令，数年来曾多次挑起与冀鲁豫八路军的摩擦，屡遭八路军打击，自食其果，损失惨重。此时又迭遭日伪"扫荡"，深感走投无路。汪伪政权对争取孙良诚极为重视，"派以要员"与之"初通款曲"，许以粮弹接济，允扩编为方面军。孙良诚对当伪军、做汉奸，起初并未同意，反而"拍案大怒"，称"现政府决心抗战到底，我军一时受挫，即生异志，大丈夫马革裹尸，岂可卖国求荣"④。孙的部下、参谋长傅二虞为阻孙投敌，向驻皖北的中央军汤恩伯部报告了鲁西情形，汤允对孙部点验，办理饷械，孙即率部由定陶到曹县，准备迎接汤恩伯点验。但孙的部下王清翰、赵云祥等已铁心投敌，为免孙部被中央军汤恩伯部接收，决定铤而走险，勾结日伪，逼孙就范。孙到鲁南曹县次日凌晨，即遭到大批日军包围，孙亲自指挥督战，战斗激烈，伤亡惨重，战至黄昏，日军始退去。此时赵云祥已接受汪伪第四军军长职务，孙任命第四旅旅长王清翰接替赵任新编第三十师

---

① 冀鲁豫边区革命史工作组编：《冀鲁豫边区革命史》，山东人民出版社1991年版，第271页。

② 冀鲁豫边区革命史工作组编：《冀鲁豫边区革命史》，第272页。

③ 鲁西行署主任原由省民政厅长李树椿兼任，1940年8月，李树椿辞职，国民党中央改任孙良诚为山东省政府委员兼鲁西行署主任。

④ 姜振铎：《鲁西南抗日剿匪经过》，台北《山东文献》第6卷第1期，第150—151页。

师长，令其率该师开往定陶，但遭到王拒绝。汤恩伯派出的点验组组长、国民党爱国将领韩多峰亦系西北军旧人，到定陶力劝孙良诚，告诫其勿做“一失足成千古恨”事，孙仍未明确表明态度。①

此后，日伪方面派伪开封绥靖主任刘郁芬在归德与孙会面。孙良诚、高树勋和已被杀的石友三都出身西北军，是冯玉祥的部下，刘郁芬在西北军时期是孙的老上司，力劝其投日。孙害怕一旦伪化，部队将分化解体，仍犹豫不决。不久，汤恩伯来电，免去了孙的鲁西行署主任职务。中央军系汤恩伯的挤压，加速了孙的投日，孙对傅二虞说：“赵云祥、王清瀚既然想走，我也拉不住，只有各行其是。我想有一行署主任职权，仍可征款招兵，徐图恢复。汤恩伯拟免我行署主任职，他是要置我于死地而后快。”②数日后，孙即偕赵云祥、王清瀚去了南京。1942 年 6 月，孙正式就任伪职，任汪伪政权第二方面军总司令，所部三万人被编为两个军，第四军军长赵云祥，第五军军长王清翰，成为鲁西乃至整个冀鲁豫区最大的一支伪军力量。

在太平洋战争爆发初期，日军在南洋节节胜利，国内投降空气日渐增长之际，孙良诚部的投敌对鲁西及整个华北的敌我顽力量对比产生了重要影响，此后，孙部赵云祥第四军、王清翰第五军配合日军对八路军冀鲁豫根据地进行“扫荡”。1943 年初，鲁苏战区另一支人数众多、战力较强的武装——吴化文部伪化投敌后，该年 1 月 29 日，孙良诚、吴化文等鲁、苏、豫省数位投敌的国民党高级将领齐聚济南，举行“鲁苏豫军事长官会议”，共同商讨“与日军紧密协力，以剿灭渝、共军及英美仇敌”的“新作战思想。”③应该说自抗战中期以后，日军在山东利用的伪军主力绝大多数是山东敌后的国民党军伪化而成，尤其很多成建制伪化的国民党军成为抗战中后期山东八路军的主要对手，对山东乃至全国敌后抗战局势、军民士气造成了极坏影响。

孙良诚部投敌后，于 1943 年 2 月被日军调去接防冀鲁豫边中心城市濮阳，所部驻防冀鲁豫三省交界一带长达一年零八个月，修筑了大量据点，“不断向我根据地拉丁抢粮，□□□□，计一九四三年一年中，孙逆占领区人民，平均每亩被榨取□□七十余斤，伪钞二百元，民众叫苦连天”④，给冀鲁豫边

---

① 王成斌等主编：《民国高级将领列传　5》，解放军出版社 1999 年版，第 164—165 页。

② 王成斌等主编：《民国高级将领列传　5》，解放军出版社 1999 年版，第 166 页。

③ 《鲁苏豫军事长官在济举行会议　孙良诚吴化文等均出席》，《京报》1943 年 1 月 30 日，第 1 版。

④ 原件中若干字无法辨识，以“□”替代。《孙逆盘踞濮阳后　残酷压榨摧残人民　激起广大群众反抗》，《冀鲁豫日报》1944 年 11 月 12 日，第 338 期，第 1 版。

区人民带来深重灾难。八路军冀鲁豫部队对孙部各据点进行了长期围困与昼夜不停的攻击。1943 年 11 月，八路军冀鲁豫军区集中主力，在司令员杨得志指挥下，经“八公桥一战，摧毁其司令部，活捉伪总参谋长以下官兵一千五百余人，从那时以后，孙逆气焰虽有降低，不敢再轻易向我根据地内深入，但他对其占领区的压榨，却更变本加厉”①。1944 年 1 月，孙良诚在济南接受伪《新民报》采访时，大肆宣扬其年来“剿共”战绩，并恶意挑拨“共产党军”与重庆国民党政府的关系，妄称山东“共产党军”“对和平军（指汪伪政权军队——引者）作战则为取拉打政策，对日本军作战则为小的摩擦，以对民众表示抗战，如大的作战，而恐日军对之作大规模之扫荡，而彼等便无生路矣。而彼等真正之敌人，则为重庆，过去李仙洲及于学忠皆被驱走”②。1944 年豫湘桂会战爆发后，日军调孙部“伪卅八师前往参战，孙逆为保存自己势力，即抓壮丁弥补，六七月间乘民众集体打麦时，掳去青年达三四千人送到开封”③。1944 年 11 月中共中央冀鲁豫分局机关报《冀鲁豫日报》头版刊载了“八路军赶跑汉奸孙良诚　濮阳全县尽告解放　三十万通报重见天日”的重大报道：“自从去年秋后，我军区八路军在八公桥（位于濮阳东南，伪二方面军孙良诚的司令部所在地）一战，攻破孙逆心脏，加以一年来我军与地方武装及民兵之紧密配合，进行昼夜不停地围困战斗，使孙逆各部被我分别围困于据点内，不敢轻易外出，以致运输断绝，供给粮食不继，伪士兵极为动摇，逃跑成风。孙逆在此情况下，被迫于 10 月 31 日晚分别从濮阳城、柳下屯、文留、徐镇集、□□、八公桥……白露、房柳庄、邢屯、王庄、康庄等大小三十余据点撤退，现濮阳全境已无敌踪”。至此，八路军冀鲁豫部队收复濮阳城及周围一万方华里土地。④

孙良诚投敌伪化，使鲁西地区另一支国民党正规军高树勋部陷于孤立，成为日伪军重点“扫荡”的目标，而这也成为了中国共产党与高树勋部改善关系、重建统战合作的契机。高树勋部此前虽跟随石友三与八路军进行过摩擦，石死后，高继任三十九集团军总司令，亦曾进攻过冀鲁豫根据地，但高的抗日态度始终是坚定的。1941 年 9 月，山东分局书记朱瑞同志在总结山

① 《孙逆盘踞濮阳后　残酷压榨摧残人民　激起广大群众反抗》，《冀鲁豫日报》1944 年 11 月 12 日，第 338 期，第 1 版。

② 《以良心与热诚埋头苦干　清剿“匪共”安定地方　孙良诚抵济发表谈话并答记者问》，《新民报》（山东版）1944 年 1 月 15 日，第 2 版。

③ 《孙逆盘踞濮阳后　残酷压榨摧残人民　激起广大群众反抗》，《冀鲁豫日报》1944 年 11 月 12 日，第 338 期，第 1 版。

④ 《八路军赶跑汉奸孙良诚　濮阳全县尽告解放　三十万通报重见天日　积极破除敌据点　军区行署派员进行善后》，《冀鲁豫日报》1944 年 11 月 12 日，第 338 期，第 1 版。

东统一战线工作时指出，“鲁西的石友三、高树勋、孙良诚中间是有区别的(高树勋一般应看成一个中间力量)，但我们在反石斗争中，曾首先打倒了高树勋，因而更加促进了石、高、孙之间的一致，失掉了对高争取的可能的条件”[①]。而在石友三被杀、孙良诚投敌的情况下，避免高树勋部步石友三、孙良诚后尘“伪化”，已成为冀鲁豫八路军的首要目标。高部内外交困的状况，也使八路军争取高树勋部有了实现的可能性。八路军冀鲁豫部队抓住这一时机，在高部遭到日伪打击时，为其提供了大量帮助，包括允许高部进入冀鲁豫军区防区，派军协助高部作战，解救高部被围部队等，如1942年4月29日，日军第十二军发起“十二号作战”，对陈再道指挥之“冀南军区共产军”及高树勋部发起“捕捉歼灭”战[②]，延安《解放日报》报道，1942年4月“我八路军某纵队援助友军高树勋部作战，连日颇有斩获。廿九日我军一部，大举破袭观城至甄城之公路，一夜破毁五十里以上。沿路敌出而阻扰，遭我击毙八十余，并解救被围高军一部，保护其安全转移”[③]。冀鲁豫八路军对高部的帮助使得高树勋本人对中国共产党的态度发生很大转变，此后中国共产党在高树勋部开展统战工作。因此，1942至1944年间，双方关系得到积极发展。高树勋作为冯玉祥西北军旧部，与蒋介石本身矛盾很深，国民党中央系始终想兼并高部，高对此心知肚明。1944年9月，高树勋部奉命开往平汉路前，邓小平即指示在高部的地下党王定南同志做好争取高部的工作。[④] 最终，在党的统一战线工作努力下，抗战胜利后，高树勋消极执行国民党中央命令其进攻解放区的任务，并于1945年10月30日在平汉战役中率领新八军战场起义，为晋冀鲁豫军区取得平汉战役胜利奠定重要基础。

四、鲁西地区国民党的彻底失败

在争取高树勋部取得进展后，冀鲁豫区实力较强的国民党顽固反共势力已剩不多。此前始终坚持对八路军摩擦态度的第六区专员兼省保安第五师师长齐子修，于1943年5月被日寇俘虏后，叛国投敌当了汉奸，任汪伪中

---

① 朱瑞：《抗战的山东，统战的山东》(1941年9月)，《山东党的革命历史文献选编　1920—1949》第4卷，山东人民出版社2015年版，第355—356页。

② 「北支 昭和17年1～12月(1)」JACAR(アジア歴史資料センター)Ref. C13070316300、北支那方面軍電報綴 昭和17～18年(防衛省防衛研究所)。

③ 《冀鲁豫八路军　援助友军高部作战》，《解放日报》1942年5月7日，第1版。

④ 在争取高树勋起义及起义成功后，中国共产党发起以“高树勋运动”命名的群众性运动，为瓦解国民党顽固力量发挥了重要作用。参见《冀中七地委关于开展高树勋运动与开展群众性的对顽伪军瓦解运动的指示》(1945年7月28日)，河北省档案馆藏，案卷号：0008－001－0016－0005。

央直属第八师师长。[①] 齐子修本为一八一师南下溃兵的一个连长，曾率部在鲁西地区纵兵抢掠，此后被范筑先收服。在范生前，齐子修是其所部三支队队长，对范筑先尚较忌惮。范筑先殉国后，齐继续挂着范部三支队的旗号招兵买马，队伍发展到8000多人，属于山东省第六区专员王金祥管辖。1940年秋、冬，八路军冀鲁豫部队持续打击王金祥部，经过三个月作战，将接替范筑先担任第六区专员的王金祥部基本打垮，并引发了王金祥部内部的矛盾。国民党方面资料称，“王金祥率残余部队，与日、共之间周旋，持续展开游击战斗”，“二十九年秋、冬，(王金祥)与共军刘伯承部作连续三个月的战斗，官兵伤亡极重”，王金祥“所属王来贤、齐子修两个纵队司令，企图夺取专员地位而代之，省主席牟中珩为迁就现实，调王金祥为省府顾问，派齐子修为六区专员”[②]。齐子修被山东省府任命为第六区专员兼保安司令、独立十一旅旅长，长期活动在茌平、博平、冠县一带。1941年冬又升任山东省保安第五师师长。“所属组织、机构庞大，活动范围广，兵力、实力雄厚，管着六个整编旅，司令部设八大处、七个团(四个特务团、一个炮兵团、一个骑兵团、一个教育团)，二个院(即反省院、野战医院)”[③]，成为鲁西北地区国民党地方顽固势力中实力较强的一支力量。

齐子修打着“抗日”的旗号，与八路军抢夺民众和地盘，奉行所谓“‘抗日锄奸，不能同时并重，亦不能同时并举’，齐子修就专打坚决抗日的八路军”，1939年10月中旬曾以“根绝匪共地下势力”为名攻打博平沙区的阚庄，抢掠了当地三十多个村的抗日军民。[④] 延安《解放日报》批评道，“齐子修的兵有两套服装：一套瓦灰色的(国民党的)，一套草绿色的(皇协军的)。有两种番号：是国民党山东省政府保安十一旅，又是日寇和平治安军二十二师”，所谓“一子二爷，两系传家”[⑤]。他虽未公开投日，但对敌畏之如虎，专门劫掠八路军抗日军民。齐的内部也矛盾重重，两派争斗，“以齐子修为首的亲日派要走‘曲线救国’的道路，消极抗日，积极反共”，以副司令单杭洪为首的另一派则不愿投敌。[⑥] 在冀鲁豫八路军历次反顽作战中，齐子修部都是

① 宁凌、庆山编著：《国民党治军档案》(上)，中共党史出版社2003年版，第454页。

② 任金鹏：《山东省第六区行政专员王金祥将军孤守聊城英勇事迹》，台北《山东文献》第28卷第1期，第15页。

③ 《关于齐子修及三支队》，中国人民政治协商会议茌平县委员会文史科编：《茌平县文史资料》第1辑，1988年版，第90—91页。

④ 《一坛血　齐子修勾结日寇屠杀博平人民的汉奸罪行》，《解放日报》1945年3月14日，第4版。

⑤ 《一坛血　齐子修勾结日寇屠杀博平人民的汉奸罪行》，《解放日报》1945年3月14日，第4版。

⑥ 《关于齐子修及三支队》，中国人民政治协商会议茌平县委员会文史科编：《茌平县文史资料》第1辑，1988年版，第92页。

重点打击对象，另一方面，八路军并未彻底放弃团结齐子修部抗战，在齐部遭受日伪打击时曾对之多次施加援手，如 1941 年 8 月 20 日延安《解放日报》报道："此间齐子修部，被敌袭击，惨遭溃败，幸八路军驰往援助，始能化险为夷。"[①]

然而尽管齐子修消极抗日，日军却并没有放过齐部。1943 年 5 月，齐在日军的大"扫荡"中被俘，据参加此战的日军少将长岛勤在战后亲自供述，他"遵照 59 师团长的命令，参加了消灭出现于济南西北 40 公里一带的齐子修的游击队"，作战结果"以齐子修为首的 500 人被俘，其中大部分人被放回家，而齐子修同 200 名游击队员被禁于济南战俘收容所"[②]。齐子修被俘后，随即叛国投敌。[③] 齐的投敌，对鲁西的国民党力量是一个重大打击。[④] 据当时日伪政权的报纸记载，齐子修虽投敌，但其部下"则不表示同意"，皆不愿投敌当汉奸，"除一部逃亡外，另一部则据险反抗，日军各部队为将其击溃计，乃于五月三十日拂晓开始行动，急袭敌司令部所在地，嵩庄第六旅旅长王奎一根据地家家道[⑤]，第七旅旅长张光三根据地桑阿镇，第八旅旅长邹吉尚根据地安□，第九旅旅长齐阔泽根据地潘锡庄等地，分别予以包围展开歼灭作战云"[⑥]。

此后，鲁西地区其他国民党地方武力自保不暇，且实力有限，已无力再对八路军根据地制造大规模摩擦。

随着 1943 年夏鲁苏战区总部和山东省政府撤离山东，鲁西残余国民党地方顽固派普遍士气消沉，有的"伪化"当汉奸，有的陷于"偃旗息鼓"，不敢露头。只有驻防鲁西北的山东省保安第二十一旅少将旅长、苏鲁豫皖边区挺进军第二十三纵队司令萧健九部，驻防鲁西南菏泽、郓城、巨野附近的国民党山东省第二专员区专员、山东保安第七纵队总指挥孙秉贤[⑦]部，国民党菏泽县长张志刚部等少数力量仍坚持抗战，并与八路军屡有摩擦。1945 年 2 月 28 日，萧健九由山东清平县去临清校阅部队途中，被日寇围于大辛庄

---

① 《齐子修有投敌模样　部下不满另组抗日军》，《解放日报》1941 年 8 月 20 日，第 2 版。

② 《长岛勤罪行摘录》，山东省委党史研究室编：《山东省抗日战争时期人口伤亡和财产损失》，中共党史出版社 2017 年版，第 530 页。

③ 抗战胜利后，齐子修被王耀武在济南处决。

④ 齐子修伪化后，国民党山东省府再次任命王金祥为山东省第六区行政督察专员公署专员兼保安司令。抗战胜利后，王金祥困守鲁西北孤城聊城，被人民解放军冀鲁豫、冀南军区部队围困于城中长达一年之久，直至 1947 年元旦聊城解放，王金祥东逃济南。

⑤ 原文如此。

⑥ 《渝保安队司令齐子修奋然投诚》，《新天津报》1943 年 6 月 9 日，第 1 版。

⑦ 孙秉贤是山东省政府主席沈鸿烈的老部下，全国抗战爆发前曾任青岛市警察局第一分局局长（当时沈鸿烈担任青岛市长）。

迄李堂村一带，战至3月1日，萧所部一千余官兵几乎全军覆没，萧健九本人于此战中壮烈殉国，年仅三十二岁，实践了其“此时此地死，正报国之道，夫复何憾”的誓言。[①] 此役中，萧部有265名官兵被日寇俘虏，在惨遭“凌虐鞭笞后，解押至日本四国岛奴役作工”，直至抗战胜利后，在盟军帮助下，才“将受折磨摧残未死之同胞，带回国土”[②]。鲁西南的山东省第二区专员孙秉贤，在孙良诚等投敌、国民党山东省政府撤退出省后，既没有中央军队做后盾，又“四面受汉奸包围”，一面坚持抗日，一面仍顽固坚持与冀鲁豫八路军摩擦立场。孙部对冀鲁豫边区军民滋扰频繁。1944年10—11月，冀鲁豫分局机关报《冀鲁豫日报》多次以大篇幅报道揭露孙秉贤部进攻八路军冀鲁豫根据地，制造摩擦的行径。10月24日，《冀鲁豫日报》以半个版面篇幅刊登《国民党反动“军令”“政令”支持下　临泽孙秉贤部队联合伪军进攻抗日人民》，揭批孙秉贤“认汉奸做兄弟，把抗日军民当仇敌”，“乘敌情紧张，进犯我区”[③]。11月18日，《冀鲁豫日报》头版以《孙秉贤通敌叛国　残害人民之滔天罪恶》为标题，痛斥孙部“与敌伪订立互助条约，联合进攻抗日军民”“办党务训练班，聘伪组织人员上课”“活埋、枪杀，疯狂摧残抗日军民”“压榨索取残酷暴行与日寇无异”四大罪状，鼓舞边区群众武装自卫，除此“害民叛逆”[④]。经过充分舆论动员，八路军冀鲁豫军区于1944年11月冬季攻势中对孙秉贤部给予了沉重打击，迫使孙部收缩菏泽城附近，其与伪军勾结，基本丧失了与冀鲁豫八路军的对峙能力。孙的老部下、国民党菏泽县长张志刚，“见鲁西南已被八路军占领，就带5000人马离菏南逃，意欲返回安徽老家。但仅走了一天，至曹县东南回头岗，被八路军包围，只打了1个小时，便全部瓦解。因张团大多数是菏泽人，本不愿南去安徽，枪声一响，人就跑散了。张志刚仓惶逃跑时，被自己的卫兵击毙，并抢走了他搜刮菏泽人民的一

---

① 孙百禄:《碧血忠魂，典型常在——萧健九将军殉国三十周年追思》，台北《山东文献》第1卷第1期，第70页。萧健九殉国后，“接着就是谁来当二十三纵队的司令的问题”，二十三纵队余部的数位领导者不积极为萧报仇、抗日杀敌，反而陷入了争夺司令和国民党临清县长之位的权力斗争中，使得部队中有识之士“意志消沉、生活浪漫”，不复振作，坐等抗战胜利。1945年8月日本投降，二十三纵队接管了临清城，随后八路军从临清运河以西开来，包围了临清城，双方激战，二十三纵队大部被歼，少部突围撤往禹城。参见赵醒民:《鲁西北抗战戡乱之回忆》(下)，台北《山东文献》第3卷第3期，第158—160页。

② 孙百禄:《碧血忠魂，典型常在——萧健九将军殉国三十周年追思》，台北《山东文献》第1卷第1期，第70页。

③ 《国民党反动“军令”“政令”支持下　临泽孙秉贤部队联合伪军进攻抗日人民》，《冀鲁豫日报》1944年10月24日，第334期，第4版。

④ 《孙秉贤通敌叛国　残害人民之滔天罪恶》，《冀鲁豫日报》1944年11月18日，第340期，第1版、接第4版。

袋黄金”[1]。

1943年以来,中共冀鲁豫边区与国民党关系最重要的事件即是阻击中央军李仙洲部入鲁的战略任务[2]。最终,八路军冀鲁豫军区部队同津浦路东的山东军区部队协同作战,于1943年秋迫使国民党顽固派李仙洲部放弃入鲁,退回皖北,取得了“阻李入鲁”战略斗争的完全胜利,也扫清了此后冀鲁豫边区进一步发展壮大的主要障碍。

第三节　鲁北地区的国共关系

全国抗战前期,中国共产党在鲁北地区的根据地主要是清河区和冀鲁边区。清河区和冀鲁边区都归属山东分局领导。冀鲁边区在山东北部,而清河区偏向东北部。两根据地间是一片日伪和国民党军防区,因此两区之间始终没能建立直接联系。山东分局多次指示两区打通联系,统一指挥与作战。1941年10月,清河区部队北渡黄河,开辟垦利沾地区,冀鲁边区部队经过三次南下垦区战斗,终于在义和庄与清河区部队会师,打通了陆路联系。1944年1月,山东分局决定清河区与冀鲁边区合并为新的渤海区,由渤海区党委领导。1944年3月,渤海区党委、渤海行署和渤海军区正式组建成立。

国民党方面,全国抗战初期的山东省政府主席沈鸿烈及其省政府曾从鲁西迁至刘景良控制的惠民县。省府驻鲁北期间,沈鸿烈重用了第五区专员兼保安司令刘景良,直至1938年末沈率省府离开鲁北前往鲁南。[3] 1938年“武汉放弃后,敌人既以损失过大,不能再事大举进犯,所以为要固守占领区域计,遂不得不将其精疲力竭的大批残余调回,以加紧实行其所谓‘扫荡’的疯狂工作!并由点线的防守,扩而为‘面’的占据;山东以深处敌后,又加地当要冲,故于敌骑横扰下首遭蹂躏,因之不独军政建设多所摧残,即各方行政联系亦无不互为断绝,全省一时几全陷于混乱。”[4]

省府离开鲁北南下后,“鲁北交由何思源主持下的鲁北行署负责”[5]。何

---

① 李作恒:《抗战时期的国民党菏泽地方武装》,菏泽市政协文史资料委员会编:《菏泽文史资料》第2辑,1990年版,第122—123页。

② 有关冀鲁豫军区部队同山东军区部队阻击国民党中央军李仙洲部入鲁情况,已在本书第四章第二节具体论述。

③ 本书第一章第四节详述了全国抗战初期山东省府驻鲁北期间的国共关系。

④ 李继昶:《八年抗战之山东(二)》,台北《山东文献》第2卷第1期,第146页。

⑤ 张玉法主编:《民国山东通志》第5册,台北山东文献社2002年版,第3035页。

思源，山东菏泽人，民国时期著名教育家、政治家，毕业于北京大学，后赴欧洲、美国留学，回国后曾任中山大学教授，“煌煌学历，在山东人的眼中乃天之骄子”①。全国抗战爆发前，何思源长期担任山东省教育厅厅长。在他主持鲁省教育期间，筹办国立山东大学，改革中小学教育，做出过一定成绩。沈鸿烈主政山东后，对何思源高度信任，任命他为鲁北行署主任（仍兼省教育厅长），并将沈自青岛带出的亲卫部队海军陆战队一部留给何思源，以保护行署。在沈离开鲁北后，何思源便成为鲁北地区的最高军政长官。何设行署于当时沾化县义和庄。“在当时鲁北行署所辖的地区，有第五行政督察专员区的全境，计有惠民、无棣、滨县、蒲台、利津、沾化、商河、阳信、临邑、济阳、乐陵、德县等十二个县。第十行政督察专员区的青城、长山、桓台、高苑、博兴、邹平、章丘等县；另外还有广饶、寿光两县也划入鲁北行署管辖。”“辖区是如此的广大，各地的游击队，无论出身及背景，又是形形色色，况且他们都在唯我独尊，而行署乃是应乎时势的需要才设立的，本身又无足够的武力，只有海军陆战队的一个旅兵力（实际全旅兵额也不过千）。试想想看，在一个家庭的后婆婆已是难乎主家，由此便可推想到行署在当时的处境了。”②

何思源在鲁北的艰难维系，依靠的主要武力是刘景良。当时鲁北地区国民党地方武力众多，却互不隶属，“有的因争地盘时有冲突。国民党的这些游击部队，虽都属于何思源的行署领导指挥，但有的鞭长莫及，指挥调度困难，有的距离虽近，对何则是阳奉阴违，敬而远之”③，在这种情况下，何深感刘景良地盘大，人马多，只有抓住刘，才会有所作为。又加沈鸿烈对刘非常赞许，刘对何又极服从，于是何决定培养扶植刘景良。在他建立了行署不久，为了扩大行署和个人的影响，提高刘的威望，巩固刘的势力，便偕同刘赴各县视察，召集各县党政军民各界开大会讲话。1940 年 3 月，“日伪军三千余人分数路进攻行署所在地义和庄，赖刘景良协助防守，敌军至六月始退”④。何思源、刘景良属下国民党敌后武装大多是受鲁北行署节制的保安部队序列——滨县与惠民交界处的韩兆坤保安五旅、博兴周胜芳保安八旅、寿光张景月保安十五旅（后保安三师）、广饶李寰秋保安十六旅、桓台张景琪（后隽宇澄）保安二十四旅、邹平张景南（后张景儒）保安六团（后保安十一旅）、蒲台保安九团、滨县杜孝先保安十一团等，“尔后保安部队序列又有诸

---

① 胡士方：《杂记韩复榘》，台北《山东文献》第 3 卷第 4 期，第 122 页。

② 王雨苍：《鲁北三年零缣》，台北《山东文献》第 1 卷第 2 期，第 28 页。

③ 石金生：《何思源在鲁北》，山东省政协委员会文史资料研究委员会编：《文史资料选辑》第 18 辑，山东人民出版社 1985 年版，第 149 页。

④ 张玉法主编：《民国山东通志》第 5 册，台北山东文献社 2002 年版，第 3035 页。

多变化，张景月等都成了保安师师长”[①]。“何为使刘保卫‘鲁北行署’的安全和供给军政人员的生活，便力保刘为‘鲁北行署’副主任，不久，省府明令发表，刘在惠民就职。”[②]“何思源的直属部队是沈鸿烈留给他的海军陆战队，兵力不到千人。”[③]海军陆战队人数不多，但老兵多，使用先进的英式装备，战斗力较强，是鲁北敌后国民党军的精锐。[④]

1940 年 6 月至 1941 年 6 月间，鲁北国民党军多次主动进攻鲁北八路军，第一次是 1940 年夏，集中了四五千兵力，在博兴、广北向杨国夫率领的山东纵队第三支队发起第一次联合进攻。此时，三支队刚过小清河北不久，“三支队特务连、基干一营和基干三营大部参加了反击，战斗打了 20 多天。最重要的战斗发生在博兴刘官屯一带，双方在此对峙了十几天”[⑤]。据时任八路军山东纵队第三支队基干一营一连指导员刘竹溪口述，此役重创了“鲁北顽军精锐海军陆战队”：

> “基干一营自刘官庄向东北方向一路攻击前进，经贺家、王浩，由博兴攻入广饶，克北户张，一直打到斜里巴……据守斜里巴的顽军是海军陆战队的一个连队，英式装备，无机枪，一律使用英式转轮步枪，俗称‘快火轮’。‘快火轮’战斗射速快，火力持续性好，射击声与一般步枪也不同，十分清脆；配备的子弹是‘炸子’，打在人体上造成的创面很大。该连军官比较多，士兵大多是老兵，战斗经验丰富。
>
> 6 月 30 日，基干一营一、四连攻击斜里巴，白天打了一整天。傍晚，刘竹溪判断敌人很可能要突围，突围方向在村东北，那里是一、四连的接合部，他命令二班班长赵衍庆带本班到村东北设伏。当夜，陆战队这个连果然向东北方向突围，二班截住敌人，一、四连赶过去将其合围，七八十个敌人包括 3 个副连长，一个也没跑掉。一、四连缴获了‘快火轮’，战士们高兴得不得了。‘快火轮’的子弹比六五弹大，比七九弹小，

---

① 刘竹溪口授，赵晓庆执笔：《回眸——一位渤海老军人的战争记忆》，中央文献出版社 2013 年版，第 92 页。

② 石金生：《刘景良在鲁北始末》，《利津党史资料》第 4 辑，第 162—163 页。

③ 刘竹溪口授，赵晓庆执笔：《回眸——一位渤海老军人的战争记忆》，中央文献出版社 2013 年版，第 92 页。

④ 参阅国共双方史料，沈鸿烈自青岛带出的海军陆战队总数约 2000 人，留给鲁北何思源的大约不到 1000 人。参见王雨苍：《鲁北三年零缣》，台北《山东文献》第 1 卷第 2 期；刘竹溪口授，赵晓庆执笔：《回眸——一位渤海老军人的战争记忆》，中央文献出版社 2013 年版，第 92 页。

⑤ 刘竹溪口授，赵晓庆执笔：《回眸——一位渤海老军人的战争记忆》，第 92 页。

平均每支枪有子弹三四十发。由于弹药特殊又无来源，几个月后子弹打光，‘快火轮’全部上缴。”①

此时，趁八路军清西部队东去反顽，国民党十区专员兼保安司令薛儒华的保安团进占滨县五区大李家一带。“一、三连返回滨县五区后，首先驱逐薛儒华保安团，晚上，一连打进大李家，顽军一触即溃，一连只抓到了几十个散兵。打下大李家后，周围几个村子的敌人闻讯而逃，一个连打跑了一个团。”随后，杨国夫指挥基干二营、寿光独立团反击张景月保安十五旅进攻，战斗亦进行得非常激烈。②

此次进犯后，山东省政府主席沈鸿烈向重庆国民党中央密报鲁北进攻八路军的所谓“战果”：

“鲁北海军陆战队第一团会同十区专员薛儒华、十四区专员张景月及保安第八旅长周胜芳、第七旅长李法涛、第六旅长张子良等部，于马泯（□棣东北）、星鬃楼（博兴东北）、王高（寿光北）、贺家庄（博兴东北）、李家桥（广饶东北）、刘官庄（博兴境）、崔家（寿光东北）、辛集（博兴东）、申明亭（寿光境）、纯化镇（博兴北）、开以院（寿光东北）等战役十二次，共毙伤该军七七〇余名，俘一一〇名，获枪一二一支，我伤亡官兵一一五名。”③

该年10月，鲁北行署组织了第二次向鲁北解放区的进犯。这次进攻兵分南北两路，此外又命第十区专员薛儒华率军从齐东出兵高苑，以为策应，企图歼灭广饶境内的八路军山东纵队第三支队主力，以打通利津、广饶、寿光沿海通道，由此经昌乐张天佐防区，与驻扎鲁南山区的国民党山东省政府和鲁苏战区司令长官取得联系。但鲁北行署各部遭遇八路军顽强抵抗，仍以失败告终。④

当时在蒲台县驻防的国民党保安第九团团长王雪亭与中国共产党关系密切。国民党第十区专员薛儒华认为王雪亭有“亲共”嫌疑，曾两次围歼九

① 刘竹溪口授，赵晓庆执笔：《回眸——一位渤海老军人的战争记忆》，第95—96页。

② 刘竹溪口授，赵晓庆执笔：《回眸——一位渤海老军人的战争记忆》，第97页。

③ 《沈鸿烈关于六月份进攻八路军山东部队战况致蒋介石电》（1940年7月13日），中国抗日战争军事史料丛书编审委员会编：《八路军 参考资料2》，解放军出版社2015年版，第207页。

④ 石金生：《何思源在鲁北》，山东省政协委员会文史资料研究委员会编：《文史资料选辑》第18辑，山东人民出版社1985年版，第152—153页。

团,都由于清河区八路军山东人民抗日游击第三支队[①]的支援而失败。1940年7月21日夜,薛儒华派特务队绑架了王雪亭的母亲和妻、妹,以此要挟王。“王雪亭性至孝,如果处理不好,九团就有倒向薛逆的危险”,三支队一面派兵支援九团,一面将薛的好友、顽军地方头面人物周杰三的家属抢了出来,作为人质,换回王雪亭的家属。至此,王向三支队首长恳切要求改编所部为八路军,山东分局为维持统一战线,“认为暂不改编为宜,仍保留其保安第九团番号,以友军处之。”[②]1941年“皖南事变”发生后,王雪亭部调博兴县纯化一带正式接受改编,番号为“八路军山东纵队第三旅独立团”,团长王雪亭,政委相炜。[③] 国民党蒲台县保安团长王雪亭率全团公开加入八路军,这对主政鲁北的何思源和刘景良“无疑是一个严重的打击”[④]。

1941年6月,鲁北行署各部向清河区发动第三次联合攻击。该月19日,刘景良“率部六团、海军陆战队共三千余,向利津以东我山东纵队之一部进攻,我为避免冲突,乃及时撤退。六月廿日该刘景良更率部南渡黄河复继续向我突然猛袭,直至二十二日仍未停止,我被迫不得已,遂忍痛还击,这时该部不愿摩擦之多数官兵,纷纷投至我军,余部乃溃退”[⑤]。面对国民党鲁北行署部队的摩擦挑衅,八路军山东纵队为顾全大局,一再忍让克制,迫不得已,“我为自卫计,不得不忍痛还击”[⑥],将其赶回黄河以北。国民党大后方主流报纸《扫荡报》则将责任完全推给八路军,称:“鲁北行署何主任及第五区刘专员督率团队,二十一日南渡黄河向敌进击之际,讵二十二日晚,第十八集团军山东纵队第五旅杨勇,竟率部两千乘机向该部猛犯,各该部因腹背受攻,致行署副官高永乐及连长一员被击殒命,同时乐陵第十八集团军部队二千余,乘虚袭占五区专署驻地之胡家集,并将该署职员及眷属掳去六十余名。”[⑦]此后八路军解放了垦区及沾化、利津大部,鲁北行署撤往惠民。

国民党鲁北行署的存在令日寇感到极大威胁,其调集重兵于4月15日

---

① 简称“三支队”,司令员杨国夫,该部1940年11月正式改名为八路军山东纵队第三旅。

② 张静安、邱干卿:《王雪亭在蒲台》,政协滨州市委员会文史资料研究委员会编:《滨州文史资料》第1辑,1986年版,第52—53页。

③ 张静安、邱干卿:《王雪亭在蒲台》,《滨州文史资料》第1辑,第55页。

④ 石金生:《刘景良在鲁北始末》,《利津党史资料》第4辑,第162页。

⑤ 《山东刘景良部配合敌伪进攻八路军 该部官兵不愿作战 纷纷投向我八路军》,《解放日报》1941年7月28日,第2版。

⑥ 《山东刘景良部 进攻八路军山东纵队》,《解放日报》1941年7月26日,第2版。

⑦ 《十八集团军违法乱纪 袭击友军擅派县长 晋鲁各地掳掠军民行同匪盗》,《扫荡报》(桂林)1941年7月20日,第2版。

起向驻惠民五区路家为中心的鲁北行署发动进攻。何思源、刘景良指挥部队作战，双方伤亡均甚大，“何和刘转移出包围圈去六区，战斗继续进行，直至夜晚，日军撤退，我军转移”。“此后数日，日军继续搜索扫荡，我军虽已转移化整为零，敌终于在惠民九、十区某村把补充第三团刘量宇部全部包围歼灭。不久，刘的参谋处长聂英在惠民八区某村单独活动，被日伪侦知包围了他的住处，他和日伪军奋力搏斗，当场牺牲。”①

山东日伪军势力对何思源极为忌惮，也极欲诱降何思源以壮大汪伪政权的声势。为逼迫何部投降，日军于 1942 年 1 月在天津将何思源的夫人何宜文（华籍法国人）和四个孩子逮捕，解送至惠民作为人质，以山东伪省长和南京伪部长职位为诱饵，威逼何降日，并声称要把何的家属置于军队前面，“扫荡”何部时，如果何思源和刘景良敢于抵抗，就先打死他的妻儿。② 何思源抗日意志坚定，不甘受威胁，将其辖区内 70 名意大利传教士和修女扣押（因日军在天津抓捕何家属的行动中伙同了意大利租界当局），声称如他的家属被害，他将杀掉意大利人作为报复。同时，何电请重庆政府向法、意两国交涉，并派人到各大城市外国使馆、中外报纸、慈善团体等处投递信件，揭露日军劫持何家属以迫其投降的无耻行径，一时轰动国内外。最终，日酋冈村宁次不得不下令山东日军指挥官土桥一次将何的家属送回天津。③

由于与中共摩擦失败，加之与于学忠的矛盾等原因，1941 年秋，沈鸿烈准备离开鲁省，于是电召何思源返回鲁南，处理省政。1942 年春末，何思源离开鲁北，辗转赴鲁南。此后，“何思源也没有再回鲁北，（鲁北）行署等于撤销”④。来到鲁南后的何思源在山东省政府担任省民政厅长的重要职务⑤，跟随省府和鲁苏战区部队活动，四处躲避日伪袭击，窘困至极，直至 1943 年夏，国民党山东省政府在鲁南已无法坚持，何思源和省府机关跟随鲁苏战区一同撤往安徽。1945 年春，何思源被国民政府任命为山东省政府主席，但亦只能困处皖北阜阳，流亡省外办公了。⑥

何思源离开鲁北后，国民党在鲁北的形势已陷入困局。作为鲁北国民

---

① 石金生:《刘景良在鲁北始末》,《利津党史资料》第 4 辑,第 163 页。

② 万永光:《我所知道的何思源》,中国人民政治协商会议北京市委员会文史资料研究委员会编:《文史资料选编》第 18 辑,北京出版社 1983 年版,第 38 页。

③ 万永光:《我所知道的何思源》,中国人民政治协商会议北京市委员会文史资料研究委员会编:《文史资料选编》第 18 辑,北京出版社 1983 年版,第 39 页。

④ 丁岚生:《何思源在山东》,山东省政协文史资料委员会编:《山东文史集粹　修订本　上集》,中国文史出版社 1998 年版,第 118 页。

⑤ 《鲁省府局部改组》,《山东通讯》1942 年第 13 期,第 3 页。

⑥ 丁岚生:《何思源在山东》,《山东文史集粹　修订本　上集》,第 119 页。

党残余各部名义上的最高指挥者，刘景良孤立坚持鲁北抗战，部队越打越少，人心渐散。此后刘部与鲁北八路军部队虽没有配合作战，但也未发生过大规模摩擦，仅有过几次小冲突，据刘的部下回忆，“记得一九四二年后，八路军有两次路经惠民七、八区，一次与王复成部激战一夜，双方伤亡不大，黎明撤走。一次击溃刘部，俘虏十余人，其中有秘书长季锡光，经问明季的身份后，立即释放，据说（刘）对此颇为感动。”[①]

1943 年国民党鲁苏战区和山东省政府离鲁、转赴皖北阜阳，以刘景良为首的鲁北国民党官方抗日力量陷入内外交困、“援助断绝”的极为不利局面。“五区部队在刘专员景良的率领下，已因深处交扰互犯的境域，数年来纵横奔波……未曾一日稍息！特自战区、省府离鲁后，各种接援悉告断绝”，在日伪、八路军、国民党的激烈“三角斗争”中，刘景良“益陷困境”，“兵困马乏，而奄息殆尽”[②]。

1943 年 6 月，刘景良带少数卫士在惠民五区刘家桥潜伏时，被日军从一个地洞中抓获，解至惠民城，日军对其极为礼遇，意图诱使其率全部投降。刘景良被拘在惠民城“两月余，敌威胁利诱，公（指刘景良）义正词严，敌无如何反待之以敬礼，于八月十八日适夜大风雨，公破屋窗越墙院□，重于敌严重监视之下，终得脱险，世人谓为神助”[③]。刘景良从日伪拘留处逃跑后，“日军即派队出城‘讨伐’，各处搜索、追捕，形势十分紧张”[④]。“中央电台广播刘专员抗战誓死不屈，公之声誉遂震于遐迩矣。”[⑤]此后刘仍坚持抗战，屡遭日伪围剿。1944 年初，刘在鲁北几乎已陷入绝境，他“带少数人潜伏在惠民五区万家，又被日军侦知俘虏。当时刘身边没带枪，便吞食黄金戒指一枚，企图自杀，并对日军声明，宁愿一死决不当汉奸。严厉拒绝随同日军去惠民城，日军强制行走，经过数小时的纠缠，日军见刘意志坚决，便在万家北面将刘枪杀[⑥]，时年四十三岁。死后葬于惠民六区西刘家村南”。刘被日寇杀害后，附近村庄民众曾为其立祠以表纪念。[⑦]

---

① 石金生：《刘景良在鲁北始末》，《利津党史资料》第 4 辑，第 168 页。

② 李继昶：《八年抗战之山东（七）》，台北《山东文献》第 3 卷第 3 期，第 149 页。

③ 《烈士遗像及事迹　刘公景良生平事略》，《抚恤汇刊》1946 年第 1 期，第 15—16 页。

④ 石金生：《刘景良在鲁北始末》，《利津党史资料》第 4 辑，第 167 页。

⑤ 《烈士遗像及事迹　刘公景良生平事略》，《抚恤汇刊》1946 年第 1 期，第 16 页。

⑥ 一说刘景良被日寇用刺刀捅死。刘景良第二次被俘被日寇杀害后，山东伪政权报纸以《伪装归顺伺机叛变　刘景良违背信义处死刑》《刘匪实属罪有应得　现地日军部队发表概况》（《青岛大新民报》1944 年 2 月 17 日第 3 页）为标题大肆进行宣传。日军杀害刘景良后，称“依武士道之情谊，特厚葬之，发挥大日本军以道义精神与诚意待人之真意云”。青岛市档案馆藏，案卷号：D000245 - 00045 - 0003。

⑦ 石金生：《刘景良在鲁北始末》，《利津党史资料》第 4 辑，第 167 页。

山东省第五区专员、鲁北行署代主任、省保安第四师师长刘景良，作为国民党在鲁北抗战的中坚砥柱，驻防鲁北六年多，期间与清河、冀鲁边八路军发生过摩擦。而另一方面，刘景良对国民党山东省政府极为忠诚，对坚持抗战的何思源言听计从，在何思源离开鲁北后，成为国民党鲁北抗日领袖。刘景良对日寇坚决抵抗，多年来带伤杀敌[①]，身先士卒，曾枪决了伪武定道道尹张以朴在内的众多汉奸，即使在国民党鲁北大局已然无法挽回时，仍始终拒绝投降、“伪化”，表现出民族气节，最终山穷水尽不惜一死以全名节。在当时山东敌后国民党“降将如毛、降官如潮”的情况下，应属难得。正如抗战时期在刘景良部任职的一位属下在新中国成立后所撰回忆中述道：

> “一九四零年，他（指刘景良——引者）带伤回到惠民以后的几年里，的确和日伪军打过几十次仗。规模比较大的如惠民肖、万之战，惠、商边境之战，滨县阎家、王家门之战等等，都是黎明打响，直到夜间。有时我军突围，有时敌自动撤退。在日寇伤亡重大时，还施放过毒气弹。在每次战斗中，刘都是亲冒矢石，在前沿阵地指挥。其身带重伤，英勇作战之精神，官兵无不为之感动……
>
> 一次仲秋节各乡送来猪肉慰劳部队，他（刘景良——引者）召集官兵讲话说：‘老百姓这样困难，还送猪送羊来慰劳我们，这等于把孩子宰了给我们吃，我们吃了应该爱护百姓，早日把日寇赶出中国，以拯救我们的百姓同胞。’”
>
> “刘景良虽是军统分子，六年间他虽去乐陵与八路军冲突过，也奉何思源之命进攻过广饶解放区，他的部属也和八路军多次作战，但就我记忆所及，他从未像对日寇那样仇深似海，处心积虑地筹谋策划大规模组织部队向八路军作过殊死战斗。特别是他对八路军的俘虏也未曾有过灭绝人性的屠杀，这都是历史的真实。”[②]

因此，对于刘景良这样的人物，仅仅简单以“顽军”“刘逆”对之评价甚至下定论，似乎并不是历史的全部面相。今天我们如果能以更公正、客观的态度看待这样一位最终为抗日而死的国民党地方领导者和抗日将领，应是对民族、国家历史更为负责的态度。

---

① 刘景良本人在 1939 年 2 月于惠民城西谭梁徐村曾被日军包围，右臂被敌打穿，伤势数年未愈。此战中，刘的军需处长罗昭彦阵亡、军需主任邓守仁重伤。参见石金生：《刘景良在鲁北始末》，《利津党史资料》第 4 辑，第 160 页。

② 石金生：《刘景良在鲁北始末》，《利津党史资料》第 4 辑，第 167—168 页。

1944年刘景良被日寇杀害后，国民党在鲁北地区的残余力量失去了其赖以维系的“精神依靠”和领导者，已无心、也无力抗日，更无力与中国共产党渤海军区相抗衡。国民党在鲁北的全面失败已无可挽回。在鲁北的原国民党“棣沾垦警备司令”张子良，被流亡皖北的国民党山东省政府主席牟中珩任命为新的山东省第五区行政督察专员兼保安司令，名义上接替了刘景良的职位。但张畏敌如虎、一味保存实力，根本无心抗日。直至1945年6月18日，张子良乘日军收缩兵力撤离之机，率部占据无棣城，“张将城墙加高加厚，挖掘护城壕沟，增设防御设施，固守无棣城”，严防八路军攻城，等待抗战最后胜利。9月12日，八路军渤海军区主力部队将张部6000余人包围在无棣城内，张负隅顽抗，国民党资料称：17日，张“终以众寡悬殊，弹尽援绝，孤城不守，自戕‘殉国’”（一说张在突围中被八路军击毙）[①]。

而1944年1月，山东分局决定将清河区党委和冀鲁边区党委合并，建立中共中央山东分局渤海区委员会（简称渤海区党委），同时成立渤海行署和渤海军区。区党委书记景晓村，副书记王卓如，军区司令员杨国夫，政委由景晓村兼任，副政委刘其人，代理行署主任刘其人，副主任李人凤。区党委下辖6个地委，共40多个县委和县级工委，7.7万多名党员。[②]“1944年春，渤海区党政军各级干部进行整风学习，军区主力部队进行整训，为大反攻做了思想和组织准备。从1944年开始，渤海区军民对日伪军开展攻势作战，并在夏、秋季对敌作战中取得重大胜利，扫除日伪据点280处，攻克利津、乐陵等县城4座，歼灭日伪军1.07万余人，收复国土4.5万平方公里。”[③]鲁北伪军反正渐多，日军则步步收缩，日方资料记载，1944年春，其“第十二军为了京汉作战（即日军‘一号作战’——引者），将一向管辖的山东地区的警备任务交由第五十九师团长细川忠康中将负责。因此第五十九师团司令部由泰安移至济南，并将参加京汉作战的独立第七旅团的警备任务立即担当起来。但因该地区由顽强的共军盘踞黄河河口一带，于是师团放弃了武定、利津地区，收缩到黄河右岸的青城、博兴地区”[④]。

中共冀鲁边区与清河区合并后，新成立的中共渤海区党委、渤海行署和

---

① 杜元载主编：《革命人物志》第12集，台北中央文物供应社1973年版，第252页；又见王志民主编：《山东重要历史人物》第7卷，山东人民出版社2009年版，第166—167页。

② 常连霆主编，中共山东省委党史研究室、山东省中共党史学会编：《山东党史资料文库》第1卷，山东人民出版社2015年版，第167页。

③ 常连霆主编，中共山东省委党史研究室、山东省中共党史学会编：《山东党史资料文库》第1卷，第167页。

④ 日本防卫厅战史室编，天津市政协编译组：《华北治安战（下）》，天津人民出版社1982年版，第411页。

渤海军区，成为鲁北地区仍然坚持抗战的唯一主要力量，直至抗战最后胜利。

总体来看，正如延安《解放日报》在1944年11月26日发表的《山东的新胜利》一文中所称：由于国民党的错误政策，大量敌后的国民党军投敌伪化（即所谓“曲线救国”），“几年来敌后的伪军大大增加，因而增加了敌后抗战的困难。这种现象，在山东尤为显著”[①]。但山东军民在中国共产党的领导下，克服种种困难，始终坚持抗日，“现在山东许多重要山区已被我控制，许多战略区的连系已经打通，老的根据地更加巩固，新的解放区正澎湃的开展民主政治的建设，生产运动和群众武装自卫的运动”[②]。

---

① 《山东的新胜利》，《解放日报》1944年11月26日，第1版。

② 《山东的新胜利》，《解放日报》1944年11月26日，第1版。

余　　论

一、国共两党在山东敌后的“权势转移”与八路军阻击国民党入济

全国抗战前期，国共两党对于敌后战场都极为重视。中国共产党在抗战时期始终坚持敌后抗战。就山东而言，以本地创建的八路军山东纵队和自外开进的八路军一一五师担当主力的中国共产党抗日军民，在山东全省建立了面积广大的敌后根据地和各级政权；而国民党方面则专门成立了敌后战区——鲁苏战区，山东作为其投入兵力最多、实力最强的敌后战区，长期驻有“鲁苏战区总司令部”和战区主力部队，顶峰时山东敌后国民党武装超过 20 万人。国民党山东省政府亦长期坚持在省内流亡办公，至 1943 年夏之前从未离省。在相当长的时期内，山东敌后国民党的军事和政权力量远远超过中国共产党的力量。然而，至抗战后期（尤其 1943 年后）国共两党在山东敌后的实力却实现了重大的“权势转移”。

从国民党方面看，1943 年下半年撤至皖北阜阳的鲁苏战区和国民党山东省政府实际已经丧失了掌控鲁省的能力。“鲁苏战区总司令部自移驻皖北后，已失去指挥作用，乃于民国三十三年五月（1944 年 5 月——引者）明令撤销，其该战区所属各游击部队，仍能自力更生，且予敌以甚大之威胁，直至抗战胜利尚存在。”[①]国民党山东省政府撤至阜阳后仍尽力做了一些工作，省政府主席牟中珩开办省干训班，轮训干部。鉴于当时流亡皖北的山东籍青年较多，省府在皖北临泉县筹建山东省临时中学，收容山东流亡学生两千余人，由于学校办得较好，一些皖籍学生也有报考。[②] 当时省府驻在安徽阜阳城南三十五里，“以赵珊为中心形成在省外的山东省会区，其规模和在鲁南山区相同”[③]。山

---

① 胡璞玉主编：《抗日战史　鲁苏游击战》，台北“国防部”史政局编印，1966 年版，第 22 页。

② 吴鸢：《牟中珩其人其事》，全国政协文史资料委员会编：《文史资料存稿选编　5　西安事变》，中国文史出版社 2002 年版，第 781 页。

③ 刘道元：《抗战期间吴化文与山东省政府》，台北《山东文献》第 13 卷第 3 期，第 76 页。

东省府迁皖后，以所谓“鲁省府移阜阳及奸伪[①]蒙蔽地方、征训壮丁、联系太行山与苏北之奸伪武力，企图窃据整个华北”等为理由，向国民党中央屡次建议以要员组织力量重入鲁境，整理行政，对抗山东共产党及其武装。国民党中央表示同意：

> “何思源现为山东省府委员兼民政厅长，似可以之组织山东政治督导团深入鲁境(何任主任)，负责督导党政，联系该省部队，再建根据地与策反抗敌剿奸等工作，直隶山东省政府主席及鲁省挺进军总指挥牟中珩之下，而受汤副长官[②]之指导。”[③]

1944年11月，国民政府任命原山东省教育厅长、民政厅长、曾长期在山东敌后坚持抗战的何思源为山东省政府主席，并兼任省党部主任、省保安司令。何思源也成为抗战时期最后一位山东省政府主席。何思源一心“回鲁”。于学忠认为：“地方(指山东省——引者)为敌人、共党所据，能以回省负责岂不甚好，中央既付以全权，自望能有较好之结果。当地情形极为困难，必须集结多数有志之士四方活动，各地潜伏，方能于反攻时发挥高度之效用”，但何却不听人言，故对何“表不满”。王子壮亦认为，何“向人声言此次要实干，固犹待事实之证明，但如何着手回鲁，即颇费踌躇，且此次中央命令必须返鲁，不知何以自存，游击队有实力者已寥若晨星，且自顾不暇，何能掩护省府，说者彼将依业已投敌之吴化文部乎？于(学忠)谓吴部军官均受日人之监视，且将军官眷属集于济南，实已完全在日人手中……”[④]正如前文所述，鲁苏战区和山东省政府离鲁后，流亡省外的国民党山东省政府已丧失了对省境、省政的实际控制，尚留省内的国民党余部(如秦启荣、刘桂堂、张天佐、张里元、王洪九、刘景良、萧健九等部)也已多陷入绝境，有的伪化当了汉奸，有的被日伪消灭，有的在与八路军的摩擦中被消灭或南撤江苏一带，国民党在山东敌后的抗战已陷于彻底失败的境地。何思源“重入鲁境”的计划亦迟迟未能实现。

1945年6月上旬，抗战胜利前夕，在阜阳等待最后胜利的国民党山东

---

① “奸伪”：抗战时期国民党对共产党的污蔑称呼。

② “汤副长官”：指第一战区副司令长官汤恩伯。

③ 《何思源呈报山东政治督导团组织大纲及军令部与陈诚、张厉生等会商山东省府改组问题的文电》(1944年2月25日)，中国第二历史档案馆藏，全宗号：七八七，案卷号2586。

④ 《王子壮日记》(手稿本)第九册，1944年11月19日，“中央研究院”近代史研究所影印，第465页。

省政府主席何思源终于冒险带领部分省府职员，由驻地皖北阜阳秘密潜回山东省内。国民党方面称何思源“只身入鲁”，他“到在山东的土地，也就是在菏泽曹县这些地方的时候，他的干部们曾主张对外不宣布何已入鲁，而何毅然说：‘住址可以秘密，入鲁消息并没有秘密的必要。’并且微笑说：‘山东抗战军民，与政府失掉联系已将二年，对于政府回鲁，如孺子望父母，焉有父母来到不叫子女知道的道理！我是抱定牺牲决心与他们同生死共患难而来的，是想以冒险犯难的精神，鼓励我垂危的军民振臂再战的，如果畏首畏尾，将完全失掉此行的意义。’”[①]何的第一站是鲁西南的曹县，“因为鲁西南地势冲要，是将来援鲁入鲁必经的唯一桥梁，具有军政上的绝大意义”，何思源“为急于建立有利基地，拟首在鲁西南调整各县的行政机构，并巩固各处的军事防务，然后再由此慢慢向其他地区推展”。但是此时也正是山东八路军向鲁省境内日伪顽军发动大规模反攻的时期。在与八路军的对抗中，鲁西南国民党部队全面失败，国民党方面称“众寡悬殊……各县终仍在战焰遍燃下，逐渐沦降；并菏泽县长张锦明、定陶县长王子杰、曹县县长李子仪”在与八路军冲突中死亡，“同时鲁南梁专员钟亭，亦于此际在郯城被（八路军）俘”，“张师长里元，被迫转移阵地，王专员洪九被困旬余”。何思源眼见鲁西南国民党地方势力在与八路军的冲突中全面落败，“稍事反攻布置后，遂又戎马恍惚的继续北进了”[②]。1945 年 7 月底，何率省府辗转来到鲁北张景月[③]部盘踞的寿光，“然后打出招牌，号召敌后抗日部队，加强团结抗战”[④]。围绕国民党山东省政府入济接收，国共两党展开了在山东敌后最后的较量。

山东八路军也接到了日军即将投降的消息。8 月 10 日，中共中央根据日寇可能投降情形，向罗荣桓、黎玉、萧华作出“进占徐州、济南及其他城市

---

① 《新中国目击记》（新中国丛书第 2 辑），香港新中国丛书出版社 1948 年版，第 55 页。

② 李继昶：《八年抗战之山东（八）》，台北《山东文献》第 3 卷第 4 期，第 77—78 页。

③ 抗战胜利前夕，留在省内的一些实际已伪化的原国民党武装（既接受伪军番号，又暗中与皖北的国民党山东省政府或重庆中央保持联系、愿意“反正”或接受改编、效忠，也即所谓“曲线救国”“曲线抗战”）中，张景月部不是实力最强的一支，较大的还有吴化文、厉文礼、赵保原、张天佐等部，何思源为何会选择名气并非最大、实力亦非最强的张景月部护送他赴济南接收呢？据赴台后的国民党亲历者回忆，原因有三：“第一是何思源前为鲁北行署主任，张景月为副主任，彼此配合良好。第二是张司令为人忠厚，言出必行，易为统御。第三是张司令的部队”对日军和共产党作战，“经验丰富，勇敢善战”。参见俎鸿才：《张景月先生与抗战戡乱时期的寿光城（完）》，台北《山东文献》第 10 卷第 3 期，第 141 页。

④ 俎鸿才：《张景月先生与抗战戡乱时期的寿光城（完）》，台北《山东文献》第 10 卷第 3 期，第 140 页。

与要道”的指示。[①] 8月11日，八路军山东军区“接到朱总司令八月十日第一号命令后，立即向全省军民发出布告”:“现时日本已向盟国及我国要求投降，我正向山东日军布置接受投降。”号召全省军民“保持战斗准备，修治道路桥梁，严防破坏分子，配合主力，迫使敌伪投降”。“保证民族战争之最后胜利。”[②]

省府所投奔的张景月，抗战时期曾任国民党山东第十四区专员兼保安司令、山东保安第三师师长，有过积极抗日表现。1943年国民党在山东敌后局势急转直下，在日军软硬兼施下，张也放弃抗日，与日军合作“反共”(亦即“伪顽兼祧”)。1944年9月张景月投敌，接受伪山东第三方面军第六军的番号。[③] 同时，他仍积极向流亡省外的国民党山东省政府表忠心。省府人员至张景月部时，正值八路军渤海军区发起第二次“讨张(景月)战役”，自1945年7月底起，张景月部与八路军渤海军区部队(由司令员杨国夫指挥)在张的保安第三师根据地田柳庄激战十余日，一直战至8月15日日本宣布投降后，田柳庄终于被八路军攻破，国民党方面称：张景月“用五十多万寿光县民的血汗，以八年之久的辛勤经营，栽培出来的县政成果……竟毁于一旦”,“只剩下不完整的三、四区，苟延残喘”[④]。此次战役八路军渤海军区“终于彻底打垮了死对头张景月，攻克张部主要大据点田柳庄，俘副师长孟祝三、团长马成龙。保安三师骨干遭到歼灭性打击，张景月带残部逃走”[⑤]。秘密入鲁的山东省政府对寿光战事及张景月部的“安危”极度担忧，向重庆国民政府连发急电，报告张景月部与八路军杨国夫部作战伤亡情况并求援。[⑥]

日本投降，抗战胜利了。“八年来山东的共产党始终是与老百姓共患难，他们也和日本人打过仗，流过血，牵制住日本不小的兵力，单就在山东的抗战上，他们是主要的一环。如今敌人投降了，按理讲，他们当然有接收的资格，但，这是国民党所不允许的”，所以国民党“要想抢过济南来，决不能一

---

① 《中央关于进占徐州、济南及其他城市与要道给罗荣桓、黎玉、萧华的指示》(1945年8月10日),《山东党的革命历史文献选编 1920—1949》第8卷，山东人民出版社2015年版，第538页。

② 《山东军区布告全省军民》,《解放日报》1945年8月14日，第2版。

③ 黄瑶主编：《罗荣桓年谱》，人民出版社2002年版，第383页。

④ 俎鸿才：《张景月先生与抗战戡乱时期的寿光城(完)》，台北《山东文献》第10卷第3期，第140页。

⑤ 刘竹溪口授，赵晓庆执笔：《回眸——一位渤海老军人的战争记忆》，中央文献出版社2013年版，第223页。

⑥ 《何思源等报告国民党军与八路军争夺鲁北寿光一带经过电》(1945年7—8月)，中国第二历史档案馆编：《中华民国史档案资料汇编》第五辑第三编军事(一)，江苏古籍出版社1999年版，第939—940页。

帆风顺,和他的干部计议的结果是:决以武力接收济南,任何牺牲在所不惜。”[①]张景月部在八路军打击下损失惨重,但何依然严令张景月率领保安第三师部队护送他前往山东省会济南接收,行至张店,“日本鬼子就以没有奉到上级命令为由,不准前进”。何思源一方面电报中央请示解决,一方面令张景月部“从张店沿铁路以北,以急行军经过周村、长山、邹平、章丘、历城各地,辗转游动,逐次向济南进军,以期早日进入济南”。八路军山东部队侦知后,为阻止国民党抢占胜利果实,调集黄河以北各部,“分段轮番,不分昼夜”与张景月护送部队作战,“截前断后”,双方“大小战数十次”,张景月护送何思源“且战且走,征路中是吃不上喝不上;而气候正当八九月燠热的难受,又天雨时行之时”,苦不堪言,“计自八月十四日由寿光出发,至九月十日,总共二十八日,是四个礼拜且战且走的艰苦生活”[②]。在与八路军的战斗中,何思源与同行人员几度失联,并一度严重患病,向随行人员留下遗言。[③] 8月21日,入鲁后的国民党山东省政府向蒋介石及行政院长宋子文、军政部长陈诚发电称:中共军队“对我各地部队积极进攻,每日均有激战。现我军在济南附近集结”,中共军队“亦调集跟踪来袭,正混战中”,“津浦、胶济铁路交通混乱,电讯大部破坏,车站、桥梁亦有被”中共军队“炸坏”,最后疾呼:山东现状因共军力量强大,“亟度混乱,恳祈钧座派空运部队来济南,协助接收,以免被”共军“抢夺,若片刻迟延,则发生变故,将不堪设想。临电迫切,无任叩祷”[④]。

9月1日,通过与驻济日军接洽,在日军大力帮助下,即所谓“幸亏主席的德望足以感召日军,同时,日军的服从守法和朱经古、新荣、铃木诸君的从中运用,以及细川司令与其幕僚的深明大义遵守条约”,使得日军拒绝向八路军投降,在章丘龙山车站以“一列钢甲车,一列票车”接被八路军围困的何思源及省府随行人员进入济南城。[⑤] 国民党官方1946年出版的书籍自己承认:“主席和我们是都认定了这一点。只要与确保济南有利,我们是不惜以任何牺牲与方法达到目的的。为了这,主席曾严令并重赏城郊部队向‘匪军’[⑥]反攻,展开了空前的恶战;曾向市民和日侨日军广播,劝告共维危局;曾

---

① 《新中国目击记》(新中国丛书第2辑),香港新中国丛书出版社1948年版,第54页。

② 俎鸿才:《张景月先生与抗战戡乱时期的寿光城(完)》,台北《山东文献》第10卷第3期,第142—143页。

③ 李仲勋著:《何主席入鲁随征记》,山东公报社1946年版,第69—72页。

④ 《何思源关于国共双方军队为争占济南发生激战电》(1945年8月21日),中国第二历史档案馆编:《中华民国史档案资料汇编》第五辑第三编军事(一),江苏古籍出版社1999年版,第943—944页。

⑤ 李仲勋著:《何主席入鲁随征记》,山东公报社1946年版,第82—85页。

⑥ 此是国民党对山东八路军的污蔑称呼。

不避危险检阅四郊的阵地和部队；曾不惜委曲求全鼓励伪军伪警切实尊奉委员长的命令；曾不惜限制我各种抗战团体的过激活动与言论；主席的一切用心和苦衷，都是为的国家利益来打算。”①堂堂“中央”和“山东省政府”，为了对抗共产党八路军，抢先接收济南，宁可向已宣布投降的日军和伪军“委曲求全”，限制“各种抗战团体的过激活动与言论”，种种作法有损国家体面与尊严。

由于蒋介石“包藏祸心”的命令，“在我国领土上，在日寇宣布投降后，发生了极端危险的怪现象。在全部中国的领土上，除了驻在东北的日军，已被苏联红军完全解除了武装之外，其他地方的寇军至今没有放下武器”。“对投降的日寇不立即收缴其武器……而对本国的正规军与地方军（八路军、新四军及华南抗日纵队）则非但不划定受降地区，反而命令敌军（指日寇——引者）向其收复‘占领地区’，此种悖乎情理之措置”，令“即使在所谓已经‘接收’之城市”，日本侵略者继续“耀武扬威，来往自如”，“横行无忌，为所欲为”，岂非咄咄怪事?② 面对国民党蒋介石姑息、放纵日寇，抢夺抗战胜利果实的阴谋，抗战胜利前后，山东八路军对日伪顽军展开大反攻，虽然由于主客观原因，尤其日军出兵阻挠，八路军最终未能阻止国民党山东省政府接收济南，但足足延阻其进入省城半月之久，打乱了国民党在山东的接管部署，打击了国民党的接收阴谋，并大大扩充了党的力量。

而国民党中央任命的全权负责山东区受降工作的第十一战区副司令长官兼山东挺进军司令李延年率所部第 12 军、第 96 军进入山东则更为迟缓了。为执行中共中央“向北发展、向南防御”的战略目标，阻止李延年部进入山东抢占抗战胜利果实，八路军和新四军部队在鲁南、苏北地区对李部进行了阻击。李部主力于 9 月 28 日从徐州北上，直至 10 月 13 日，李延年才在山东日军的帮助下进入济南。③ 一直迁延至 1945 年 12 月 27 日上午 10 时 15 分，山东日军才在济南正式签降。日军签降主官为“山东区日联络官细川中康中将”，中方受降主官为第十一战区副司令长官李延年将军。④ 在抗

① 李仲勋著：《何主席入鲁随征记》，山东公报社 1946 年版，第 87 页。

② 《“蒋敌伪”合流的阴谋》，胶东新华书店 1945 年版，第 30 页。

③ 《天津日军今晨签降　李延年部进抵鲁南》，《中央日报》（重庆）1945 年 10 月 6 日，第 2 版；《李延年将军进驻济南》，《中央日报》（南京）1945 年 10 月 13 日，第 2 版。

④ 《中国战区最后降礼　昨在济南完成仪式　细川代表鲁日军献佩刀》，《中央日报》（南京）1945 年 12 月 28 日，第 2 版。很多现有出版物中记载山东区日军签降仪式的时间在 9 月或 10 月，是错误的。笔者查阅《中央日报》《大公报》《益世报》等当时国民政府官方正式报刊和主流大报，确定山东区（当时有的报纸又称“济南青岛德州地区受降典礼”）日军正式签降时间是 1945 年 12 月 27 日。受降日为济南沦陷 8 周年纪念日。（此前，10 月 25 日，驻青岛日军曾向登陆青岛的美军主官正式签降，国民政府曾派代表到场参加。）

战胜利前后国共两党围绕山东激烈斗争的背景下(国民党称“受降典礼之迟延举行,实由于山东地方情势特殊所致”①),山东也成为了中国战区最后完成降礼的地区。

到抗战胜利时,国共两党在山东的力量对比已经发生了重大转变。与国民党在山东敌后无法立足、省政府主席何思源几乎“无兵可调”相反,中国共产党山东根据地在山东敌后经过长期的“三角斗争”,坚持依靠群众,执行正确的统一战线策略和军事斗争策略,从无到有,从弱到强,一步步发展壮大,成为抗战时期中国共产党力量最强大的敌后根据地之一,也是唯一一个基本以一省为范围的敌后抗日根据地。

抗战时期长期担任山东党和军队主要领导之一的罗荣桓将中国共产党在山东的抗战分为四个阶段,第一阶段是 1937 年卢沟桥事变爆发后,山东党组织发动群众举行武装起义,开展游击斗争。在这一阶段中,国共两党在山东的抗战总体来说是各自进行,互相又有一定配合。第二阶段是 1938 年 12 月中央决定成立八路军山东纵队起。这一时期山东敌后斗争形势日趋复杂。“国民党也在山东乘机发展武装,企图恢复其统治。原在山东内地和逃跑后又回来的一些国民党分子、官吏及地主豪绅等,都纷纷自立旗号,扩充势力。其实,是在共产党领导下的人民抗日武装挺起胸膛打击敌人的嚣张气焰,恢复了大片国土的条件下,才使他们某些被隔断于敌后的军队(如石友三、高树勋部)获得援救,也才使溃散支离的沈鸿烈的山东省政府得到个藏身之地。但是,他们并不承认人民对他们的支援。他们一旦站住脚便借其所谓合法的名义,到处委派专员、县长,限制和破坏人民的力量。”“应该承认,沈鸿烈、石友三他们是很有统治经验的。他们对抗战并不积极,却热衷于扩充实力,抢地盘,抓政权。所以,他们很快获得了战略上的有利地位,控制了一些重要山区,妄图把我军逼到平原地区和铁路沿线。但是,当时山东的环境还比较平静,敌人还没有进行大规模‘扫荡’。我军已经有了相当的发展,山东各地的形势还是好的。这样,在山东开始出现了敌、顽、我的三角斗争的态势。”第三阶段“是相继入鲁的 115 师部队同山东人民抗日武装并肩作战,不断粉碎敌人的进攻”。日军为“肃清”敌后,“从前线抽调大批兵力回师山东,占据了大部分县城”。“山东的国民党顽固派在第一次反共高潮的影响下,也调整部署,加强实力,积极反共。于是,在山东战场上的三角斗争形势日趋尖锐复杂”。1939 年春,鲁苏战区于学忠部进入山东,占据沂、鲁、莒、日、临、费等重要山区,“沈鸿烈部也由鲁北进入鲁中山区,抢占了沂鲁山区的要

① 《济青区日军今签降　由李延年副长官受降》,《大公报》(天津)1945 年 12 月 27 日,第 2 版。

点，并积极与我摩擦”。“山东我党我军在对敌伪顽斗争中取得了一定胜利，山东各地区也得到了一定的发展；但是我军仍然常常处于敌顽夹击之中”[①]。第四阶段是“从 1943 年山东实现党政军一元化领导，到抗日战争的最后胜利”[②]。山东根据地实现了以罗荣桓为核心的党政军统一领导。1943 年国民党鲁苏战区和山东省政府离鲁后，罗荣桓指挥山东军民击退了国民党中央军李仙洲部入鲁的企图，彻底“改变了山东三角斗争中我党我军的地位（变‘敌友我’为‘敌我友’对比的形式）”[③]，我党我军基本控制了山东敌后全局。至 1945 年抗战胜利，山东八路军已发展到 27 万人，占当时全国八路军总数的四分之一多。[④]“在长期的残酷斗争中，我军不仅没有被敌人消灭，反而愈战愈强，越打越大；根据地建设蒸蒸日上，社会秩序空前良好，政治上一片光明，经济上日益繁荣。”[⑤]而国民党在山东敌后的困境却越陷越深。“这时山东的国民党残余部队已经大部投敌，剩下的或依敌自存，或成为敌之外围。”[⑥]

抗战胜利后，山东解放区军民一面与北移的新四军一道阻击国民党军沿津浦线北上的计划，消灭一切拒绝放下武器的日伪军，同时由罗荣桓率领山东八路军主力六万多人和数千名地方干部从海、陆两路大举挺进东北，成为东北野战军和东北干部力量的基础，为实现中共中央“向北发展、向南防御”的战略方针，为全国解放战争的胜利奠定了坚实基础。正如 1945 年 9 月 20 日中央致山东分局并罗荣桓、黎玉转林彪电：“发展东北，控制冀东、热河进而控制东北，除开各地派去之部队和干部外，中央是完全依靠你们及山东的部队和干部。原则上以山东全部力量去完成这个任务，其他各地加以帮助。”[⑦]9 月 28 日，中央电告罗荣桓：“向东北和冀东进兵及运送干部是目前关系全国大局的战略行动，对我党及中国人民今后的斗争，有决定的作用。在目前是时间决定一切，迟延一天即有一天的损失。”[⑧]中国共产党把握

① 罗荣桓：《谈山东抗日战争》，中国抗日战争军事史料丛书编审委员会编：《八路军　回忆史料　1》，解放军出版社 2015 年版，第 138—140 页。

② 罗荣桓：《谈山东抗日战争》，《八路军　回忆史料　1》，第 138 页。

③ 《北方局对山东工作的几点意见向山东分局的报告电》（1943 年 11 月 29 日），山东省档案馆藏，案卷号：G001－01－0072－007。

④ 全国中共党史研究会编：《抗日民主根据地与敌后游击战争》，中共党史资料出版社 1987 年版，第 170 页。

⑤ 萧华：《英勇抗战的山东军民》，常连霆主编，中共山东省委党史研究室、山东省中共党史学会编：《山东党史资料文库》第 16 卷，山东人民出版社 2015 年版，第 48 页。

⑥ 罗荣桓：《谈山东抗日战争》，《八路军　回忆史料　1》，第 142 页。

⑦ 《中央致山东分局并罗荣桓、黎玉转林彪电》（1945 年 9 月 20 日），《山东党的革命历史文献选编　1920—1949》第 9 卷，山东人民出版社 2015 年版，第 17—18 页。

⑧ 刘统著：《中国革命战争纪实　解放战争（华东卷）》，人民出版社 2007 年版，第 15 页。

住一纵即逝的重要战略机遇，凭借山东根据地的强大力量跃入东北，实现了与国民政府的分庭抗礼，山东成为国共力量对比的转折区域。

罗荣桓在总结山东抗战贡献时说："山东人民对抗日战争和解放战争都有重大贡献，前后出的兵员总数在 100 万以上。现在山东籍的干部遍布全国，有好几个军是从山东发展起来的。山东人民在极端困难的情况下，始终跟着共产党走。到抗日战争末期，山东是较大的根据地之一，拥有一千几百万人口。如果没有山东根据地，要集中那么多的兵力进军东北是不可能的；没有山东根据地，解放战争初期集中我军向北转移就没有立足点，对后来的大江南北的作战支援也将是很困难的。所以，对山东人民在抗战时期的功劳应有充分的评价。"[①]新中国成立后毛泽东评价罗荣桓在山东的工作时说："山东把所有的战略点线都抢占和包围了。只有山东全省，是我们完整的、最重要的战略基地。北上东北，南下长江，都主要依靠山东。"[②]

二、国民党在山东敌后的失败是不是主要由共产党造成的?

国共两党在山东敌后实现"权势转移"的原因，涉及政治、经济、军事、文化各方面，既有国民党内部的矛盾，与中共的摩擦，也有与日伪的关系等诸多原因，绝非简单数条可以罗列。而具体到某一具体历史事件来说，其中的扑朔曲折、影响后果，亦难以简单定论。从本书的论述中也可看出，国共两党在山东敌后的关系经历了极为复杂的变化过程。而且山东国民党内部派系复杂，如范筑先、于学忠、沈鸿烈、何思源、吴化文、秦启荣、张里元等对中共、对统一战线的态度差别很大。就他们个人来说，很多人前后态度变化亦较大，无法一概而论。

从国民党在山东失败的重大标志——鲁苏战区的失败而言：其原因亦较复杂。一些台湾学者和退到台湾的国民党人片面夸大与中共的摩擦和中共对鲁苏战区内部的渗透对鲁苏战区失败的责任，认为"山东省政府及鲁苏战区之离开山东，绝不是被敌人打击走的"，而是共产党"在运用关系，先把五十七军分化了"，战区并不知道是共党的分化政策，"也顺水推舟的取消了五十七军。次一步，又主使百十一师师长常恩多叛变，于学忠总司令也被他们扣押起来。以后当兵的偷把于总司令放走，这才微服逃回了百十三师。这时，战区的部队在山东已不能继续存在的情形下，才被迫退回了安徽阜阳

① 罗荣桓：《谈山东抗日战争》，《八路军　回忆史料　1》，第 137 页。

② 张树军主编：《中国抗日战争全景录　山东卷》，山东人民出版社 2015 年版，第 353 页。

去的”[①]。国民党官方在总结鲁苏战区失败原因时认为:“(鲁苏)战区军政长官,初期对于奸党认识不清,坐令匪谍渗透分化,因自万毅之变,与该战区之全部撤退,及山东方面匪军之长成关系至巨。”[②]由此,他们责怪鲁苏战区总司令于学忠,认为是于学忠与中共合作的态度,而不事先加以防备和及时处置,导致了一系列事件的发生:“山东在抗战的初期,共产党对战区及省政府,都是十分‘捧场’的。用这种方法——捧,使他们以第三者自居,对于‘八路’与游击部队是等量齐观。于学忠总司令曾说:‘徐向前归我指挥,也是我的部下。’这种以长官的身份,以第三者自居的观念,才会让共产党把有缺点的游击部队,或者是认识不清的游击部队,吃掉了不少!共产党就是在这巧妙的运用下,把他们的力量逐渐强大起来了。第二步,才与战区——鲁苏战区——及山东省政府作对。到这时,不但不再‘捧场’了,并已公开与之为敌了。”[③]因此,其不禁感叹:

> “假若是于总司令把共产党看成是敌人,而不看成是他的部下时,用其入鲁时的两军(四师)部队之力量,扶植地方部队,使山东省的游击部队日渐壮大,何至于被形势所迫,退回后方去?在山东多住上两年,胜利就来临了!如果鲁苏战区与省政府仍然在山东,胜利之后又是如何的情况呀!”[④]

当然即使如此,他们也不得不承认共产党人的主张与学说,在当时较国民党确实更有吸引力与动员力。共产党人宣传能力强大,工作认真负责,善于发展组织:“共产党份子如同病菌,不但是无处不有,且是无孔不入!只要是对他们一不留神,准被他们渗透进来。如果我们本身是健全的,没有空隙,他们才无法渗透进来。只要本身稍有缺点,他们便会乘隙而入的。我们为得避免共党的渗透,最好的办法,就是使本身健全起来。”[⑤]

实际上,鲁苏战区的失败,固然有国共摩擦的因素,然而国民党内部的矛盾,如于学忠与省政府主席沈鸿烈的分歧,于部与吴化文因地盘、军饷分配等的争执也是重要原因。吴化文的叛变投敌,并诱导日军捕捉鲁苏战区

① 王豫民:《胶莱河畔(十六)》,台北《山东文献》第6卷第1期,第112页。

② 胡璞玉主编:《抗日战史 鲁苏游击战》,台北“国防部”史政局编印,1966年,第125页。(引文中所谓“奸党”“匪军”,是国民党对中国共产党及其武装的污蔑称呼。)

③ 王豫民:《胶莱河畔(十六)》,台北《山东文献》第6卷第1期,第112页。

④ 王豫民:《胶莱河畔(十六)》,台北《山东文献》第6卷第1期,第112页。

⑤ 王豫民:《胶莱河畔(十六)》,台北《山东文献》第6卷第1期,第112页。

总部，对于学忠部的打击是致命的。1942 至 1943 年间，有关鲁苏战区的各种谣言已真假难辨满天飞，人心极度涣散，据当时省府委员刘道元回忆，“有的说，战区某一部份不稳，已与共党秘密往返，又有的说那几个部队与济南青岛的敌伪有联系，更有的说某部某人与伪北平政委会，达到了某一程度的关系。这种谣言不仅在敌伪控制区如南京、北平传说，亦在第一和第五战区散布，更指名道姓地在大后方不胫而走。谣言成为事实之一的就是吴化文行将接受北平伪政委会的番号”[①]。鲁苏战区失败后，1943 年 12 月，国民政府“军事委员会冀鲁视察山东省政府委员兼山东省干训团教育长”王仲裕向重庆国民党中央汇报“视察山东军政经过并建议四项办法”时明确认为：

> “山东省政府与鲁苏战区所受最大打击，实由于吴化文以新四师附逆。缘山东省府与鲁苏战区指根据地为沂水、临朐、蒙阴、博山之边区，吴之部队驻省府与五一军军部附近，吴以新四师师长兼省政府委员，负保卫省府之责，人事地理，关系重大，所以孙良诚、张步云等附逆，影响山东大局尚微，而吴逆叛变，省府根本动摇，人心惶惶，五一军四面应战，急待援军，其间政治阴谋之错综复杂，莫测端倪。但宁春霖[②]实为煽动吴逆投敌之主角。因吴叛变后，宁即会同敌人，突攻省府总部，因是情势益急。山东军政当局，不得已奉命退出，而匪军[③]乘机由鲁南蜂拥北上，该逆毫无拒匪表示，故背叛中央、破坏山东大局，纵共‘匪’蹂躏者，吴化文、宁春霖也。此实鲁南全体民众所日夜痛恨切齿者也。”[④]

报告提交者王仲裕，山东日照人，早年追随孙中山、丁惟汾，是国民党早期著名政治活动家。1940 年冬，他奉国民党中央“钧命”担任山东省政府委员，并“视察山东河北军政情况”，长期在沂蒙地区山东省政府任职，期间还曾赴鲁北、鲁东详细考察。王仲裕认为，山东省政府和鲁苏战区退出鲁省的主要原因是长期担负“保卫省府之责，人事地理，关系重大”的“吴化文以新四师附逆”，“山东军政当局，不得已奉命退出”后，才给了中共军队所谓“乘机由鲁南蜂拥北上”、控制大局的战略机会。此外，鲁苏战区部队自身始终

---

① 刘道元：《抗战期间吴化文与山东省政府》，台北《山东文献》第 13 卷第 3 期，第 74 页。

② 宁春霖：原为国民党山东省政府保安处处长，是为吴化文投降日伪“牵线搭桥”的关键人物。1943 年 1 月 18 日，吴化文部公开投降汪伪政权，后改编为“和平建国山东方面军”，吴化文任总司令，宁春霖任副总司令。

③ “匪军”：是当时国民党对中国共产党武装的污蔑称呼。

④ 王仲裕：《为报告视察山东军政经过并建议四项办法》(1943 年 12 月 29 日)，中国第二历史档案馆藏，全宗号：七八七，案卷号：2586。

无法适应敌后特殊环境，坚持采取正规军、正规战的方式与日伪作战，以致屡屡损失严重，也是重要原因，正如后来国民党政府自己反思道："正规军作战被动多于主动，违背游击战之战术原则。"①鲁苏战区和于学忠个人的名气与目标如此之大，令华北、华东日军如鲠在喉，日伪集结重兵对鲁苏战区主力反复、集中捕捉与打击，战区却无法善用敌后优势进行有效应对。1943年10月19日，赴重庆述职的山东省民政厅长何思源接受中央社采访时说："鲁省党政军民英勇杀敌，数年如一日，从无身处沦陷区之感，盖彼等均以堂堂阵容临之，所有军职人员，出入城地，均着国家制服，佩戴证章符号，潜身易装之事，百不一见，此种现象，绝非所谓沦陷区所能有也。"②此时，鲁苏战区和山东省政府已撤往皖北。何思源所言固然有鼓舞士气成分，但从他的说法中亦不难看出，直至国民党政权及军队退出山东省境，仍未能改变固有体制，也未能真正适应敌后的作战与生存方式。

曾在鲁苏战区总部长期工作的国民党人1945年探讨"在鲁往事"时认为："总座（指于学忠——引者）以退为进，凡事不越雷池一步，以致两军（指五十一、五十七军——引者）实力愈来愈小，支持不住，退了出来，如果肯向发展方面做去，就不会落到今天这样地步"，最后只能感叹"往者不可谏"，然而其后来亦意识到："试问旧中国的军队，谁能在驻地走群众路线打下根据地基础，进能战，退能守？谁能号召群众组织民兵，从而协助并充实正规军，使之立于不败之地？能做到的唯有八路军。石友三在鲁西搞得乌烟瘴气，落了个'看石君德政——要钱、拉伕、缴枪'。纵令扩军成功，岂不为害益烈！于氏为人，肯定不会这么办。"③

此外，1943年夏鲁苏战区和山东省府撤离鲁省，在很大程度上也是自身抗战"意志不坚定"之故。国民党方的亲历者事后反思认为，当时于学忠及山东省府固然处境艰难，但距离被日寇和共产党武装"双方出兵来进攻"，"还不会成为事实"，"即使他们来攻，以鲁南我们所掌有的力量，足够予以抵抗，使之遭受重大损失"④。国民党人在自身仍具备相当力量的情况下，却主动放弃了经营六年之久的鲁南根据地，其意志显然失之于薄弱，故一些国民党人对此举亦深感愧疚："抗战还未胜利竟先离开，俟抗战胜利后再回来，虽不是前功尽弃，却有未竟全功之失。在心理上是难以释然的！……确属有

---

① 胡璞玉主编：《抗日战史　鲁苏游击战》，台北"国防部"史政局编印，1966年，第125页。

② 《山东并非沦陷区　鲁民厅长何思源对记者谈话》，《中央日报》（贵阳）1943年10月21日，第3版。

③ 李希章：《于学忠部五十一军始末》，《沂水县文史资料》第5辑，1989年版，第79—80页。

④ 刘道元：《抗战期间山东未曾沦陷（下）》，台北《山东文献》第12卷第4期，第25页。

失袍泽之谊，而且此举对全省军民造成无法承受的一大震撼！”①

从国民党地方游击部队的失败而言：全国抗战时期国民党在山东曾有数量繁多、番号不一的地方游击部队，总数不下几十万人。尤其在全国抗战前期，山东各地举义抗日的队伍不计其数，从国民党旧军官、旧警察、政府官员、校长、教师、学生、“乡建”人员，到保甲长、地方士绅、普通农民、红枪会、大刀会、忠孝团甚至土匪。他们中绝大多数人在举义之初是更倾向于国民党的，因为毕竟全国抗战初期的国民党政权是中国唯一的合法政府，而当时的共产党由于“十年内战”期间被国民党摧残，在广大山东民间的影响力还很小。这些地方武装的首领人物多数都愿意接受第五战区、山东省政府和此后的鲁苏战区授予他们的官职、军职、番号，以追求合法的地位与权势。然而此后，这些地方武装要么投敌当汉奸(或有不少所谓“伪顽兼祧”者)，要么在与八路军摩擦中被消灭掉，要么弃暗投明、归向八路军，最终能坚持到抗战胜利而未“伪化”者寥寥无几，为何会落得如此境地？亲历山东敌后抗战的国民党人曾自己感叹到：

> “(1942年)当我军进至郑戈庄一带时，当地民众竟有‘三没见’之说，
>
> 第一——没见过打敌人的游击部队。
>
> 第二——没见过不怕‘八路’的部队。
>
> 第三——没见过不扰民的游击部队。
>
> 由于以上这‘三没见’之说，其形容以往当地之游击部队是如何的情形，便可想而知。而其形容之切，讽刺之深，实在是无以复加！”②

赴台后的国民党人自己所见、所闻如此(他们赴台后对国民党在山东敌后自身问题的揭露应是可信的)，可以想见其地方武装在山东敌后的失败命运了。

当然，抗战时期山东敌后国民党游击部队的抗日贡献亦不可否认。曾在沦陷的胶东青岛地区坚持抗战的国民党游击队——“青岛市保安总队”(当时简称“青保”)效力的孙寿庭认为，当时国民党所属敌后游击队“良莠不齐，有的作恶多端，已为国人留下恶劣的印象，但这只是此中的害群之马，瑕不掩瑜，不能以偏概全，一竿子打翻一条船……现在姑不论游击队的功过是

---

① 刘道元：《抗战期间山东未曾沦陷(下)》，台北《山东文献》第12卷第4期，第25页。

② 王豫民：《胶莱河畔(十六)》，台北《山东文献》第6卷第1期，第116页。

非，谁也不能否认，它在对抗异族侵略的战争中，曾担任过一个积极的角色”。他历述了“青保”在总队长高芳先率领下，在以崂山为中心的根据地英勇抗日的诸多具体实例，并配有“高总队长与俘虏的日本兵”“高总队长与攻克之据点——大崂遗迹”等珍贵历史照片。[①] 然而，国民党的敌后游击部队与共产党的游击队相比，仍然差别明显。即使所谓军纪较好的国民党敌后游击部队，如高芳先的“青岛市保安总队”：“早晚升降旗、出操、上讲堂、纪律严明，俨若正规军”，“总队长高芳先，为造就军事人才计，奉青岛市李代市长先良命令，设训练大队和干训班，出操、上讲堂，初由步兵操典开始，继而战斗教练，野外勤务、筑城教范等课程。还经常打靶练习，因为总队附兼大队长董静波先生、和教官区队长，皆出身中央军校，所以这训练班之课程，与军校无异。”“这些军队，人皆称之谓游击队，是因为他和日本鬼子打仗，是用游击方法，但其实际编制和训练全与正规军相同。”[②]该部在作战方式、编制、训练等方面与胶东地区共产党游击队区别很大，仍较多保持着正规军、正规战的作战态度与习惯，其对游击战战法、战术的领悟远不如中共敌后武装那样深刻和运用灵活，因此在面对日伪“扫荡”或与胶东八路军摩擦时，往往便很难取得优势。

从国民党在山东敌后的基层政权方面而言：笔者在此举一个抗战时期国民党的县长——胶东国民党蓬莱县县长沈伯祥的例子，以使我们更深入地了解国民党政权在山东敌后为何会失败。关于沈伯祥的事迹，本书第五章第一节“国共两党在胶东的合作与交锋”中曾数语提及。

沈伯祥，湖北天门人，是山东省政府主席沈鸿烈的族侄，身为蓬莱县长，抗日决心坚定，性格耿直，对知识青年则极为宽容。他的县府内吸收了不少莱阳乡师的学生，当时都有“共党嫌疑”（国民党顽固派称莱阳乡师为共产党的“统战学校”），但沈却依然重用，不以为意，虽然与县境八路军武装有过摩擦，但是对俘虏的共产党人一律优待，“能曲谅而不滥杀”。沈部曾抓获两名女共产党员，“士兵咸欲辱而杀之，沈则交付动委会感化”，此后二女，一人被安置于书记室工作，一人则自由恋爱嫁给沈的贴身秘书徐景温。沈对共产党的宽容引起很多人“之愤怒与非议，沈乃调徐（景温）创办简易师范学校，不予深究”[③]。

“沈伯祥县长为蓬莱八年抗战中唯一在县境内推行县政者。”1939 年

---

① 孙寿庭：《青岛抗战忆往》，台北《山东文献》第 11 卷第 3 期，第 22—31 页。

② 赵书堂：《抗战八年打游击的回忆》，台北《山东文献》第 7 卷第 2 期，第 122 页。

③ 魏懋杰：《蓬莱忆往　书抗日英雄沈伯祥治蓬殉国事》，台北《山东文献》第 6 卷第 1 期，第 52—53 页。

春，日军第二次攻占蓬莱县城，驻守县城的八路军山东纵队五支队主动弃城，退守山区，进行持久抗战。日军扶持的伪政权在蓬莱再次“粉墨登场”。而蓬莱县保安队伪大队长郝铭传，“出身民间，仅识之无；纯系粗人典型。日寇所欢迎利用者，率为此种人”①。郝铭传“伪顽兼祧”，既为日本服务，又暗中接触国民党黄县负责人张拙夫。

郝铭传嗜杀成性，并积极为日人服务。沈伯祥对郝的“曲线救国”行径颇为不满，郝沈之间，势若水火。沈的上级、山东省第九区专员兼保安司令蔡晋康，手下有高、尹等三团兵力。蔡晋康抗战意志起初尚较强，此后“日寇已完成点线控制，于[illegible]蓬、黄要地黄城集设置据点，控制蓬、黄两县。大辛店为黄城集通往烟台捷径必经之地，地位冲要，自不容高（炳旺）团盘踞。高炳旺两面受敌，为形势所迫，不得已，乃托庇伪军，‘伪化’幸存，形成双重身份，此即自我解嘲所谓之‘曲线抗战’者是也。是举，最为沈县长所不直。既而沈、郝交恶，郝为泄忿，乃密怂恿烟台伪道尹张化南亦迫尹团‘伪化’。盖尹团与沈氏同驻一地，尹‘伪化’，沈将不堪；则昔之骂郝为汉奸者，今亦与‘汉奸’共处矣！沈将何以自解？蔡被迫，为图苟存，惟有曲从，于是尹团亦暗走‘曲线’矣！沈益不满，犯颜直谏，蔡不能纳。既而敌来大黄家点验，沈愤极，凌晨，即率队撤离。”②蔡晋康部两团接受“伪化”，蔡本人也已倾向“伪化”：

> “蔡深为所窘。因对沈氏之执着，不能‘善用环境’，颇不谅；而沈亦对蔡放弃立场，谬走‘曲线’极不满！尝愤谓：‘抗日而与日寇通，则所抗者为谁？屈辱幸存，对领袖，对国民，能无愧乎？当汉奸即为汉奸，又何为创‘曲线’一词以欺世？’由是蔡、沈之间，各从其志而貌合神离矣。”③

1942年春，日军进一步逼迫蔡晋康，要求蔡接受“全面伪化”的要求，而蔡部与胶东八路军的冲突也愈演愈烈，几次摩擦作战，屡屡“吃亏”。蔡遂召开紧急会议，“表明决定全部‘曲线救国’之态度”，蔡之部属皆赞同，惟立遭沈伯祥“强烈反对”：

---

① 魏懋杰：《蓬莱忆往　书抗日英雄沈伯祥治蓬殉国事》，台北《山东文献》第6卷第1期，第47页。

② 魏懋杰：《蓬莱忆往　书抗日英雄沈伯祥治蓬殉国事》，台北《山东文献》第6卷第1期，第54—55页。

③ 魏懋杰：《蓬莱忆往　书抗日英雄沈伯祥治蓬殉国事》，台北《山东文献》第6卷第1期，第55页。

"沈除力斥'伪化'之妄，并申'宁为玉碎，不为瓦全'以保全民族气节之大义；并义正辞严，声色俱厉，听者动容。惟蔡意已决，未为所动，沈遂愤而离席，盛怒以归。

当夜，沈氏集合县府僚属及保安队全体官兵训话，谓，专员已接受伪化条件，无再追随效忠之必要；故决定放弃基地，与之脱离关系，东向福山，与七区秦煜司令联合抗日锄奸，以贯彻救国之初志，勿负神圣之使命！众皆慷慨响应，愿为效死！于是秣马厉兵，午夜出发。"①

沈带领县府人员和保安队出走，离开蓬莱上门家，遭到蔡部阻拦，沈仅带二十多名卫士突出重围，此后沈的保安队也突围与沈会合。但不久，沈伯祥遭皇姑庵伪军狙杀之于大赵家前，"沈左目中弹，贯脑出，仆地而逝，暴徒乃剥其衣裤以去"。传闻杀沈的部队是受蓬莱县伪大队长郝铭传的指使。沈被杀后，其遗孀上告于鲁南山东省政府，使沈的上级、山东省第九区专员蔡晋康"无地自容"，"自不便再为掩耳盗铃之举；尤以沈之死义，内疚殊深。况沈遗孀之指控，使其百喙莫辩，不得不中止'伪化'"。然而伪烟台道尹张化南对蔡步步紧逼，蓬莱县保安队官兵则因沈县长之牺牲对蔡不肯谅解，"愤激之余，无一返防者"，张化南乃指示日军进逼蔡部，该年 4 月，蔡部与八路军胶东部队又发生摩擦，遭到重创，在敌、伪、友各方压迫下，5 月初，蔡晋康弃职逃跑，跑回高密老家躲避，国民党山东省第九区专署就此解体，下辖栖、招、蓬、黄各县"党政军干部星散"，国民党在蓬黄掖地区坚持近五年的敌后抗战土崩瓦解。②

"所谓'曲线抗战'，乃欺敌欺世之暧昧行为，不能公之于世者。"③然而在山东敌后的国民党党政军中，却成为其遭遇困境或与八路军搞摩擦失败后习以为常的行为借口。坚定抗日、反对"伪化"的国民党蓬莱县长沈伯祥，最终在周围一片"曲线救国"派的算计中身遭横死。要坚持敌后抗战，受到压迫、遭遇困难甚至痛苦的环境是难以避免的，如果一遇到困难就想到"伪化"(用抗战时期八路军对其的说法是"伪顽兼挑")或美其名曰"曲线抗战""曲线救国"，那么，敌后抗战是不可能坚持下去的。如果在敌后的所有人士都

① 魏懋杰:《蓬莱忆往　书抗日英雄沈伯祥治蓬殉国事》，台北《山东文献》第 6 卷第 1 期，第 55 页。

② 魏懋杰:《蓬莱忆往　书抗日英雄沈伯祥治蓬殉国事》，台北《山东文献》第 6 卷第 1 期，第 56—57 页。

③ 魏懋杰:《蓬莱忆往　书抗日英雄沈伯祥治蓬殉国事》，台北《山东文献》第 6 卷第 1 期，第 56 页。

做出这样的选择，那么当时的民族、国家也是没有希望。

笔者查考海峡两岸的史料，无论大陆相关资料，还是赴台后的国民党人所撰资料，在抗战时期山东敌后共产党的部队中，固然也有一部分地方游击部队意志不坚定者，但是八路军正规军——山东纵队和一一五师自始至终没有一支部队成建制投敌"伪化"或者"曲线救国"，也极少有高级将领和要员投敌当汉奸。[①] 反观国民党，正如罗荣桓所说："山东伪军数量冠于华北各省，共达 20 多万人。他们绝大部分是从国民党的武装中投降过去的。这些伪军又和国民党顽固派保持着密切联系，积极反共。"[②]无论出于何种原因、何种情由，国民党抗战中期以来在山东敌后投敌伪化现象严重(所谓"降将如云、降兵如毛")，都是事实。相较抗战时期(尤其抗战中期以后)国民党在山东敌后如吴化文、孙良诚、赵云祥、王清瀚、石友三、荣子恒、厉文礼、韩子乾、齐子修、刘桂堂、张步云、赵保原等等师团级高级将领、地方大员纷纷投敌，有的带领数万部队"伪化"(更兼 1943 年鲁苏战区和省府撤离后，留省的国民党地方部队很多虽未公开投敌，却与日军订立"互不侵犯""共同反共"等等协议，实际已放弃了抗日)[③]，山东敌后国共两党，孰优孰劣，一目了然。正如 1944 年延安新华社统计报道称："四二年是山东国民党反共军变化最大的一年，'暗中'投敌自保借刀杀人的办法越用越普遍，结果这些'兼挑部队'(打起抗日招牌，实际公开或半公开接受敌人番号，进行反共。)都被敌人改编成正式伪军；太平洋战争初期，一度速胜论受到打击后，失败论空前增长，反共军公开投敌接踵而至……山东几年来伪军与国民党军队的增减比例，成为令人极为痛心的数字，请看这个统计：

伪军数——四〇年八万。四一年十二万二千。四二年十五万七千。四三年十八万。

国民党军数——四〇年十六万六千。四一年十二万。四二年八万。四三年三万。(连鲁西区五万)。

---

① 一些国民党方面的史料虽然污蔑中国共产党"游而不击"，但却都没有否认抗战时期中国共产党政权及其军队在山东极少有"投敌""伪化"者。

② 罗荣桓：《谈山东抗日战争》，《八路军　回忆史料　1》，第 139 页。

③ 正如抗战时期中共山东根据地主要领导者黎玉回忆："1942 年后，日军根据其'以华制华'的既定政策，大量招降国民党军，扩充伪军。国民党军队在山东兵力最多时达 20 余万，其中大批地投降了日军，至使山东伪军多达 20 余万，占全国伪军总数的四分之一强，另有'顽伪合一'的国民党军队尚未统计在内。在抗战前期专门与八路军闹磨擦的许多反共专家，在抗战中期大半都成了伪军。如国民党山东保安新四师师长吴化文，国民党游击第四纵队司令王尚志，第二纵队司令厉文礼，保安第二师师长张步云皆属此类。"参见《黎玉回忆录》，中共党史出版社 1992 年版，第 177 页。

现在山东是华北伪军最多的地区。”[①]

应该说，当时和此后的国民党人将其在山东敌后失败的主要原因归咎于共产党人，而不从自身的体制机制、战略方针、执行能力、意志品质、与群众的关系、对友军的政策等种种缺陷、问题上找原因，无疑是本末倒置，“一叶障目，不见泰山”了。

从自力更生、民心向背方面而言：正如1943年中共中央山东分局书记朱瑞所说，由于“敌人无止境的摧残蹂躏，和战争必需负担与消耗，人民经济已到空前枯竭境地，加上失散、流徙、伤亡、病老，敌后人民几乎失掉了最低限度生聚教养的条件，一切敌后部队及一切准备到敌后来的部队，不但不能且不应向人民再作无有止境的需索，予求予取，反之必须首先为人民请命减轻负担，大量贷款增加生产，并爱惜其每一分物力，珍护其每一条生命，作十年二十年的生息教养，以便点点滴滴的恢复元气。我们共产党八路军为什么能坚持，就是我们在这方面有了高度的注意，而且真能认真实行。否则如果群众养活不了自己，群众是不一定要我们的，我们如要生存，而不使群众生存，也决难自存，我们共产党八路军不能例外，友党友军也不能例外。如果仍然抱着对群众生杀予夺的态度，势将‘与日偕亡’。对抗战不利，对自己亦是不利”[②]。抗战时期在山东敌后的中国共产党政权与军队，“没有法定的军需供给与财粮支持。我们不能像友军那样能够定期获得饷金粮食及军需的发给，在战斗紧张物资困难的环境中，子弹缺乏……但我们并未因此放弃我们多多打杀敌人的责任。因之，我们就不得不经常地拣子弹壳，自己设法手工做弹头，装土药，翻造使用。自己用土办法造手榴弹、地雷。一部分自己使用，一部分分配给人民。粮食经费除了由地方政府拨给外，其他一切日用物品，必须从自己开荒、种菜、种烟、种麻、晒盐中去谋自给。衣服鞋袜，主要也是靠纺土纱、织土布、做土衣、制土鞋，烂了又补、补了又穿，从不想浪费公家一点东西，更没有浪费人民一点东西。文化上多属代用品，自己制造木质铅印机、木质石印机、土造油印机，自己造钢笔、水笔、铅字、油墨、腊纸、印刷纸，及一切必需物品。我们不但要供给自己吃用，还得帮助农民各种收割的劳作，还得省吃俭用，捐助灾民难民，优待抗战军人家属及伤病残废人员。

① 《新山东的成长》(新华社延安8月6日电)，《敌后抗日根据地介绍》，旅顺民众书店1946年版，第55页。

② 朱瑞：《爱山东保卫山东是山东人民无可推诿的责任》(1943年7月9日)，常连霆主编，中共山东省委党史研究室、山东省中共党史学会编：《山东党史资料文库》第15卷，山东人民出版社2015年版，第382—383页。

总而言之:我们担负着坚持抗战最高义务,我们在困难重重的面前,必得自己想法去克服,自己动手去建设一套敌后抗日的家务,和解决人民的生活”①。习近平总书记在庆祝中国共产党成立100周年大会上的讲话中指出:“江山就是人民、人民就是江山,打江山、守江山,守的是人民的心。中国共产党根基在人民、血脉在人民、力量在人民。”②早在抗战时期的山东敌后,党和人民军队就深刻理解了这一点。

反观国民党,鲁苏战区及其主要部队的弹药、军饷、粮草原本来自皖北后方的艰难转运。战地交通的困难、日伪的封锁与拦阻,使其连接后方的补给路线时常断绝,却无法实现自力更生,以致陷入不顾民生、对地方民众汲取无度的境地。国民党各势力在山东敌后无休止的派系斗争、“不劳而获”、“以邻为壑”及对广大民众“竭泽而渔”式的汲取,使其渐渐失掉了山东敌后的民心。国民党官方在总结“鲁苏游击战”缺点时亦认为:“鲁南山区,地瘠民贫,部队驻扎过多,粮秣取给困难,官兵时有粮食之虞,不易维持高度士气”,“运输不便,补给困难,致弹药不足,影响作战甚巨”,“部队纪律欠佳,人民供应繁重,且对民众组训工作不够彻底,故未能发挥军民合作力量”③。2020年11月召开的“近代中国历史进程中的国民党与共产党”学术研讨会上,学者们提出,“中国共产党和中国国民党是近代中国最重要的两股政治力量,他们的产生或再造,兴旺或衰微,胜利或失败,都深刻影响了中国历史进程”,尽管双方在很多方面存在区别,“但国共两党却身处相同的时代,面临相似的考验”④。在全国抗战时期的山东敌后,国共两党面临着相似的艰难考验。山东八路军部队同样面临着“地瘠民贫”“运输不便,补给困难”等等状况,然而国民党由于自身的原因,却无法像中国共产党那样实现自力更生,也无法建立与广大民众的鱼水关系。

1943年9月,原八路军山东纵队政治部联络部部长姚仲明在延安《解放日报》以《事实胜于雄辩》为题发文阐释在敌后八路军为什么成功,而国民党却为什么会失败时,引用了“流行于华北的民谣”:

“共产党,八路军,活菩萨救命人!再晚几天不到,老老少少上了阎

① 朱瑞:《爱山东保卫山东是山东人民无可推诿的责任》(1943年7月9日),《山东党史资料文库》第15卷,第379—380页。

② 习近平:《在庆祝中国共产党成立100周年大会上的讲话》,人民出版社2021年版,第11页。

③ 胡璞玉主编:《抗日战史　鲁苏游击战》,台北“国防部”史政局编印,1966年,第125页。

④ 金民卿:《在历史正确方向上推进近代史研究》,《历史评论》2021年第1期。

王庙！

共产党是靠山，减租减息，咱们有吃有穿，实行民主，四面八方都安然！”

而老百姓对敌后的国民党军是如何看的呢？

“恨八路(在八路未到前，受了反动宣传的欺骗)，爱八路，八路走了想八路！

盼中央(久处敌人压迫下，怀念祖国盼中央军来)，望中央，中央来了更遭殃！

国民党，中央军，鬼子来了就滚蛋！没良心，不要脸，今天来到根据地里瞎胡乱！满带劲，瞎胡乱，鬼子打炮一声响，提起鞋子又滚蛋！”

“事实胜于雄辩”，“无论蒋介石怎样大言不惭说：‘没有中国国民党，那就没有了中国’，人民却不投赞同票，有什么法子！？”①

三、青年，中国抗战的希望！

青年，是中国抗战的希望，也是民族的希望。全国抗战前期的山东爱国青年，很多曾以为无论国民党还是共产党，只要是抗日的，加入哪一边都可以。然而，国共两党不同的性质和奋斗目标，决定了山东的爱国青年此后必须在国共两党之间做出自己的选择。

本书搜集和使用了很多国民党方面的资料，尤其很多参加过山东抗战的国民党人赴台后所写的忆述，其中有一点令笔者所感很深，那就是全国抗战时期中国共产党人对青年的争取，以及中国共产党人在敌后所体现的饱满精神风貌和吃苦耐劳的工作态度。关于共产党人的这些优点，国民党人亦多次“自叹不如”。在第四章论述鲁南的其他国民党抗战力量时，曾提到国民党人王洪九的部队。当时在王部(十七支队)亲历国共两党对青年争取的历史场景者回忆道：

“青年是革命的生力，抗战更需要青年。因此青年成为抗战团体争取的主要对象，而共产党对争取青年尤竭尽全力。只要有机会，认准了对象，绝不轻易放过。当时临沂地带和费南山区，青年所要走的路只有

① 姚仲明:《事实胜于雄辩》,《解放日报》1943 年 9 月 15 日,第 4 版。

两条：一条是共产党的路线，一条是十七支队……因此当时的青年，不走上共产党的路，就加入了十七支队。这时这两方面都极力争取，互不相让。一些青年抱着满怀的抗战热情，又无其他的路可走，认为都是抗战的，朝那个方向走都可以。”[①]

全国抗战初期，在王洪九的临费边境联庄会刚刚发展壮大之初，队伍中来了一些年轻人，这些人是共产党员（没有暴露身份）。对于他们的精神面貌，我们引述赴台后国民党亲历者的回忆，似乎更有说明力：

“当初他们不过三两个人，向抗战单位渗透拉拢；或向地方上有号召力，比较有地位的人，以冠冕堂皇的话来鼓励发动，起来抗战。使人不知不觉受了麻醉，陷入阴谋圈套。说实在的，他们多数是二十岁左右的青年小伙子，那种热情，那股干劲，以及吃苦耐劳的精神，确实可爱。当临费边境联庄会驻响河屯的时候，一天，三个小伙子来到这里。其中一个姓蓝的，年龄最小，看样子不过十六七岁，显得特别精神。他们都戴着斗笠，蓝布裤褂，厚底布鞋，打着鞋马，这似乎成了当时抗战分子特有的服饰。看他们风尘仆仆，而精神奕奕。见了王会长（指王洪九——引者），当然大大赞扬一番。表现的那种热诚和蔼，怎不教人喜欢。接着谈了些抗战理论：长期抗战啦，抗战到底啦，又什么国共合作，统一战线啦。真是眉飞色舞。不知他们从那里来，到那里去。而给人的印象是：确是些忠勇爱国青年。中国有这样的青年，抗战那怕不胜？谁曾料到是共党部来鲁南开展工作的呢？”[②]

在这不久后，中共党员韩去非[③]也加入了王洪九的部队。在赴台后的国民党人的眼中，这位他们曾经的战友、后来成为对手的年轻共产党人，是什么样子的呢？

“（韩）不过二十三四岁的年龄，黄面皮，瘦瘦的中等身材。态度诚

① 张筠山：《蒙阳絮语（二）》，台北《山东文献》第1卷第2期，第122页。

② 张筠山：《蒙阳絮语（一）》，台北《山东文献》第1卷第1期，第123—124页。

③ 韩去非，1913年生于河南辉县，全国抗战时期曾在鲁南国民党王洪九部从事统战工作，抗战胜利后历任徐州市委副书记、兖济警备区司令部政委等职，新中国成立后曾任中共济南市委常委、秘书长、副书记、书记处书记，中共山东省委交通工作部副部长，上海社会主义学院副院长等职，1999年因病于上海逝世。

恳和蔼，不辞辛苦。凡和他见过面，接谈过的，不由得佩服他那种苦干精神，与聪明老练。是个人才。”①

从以上的例子中，我们一方面可以看出中国共产党人在对国民党地方力量的争取中采取了细致入微的统战工作方式，在对敌后广大青年的争取中占得了先机，一方面也可以看出，中国共产党在山东敌后的成功，得益于这些年轻的共产党人真挚的爱国热情，及他们不畏艰辛、踏实肯干、朝气蓬勃、热血沸腾的工作态度。有这样精神风貌与工作热情的共产党人，我们也就不难理解为什么在山东敌后对于青年的争取中，中国共产党会得到更多支持，并最终成为抗战的中流砥柱了。

在山河破碎、民族危亡的关头，齐鲁大地无数中华儿女放下过往的种种恩怨与纷争，团结起来，奋起抵抗，书写了一幕幕可歌可泣的历史壮歌。正如抗战时期长期担任中共中央山东分局书记的朱瑞同志所说：“我们共产党人、八路军人，从来亦不以为坚持山东抗战只有我们便够了，我们深知必须依靠人民，必须依靠更多的友党友军，必须依靠各党各派各军间亲密无间的民主团结，才能坚持最后胜利。”②习近平总书记指出：全民族抗战是中国人民抗日战争胜利的重要法宝。中国人民抗日战争胜利是全民族抗战的胜利，是全体中华儿女的荣光。今天，我们比历史上任何时期都更接近、更有信心和能力实现中华民族伟大复兴的目标。我们应该尊重与纪念每一位在这场中华民族走向伟大复兴的历史转折——伟大抗战事业中曾经为民族、国家的生死存亡做出贡献、牺牲的人。

---

① 张筠山：《蒙阳絮语（一）》，台北《山东文献》第 1 卷第 1 期，第 123 页。

② 朱瑞：《爱山东保卫山东是山东人民无可推诿的责任》（1943 年 7 月 9 日），《山东党史资料文库》第 15 卷，第 383 页。

参考文献

一、馆藏档案

1. 中国第二历史档案馆馆藏档案
2. 山东省档案馆馆藏档案
3. 河北省档案馆馆藏档案
4. 聊城市档案馆馆藏档案
5. 青岛市档案馆馆藏档案
6. (日)“防卫省防卫研究所”

二、民国时期书籍、报刊

1. 山东省第十三区抗战史料征集委员会:《山东省第十三区抗战纪实》,山东省第十三区抗建日报社编印,1940 年版。
2. 《今日之磨擦问题》,进步社 1940 年版。
3. 《两个害民贼》,群众出版社 1944 年版。
4. 《国民党叛国投敌的党政军要员概况》,山东新华书店 1944 年版。
5. 《“蒋敌伪”合流的阴谋》,胶东新华书店 1945 年版。
6. 《血战八年的胶东子弟兵》,胶东新华书店 1945 年版,大连大众书店 1946 年印行。
7. 刘贯一辑著:《抗战外史》,济南:胶东通讯社 1946 年版。
8. 李仲勋著:《何主席入鲁随征记》,济南:山东公报社 1946 年版。
9. 《敌后抗日根据地介绍》,旅顺:民众书店 1946 年版。
10. 潘国屏著:《惨痛的回忆》,郑州:群力报社 1946 年版。
11. 宿士平编:《山东人民的新生》,佳木斯:东北书店 1947 年版。
12. 蒋元椿著:《沂蒙山》,山东新华书店 1948 年版。
13. 《新中国目击记》(新中国丛书第 2 辑),香港:新中国丛书出版社 1948 年版。
14. (伪)山东省公署印制:《山东省概况》,济南:1940 年版。
15. 《抗战五周年纪念特辑》,大众日报社 1942 年编印。
16. 《大众日报》(抗战时期中共中央山东分局机关报)
17. 《冀鲁豫日报》(抗战时期冀鲁豫区党委、中共中央冀鲁豫分局机关报)
18. 《山东画报》(山东军区政治部出版)
19. 《解放》(延安)①
20. 《新中华报》(延安)②
21. 《解放日报》(延安)

① 《解放日报》出版后,1941 年 8 月 31 日《解放》期刊出至第 134 期后停刊。

② 1941 年 5 月 16 日,《新中华报》与《今日要闻》合并为《解放日报》。

22.《八路军军政杂志》(延安)
23.《群众》(重庆)
24.《共产党人》(延安)
25.《山东通讯》(重庆)
26.《中央日报》(贵阳)
27.《中央日报》(昆明)
28.《中央日报》(重庆)
29.《中央日报》(南京)
30.《战地通信》(香港)
31.《前线日报》(上海)
32.《大公报》(重庆)
33.《大公报》(香港)
34.《大公报》(天津)
35.《扫荡报》(桂林)
36.《华北日报》(北平)
37.《申报》(上海)
38.《申报》(汉口)
39.《申报》(香港)
40.《西京日报》(西安)
41.《北平市政府公报》
42.《青岛晚报》(青岛)
43.《青岛公报》(青岛)
44.《民言报(晚刊)》(青岛)
45.《抚恤汇刊》(济南)
46.《中华周报》(伪)(北平)①
47.《晨报》(伪)(北平)
48.《南京新报》(伪)(南京)
49.《青岛新民报》(后改名《青岛大新民报》)(伪)(青岛)
50.《鲁东月刊》(伪)(烟台)
51.《新民报(山东版)》(伪)(北平)
52.《京报》(伪)(南京)
53.《新天津报》(伪)
54.《新天津画报》(伪)

三、史料汇编、地方史志、纪念文集、回忆录

1. 中共中央文献研究室、中央档案馆编:《建党以来重要文献选编(一九二一——一九四九)》第 15 册,中央文献出版社 2011 年版。
2. 中共中央文献研究室、中央档案馆编:《建党以来重要文献选编(一九二一——一九四九)》第 16 册,中央文献出版社 2011 年版。
3. 中共中央文献研究室、中央档案馆编:《建党以来重要文献选编(一九二一——一九四九)》第 17 册,中央文献出版社 2011 年版。
4. 中国第二历史档案馆编:《中华民国史档案资料汇编》第五辑第二编政治(二),江苏古

① 注:日寇占领北平后,改"北平"为"北京",沦陷区报纸出版地原作"北京"。但改名从未得到中国人民承认。笔者仍用"北平"称呼。后文同此。

籍出版社 1998 年版。
5. 中国第二历史档案馆编:《中华民国史档案资料汇编》第五辑第三编军事(一),江苏古籍出版社 1999 年版。
6. 台北"山东文献社":《山东文献》第 1 卷第 1 期,第 1 卷第 2 期,第 1 卷第 3 期,第 1 卷第 4 期,第 2 卷第 1 期,第 2 卷第 2 期,第 2 卷第 3 期,第 3 卷第 1 期,第 3 卷第 3 期,第 3 卷第 4 期,第 4 卷第 3 期,第 5 卷第 4 期,第 6 卷第 1 期,第 6 卷第 2 期,第 7 卷第 2 期,第 8 卷第 1 期,第 8 卷第 3 期,第 10 卷第 3 期,第 11 卷第 3 期,第 12 卷第 1 期,第 12 卷第 2 期,第 12 卷第 3 期,第 12 卷第 4 期,第 13 卷第 3 期,第 13 卷第 4 期,第 17 卷第 1 期,第 17 卷第 2 期,第 18 卷第 4 期,第 19 卷第 3 期,第 20 卷第 3 期,第 21 卷第 2 期,第 24 卷第 1 期,第 27 卷第 2 期,第 28 卷第 1 期。
7. 胡璞玉主编:《抗日战史　鲁苏游击战》,台北"国防部"史政局编印,1966 年。
8.《蒋中正"总统"档案　事略稿本》第 41 册、第 42 册、第 44 册、第 45 册、第 46 册、第 52 册、第 53 册、第 54 册,"国史馆"2010—2011 年印行。
9. 张玉法主编:《民国山东通志》第 1 册,台北"山东文献社"2002 年版。
10. 张玉法主编:《民国山东通志》第 5 册,台北"山东文献社"2002 年版。
11. 黄季陆主编:《革命人物志》第 4 集,台北"中央文物供应社"1970 年版。
12. 杜元载主编:《革命人物志》第 12 集,台北"中央文物供应社"1973 年版。
13.《徐永昌日记》第五册(手稿本),台北"中央研究院"近代史研究所 1991 年影印。
14.《王子壮日记》第五册(手稿本),台北"中央研究院"近代史研究所 2001 年影印。
15.《王子壮日记》第六册(手稿本),台北"中央研究院"近代史研究所 2001 年影印。
16.《王子壮日记》第八册(手稿本),台北"中央研究院"近代史研究所 2001 年影印。
17.《王子壮日记》第九册(手稿本),台北"中央研究院"近代史研究所 2001 年影印。
18.《胡宗南先生日记》(上册),台北"国史馆",2015 年。
19. 中国抗日战争军事史料丛书编审委员会编:《八路军　参考资料　2》,解放军出版社 2015 年版。
20. 常连霆主编,中共山东省委党史研究室、山东省中共党史学会编:《山东党史资料文库》第 1 卷,山东人民出版社 2015 年版。
21. 常连霆主编,中共山东省委党史研究室、山东省中共党史学会编:《山东党史资料文库》第 7 卷,山东人民出版社 2015 年版。
22. 常连霆主编,中共山东省委党史研究室、山东省中共党史学会编:《山东党史资料文库》第 8 卷,山东人民出版社 2015 年版。
23. 常连霆主编,中共山东省委党史研究室、山东省中共党史学会编:《山东党史资料文库》第 9 卷,山东人民出版社 2015 年版。
24. 常连霆主编,中共山东省委党史研究室、山东省中共党史学会编:《山东党史资料文库》第 10 卷,山东人民出版社 2015 年版。
25. 常连霆主编,中共山东省委党史研究室、山东省中共党史学会编:《山东党史资料文库》第 11 卷,山东人民出版社 2015 年版。
26. 常连霆主编,中共山东省委党史研究室、山东省中共党史学会编:《山东党史资料文库》第 14 卷,山东人民出版社 2015 年版。
27. 常连霆主编,中共山东省委党史研究室、山东省中共党史学会编:《山东党史资料文库》第 16 卷,山东人民出版社 2015 年版。
28. 常连霆主编,中共山东省委党史研究室、山东省中共党史学会编:《山东党史资料文库》第 17 卷,山东人民出版社 2015 年版。
29. 常连霆主编,中共山东省委党史研究室、山东省中共党史学会编:《山东党史资料文库》第 18 卷,山东人民出版社 2015 年版。
30. 常连霆主编,中共山东省委党史研究室、山东省中共党史学会编:《山东党史资料文库》第19卷，山东人民出版社2015年版。
31. 山东省档案馆、山东社会科学院历史研究所编：《山东革命历史档案资料选编　第4辑　1937.7—1940.7》，山东人民出版社1982年版。
32. 山东省档案馆、山东社会科学院历史研究所编：《山东革命历史档案资料选编　第5辑　1940.7—9》，山东人民出版社1982年版。
33. 山东省档案馆、山东社会科学院历史研究所编：《山东革命历史档案资料选编　第9辑　1942.9—1943.7》，山东人民出版社1983年版。
34. 中共冀鲁豫边区党史工作组办公室编：《中共冀鲁豫边区党史资料选编》（第二辑　文献部分　中），河南人民出版社1988年版。
35. 常连霆主编，中共山东省委党史研究室编：《山东党的革命历史文献选编　1920—1949》第4卷，山东人民出版社2015年版。
36. 常连霆主编，中共山东省委党史研究室编：《山东党的革命历史文献选编　1920—1949》第5卷，山东人民出版社2015年版。
37. 常连霆主编，中共山东省委党史研究室编：《山东党的革命历史文献选编　1920—1949》第6卷，山东人民出版社2015年版。
38. 常连霆主编，中共山东省委党史研究室编：《山东党的革命历史文献选编　1920—1949》第8卷，山东人民出版社2015年版。
39. 山东省委党史研究室编：《山东省抗日战争时期人口伤亡和财产损失》，中共党史出版社2017年版。
40. 中央档案馆编：《皖南事变（资料选辑）》，中共中央党校出版社1982年版。
41. 八路军山东纵队史编审委员会编：《八路军山东纵队　综合册》，山东人民出版社1993年版。
42. 山东省档案馆编：《毛泽东与山东》，中央文献出版社2003年版。
43. 郑建英编：《怀念朱瑞》，中央文献出版社1994年版。
44. 中共宿迁市委党史工作办公室编：《朱瑞纪念文集》，中共党史出版社2015年版。
45. 大连市金州区史志办公室编：《风雨晦明九十年　万毅将军纪念文集》，中共党史出版社2007年版。
46. 《王众音同志纪念文集》编辑委员会编：《王众音同志纪念文集》，中共党史出版社2007年版。
47. 黎玉：《黎玉回忆录》，中共党史出版社1992年版。
48. 中共山东省委党史研究室、中共枣庄市委党史办公室、中共滕州市委党史办公室编：《王麓水将军》，新华出版社1995年版。
49. 万毅：《万毅将军回忆录》，中共党史出版社1998年版。
50. 李大清：《风雨路·战友情——李大清回忆录》，中国三峡出版社2002年版。
51. 徐向前：《徐向前元帅回忆录》，解放军出版社2005年版。
52. 谷牧：《谷牧回忆录》，中央文献出版社2009年版。
53. 军事科学院《刘伯承军事文选》编辑组编：《刘伯承军事文选　1》，军事科学出版社2012年版。
54. 北京八路军山东抗日根据地研究会渤海分会编：《景晓村日记》，2012年版。
55. 陈赓：《陈赓日记》，人民出版社2013年版。
56. 《罗荣桓传》编写组：《罗荣桓军事文选》，解放军出版社1997年版。
57. 聊城市革命老区建设促进会、中共聊城市委党史研究室编：《徐运北文集》，中共党史出版社2014年版。
58. 王汇川主编：《罗荣桓元帅功著山东》第3集，中国文史出版社2015年版。
59. 常连霆主编，中共山东省委党史研究室编，《山东抗战口述史》（上、中、下三卷本），山东人民出版社2015年版。

60. 八路军山东纵队史编审委员会编:《八路军山东纵队 回忆史料》(中),山东人民出版社1993年版。
61. 中国抗日战争军事史料丛书编审委员会编:《八路军 回忆史料 1》,解放军出版社2015年版。
62. 本书编写组编:《山东革命斗争回忆录丛书 光岳春秋》(上),山东人民出版社2014年版。
63. 李金陵主编:《山东革命老区口述史》(上、下),济南出版社2014年版。
64. 刘竹溪口授,赵晓庆执笔:《回眸——一位渤海老军人的战争记忆》,中央文献出版社2013年版。
65. 曲青山、高永中主编:《抗日战争回忆录 2》,党建读物出版社2015年版。
66. 曲青山、高永中主编:《抗日战争回忆录 3》,党建读物出版社2015年版。
67. 沈晓昭,韩淑芳主编:《老兵讲述 9 抗战刻骨铭心的记忆》,中国文史出版社2016年版。
68. 张忠强:《罗竹风传略》,东方出版中心2016年版。
69. 常连霆主编,中共山东省委党史研究室编:《中共山东编年史》第2卷,山东人民出版社2015年版。
70. 常连霆主编,中共山东省委党史研究室编:《中共山东编年史》第3卷,山东人民出版社2015年版。
71. 常连霆主编,中共山东省委党史研究室编:《中共山东编年史》第4卷,山东人民出版社2015年版。
72. 青岛市青年运动史工作委员会、共青团青岛市委青运史办公室编:《青岛青运史研究 1》,1988年版。
73.《山东革命斗争回忆录丛书》编委会编:《鲁北烽火》,山东人民出版社2014年版。
74. 赵兴胜主编:《黄埔人生 黄埔军校山东同学著作选编 上》,山东友谊出版社2016年版。
75. 政协日照市文史联谊委员会编:《日照烽火录 纪念抗日战争胜利六十周年 第1卷》,2005年版。
76. 政协日照市文史联谊委员会编:《日照烽火录 纪念抗日战争胜利六十周年 第2卷》,2005年版。
77. 中共山东省委党史资料征集研究委员会编:《山东抗日根据地》,中共党史资料出版社1989年版。
78.《中共湖西地区党史文稿》编写组编:《中共湖西地区党史文稿》,山东大学出版社1990年版。
79. 冀鲁豫边区革命史工作组编:《冀鲁豫边区革命史》,山东人民出版社1991年版。
80. 中国人民政治协商会议临朐县委员会编:《临朐县抗日斗争史料:纪念抗日斗争胜利五十周年》,潍坊市新闻出版局1995年版。
81. 中共山东省委党史研究室著:《中共山东地方史》第一卷,山东人民出版社1998年版。
82. 中共昌乐县委党史研究室编:《中共昌乐地方史 第1卷 1921—1949》,山东大学出版社1998年版。
83. 江苏省丰县史志办公室:《中共丰县地方史 第1卷 1919—1949》,中共党史出版社2007年版。
84. 卢迟迅主编:《中国共产党范县历史 第1卷 1927—1949》,中共党史出版社2009年版。
85. 烟台地区行政公署出版办公室编:《胶东风云录》,山东人民出版社2014年版。
86. 临沂县志编纂委员会办公室编:《临沂县志资料》第2辑,1983年版。
87. 山东省安丘县地方史志编纂委员会编:《安丘县志》,山东人民出版社1992年版。

88. 费县志编纂委员会编:《费县志》,中国广播电视出版社 1992 年版。
89. 安徽省地方志编纂委员会编:《安徽省志(人物志)》,方志出版社 1999 年版。
90. 杨保森著:《西北军人物志》,中国文史出版社 2015 年版。
91. 中共烟台市委组织部、中共烟台市委党史资料征集研究委员会、烟台市档案局编:《中国共产党山东省烟台市组织史资料　1921—1987》,山东省出版总社烟台分社 1989 年版。
92. 中共聊城地委党史资料征集研究委员会编:《聊城地区党史资料》1983 年第 2 期(总第 4 期)。
93. 中共利津县党史资料征集研究委员会编:《利津党史资料》第 4 辑,1985 年版。
94. 冀南革命根据地史编审委员会编:《冀南党史资料》第 2 辑,1986 年版。
95. 中共龙口市委党史委编:《龙口市党史资料》第 1 辑,1987 年版。
96. 中共淄博市淄川区委党史资料征集研究委员会编:《中共淄川地方党史大事记 1921—1949》,山东人民出版社 1989 年版。
97. 中共平度市委党办公室编:《平度党史资料》第 12 期,1993 年版。
98. 中共泰安市委党史资料征集研究委员会编:《泰安党史资料》总第 20 期,1993 年版。
99. 舒暲、赵岳编著:《太阳正在升起　卡尔逊亲历的中国抗战》,北京出版社 2018 年版。
100. 中共上海市委党史研究室、上海市政协文史资料委员会编著:《中流砥柱　卡尔逊抗战史料》,上海书店出版社 2017 年版。
101. 丁守和、马勇、左玉河等编:《抗战时期中文期刊篇目汇录》(一),上海书店出版社 2021 年版。

四、文史资料

1. 全国政协文史资料委员会编:《中华文史资料文库　第 5 卷　政治军事编　20—5》,中国文史出版社 1996 年版。
2. 《文史资料选辑》编辑部编:《文史资料选辑(合订本)》第 13 卷,中国文史出版社 2000 年版。
3. 全国政协文史资料委员会编:《文史资料存稿选编　5　西安事变》,中国文史出版社 2002 年版。
4. 全国政协文史资料委员会编:《文史资料存稿选编　20　军政人物　下》,中国文史出版社 2002 年版。
5. 山东省政协委员会文史资料研究委员会编:《文史资料选辑》第 1 辑,山东人民出版社 1982 年版。
6. 山东省政协委员会文史资料研究委员会编:《文史资料选辑》第 6 辑,山东人民出版社 1985 年版。
7. 山东省政协委员会文史资料研究委员会编:《文史资料选辑》第 7 辑,山东人民出版社 1979 年版。
8. 山东省政协委员会文史资料研究委员会编:《文史资料选辑》第 16 辑,山东人民出版社 1985 年版。
9. 山东省政协委员会文史资料研究委员会编:《文史资料选辑》第 18 辑,山东人民出版社 1985 年版。
10. 山东省政协文史资料委员会编:《山东文史资料选辑》第 32 辑,山东人民出版社 1992 年版。
11. 山东省政协文史资料委员会编:《山东文史集粹　修订本　上集》,中国文史出版社 1998 年版。
12. 中国人民政治协商会议北京市委员会文史资料研究委员会编:《文史资料选编》第 18 辑,北京出版社 1983 年版。

13. 政协山东省临沂市委员会文史资料研究委员会编:《临沂文史资料》第 3 辑,1983 年版。
14. 政协山东省临沂市委员会文史资料研究委员会编:《临沂文史资料》第 6 辑,1987 年版。
15. 政协临沂市委员会编:《临沂文史集粹　第 1 辑　政治军事卷》,山东人民出版社 1997 年版。
16. 政协临沂市委员会编:《临沂文史集粹　第 2 辑　社会民情卷民族宗教卷》,山东人民出版社 1997 年版。
17. 中国人民政治协商会议山东省安丘县委员会编:《安丘文史资料》第 1 辑,1984 年版。
18. 辽宁省政协文史资料研究委员会编:《辽宁文史资料》第 8 辑,辽宁人民出版社 1984 年版。
19. 中国人民政治协商会议山东省昌乐县委员会编:《昌乐县文史资料选辑》第 3 辑,1985 年版。
20. 政协烟台市委员会文史资料研究委员会编:《烟台文史资料》第 4 辑,1985 年版。
21. 中共威县县委党史资料征集办公室编:《峥嵘岁月》第 1 辑,1985 年版。
22. 政协滨州市委员会文史资料研究委员会编:《滨州文史资料》第 1 辑,1986 年版。
23. 政协曹县委员会文史资料研究委员会编:《曹县文史资料》第 2 辑,1986 年版。
24. 政协泗水县委员会文史资料研究委员会编:《泗水文史资料》第 1 辑,1986 年版。
25. 蓬莱县政协文史委员会编:《蓬莱文史资料》第 2 辑,1986 年版。
26. 中国人民政治协商会议茌平县委员会文史科编:《茌平县文史资料》第 1 辑,1988 年版。
27. 政协惠民县文史资料研究委员会编:《惠民县文史资料》第 5 辑,1988 年版。
28. 沂水县政协文史研究委员会编:《沂水县文史资料》第 5 辑,1989 年版。
29. 中国人民政治协商会议山东省莒南县文史委员会编:《莒南文史资料》第 1 辑,山东省出版总社临沂分社 1989 年版。
30. 政协天津市委员会文史资料研究委员会编:《天津文史资料选辑》第 52 辑,天津人民出版社 1990 年版。
31. 菏泽市政协文史资料委员会编:《菏泽文史资料》第 2 辑,1990 年版。
32. 中国人民政治协商会议山东省潍坊市委员会文史资料研究委员会编:《潍坊文史资料选辑》第 6 辑,1990 年版。
33. 中国人民政治协商会议山东省潍坊市潍城区委员会编:《潍城文史资料》第 5 辑,1990 年版。
34. 政协平度市文史资料研究委员会编:《平度文史资料》第 7 辑,1991 年版。
35. 政协海阳县文史资料委员会编:《海阳文史资料》第 8 辑,1992 年版。
36. 政协枣庄市台儿庄区委员会文史资料委员会编:《台儿庄文史资料》第 3 辑,1992 年版。
37. 政协山东省龙口市委员会文史资料委员会编:《龙口文史资料》第 3 辑,1993 年版。
38. 中国人民政治协商会议沈阳市委员会文史资料委员会编:《沈阳文史资料　第 22 辑　西安事变与东北军将领—纪念西安事变六十周年》,1996 年版。
39. 政协寿光市文史资料委员会编:《寿光文史资料选辑　第 14 辑　八支队》,1997 年版。
40. 济南市政协文史资料委员会编:《济南文史集粹》(上),2000 年版。

五、著作、年谱、论文集

1.《马克思恩格斯全集》第三卷,人民出版社 2002 年版。
2.《毛泽东选集》第二卷,人民出版社 1991 年版。

3. 习近平:《在庆祝中国共产党成立100周年大会上的讲话》,人民出版社2021年版。
4. 中国人民解放军军事科学院毛泽东军事思想研究所年谱组编:《毛泽东军事年谱(1927—1958)》,广西人民出版社1994年版。
5. 黄瑶主编:《罗荣桓年谱》,人民出版社2002年版。
6. 吴殿尧主编:《朱德年谱 新编本 1886—1976 中》,中央文献出版社2016年版。
7. 中共中央党史和文献研究院编:《刘少奇年谱(增订本)》(第一卷 1898—1942),中央文献出版社2018年版。
8. 曾成贵主编:《中国革命史人物研究综览》,河南人民出版社1989年版。
9. 安振泰主编:《中共辽宁党史人物传》第2卷,辽宁大学出版社1991年版。
10. 《八路军山东纵队史》编审委员会编:《八路军山东纵队史》,中共党史出版社1995年版。
11. 吕伟俊主编:《民国山东史》,山东人民出版社1995年版。
12. 王成斌等主编:《民国高级将领列传 5》,解放军出版社1999年版。
13. 宁凌、庆山编著:《国民党治军档案》(上),中共党史出版社2003年版。
14. 中共聊城市委党史研究室、聊城市政协文史资料委员会编著:《聊城重要历史事件》,中共党史出版社2003年版。
15. 孙占元、杨明清主编:《山东重要历史事件 抗日战争时期》,山东人民出版社2004年版。
16. 中共德州市委党史研究室编印:《德州党史人物传略》第1辑,2004年版。
17. 李文:《八路军115师征战实录》(上),湖南人民出版社2005年版。
18. 刘国铭主编:《中国国民党百年人物全书》(上),团结出版社2005年版。
19. 中共临沂市委编:《三帅在沂蒙 罗荣桓元帅(上)》,军事谊文出版社2005年版。
20. 山东省档案局编:《打开尘封的记忆 细说档案里的故事》,山东人民出版社2006年版。
21. 刘统著:《中国革命战争纪实 解放战争(华东卷)》,人民出版社2007年版。
22. 王志民主编:《山东重要历史人物》第6卷,山东人民出版社2009年版。
23. 王志民主编:《山东重要历史人物》第7卷,山东人民出版社2009年版。
24. 王志民主编:《山东重要历史人物》第8卷,山东人民出版社2009年版。
25. 中国中共党史人物研究会编:《中共党史人物传 精选本7 军事卷 下》,中共党史出版社2010年版。
26. 中国中共党史人物研究会编:《中共党史人物传 精选本 11 政治经济建设卷 中》,中共党史出版社2010年版。
27. 胡博、王戡:《碧血千秋 抗日阵亡将军录》,武汉大学出版社2013年版。
28. 赵维东主编:《山东革命老区知识问答800题》,山东人民出版社2014年版。
29. 魏本权、汲广运著:《沂蒙红色文化资源研究》,山东人民出版社2014年版。
30. 赵维东等编著:《山东抗战纪事》,山东人民出版社2015年版。
31. 《罗荣桓传》编写组:《罗荣桓传》,当代中国出版社2015年版。
32. 铁流、纪红建著:《见证 中国乡村红色群落传奇》,人民文学出版社2016年版。
33. 鲁海著:《话说青岛》,青岛出版社2016年版。
34. 于岸青著:《一张报纸的抗战——大众日报社史撷英》,山东人民出版社2018年版。
35. 把增强著:《困局与应对:抗战时期中共精兵简政研究》,人民出版社2020年版。
36. 吕芳上主编:《中国抗日战争史新编 2 军事作战》,台北"国史馆"2015年版。
37. 吕芳上主编:《中国抗日战争史新编 3 全民抗战》,台北"国史馆"2015年版。
38. [美]埃文斯·福代斯·卡尔逊著,祁国明、汪杉译:《中国的双星》,新华出版社1987年版。
39. [美]白修德、贾安娜著,端纳译:《中国的惊雷》,新华出版社1988年版。

40. [美]斯特朗著,傅丰豪译:《斯特朗文集》第3册,新华出版社1988年版。
41. [日]服部卓四郎著,张玉祥等译:《大东亚战争全史》第一册,商务印书馆1984年版。
42. 日本防卫厅战史室编,天津市政协编译组译:《华北治安战(上、下)》,天津人民出版社1982年版。
43. 胡光统编:《山东省纪念抗日战争胜利四十周年论文集》,山东人民出版社1985年版。
44. 全国中共党史研究会编:《抗日民主根据地与敌后游击战争》,中共党史资料出版社1987年版。
45. 中国社会科学院近代史研究所《国外中国近代史研究》编辑部编:《国外中国近代史研究》第21辑,中国社会科学出版社1992年版。
46. 南开大学历史系编:《中国抗日根据地史国际学术讨论会论文集》,档案出版社1985年版。
47. 南开大学历史系中国近现代史教研室编:《中外学者论抗日根据地——南开大学第二届中国抗日根据地史国际学术讨论会论文集》,档案出版社1993年版。
48. 郑峰主编:《中流砥柱　纪念中国人民抗日战争暨世界反法西斯战争胜利60周年文集》,中国文史出版社2006年版。
49.《抗战建国史研讨会论文集》,台北"中央研究院"近代史研究所1985年编印。
50.《庆祝抗战胜利五十周年两岸学术研讨会论文集》(上册),台北联经出版公司1996年版。

六、当代报刊、论文

1. 习近平:《让历史说话用史实发言　深入开展中国人民抗日战争研究》,《人民日报》2015年8月1日,第1版。
2. 习近平:《在党史学习教育动员大会上的讲话》,《求是》2021年第7期。
3. 杨明清:《关于太河惨案研究中的若干问题》,《理论学刊》2002年第3期。
4. 韩延明、魏本权:《沂蒙红色文化的文化生态学考究与辨析》,《山东社会科学》2010年第7期。
5. 孙宗一:《抗战相持阶段鲁南地区的国共两党关系》,《菏泽学院学报》2011年第1期。
6. 王建朗:《抗战研究的方法与视野》,《抗日战争研究》2016年第1期。
7. 郭宁:《正规化与地方化——论抗战时期中共山东地区的武装》,《中共党史研究》2016年第2期。
8. 王士花:《抗战时期国共在山东的合作与相争》,《东岳论丛》2016年第9期。
9. 黄道炫:《刀尖上的舞蹈:弱平衡下的根据地生存》,《抗日战争研究》2017年第3期。
10. 黄昊:《抗战前期沈鸿烈与国民党山东省政府在敌后的工作》,《济宁学院学报》2017年第4期。
11. 苏圣雄:《从军方到学界:抗战军事史研究在台湾》,《抗日战争研究》2020年第1期。
12. 刘本森:《国共合作抗战下的对崮山战役研究》,《中国高校社会科学》2020年第6期。
13. 金民卿:《在历史正确方向上推进近代史研究》,《历史评论》2021年第1期。
14. 吴敏超:《区域抗战史研究的关怀与路向》,《中共党史研究》2021年第5期。
15. 王建朗:《回顾与前瞻:抗日战争研究三十年》,《抗日战争研究》2021年第3期。
16. 黄昊:《抗战后期中共对"李仙洲部入鲁"的应对》,《党史研究与教学》2022年第1期。
17. 张太原:《学术演进和时代变迁视野下的革命史研究——从"新革命史"的提出和讨论谈起》,《近代史研究》2022年第3期。
18. 彭南生:《从"走进历史"到"走出历史":章开沅的治史道路与史学思想》,《江汉论坛》2022年第5期。

后　　记

抗日战争是中国近代史上最重要的历史事件之一，它促进了中华民族的觉醒与团结，形成了举国御侮的伟大力量，是中华民族走向伟大复兴的重要历史转折。抗日战争时期也是国共两党关系发展史上最为复杂的一段时期，国共两党在抗战时期的不同表现及其相互关系，不仅深刻影响了中国抗战的进程，也决定了中华民族未来的道路抉择。本书所研究的主题，是抗战时期山东敌后的国共关系，这一主题反映了敌后抗战的复杂、艰难和曲折，也有助于增进我们对抗日战争相关重大问题的认识。

在本书的写作过程中，笔者倾注了极大热情与心血，常常为一些事件过程之幽深曲折、人物命运之复杂多舛以及民族国家之多艰所感慨，也为那些将生命献在齐鲁大地上的先辈壮举所深深感动。作为历史研究者，同时作为一个中国人、山东人，笔者在写作中时常感受到强烈的责任感和使命感，始终怀着将这段历史讲好、不让齐鲁大地艰苦卓绝的敌后抗战历程和英烈事迹被时代变迁所湮没的强烈意愿。因此，笔者始终秉持实事求是的态度，以民族国家立场为基本出发点，不避讳臧否褒贬。希望通过本书的研究，使爱国主义与伟大抗战精神的弘扬更具说服力，也更有震撼人心的力量。

将自小以来的爱好作为事业，是笔者人生最大的幸运。衷心感谢一直关心并帮助笔者研究的诸位师友们，感谢各地档案馆工作人员在资料查阅上的协助，感谢在课题结项中对本书给予肯定评价的匿名评审专家，感谢全国哲学社会科学工作办公室对本书出版的支持，感谢山东省委党史研究院专家在本书出版过程中给予的详尽审读意见，感谢工作单位聊城大学的支持，也感谢上海三联书店编辑老师的用心编校。这些支持和帮助，是笔者能够完成这项研究的重要动力。

本书的研究历程是笔者学术生涯的美好回忆，笔者希望以本书作为对家乡养育深情的一份回报，同时希望此项研究能够对抗战史与国共关系史研究有所贡献，让更多的人了解并铭记这段不朽的历史。

图书在版编目(CIP)数据

抗战时期国共两党在山东敌后的关系研究/黄昊著.
—上海:上海三联书店,2023.11
ISBN 978-7-5426-8283-3

Ⅰ.①抗… Ⅱ.①黄… Ⅲ.①中国共产党—关系—中国国民党—研究—1937-1945 Ⅳ.①K265.190.7

中国国家版本馆CIP数据核字(2023)第201211号

抗战时期国共两党在山东敌后的关系研究

著　　者/黄　昊

责任编辑/郑秀艳
装帧设计/一本好书
监　　制/姚　军
责任校对/王凌霄

出版发行/上海三联书店
(200030)中国上海市漕溪北路331号A座6楼
邮　　箱/sdxsanlian@sina.com
邮购电话/021-22895540
印　　刷/上海惠敦印务科技有限公司

版　　次/2023年11月第1版
印　　次/2023年11月第1次印刷
开　　本/710mm×1000mm 1/16
字　　数/300千字
印　　张/18.25
书　　号/ISBN 978-7-5426-8283-3/K·746
定　　价/88.00元

敬启读者,如发现本书有印装质量问题,请与印刷厂联系 021-63779028